V&R

Sanskrit-Wörterbuch der buddhistischen Texte aus den Turfan-Funden

Im Auftrage der
Akademie der Wissenschaften zu Göttingen
herausgegeben von Heinz Bechert

Beiheft 10

Vandenhoeck & Ruprecht

The Mahāvadānasūtra

A New Edition Based on Manuscripts Discovered in Northern Turkestan

Edited by
Takamichi Fukita

Vandenhoeck & Ruprecht

Dieser Band wurde durch die Bund-Länder-Komission für Forschungsförderung im Akademienprogramm mit Mitteln des Bundes (Bundesministerium für Bildung, Wissenschaft, Forschung und Technologie) und des Landes Niedersachsen (Niedersächsisches Ministerium für Wissenschaft und Kultur) gefördert.

Bibliografische Information Der Deutschen Bibliothek

Die Deutsche Bibliothek verzeichnet diese Publikation in der Deutschen Nationalbibliografie; detaillierte bibliografische Daten sind im Internet über <http://dnb.ddb.de> abrufbar

ISBN 3-525-26162-4

Printed in Germany.
Gesamtherstellung: Hubert & Co., Göttingen.

Gedruckt auf alterungsbeständigem Papier.

Contents

Foreword by the Editor of the Series vii

Acknowledgments ix

Abbreviations xi

Introduction xvii

Transcription of the Base Manuscript SHT 399 1
Symbols Used (1) — Transcription (2)

Restoration of the Mahāvadānasūtra 25
Textcritical Information (25) — Contents of the Mahāvadānasūtra (27) — Restored Text of the Mahāvadānasūtra (30)

List of All Known Manuscripts in Northern Turkestan 171
Manuscripts Used in Waldschmidt's Edition (172) — Leaves of the Manuscript SHT 685 (176) — Additional Numbers of the Manuscripts (177) — Newly Identified Manuscripts (179) — Parallel Passages of Other Texts Mistakenly Identified as MAV (180) — Manuscripts of MAV Recension II (180)

Index of Sanskrit Words 183

Pāda Index 221
Triṣṭubh-Jagatī (221) — Śloka (232) — Anupacchandasika (234)

Foreword by the Editor of the Series

Comparative editions of the early Buddhist Sanskrit texts of the Sarvāstivāda school which were discovered in Central Asia were prepared by Ernst Waldschmidt, his disciples, and his fellow workers. These editions were published in Leipzig between 1926 and 1939, in Berlin between 1950 and 1968 and in Göttingen between 1948 and 2000. These publications made the literature of the Sarvāstivāda school of early Buddhism known and accessible to the scholarly world. They have lost nothing of their scientific significance until this very day.

However, as was to be expected, numerous supplementary texts and smaller fragments have been discovered during the following half century. Most of these texts and fragments were found in the so-called Turfan Collection in Berlin and were published in the series "Sanskrithandschriften aus den Turfanfunden" (as yet Part I–VIII, Wiesbaden 1965–2000). Further texts which were unknown during the preparation of the first editions were discovered among collections in Paris, London, and St. Petersburg. For these reasons new editions of these texts are desirable.

I am happy to be able to introduce here the new edition of the Māhāvadānasūtra by the Rev. Takamichi Fukita. I thank him very much indeed for making his valuable work available to us for the publication in the "Beihefte zum Sanskrit-Wörterbuch der buddhistischen Texte aus den Turfan-Funden." Hopefully further new editions may follow in the forseeable future.

The Rev. Takamichi Fukita has already included his acknowledgments to other scholars in his introduction. In addition we thank Mrs. Katharina Dargie who has read carefully through the English text and given several useful suggestions.

Acknowledgments

The present restoration of the Mahāvadānasūtra had its beginnings in my years as a graduate student at Taishō University in Tokyo. Knowing of my deep interest in the biographical literature on the Buddha, Prof. Zennō Ishigami suggested the Mahāvadānasūtra as a suitable theme for my master's thesis, and it is thus to him that I owe my initial word of thanks. Later, during my doctoral studies at Bukkyō University, I turned my attention to the various Mahāvadānasūtra fragments recovered from Central Asia in the early twentieth century. My work in this area was directed by the eminent Buddhist scholars Prof. Shōzen Kumoi and Prof. Yūichi Kajiyama, to whom I owe a special debt of gratitude. Under their guidance I undertook an investigation to determine the most accurate readings of the manuscript fragments, in the process assembling a rapidly expanding notebook that eventually evolved into the present volume.

In addition to their direct guidance, Profs. Kumoi and Kajiyama provided me with an introduction to Prof. Heinz Bechert, who at that time was visiting Japan. Prof. Bechert showed interest in my study of the Mahāvadānasūtra, and invited me to conduct further research under his direction at the Seminar für Indologie und Buddhismuskunde of the University of Göttingen. Recognizing that my position as head priest made long-term study abroad impossible, Prof. Bechert arranged a series of short stays at Göttingen. This turned out to be an ideal study situation. As my research progressed Prof. Bechert suggested that I publish my results as part of the Göttingen Academy of Science's series Supplements to the Sanskrit Dictionary of Buddhist Texts from the Turfan Finds. I am deeply grateful for his generous support and guidance over the years, without which I would never have been able to bring this project to completion.

In the years since my first visit to Göttingen it has been my privilege to meet many German scholars, whose advice and assistance contributed greatly to my research. Among these I must mention especially Dr. Jin-il Chung, Dr. Siglinde Dietz, Prof. Jens-Uwe Hartmann, Dr. Petra Kieffer-Pülz, Anne Peters, M.A., Dr. Michael Schmidt, and Dr. Klaus Wille. As a group they never failed to inform me of the latest materials and developments, and their friendship and hospitality made all of my stays in Göttingen an enjoyable and rewarding experience. Prof. Hartmann was kind enough to allow me to use his unpublished edition of the Dīrghāgama fragments which has proved to be indispensable for my project (see DĀ(U.H.) on p. xii).

I must also extend my deep appreciation to two colleagues, Noriyuki Kudō and Yasunao Kumagai, who generously participated in a series of roundtable study meetings in which we reexamined the entire text. Their careful review aided in the discovery and correction of a number of errors, and contributed to a more objective handling of the "damaged akṣara" mark. They also did the preliminary work of compiling the indices for vocabulary items and irregular grammatical forms.

Invaluable assistance with the English text was provided by my friends Prof. Mark Blum, Rev. Yūhō Thomas Kirchner, and W. S. Yokoyama. I also owe thanks to Prof. Daniel Boucher and Shayne Clarke, M.A., for additional revisions of the English manuscript. The editing and layout of this volume involved countless, painstaking hours of computer work, and was assisted by Revs. Kazuhiro Kaneiwa and Kyōsei Itō, whose extraordinary computer skills greatly simplified preparation of the text.

Many others, too numerous to mention, have contributed in ways both direct and indirect to the completion of this work. To all of them I extend my sincerest thanks.

Finally, I must express my heartfelt appreciation to those at my home temple, Shōzenji, who with unfailing patience and understanding supported me throughout the long years I have devoted to this project. Rev. Chishi Inoue, a Shōzenji priest, magnanimously took on the added duties often imposed upon him by my long hours of study. My family—my mother Takako, my wife Kiyori, and my sons Takanori and Takanao—provided a constant source of encouragement, and helped me in more ways than they can ever imagine. My gratitude to them is immeasurable.

Kyoto, January 2003 Takamichi Fukita

Abbreviations*

Series and Periodicals

AAWG = *Abhandlungen der Akademie der Wissenschaften in Göttingen*, Philosophisch-historische Klasse.

ADAW = *Abhandlungen der Deutschen Akademie der Wissenschaften zu Berlin*, Klasse für Sprachen, Literatur und Kunst [bis Jahrg. 1949: Philosophisch-historische Klasse].

BBu = *Bibliotheca Buddhica*, St. Petersburg 1897ff.

BSOAS = *Bulletin of the School of Oriental and African Studies*, University of London, London.

Grundr = *Grundriss der indo-arischen Philologie und Altertumskunde*, Strassburg 1896–1920.

IndTib = *Indica et Tibetica*, Bonn.

JA = *Journal Asiatic*, Paris.

JAOS = *Journal of the American Oriental Society*, New Haven.

JIBS = *Journal of Indian and Buddhist Studies* (*Indogaku Bukkyōgaku Kenkyū*), Tokyo.

JRAS = *Journal of the Royal Asiatic Society of Great Britain and Ireland*, London.

Or.Gand = *Orientalia Gandensia*, Gent.

PTS = Pali Text Society, London.

SOR = *Serie Orientale Roma*, Roma.

STT = *Sanskrittexte aus den Turfanfunden*. Hrsg. im Auftrage der Deutschen Akademie der Wissenschaften zu Berlin, Institut für Orientforschung, von E. Waldschmidt. Ab Nummer X erschienen in der Reihe der *AAWG*.

VKSKS = *Veröffentlichungen der Kommission für Sprachen und Kulturen Südasiens*, Wien.

VOHD = *Verzeichnis der orientalischen Handschriften in Deutschland*, Wiesbaden.

---

* In general, abbreviations follow the system established by the Sanskrit-Wörterbuch der buddhistischen Texte aus den Turfan-Funden.

ZDMG = *Zeitschrift der Deutschen Morgenländischen Gesellschaft*, Leipzig, später Wiesbaden.

Texts, Reference works, and Canons

AKUp = Śamathadeva, *Abhidharmakośaṭīkopyikā*, Q 5595, D 4094.

Balk, Uv(2) = M. Balk, *Untersuchungen zum Udānavarga*, Unter Berücksichtigung mittelindischer Parallelen und eines tibetischen Kommentars, Bonn 1988 (Dissertation).

BHSD = F. Edgerton, *Buddhist Hybrid Sanskrit Grammar and Dictionary*, vol. 2: Dictionary, New Haven 1953.

BHSG = F. Edgerton, *Buddhist Hybrid Sanskrit Grammar and Dictionary*, vol. 1: Grammar, New Haven 1953.

Brough (1954) = J. Brough, "The Language of Buddhist Sanskrit Texts," *BSOAS* 16 (1954), p. 365,

Burrow (1937) = T. Burrow, *The Language of the Kharoṣṭhi Documents from Chinese Turkestan*, Cambridge 1937.

CPD = D. Andersen, H. Smith, H. Hendriksen etc., *A Critical Pāli Dictionary*, Begun by V. Trenckner, Vol. I ff., Copenhagen 1924ff.

CPS = E. Waldschmidt, *Das Catuṣpariṣatsūtra, Eine kanonische Lehrschrift über die Begründung der buddhistischen Gemeinde. Text in Sanskrit und Tibetisch, verglichen mit dem Pāli nebst einer Übersetzung der chinesischen Entsprechung im Vinaya der Mūlasarvāstivādins, auf Grund von Turfan-Handschriften hrsg. und bearbeitet*, Teil I–III, Berlin 1952, 1957, 1962 (*ADAW* 1952 Nr. 2, 1956 Nr. 1, 1960 Nr. 1).

D = *The Tibetan Tripitaka*, Taipei Edition, Taipei 1991.

DA = T. W. Rhys Davids, J. E. Carpenter, *Sumaṅgalavilāsinī (Dīghanikāya-aṭṭhakathā)*, 3 Vols. PTS 1886–1932.

DĀ(U.H.) = J.-U. Hartmann, *Untersuchungen zum Dīrghāgama der Sarvāstivādins*, Göttingen (unveröffentlichte Habilitationsschrift).

Daśo = K. Mittal, *Dogmatische Begriffsreihen im älteren Buddhismus, I: Fragmente des Daśottarasūtra aus zentralasiatischen Sanskrit-Handschriften* [I–VIII], und D. Schlingloff, *Dogmatische Begriffsreihen im älteren Buddhismus, Ia: Daśottarasūtra IX-X*, Berlin 1957, 1962 (*STT* IV und IVa).

Dietz (1993) = S. Dietz, "The Language of the Turfan and Gilgit Buddhist

Sanskrit Texts," *Studien zur Indologie und Buddhismuskunde, Festgabe des Seminars für Indologie und Buddhismuskunde für Professor Dr. Heinz Bechert*, hrsg. von R. Grünendahl, J.-U. Hartmann, P. Kieffer-Pülz, *IndTib* 22 (1993), pp. 77–100.

Divy = E. B. Cowell, R. A. Neil, *Divyāvadāna*, Cambridge 1886.

DN = T. W. Rhys Davids, J. E. Carpenter, *Dīghanikāya*, 3 Vols., PTS 1890–1911.

Edgerton (1946) = F. Edgerton, "Meter, Phonology, and Orthography in Buddhist Hybrid Sanskrit," *JAOS* 64 (1946).

Enomoto (1998) = F. Enomoto, "'Konponsetuissaiubu' to 'Setuissaiubu' (Mūlasarvāstivādin and Sarvāstivādin)." *JIBS* 47, No. 1 (1998), pp. 400–392.

Enomoto (2000) = F. Enomoto, "'Mūlasarvāstivādin' and 'Sarvāstivādin'". *Vividharatnakaraṇḍaka: Festgabe für Adelheid Mette*, Hrsg. von C. Chojnacki, J.-U. Hartmann und V. M. Tschannerl, *IndTib* 37, Swisttal-Odendorf (2000), pp. 239–250.

Enomoto (2001) = F. Enomoto, "Zōagongyō no Yakusyutsu to Genten no Yurai (On the Translation of the *Saṃyuktāgama* 雜阿含經 into Chinese and its Indic Origin)," *Bukkyō Bunka no Kichō to Tenkai: Ishigami Zennō Kyōju Koki Kinen Ronbunshū (Basis and Evolution of Buddhist Culture: Essays in Honour of Professor Zennō Ishigami on His Seventieth Birthday)*, Tokyo 2001, vol. I, pp. 31–41.

FakSHT = E. Waldschmidt, *Faksimile-Wiedergaben von Sanskrithandschriften aus den Berliner Turfanfunden I: Handschriften zu fünf Sūtras des Dīrghāgama*, Unter Mitarbeit von W. Clawiter, D. Schlingloff und R. L. Waldschmidt hrsg., The Hague 1963.

Filliozat (1954) = J. Filliozat, Compte rendu: F. Edgerton, BHSG, BHSD, *T'oung pao*, XLIII (Leiden 1954), pp. 147–171.

Fukita (1982) = T. Fukita, "Bonbun 'Daihongyō' Engisetsu no Fukugen ni tsuite (On a Restoration of the Pratītyasamutpāda in the Mahāvadānasūtra)," *The Bukkyō Shigaku Kenkyū (Journal of the History of Buddhism)*, vol. 24, No. 2 (1982), pp. 26–43.

Fukita (1986) = T. Fukita, "On and around Hybrid Sanskrit in the Mahāvadānasūtra and Saṅghabhedavastu," *JIBS* 35, No. 1 (1986), pp. 490–488.

Fukita (1987) = T. Fukita, "Vipaśyin-Butsu Ichie Sōgya no Ninzū o megutte, – Bonbun 'Daihongyō' Dai Jusshō Kessonbubun no Fukugen – (On the Number of Bhikṣus in Buddha Vipaśyin's First Saṅgha, –A Reconstruction of the Lost Part in Chapter X of the Mahāvadānasūtra –)," *Jōdo-shū Kyōgakuin Kenkyūsho-hō (Journal of the Theological Research Institute of the Jōdo-shū sect)*, vol. 9 (1987), pp. 22–26.

Fukita (1988) = T. Fukita, "'Daihongyō' to 'Hasōji' ni miru Kyōtsū no Dentō to Chihōteki Hensen (Common Tradition and Local Development of the Mahāvadānasūtra and the Saṃghabhedavastu), Tokuni Bosatsu-tanjō-densetsu o chūshin to shite," *Hōnen Gakkai Ronsō (Journal of the Group in Hōnen Studies)*, vol. 6 (1988), pp. 5–22.

GBM(Fac.Ed.) = R. Vira and L. Chandra, *Gilgit Buddhist Manuscripts (Facsimile Edition)* Part 1–10, New Delhi 1959–1974, (Śata-Piṭaka Series 10).

Geiger, Pali = W. Geiger, *Pāli, Literatur und Sprache*, Strassburg 1916 (*Grundr* I, 7).

GM = N. Dutt, *Gilgit Manuscripts*, Vol. III. 1–4, Calcutta, Srinagar 1939–1959.

GPRG = A. Yuyama, *A Grammar of the Prajñā-pāramitā-ratna-guṇa-saṃcaya-gāthā*, Canberra 1973.

Hoernle, MR = A. F. R. Hoernle, *Manuscript Remains of Buddhist Literature Found in Eastern Turkestan*, Oxford 1916.

Honjō (1984) = Y. Honjō, *A Table of Āgama-Citations in the Abhidharmakośa and the Abhidharmakoṣopāyikā*, part 1, Kyoto 1984.

Johnston (1932) = E. H. Johnston, "The Gopālpur Bricks," *JRAS* (1938), pp. 547–553.

Lal = S. Lefmann, *Lalitavistara*, 2 vols., Halle 1902–1908.

Lévi (1932) = S. Lévi, "Manuscrits Sanscrits de Gilgit et de Bamiyan," *JA* T.220 (1932), p. 13ff.

MAV I, II = E. Waldschmidt, *Das Mahāvadānasūtra, Ein kanonischer Text über die sieben letzten Buddhas. Sanskrit, verglichen mit dem Pāli. Nebst einer Analyse der in chinesischer Übersetzung überlieferten Parallelversionen.* Auf Grund von Turfan-Handschriften hrsg., Teil I–II, Berlin 1953, 1956 (*ADAW* 1952 Nr. 8, 1954 Nr. 8).

MAV(F2) = T. Fukita, "How Many People Joined the First Sannipāta of Vipaśyin ?," *Bauddhavidyāsudhākaraḥ, Studies in Honour of Heinz Bechert*, Eds. P. Kieffer-Pülz and J.-U. Hartmann. Swisttal-Odendorf 1997 (*IndTib* 30), pp. 153–163.

MhMVR(T) = S. Takubo, *(Ārya-)Mahāmāyūrīvidyārājñī*, Tokyo 1972.

MPS = E. Waldschmidt, *Das Mahāparinirvāṇasūtra, Text in Sanskrit und Tibetisch, verglichen mit dem Pāli nebst einer Übersetzung der chinesischen*

Entsprechung im Vinaya der Mūlasarvāstivādins, auf Grund von Turfan-Handschriften hrsg. und bearbeitet. Teil I–III. Berlin 1950–1951 (*ADAW* 1949, Nr. 1, 1950 Nr. 2 und 3).

Murakami (1973) = S. Murakami, "Sansukurittobon Jōyūkyō (nagara) – Jusshi Engi to Jūnishi Engi (sonoichi) (The Sanskrit Text of the Nagarasūtra – the Ten-fold and Twelve-fold Pratītyasamutpāda, part one)," *Bukkyō kenkyū (Buddhist Studies)* III (1973) pp. 20–47.

Mvy = R. Sakaki, *Mahāvyutpatti*, 2 vols., Tōkyō 1926.

NagSū = G. Bongard-Levin, D. Boucher, T. Fukita , K. Wille, "The Nagaropamasūtra: An Apotropaic Text from the Saṃyuktāgama." A Transliteration, Reconstruction, and Translation of the Central Asian Sanskrit Manuscripts, *Sanskrit-Texte aus dem buddhistischen Kanon: Neuentdeckungen und Neueditionen*, Dritte Folge. Göttingen 1996 (*SWTF*, Beiheft 6), pp. 7–131.

Pischel = R. Pischel, *Grammatik der Prakrit-Sprachen*, Strassburg 1900 (Grundr I, 8).

PravrV(N) = V. Näther, *Das Gilgit-Fragment Or. 11878A im Britischen Museum zu London*, Marburg 1975 (Dissertation).

PravrV(3) = C. Vogel, K. Wille, "The Final Leaves of the Pravrajyāvastu Portion of the Vinayavastu Manuscript Found Near Gilgit, Part 1: Saṃgharakṣitāvadāna," edited by V. Näther, revised and translated by C. Vogel and K. Wille. In: *Sanskrit-Texte aus dem buddhistischen Kanon: Neuentdeckungen und Neueditionen*, Dritte Folge, Göttingen 1996 (*SWTF*, Beiheft 6), pp. 241–296.

PrMoSū = G. von Simson, *Prātimokṣasūtra der Sarvāstivādins*, Nach Vorarbeiten von E. Lüders und E. Härtel hrsg. T. II: Kritische Textausgabe, Übersetzung, Wortindex sowie Nachträge zu T. 1, Göttingen 2000 (*STT*, XI. *AAWG* 238).

PTSD = T. W. Rhys Davids, W. Stede, *The Pali Text Society's Pali-English Dictionary*, London 1921–1925.

Q = D.T. Suzuki, *The Tibetan Tripiṭaka, Peking Edition* (repr.), 168 Vols., Tokyo, Kyoto 1965–1961.

Regamey (1954) = C. Regamey, "Randbemerkungen zur Sprache und Textüberlieferung des Kāraṇḍavyūha." *Asiatica (Festschrift Weller)*, Leipzig 1954, pp. 514–527.

Saṅg = V. Stache-Rosen, *Das Saṅgītisūtra und sein Kommentar Saṅgītiparyāya*. Nach Vorarbeiten von K. Mittal bearbeitet, Berlin 1968 (Dogmatische Begriffsreihen im älteren Buddhismus, II = *STT*, IX).

SBV I, II = R. Gnoli, *The Gilgit Manuscript of the Saṅghabheda-vastu, Being the 17th and last Section of the Vinaya of Mūlasarvāstivādin* Part I and II, Roma 1977, 78 (*SOR* 49.1,2).

SHT = *Sanskrithandschriften aus den Turfanfunden*, Teil I ff., hrsg. von E. Waldschmidt, H. Bechert, Wiesbaden/Stuttgart 1965 ff. (*VOHD* X, 1 ff.).

SN = L. Feer, *Saṃyutta-Nikāya*, 5 Vols., PTS 1884–1898; vol. 6 (Indexes, by C. A. F. Rhys Davids), 1904 (PTS).

SWTF = *Sanskrit-Wörterbuch der buddhistischen Texte aus den Turfan-Funden.*

T = *Taishō Shinshū Daizōkyō* or *Taishō Issaikyō*, 100 vols. Tōkyō 1924 ff.

TTT VIII = A. von Gabain, *Türkische Turfan-Texte VIII*, Berlin 1954 (*ADAW* 1952,7)

Uv = F. Bernhard (Hrsg.), *Udānavarga* Bd. I, II, Göttingen 1965, 1968 (*AAWG* 54).

v. Hinüber (1982) = O. von Hinüber, "Upāli's Verses in the Majjhima-nikāya and the Madhyamāgama," *Indological and Buddhist Studies, Volume in Honour of Professor J. W. de Jong on his Sixtieth Birthday*, eds. L. A. Hercus et al., Canberra 1982, pp. 245 ff.

v. Hinüber (1986) = O. von Hinüber, *Das ältere Mittelindisch im Überblick*, Wien 1986 (*VKSKS* Heft 20).

Vin = H. Oldenberg, *Vinayapiṭaka*, 5 Vols., PTS 1879–1883.

v. Simson (1985) = G. von Simson, "Stil und Schulzugehörigkeit buddhistischer Sanskrittexte", *Zur Schulzugehörigkeit von Werken der Hīnayāna-Literatur* Pt. 1 (Symposien zur Buddhismusforschung III, 1), hrsg. von Heinz Bechert, Göttingen 1985 (*AAWG* 3. Folge, No. 149), pp. 76–93.

Whitney, Grammar = W. D. Whitney, *Sanskrit Grammar*, Cambrige, Mass.

Yuyama (1978) = A. Yuyama, "Mahāvastu-Avadāna ni kansuru Shoshigaku teki Zatsuroku (6) (A Bibliographical Note on the Mahāvastu-Avadāna)," *Meichotūsin* 19 (1978, 4) pp. 15–14.

Introduction

It has been over half a century since Ernst Waldschmidt published his series of restorations of Dīrghāgama texts from Northern Turkestan. Waldschmidt was highly praised for his method of restoration, which compared fragments recovered from Northern Turkestan with the extant Pāli version and with the Tibetan and Chinese translations, and it is no exaggeration to say that his research, particularly in the area of text-critical studies of the Āgamas, set the direction for all future restorations of Central Asian Sanskrit Buddhist texts. Even now, when scholars have only small fragments to work from and the major portion of the texts from which these fragments came is missing, the basic approach to restoration work is essentially that of Waldschmidt, despite various areas of progress since his time.

The present volume, a new restoration of the Mahāvadānasūtra, follows the basic lines of Waldschmidt's methodology, and may thus be regarded as a reworking of his Das Mahāvadānasūtra II (MAV II), published in the early 1950s. The areas of revision are significant, however, stemming from important developments in the study of Central Asian Buddhist texts that have occurred since Waldschmidt's seminal work.

As Waldschmidt was developing his approach in the mid-twentieth century, a new direction in the text-critical study of Buddhist Sanskrit was emerging. In the same year that MAV I appeared, Franklin Edgerton published his Buddhist Hybrid Sanskrit Grammar and Dictionary, opening new ground in Buddhist textual studies and giving rise to a vigorous debate among Buddhist Sanskrit scholars (carried out principally in the pages of book reviews) regarding the relative merits of Edgerton's approach.[1] In an earlier study, Waldschmidt produced a restoration of the Mahāparinirvāṇasūtra, and

---

[1] Yuyama (1978) has compiled a list of these reviews. H. Lüders was an early and influential proponent of the view that Prakrit was the original linguistic base from which "mixed Sanskrit" arose (cf. Hoernle, MR, pp. 161–162). Following Lüders's basic assumption, Edgerton concluded that all nonstandard Sanskrit forms should be grouped together under the rubric of Buddhist Hybrid Sanskrit. Waldschmidt and others, however, felt that Edgerton was too hasty in his conclusions. Cf. MAV II, pp. 59–62; Brough (1954), pp. 353, 367; Regamey (1954), pp. 521–523; Filliozat (1954), pp. 154–155.

Edgerton criticized the way in which the Sanskritization had been done. Waldschmidt had indeed used the rules of Classical Sanskrit for sandhi, declension, conjugation, and meter in his textual editing, and even after Edgerton's criticism he continued with this approach, outside of certain minor alterations.

The issue of Sanskritization is subtle but important. The fact that the majority of the Sanskrit documents unearthed in Northern Turkestan are fragments renders the task of producing texts of the quality expected in a critical edition nearly impossible. When attempting to restore complete texts based on fragments coming entirely from Northern Turkestan, scholars are compelled to assemble materials differing in orthography, place of discovery, and date of transcription, and must deal with textual dissimilarities resulting from the evolution of Sanskrit over the centuries, variations in the way scribes dealt with sandhi and nasals, and so forth. One cannot simply patch together such disparate pieces and come up with a complete restoration. In that sense, Waldschmidt's method of first publishing accurate transcriptions of the materials and then producing restorations based on the standard of Classical Sanskrit is in fact a rational approach, since it allows scholars to compare the two versions. As Waldschmidt himself explained when commenting on Edgerton's position in the foreword to his MAV II, his Sanskritized restorations are textual interpretations intended for scholars of Buddhist studies, while the transcription materials are provided for those with linguistic interest in phonology, meter, and the like. Present-day scholars should have no difficulty understanding the desire to provide something that the greater world of Buddhist scholarship could utilize.

However, a close look at MAV II reveals that Waldschmidt was unable to remain completely faithful to his own policy, as in his handling of the geya that appear after each paragraph in the MAV. Most of these geya are in the triṣṭubh-jagatī meter, but in editing them Waldschmidt was unable to maintain the sandhi rules of Classical Sanskrit. Because of the requirements of meter, there are many places where Waldschmidt had to leave the readings just as he found them in manuscripts, many of which differed because they were unearthed from different places and times and show different orthography. Furthermore, because he usually rewrote the permitted finals of words, changing them to fit the rules of Classical Sanskrit when there were no requirements of meter, he ended up publishing what modern Buddhologists might wish to call the last Buddhist Hybrid Sanskrit text ever produced.

In his review of Waldschmidt's MAV, Edgerton wrote that, according to his own theory, the triṣṭubh-jagatī meter (used exclusively by the MAV) is such that when two light syllables are in the first, fourth, or fifth position they may be read as heavy, but when they are in the second, eighth, or tenth position they may not. On this basis he severely criticized Waldschmidt's edition as "arbitrary" and "inconsistent." Setting aside the plausibility of Edgerton's theory, what his review made abundantly clear was that in Waldschmidt's reconstructed texts, the Sanskritization was not consistent, especially in the verse sections.

While Waldschmidt, as noted above, consulted in his later work Edgerton's Buddhist Hybrid Sanskrit Dictionary, he never changed his basic standpoint. These two approaches have thus remained in opposition, leaving us, in the case of the MAV, with the legacy of an edited text symptomatic of the confusion associated with critical editions of Buddhist Sanskrit texts from Northern Turkestan. Today, some fifty years later, we are still faced with the question of what editorial guidelines are to be followed in creating a new edition or new restoration of the MAV.

First of all, we must remember that Waldschmidt, in producing his restored scripture, did not select any one manuscript as a base text, but instead created a patchwork out of fragments from different manuscripts. This led him to separate his materials into two basic categories: *principal* (Die Haupthandschriften: SHT 399 [=S 360], SHT 9 [=TM 361], SHT 400 [=S 362], and SHT 498 [=S 364]) and *supplementary* (Ergänzende Bruchstücke von Handschriften), with quantity of information being the chief criterion for classifying a manuscript as principal.

When we have relatively complete manuscripts, like those from Nepal, it makes sense to use criteria of quality and age to select a base or principal text, but Waldschmidt was unable to use this approach for the MAV since only fragments are extant. I feel that he was correct, therefore, in giving prominence to manuscript materials of the greatest quantity. What I object to is designating a plurality of texts of different provenance to fulfill this role. Manuscript SHT 399 retains by far the greatest amount of its original material as has therefore been chosen as the base text in this study. This manuscript, discovered in the Nāgarāja-Hole region of Sorcuq (now part of China) during the third Turkestan Expedition by Le Coq, is in fact a bundle of Dīrghāgama materials, including significant amounts of the CPS, MAV, and MPS. Because of the amount of material it contains, SHT 399 allowed us to examine linguistic forms used in the MAV that appear in other texts as well.

All other manuscripts were considered supplementary materials. The purpose of this approach was both to reflect properly the contents of the basic text and to avoid producing a Sanskritized text. That is, we were not attempting to restore the MAV, but only to restore what we selected as a base text edition of the MAV, and in this task we drew freely from the other fragmentary manuscripts.

Manuscripts SHT 400 and SHT 498, which Waldschmidt relied upon extensively, were also found at Nāgarāja-Hole in Sorcuq and use the same script-type as SHT 399, but employ a separate set of rules for sandhi and the orthography of nasals, etc. Although they provide valuable supplementary information for missing parts of SHT 399, we cannot accord them main-text status, since they differ from SHT 399. We cannot secure positive evidence to show that these manuscript fragments appear to be copies of SHT 399, or to be copies of MS from which SHT 399 had been copied.[1]

Important supplemental information is also provided by SHT 9 (=TM 361), discovered on the fourth expedition in Tumshuq near Maralbashi, but as it was found some 700 kilometers from Sorcuq, the sandhi rules and nasal usage differ from those in SHT 399. Another valuable fragment is SHT 685, many folios of which are confirmed as MAV. This is a very large fragment, containing parts of Daśo, Saṅg, CPS, MAV, and MPS, but since the right half of the fragment is largely missing and the place of discovery is unknown, it too cannot serve as a main text. Having said that, though, we must nevertheless recognize SHT 685 as an extremely valuable source for the creation of a new edition.

There are, in addition, many small fragments identified as MAV that have been discovered since the publication of MAV II. These fragments, identified by Klaus Wille and Jens-Uwe Hartmann, are to be found not only in the Turfan Collection (Berlin), but also in the Pelliot Collection and Hoernle Collection (London). There are fragments preserved in St. Petersburg as well.[2]

The restored text in the present volume is therefore intended as a critical edition of the MAV based on SHT 399, its most complete extant manuscript. On the left-hand page is the restored form of the SHT 399 manuscript, a restoration aided by the use of information, appearing in italics, taken from other relevant manuscripts (appearing on the right-hand page) to fill its lacunae. The goal of this approach is to produce a restoration of this particular manuscript rather than the reconstruction of an ideal Sanskrit text.

In preparing the present work we have also referred to the Saṅghabhedavastu, which has overlaps with the MAV, but which Waldschmidt rejected as

---

[1] H. Matsumura found that MS (SHT 510) and SHT 399 share the same source (cf. MSuAv, pp.xxii-xxiii). However, no material from MAV is extant within this MS.

[2] Cf. parts III and IV of chapter 3 below, which lists all manuscripts of the MAV found in Northern Turkestan. The generous help of K. Wille, J.-U. Hartmann, and G. M. Bongard-Levin regarding these newly identified fragments, shared with me before the publication of their own work, was invaluable for completing this study.

a resource because the protagonist is Śākyamuni, and not Vipaśyin as in the MAV.[1] Our consideration of the above fragments and the parallel passages in the Saṅghabhedavastu has made it clear that there are two recensions of the MAV. What we are calling Recension I is based on SHT 399 and related fragments, and Recension II is based on the text as it appears in the Gilgit manuscript of Saṅghabhedavastu.[2] We have also separated out those manuscripts containing passages that are parallel with what is found in the MAV but were mistakenly identified as MAV materials by Waldschmidt.

In conclusion, it is worth noting that of the two possible ways to handle words relevant to the restoration of the base text but found outside of it—either leaving them in their original form[3] (regardless of whether they match the relevant context found in SHT 399) or converting them into classical Sanskrit—we have chosen the former approach. In the light of our discussion above, we elected not to pursue Sanskritization as long as there was no violation of the relevant base-text syntax, but to represent the words as they appear in the original manuscripts. There are footnotes to variant forms and readings as they appear in the restored text, but the readers are also advised to check the full transcription on the right-hand page whenever they encounter a word in italics, which, as mentioned above, indicates that it was taken from a source outside of SHT 399.

[1] See the Introduction to SBV I. It is interesting that in creating his restored text in MAV II, Waldschmidt ignored the Saṅghabhedavastu but did refer to a Pāli version and Chinese translations of the MAV, despite the fact that these works are from different schools. In his restorations of the MPS and CPS, Waldschmidt used the Tibetan Kṣudrakavastu and Saṅghabhedavastu quite effectively, as they contain materials nearly identical to those texts.

[2] What I call Recension II is a series of parallel phrases found in documents corresponding to Vinaya materials long attributed by scholars to the *Mūlasarvāstivāda school, and thus called Mūlasarvāstivāda-type. Recently, however, I have come to feel that use of the name *Mūlasarvāstivādin to designate this school is inappropriate, as it may well be a regional or temporal variant of the Sarvāstivādin tradition (Fukita 1986,1988). This viewpoint is supported by the fact that the Chinese monk Wukong (悟空), who traveled to India in the late eighth century C.E., reported that he had studied the "Mūla-Vinaya (根本律儀)" of the Sarvāstivāda school (薩婆多學) at a Northern Indian temple, and then commented that what is called "Mūlasarvāstivādin" in China (唐言根本説一切有) is known simply as "Sarvāstivādin" in India (T 780, vol. 17, p. 716a.15ff.). Even F. Enomoto, who long argued for the existence of the Mūlasarvāstivādin, has largely accepted this view (1998, 2000). Noting, however, that the Dazhidulun (大智度論) mentions two types of Sarvāstivādins, each with its own Vinaya, he proposes that what were formerly called the Mūlasarvāstivādin be relabeled as the "Central Sarvāstivādin" (2001). I believe that such a categorization is premature. At present the most we can say is that, in contrast to the MAV MSS written in Northern Turkestan Bhrāhmī, the Recension II MSS, written in Turkestan Gupta-type, resemble more the Sarvāstivāda literature found in the Gilgit/Bamiyan area. As the amount of Gilgit/Bamiyan material grows, this issue should become clearer, but in the meantime it seems prudent to use the name Recension II instead of assigning the materials to a particular school.

[3] As G. von Simson has said, even though the patchwork approach that mixes words from different fragments is not ideal, it is the only honest way to restore a text. Cf. PrMoSū, pp. 14–15.

Transcription of the Base Manuscript SHT 399

Preliminary Remarks: This is a retransliteration of SHT 399, the base manuscript used for this study, and corresponds to Lü-No. S366 in MAV I. I have used the symbols and marks of present convention, which are listed below. In general, only points pertinent to the restoration have been noted.

Symbols Used

\+ lost akṣara

.. illegible akṣara

. part of an illegible akṣara

( ) restored akṣara(s)

[ ] damaged akṣara(s)

⟨ ⟩ omitted akṣara(s)

⟨⟨ ⟩⟩ interlinear insertion

{ } superfluous akṣara(s)

{{ }} erased akṣara(s)

/// beginning or end of fragment when broken

’ avagraha, not written in the MS

○ space for the string hole

* virāma

• punctuation mark

: visarga used as punctuation

|| double daṇḍa

(/) restored daṇḍa

Transcription

1 Folio [1]13 recto

5 ktānāṃ rājagṛ[h]a[k]ānāṃ manu[ṣy]. + yat tad abhūd unma + + + + + + + + + + + + + [t]am* | | | | [e]vaṃ [ma]yā .[r]. + + [kasm]iṃ .. .. ye .. +

6 [v]āṃ śrāvastyāṃ [v]iharati jetavane a + thapiṇḍadārā .[e] + + + + + + + + + + ... [ṇḍa]la[v]. + + + + .. + + + + + +

2 Folio [1]13 verso

1 nām ayam e[va]ṃrūpo 'bhūd antarākath. + mudāhāraḥ ā + + + + + + + + + + + + + + + + [sam]yaksaṃbuddheṣu atit. + + + + [t]. .[u] + + + + + +

2 nnapuṭeṣu niṣpra[p]aṃceṣu pra[p]aṃ + + teṣu parinir[vṛ] + + + + + + + + + + + + + + + + .. tmaṃ jñānadarśanaṃ pravartat.• [e] + + [l]ā ba[ta t]e .. [d].[ā bha] .. +

3 to babhūvur ity api evaṃdharmāṇ. ○ evaṃ[pr]. + + + + + + + + + + + + + + + + + + + bata te buddhā bhagavanto babhū + [r]. ty a[p]i• kiṃ nu bha .. [va] .. ..

4 rmadhātuḥ supratividdhaḥ ā[h]o s[v]i ○ d deva .. + + + + + + + + + + + + + + + + + .yaksaṃbuddheṣu atītāṃśabhā .. .. + [ṣu ch]innava .. + + + +

5 ṭeṣu niṣprapaṃceṣu prapañcā .. [te]ṣu pa[r]. nirvṛte .. + + + + + + + + + + + + + + + + + + [jñ]. nadarśanaṃ pravartate evaṃśīlā bata [t]e bu[d]. + + + + + +

6 [vu]r ity apy evaṃdharmāṇa evaṃ + + evamabhi[j].[ā] + [ba]bhūvur ity api• [i]yaṃ + + .. + + + + + + + +

3 Folio [1](1)[4][1] recto

1 + + k. maṇḍalavāṭe saṃ[n]iṣaṇṇānāṃ sann[i]patitānā⟨⟨[2][m a] + + + + + + + + + + + + [d].[agavāṃ] divāvihāropagato divyena ś.otreṇa [vi]ś[u]ddhenātikrāntamā + + + + + + [pu]nas tasmāt samādher vyu .. [ya] yena karīrikamaṇḍala .. ṭas tenopajagā[ma] up. tya pura[3]stād bhikṣusaṃghasya prajñaptevāsanne nyaṣidat* niṣadya bha .. [v]ā bhikṣ[ū]n āmantrayati kā + + + + + + + + + + + + [bh]. kṣūṇāṃ karīrakamaṇḍalavāṭe saṃni[ṣaṇṇā]nāṃ saṃnipati + + + + [rā] + thā viprakṛtā kayā cā ..[4] katha .[ai]tarhi + n.i + ṇṇā

[1] MAV I reads this folio number *1(14).*
[2] An interlinear insertion under the first line (3.1a) starts here.
[3] An interlinear insertion under the second line (3.1b) starts here.
[4] Possibly read *cā[p](i)*? MAV I reads *c=ā[tha].*

+ + + [t]. [t]. [1]ihāsmākaṃ bhadanta⟩⟩m a[y]. + + + [p]. ’bhūd antarākathāsa .. dāhāra + + + + [y]uṣma(ṃ)t[o] yāva[c ca] bhagavataḥ [a]tīt. ṣu samya.[s]. ..

2 ddh[eṣ]u atītāṃśabhāvagateṣu chinnava + su chinnapuṭe + + + + + + [p]rapañcātīte[ṣ]u parinirvṛteṣu + + + keṣu nirāśiṣe[ṣ]u evaṃ sam[y]a[k p].[atyā]tmamaṃ jñā[na]darśa

3 naṃ pravartate evaṃśīlā bata te ○ buddhā [bh]. + + [nt]. .. + + r. ty api evaṃdharmāṇa evaṃprajñā eva .. + + + [va]ṃ[v]i .. ktaya evaṃ + + [r]. .[o bata te] buddhā bha

4 gavanto babhūvur ity api• kiṃ nu bha ○ gavato + .[m]. dhātu(ḥ) .[u]prativid[dh]a [ā]ho svid devatā āroca .. + + + + + + + syātøāeṣu sam[y]a .s. bu .. .. +

5 tāṃśabhāvagateṣu chinnavartmasu [chi]nnapuṭeṣu niṣprapañceṣu prapañcā .. .. .. parinirvṛteṣu kāruṇi[ke] + + + + + + .. vaṃ samyak pratyā[tm]. + + + + +

6 p[r]avarta[t]e evaṃśīlā bata te buddhā bhagavanto babhūvur ity api evaṃ[dha]r.. .. .. .. prajñā [evamabhij].ā +

4 Folio [1](1)[4] verso

1 bhūvur ity api• iyam asmākaṃ bhadaṃta sa[ṃ]hulānāṃ bhikṣūṇāṃ karīr[ika]ma[ṇḍa]lavāṭe sa(ṃ)niṣa(ṃ)[ṇ]. + + + + + + + + + + + + + .r. .ṛ + + .. + + + + +

2 thayā etarhi saṃniṣaṃṇāḥ saṃnipatitā api me bhikṣavo dharmadhātuḥ s[u] .r. .. [v]iddha api me devatā āroca + + + + + + + [ma]t[ā] tasmā[d] ida[m u] .y. [te | |] + +

3 kathā dhārmikī arthasaṃhitā u ○ dāhṛ[t]ā maṇḍa[la] .āṭabhikṣubhiḥ aśrauṣīd divyena hi śrotra[dh]ā .. + + + + + .[o]paga[t]o mahā[m]u .. ..[y]. .. [śr].

4 treṇa niśāmya śāstā upāgato ○ maṇḍa[l]. + .. [bhi] + .. nyaṣīdat sa hi bhikṣugaṇasya madhye + + + + .dr. .tr. .. śeṣu madh[y]e .. .[r]. ti[v]i .. [dharmadhātu]r bu

5 d.enādityabandhunā• yenābhyatītāṃ .. nāti saṃbuddhāṃ [d]v[i] + + + + + + + nāmā evaṃjātyā evaṃgotrāś ca .e + + + yathā yathā ca [te] āsa[m] sarv[e] vyākṛta[vā](ṃ) muni

6 + + + nādīrghāyuṣo de[v]ā varṇavanto yaśasvinaḥ eva[m]. + + + ty arthaṃ saṃbuddhānāṃ yaśas[v]inā(ṃ)* + + ..ṃ dharmadhātuḥ s[u]p[r]a[ti]vid.a[ḥ] itaḥ sa [e] .. + +

---

[1] An interlinear insertion under the third line (3.1c) starts here.

5 Folio 1[15] recto

1 .. .. [lp]. + + + + + + .y. samyaksaṃbuddho l[o]ke utpannaḥ ita + + ///
2 bhadrakalpe [c]. .v. + + + + buddhā loke utpannā krakasundaḥ ka + + ///
3 kaś ca ka[l].[o] + + + + + + [ya] ○ dā vipaśyī udapādi + + ///
4 bhu ..ṃ + + + + + + + [v]. ○ n[ā]yakāḥ krakasu[n].. + ///
5 ddha + [a] + + + + + + [s]r[ā]ṇy āyuṣpramāṇam abhūt* śikhinaḥ sa + ///
6 [d]. .[y]. catvār[iṅ]śat[* kanakam]une[ḥ] samyak.aṃbu[d].asya tri[ṅś]at* kāśya ///

6 Folio 1[15] verso

1 [ṇ]. .. myaks. kh[e] .. [par]ipri .. mā[ṇ].m [i]ya[m a]tra dha .. tā ta .m. d idam uc[y]. ///
2 [sa] + + .. + + + + + + bhujo jinasya 1 catvāriṃśat k[r]akasundasya ś[ā] + ///
3 kya[m]u + + + + + + + + + sa ○ myaksaṃbuddhaḥ kṣatriyo .. ///
4 kamuniḥ .. .[y]. + + + + m a ○ py etarhi kṣatriyā jā .. + ///
5 babhūva kṣat.i .. + + + + + [ka]naka[mun]iś ca kāśyapa etekajāt[y]. + + ///
6 + .ā + + + + + + + [k].lpāṃ niṣk.āntavāṃ cchākyakulāc ca kṣa + + ///

7 Folio 11[7][1] recto

1 + + .[u] ek[o] mahāsannip.taḥ saptatir bh. kṣusahasrāṇi• dvit[ī]yo mahāsann[i]pāta ṣaṣṭir bh. kṣusahasrāṇi• krakasundasya samyaksa(ṃ)buddhasya śrāvakān.
2 m eko mahāsannipāto babhūva cat.āriṃśad bhikṣusahasrāṇi• kanakamuneḥ samyaksaṃbuddhasya śrāvakānām eko mahāsaṃnipāto babhūva triṃśad bhikṣusaha
3 srāṇi• kāśyapasya samyaksaṃ ○ buddhasya śrāvakānām eko mahāsannipāto babhūva viṅśatir bhikṣusahasrāṇi• asmākam ap[y] e[t]. .. ..
4 nām eko mahāsaṃnipāta ardha ○ trayodaśa bhikṣuśatāni iyam atra dharmatā tasmād idam ucyate I I trayo vipaśyi[s]ya trayaḥ śi[kh]. .. ..
5 viśvabhujo jinasya• caturṇāṃ buddhānām ekaikaśa ṛṣisannipātā muninā prakāśitā 1 te saṃ[n]. [p]ātā paramārthadarśinān nāge[ṣ]u nāge .. .. + +
6 [saṃgh]ādikānām akhilā .. [tā] .i .ā[ṃ] pannadhvajānāṃ virajasām ṛjūnām* 2 I I vipaś.inaḥ [sa]m[ya] .. .. ś.. ś[r]ā .. [k]. .. .. + + + + +

8 Folio 11[7] verso

1 .. .. [m e]ko 'grya ṛddhima[tā](ṃ) [d]vi .. y. 'grya [p]rajñāvatām* śikhinaḥ samyaksaṃbuddha[s]ya abh[i]bhūḥ sa[ṃ] .. v. .[c]. .. .. [gam a] .. .. [g]r. [y]u .. [bhadra] + + + + + + +

---

[1] MAV I reads *11(7)*.

2 matāṃ dvitīyo ’grya prajñāvatām* viśvabhujaḥ samyaksaṃbuddhasya śroṇaś ca uttaraś ca śrāvakayu[g]. [m]. [bhūd a]grayugaṃ bhadrayugam eko ’grya ṛ .. .. [t].[ṃ dvi] .. + + +

3 prajñāvatām* krakasundasya sa ○ myaksaṃbuddhasya saṃjīvaś ca viduraś ca [ś]rāvakayugam abhūd agraṃ yugabhadrayugam eko ’grya ṛddh[im]. .. ..

4 jñāva[t]ām* kanakamuneḥ samya ○ ksaṃbuddhasya bhujiṣyaś ca bhikṣur uttaraś ca śrāvakayugam abhūd agrayugaṃ bhadrayugam eko ’grya ṛddh[im]. [tā](ṃ) .[v]. .. ..

5 ’grya prajñāvatām* kāśyapasya samya[k]saṃbuddhasya tiṣyaś ca bharadvājaś ca śrāvakayugam abhūd agrayugaṃ bha[d]r. yugam eko ’grya ṛddhimatā(ṃ) dvitī[yo] ’grya prajñā[va]tā[m]*

6 + .[āka]m apy etarhi śā[r]iputramau[d]galyāyan[au] bhikṣ[ū] agrayugaṃ bhadrayugam eko ’grya ṛddhimatāṃ dvitīyo ’grya prajñāvatām iyam atra dharmatā tas.[ād] i[dam]. [c].

9 Folio 1[1](8) recto

1 + .. [kh]. ṇḍaś ca tiṣyaś ca vipaśy[i]no ’gryau śikhino buddha .. [bh]ibhūḥ saṃbhavaś ca• śroṇottar[au] viśvabhujo jinasya oghātig[au] kāma[bh]aveṣv asaktau 1 [saṃ]jīva[bhikṣur vidura]

2 ś ca paṇḍitaḥ agryāv etau krakasundasya ś. stu• .u[d]dh. [s]ya ca [k]. nakamuner ihāgryau bhujiṣyo bhikṣur athottaraś ca 2 tiṣyabhara [d]vājayugaṃ maharṣe[r] .[t]. .. .. .. [ga]

3 vataḥ kāśyapasya• śāriputra ○ maudgalyā .. n[au] bhikṣū tāv etāv aṅgiraso ’graśrāvakau 3 | | vipaśyinaḥ samyaksaṃb[u] .dh. sya [a]śoko [n]āma [bh]. .. ..

4 yako ’bhūt* śikhinaḥ samya ○ ksaṃbuddhasya k[ṣ]emakāro nāma bhi[kṣu]r upasthāyako ’bhūt* viśvabhujaḥ samyaksaṃ .u[d]dh. sya upa[śā]nto [nā] + ... +

5 sthāyako ’bhūt* krakasundasya samyaksaṃbuddhasya bhadriko nāma bhikṣur upasthāyako ’bhūt* kanakamuneḥ samyaksaṃbuddhas[y]a s[v]a[s].i[ko] nā .. + + + + + + +

6 ’bhūt* kāśyapasya samyaksaṃbud[dh]as[y]a .. r[v]amitro nāma bhikṣur upasthā[y]. .o ’bhūt* asmākam apy etar[h]i .. .. .o [bh]i .. r. pa .. .. + + + + + + +

10 Folio 1[1](8) verso

1 dam ucyate | | aśoka kṣemakāraś ca u[p]. .. ntaś ca bhadrikaḥ svastikaḥ .. r[v]am[i]traś ca ānando bhavat[i] .. .. [kṣ]a[v]a e .. ma .. .. na .. + + + + + + + +

2 vaiyyāpatyakarā āsaṃ cittanimitteṣu kovidā 2 sarve kālasya k[u]śalā nimittaprativedhinaḥ sarveṣām āsra[vā] kṣī[ṇ]ā nā[s]t[i] t[e]ṣā[ṃ] .. + + + + + +

3 śyinaḥ samyaksaṃbuddhasya susaṃ O vṛttaskandho nā[ma] putro 'bh[ū]t* śikhinaḥ samyaksaṃbuddhasya atulo nāma putr[o 'bhūt]* viśvabhujaḥ sa .. [ksa]ṃbu .. +

4 suprabuddho nāma putro 'bhūt* kra O kasunda .[y]. samyaksaṃbuddhasya pratāpano nāma putro 'bhūt* kanakamuneḥ [sa]mya[k]saṃbuddhasya sā .. .. [h]o [n]ā

5 ma putro 'bhūt* kāśyapasya samyaksaṃbuddhasya [v]i[j]itasen. nāma putro 'bhūt* asmākam apy etarhi rāhulaputra i[ya]m atra dharmatā ta[sm]ā[d] i[da]m ucyate

6 + .. [sa]ṃvṛttaskandho 'tula suprabuddha pratāpan. ..rthavāho vijitaseno rāhulo bhavati saptama 1 ete putrā mahātmānaḥ śarīrānt[i]madhāriṇa[ḥ] ..

11 Folio 1[1](9) recto

1 + .. m. sravā kṣī[ṇā] nāsti teṣāṃ punarbhava 2 [| |] + + .y. naḥ samyaksaṃbuddhasya pitābhūd bandhumo nāma rājā kṣatriyo mū[r]dh[ā]bhiṣikto mātā[bhūd ba]ndh[u]vatī nāma

2 bandhumāvatī nāma nagarī rājadhānī babhūva ṛ[d]dh. + + [t]ā ca kṣemā ca subhikṣā cākīrṇabahujanamanuṣyā ca• śikhinaḥ samyaksaṃbuddha[s]ya [pi]tābhūd aru

3 ṇo nāma rājā kṣatriyo mūrdhā O bhiṣikta.. + tābhūt .rabhāvatī nāma• aruṇāvati[1] nāma nagarī rājadhānī [b]abhū .. ṛddh[ā] ca pū[rva] ..t* .. ..

4 bhujaḥ samyaksaṃbuddhasya pi O tābhūt supradīpo nā .. rājā kṣatriyo mūrdhābhiṣiktaḥ mātābhūd uttarā n[ā] .. anopamā n. [ma] .. [garī] .. ..

5 dhānī babhūva pūrvavat* krakasundasya samyaksaṃbuddhasya p.tābhūd agnidatto nāma brāhmaṇaḥ purohitaḥ mātābhūd [dh]a[na]vatī n[ā] .. .. + + .. + +

6 ye[na] kṣemo nāma rājā[bhū] .. [ma]sya + lu rājñaḥ kṣemāvatī nā[ma] + garī rājadhānī babhūva [p].rvava.* kanaka .. ne[ḥ] + .y. ..[ṃ] + .. + + + + +

12 Folio 1[1](9) verso

1 jña[da]tto nāma brāhmaṇaḥ pu[r]. [hi]taḥ + [t]ābhūd yaśovatī nāma tena + lu samayena śobho nā .. .. jā .. c ch. .. [s]y. [kh]. lu .. .ñ. .. .. .. + + + + + +

2 rājadhānī babhūva pūrvavat* kāśyapasya samyaksaṃbuddhas[y]a pi[t]ābh[ūd b]rahmadatto nāma brāhmaṇaḥ purohitaḥ māt[ā]bhūd viśākhā n[ā] .. .. + + .. + +

---

[1] MAV I reads *aruṇāvatī*.

3 yena kṛkī nāma rājābhūt kṛki ○ ṇaḥ [kha]l[u] rājñ. bār[ā] .. sī nāma nagarī rājadhānī babhūva pūrvavat* a .[ā]k. m apy etarhi .. .. ś[u]ddh[o] .. +

4 nāma rājā kṣatriyo mūrdhābhiṣi ○ ktaḥ mātā + hāmāyā .āma nagarī kapilavastur nāma rājadhānī ṛddhā ca .[ph]. [tā] + kṣemā ca su[bh]i .. .. [ākī]

5 rṇabahujanamanuṣyā ca śākyānāṃ gaṇarā .. .i + + tr. dharmatā tasmād idam ucyate | | vipaśyino buddhavarasya bandhumā pitābhava. ban[dh]. ..[t]ī .. mātā• [na]

6 .. .ī .. thā bandh. ma .ī suramyā yatra jino dhar[ma] + + + yac chiva.* buddhasya śikhinaḥ aruṇaḥ pitābhūt prabhāvatī mātā prabh[ā]ka .. sy[a] nagarī tathā

13 Folio 120 recto

1 [ruṇa]vatī suramyā aruṇasya r. jñaḥ [p]. + + + + rd. n.ḥ 2 yat supra .[ī]pa [u] + [p]ādi kṣatriyaḥ pitā abhūd viśvabhujo jinasya• mātā tathaivottara satyanā

2 mā anopamā nagarī rājadhānī 3 yad agnidatta u[d]. pādi brāhmaṇaḥ pitā a[bh]ūt krakasundasya śāstuḥ mātāpi ca dhanavatī satyanāmā kṣemo rājā kṣemāva

3 tī rājadhānī 4 yad yajñadatta ○ udapādi brāhmaṇaḥ pitā abhūt kanakamuner jinasya• mātāpi ca yaśovatī satyanāmā śobho rā[jā {{dvi}}⟨⟨ś⟩⟩]. [bhā] +

4 tī rājadhānī 5 yad brahmadatta ○ udapādi brāhmaṇaḥ pitā abhūd bhagavataḥ kāśyapasya mātāpi ca viśākhā satyanāmā kṛkī [rāth]. b[ā] .. +

5 sī rājadhānī 6 śuddhodano nāma pitā maharṣer mātā mahāmāya prabhākarasya•nagarī tathā ṛddhā sphītā suramyā kapilāh[v]ayā [yatra jino] + +

6 te [7] | | udd[ā]nam* | | kalpo 'tha .. [y]. r [jā]tiś ca gotraṃ vṛkṣāś ca pañcamā• saṃni.āto yugam upasthāyakā p[u]t[r]ā mātā pitā tathā | | dharmatā khal[u] .. .[i]ṃ .. .. .[e][1] + +

14 Folio 120 verso

1 śy. bodhisatvas tuṣitād devanik[āy]āc cyavitvā mātuḥ kukṣāv avakrāmati atyartha(ṃ) tasmi[ṃ] samaye mahā[p]ṛth[i]v. cālaś c[ā]bhū[t sarvaś cā].. l. .. .. + + +

2 na sphuṭo 'bhūt* yā api tā lokasya lokāntarikā andhastamā andhākāratamisrā yatremau sūryācandramasāv evaṃmahardhikau mahānubhāvau ābha .. [ā]bh. + +

3 nubhavataḥ tā api tasmiṃ sama ○ ye udāreṇāvabhāsena sphuṭā abhūvaṃ tatra ye satvā upapannās te tayā ābhayā anyonyaṃ sa.vaṃ [sa]ṃjā[n]. + +

4 nye 'pi bhavaṃtaḥ satvā iho ○ papannā anye 'pi bhavaṃtaḥ satvā ihopapannā iyam atra dharmatā tasmād idam ucyate | | yathāpi me[gh]o .. +

[1] MAV I reads *[yasmiṃ]* .. .. ..

5 laḥ susaṃbhṛto bahūdako mārutavegamūrcchitaḥ tathopamaṃ kukṣim avākramaṃ muniḥ śatahradāṃ sūrya ivābhyupāgataḥ 1 avabhāsayaṃ hi janatās sama

6 .. ..ḥ p[ṛ]th[ū]ś ca [lo]kāntarikās tamov[ṛ]tā .. + + [me]t.. kṣim asahyasanni[bh]. .. thā tad āsīd iyam atra dharmatā 2 | | dharmatā khalu yasmiṃ samaye vipaś[y]ī [b]o

15 Folio (121)[1] recto

1 + + [t]v. s tuṣitād devanikāyāc cyavitvā mātuḥ [k]ukṣ.v asthāt tato 'sya śakreṇa de .. ndreṇa catvāro devaputrā mātur ārakṣakā sthāpitā mā etā[ṃ] kaścid viheṭh. ..

2 .[y]. ti ma .. .[y]. vā amanuṣyo vā iyam atra dharmatā tasmād idam ucyate | | te devaputrā sahitāś caturdiśaṃ mahātmadevānugatā yaśasvin[ā]• śakreṇa ..

3 .t[ā]ḥ para[m].rthadarśino rakṣāṃ ○ kurudhvaṃ sugatasya mātuḥ 1 niṣkṛṣṭaśastrāyudhakhaḍgapāṇayaḥ sutīkṣṇarūpāṃ vyavalaṃbya śaktim* mā tāṃ ma .. ..

4 atha vāpi rākṣasā viheṭha ○ yeyuḥ sugatasya mātaram*{:} 2 sā devaguptā varabhūtarakṣitā yaśasvinī devagaṇaiḥ supāli .. .. +

5 ty asāv apsarasa iva nandane tathā tad āsīd iyam atra dharmatā 3 | | dharmatā khalu yasmiṃ samaye vipaśyī bodhisatvas tuṣitād devanikāyāc cyavi[tv]ā mā + + +

6 v asthāt kośogata evāsthād amrakṣito garbhamalena jubhramalena rudhiramalena anyata⟨⟨mānyata⟩⟩mena[2] vā aś[u]cip[r]ākṛte .. [ta]d[y]athā maṇiratnaṃ kā .[i] .. .. .[e] + + + +

16 Folio (121) verso

1 ptaṃ naiva maṇiratnaṃ kāśikaratne[nopa]lipyate na kāśikaratnaṃ maṇiratnena iyam atra dharmatā ta[s]m.d .dam uc[y]. .. [| | ya]th. pi taṃ maṇira[tn]. .r. + + + + + +

2 te paramaśucau hi kāśike• tathopamaḥ kukṣigato narottamo na lipyate aśucikṛtena paṇḍitaḥ 1 | | dharma .. khalu yasmiṃ samaye vi[pa]śyī [b]odhi + + +

3 ṣitād devanikāyāc cyavitvā mā ○ tuḥ kukṣāv asthāt sarvam enaṃ mātā paripūrṇaṃ kukṣigataṃ paśyati tadyathā maṇir vaiḍūrya aṣṭāṃśo j. [ti]mā[ṃ] śuddh]. + +

4 [sa]nna anā .ilaḥ pañcaraṅgi ○ ke sūtre arpita syān nīle pīte lohite avadāte māṃjiṣṭhe taṃ cakṣuṣmāṃ puruṣo dṛṣṭvā jānīyād idaṃ sūtra[m a] ..ṃ [m]. ..

---

1 MAV I reads *1(21)*.

2 MAV I lacks the interlinear insertion *⟨⟨mānyata⟩⟩*.

5 .[ū]tre ma + .. rpita iyam atra dha .matā tasmād idam ucyate | | yathāpy asau vaiḍūryako mahāmaṇi prabhāsvaraḥ sūryamarīcisaṃnibhaḥ tathopamaṃ ku ..
6 + ..ṃ narottamaṃ vipaśyimātā paripūrṇam īk.ate | | dharmatā khalu yasmiṃ samaye vipaśyī bodhisatvas tuṣitād devanikāyāc cyavitvā mātuḥ kuk.[ā]v as.ā +

17 Folio (122) recto

1 ///[1] [du]ta bodh[i] + + + ///
2 /// .. te dhārayaṃtī [i] ///
3 /// + .āv asthāt tato + ///
4 /// + [h]macary. .[m]ṛ + + ///
5 /// + [p]ānam* abra + + ///
6 /// + vitvā mā[tu]ḥ ku ///

18 Folio (122) verso

1 ///[2] + pi c. [r]. [j]yate ///
2 /// + ye vipaś[y]ī + ///
3 /// + phuṭo ['bh]. .p[ū] + ///
4 /// + [s] tathābhā vi[s]ṛ + ///
5 /// [tu]ḥ kukṣer niṣkrān[t]. ///
6 /// [dha]rmatā ta .. .[i] + ///

19 Folio (123) recto

1 ///[3] rdhāntam i[vāṃ] .. + + ..* | | [dh]. rmat. [kh]. lu ya[smi](ṃ) samaye vipaśyī bo[dhis]atvo mātuḥ kukṣ[e] .niṣkrā .. + ... + + ///
2 /// [tr]iyaṃ prajāt. .. ..[r]. dharmatā .. [s]mā[d] idam u[c]yate | | na sā niṣaṃṇā na nipanna kṣatriyā .i .. va sā .r. .. pad. ///
3 /// ○ tya vikra .. ..ṃ [s]ura[pa]tide .. u .uka | | dhar.. .. khalu sāṃpratajāto vipaś.[ī] .. .. [sa]tvaḥ sa[pt]. + ///
4 /// ○ [ś].i[c[4] catu] .. .. ñ ca v[y]a[va]loka[ya]ti [v]. ca[ñ ca bhā] .. .e iyaṃ me bha[ve] + .imā jā .. ..[v]. [ta]ṃ ca [ch]a[t]raṃ maṇ. .. ///
5 /// + + + [t]. [dhar]. .. .. [smād] ida .. cya .e [| |] .. .. .. + sapta + [d]āni prakramad di[5] + + + [lo] .y. [v]. + [ca] bhā[ṣ]. .[e ś].e + ///
6 /// + + + [n]ti d[eva] + [dharm]. + [kh]. .. + + + + + + vipaśyino bodhisatvasya + + + + + .[t]. rīkṣāt [pr]. + + + ///

---

[1] Originally this fragment would have had about 20 akṣaras before this point.
[2] Idem.
[3] Originally this fragment would have had about 12 akṣaras before this point.
[4] MAV I reads *[ṣic]*.
[5] MAV I reads *diś.*.

20 Folio (123) verso

1 ///[1] + + + .[yau] i .. + .[r]. dha .. + + .. + + + .. + [j]. [t]. kumāre sumah. bhi[ṣ].[2] + + + + + + patite a.. .. .. ///
2 /// + + + [dotta]mo .. .. .. [ma]t[ā] kha[l]. .. [pra] .. [j]. + [s]ya vi + .[y]. no bodhisatva .. + + r [jan]. .. .[y]. .u[ra]stāṃ maha[d] u ///
3 /// ○ t[ā] u[d]. .. .. .yam akār.īd iyam atra [dha]rmatā tasmā .. dam ucyate I I ku[r]..[ṃ] .. .. g[āsy].[3] .. .. va pūjāṃ yas[m]iṃ ///
4 /// ○ [dit]ā [u] .. .. .. riṃ [s]ṛjantīha athodap[āna]m* I I [dh]. .[m]. [t]. khalu sāṃprataj[ā]tasya [v]i .. .y. .[o][4] bodhisat[v]. + ///
5 /// .. [ku]mudāni .[u] .. [r]ī .. .. agarucū[rṇā]n[i] tagarucūrṇāni candanacūrṇāni divyā[ni] m. nd[ā] .. .. ni[5] [pu]ṣ.ā[ṇi] .. ///
6 /// cailavikṣe ..ṃ + + [r]. [r iya]m at.a dharmatā tasmād [i]dam ucyate I I jā[t]e kumāre sumahābhi[ṣa] .[e][6] .. .. + + + ///

21 Folio (126) recto

1 ///[7] + + tida[k]ṣaḥ pari[ṇā]yakottamas tat s. .. ///
2 /// + gārikāṃ niḥsaṃśayaṃ buddhavaro bhavi[ṣ]. ///
3 /// taṃ mantrapadeṣ[u] dṛśyate 11 I I katamāni + + + .. t. .. [m]. [r]. ///
4 /// to 'nanyathā saced agāram adhyāvasa[t]i + + + [d] yāvad vighu + .. b.[o] ///
5 /// [p]ādayoś cakre jāte sahasrā[r]e + + + + [s]. .[em]ike sarvākā[ra] ///
6 /// + + kumāra idaṃ mah[ā]pu + + + + + + + .. [lak].. [ṇam*] .. ///

22 Folio (126) verso

1 ///[8] + [ṇi]pādo deva kumāra mṛdu + + + + + + + .. .y. [th]. [tul]. ///
2 /// .. do deva kumāra j[ā]linī a + + + + .[eṣ]u t. [d]y. thā [abhijā] ///
3 /// caraṇo deva kumāra idaṃ mah. [p]u .. + .y. [ma]hā[pu] + ... ///
4 /// [ṇ]am* 8 anavanatakāyo deva kumā + + + + .. .e + + .. ///
5 /// .. ṇa[m]* 9 kośoga[ta]vastiguhyo de .. ///
6 /// + + puruṣasya ma .. puruṣalak.aṇ[a] ///

23 Folio (127) recto

1 ///[9] .[k]āye .. .. .. [vy]ā[men]. y[ā]vad vyāmena tāvat k[ā]yena ida(ṃ) .. + + + + + ///

---

[1] Originally this fragment would have had about 12 akṣaras before this point.
[2] MAV I reads *suma[h](ā)bhi[p].*, MAV I, p. 20, MAV II, p. 92. 141.3: *[sumah]ābhiṣaṭke.*
[3] MAV I reads *[ha] s[ya]*, MAV I, p.20, MAV II, p.92.141.5: *nāgāsya.*
[4] MAV I reads *[v]i..[śyina]*, MAV I, p.20 (cf. note 5).
[5] MAV I reads *mand(ā)[ra]k(ā)ni.*
[6] MAV I reads *sumahābhi[pa]..*, MAV I, p.20, MAV II, p.93.141.8: *.. .. .[ā].[i]ṣaṭ.e.*
[7] Originally this fragment would have had about 30 akṣaras before this point.
[8] Idem.
[9] Originally this fragment would have had about 8 akṣaras before this point.

2 /// .. hāpuru[ṣ]a[l]. kṣaṇam* 12 ekaikaromā deva kumāra ek. kam asy. .. + + ///
3 /// .. lakṣa ○ ṇam* 13 suvarṇavarṇo deva kumāra.. .āñcana .. + ///
4 /// kumāraḥ ○ sū[kṣma]tvāt tvaco raj[o]jalaṃ kāye na ..ṃt. + .[e] .. daṃ .. ///
5 /// .y[o]tsadā kāye jātā dvau [h]a[s]t.yo dvau pādayo dvāv aṃsayor ek[o] .[r]. + + + [da]ṃ + ///
6 /// [ma]hāpuruṣasya mahāpuruṣalak[ṣ]aṇam* 17 siṃhapūrvārdh. + + + + + ///

24 Folio (127) verso

1 ///[1] [ku]māra idaṃ mahāpuruṣasya mahāpuruṣalakṣaṇam* 19 su + + + + + ///
2 /// [ku]māra idaṃ mahāpuruṣa[s]y[a] mahāpuruṣalakṣaṇam* 21 sa[ma] + + + + .[u] + ///
3 /// idaṃ ○ mahāpuruṣasya mahāpuruṣalakṣaṇa.[*] + [3] ..śu.. ///
4 /// .. r deva ○ kumāra idaṃ mahāpuruṣasya mahā + ruṣala .. + ///
5 /// [kṣa]ṇam* 26 p[r]abh[ū]tatanujih[v]o deva kumāra prabhūtatvāj jihvayā + + + ///
6 /// .. ya [ida]ṃ [m]ahā[p]. ruṣasya mahāpuruṣalakṣaṇam* 2 + + + + + ///

25 Folio (129) recto

1 + + + + + + + + + + [h]uputraś ca [a] + + + + + + + + + .. [nna]sya pānasya vastraśayyāsa .. + + + + + bh[e]dyaparivāro 's[au] + + [p]. .. .[v]. +[2]
2 + + + + + + + + devā manujāś ca ta + + + + + + + + + [dhipa]tyeṣu bhaven martyas tathāvidha + + + + + + sama atu .y. ś ca vi[n]āyaka 10
3 + + + + .. lu saptāha ○ j. tasya .. .. + + + + .. .[v]. [s]ya [m]ā[t]. [jan]. trī kālagatā + + + + + + lagatā tridaśe .evanikāye u
4 + + + ... [m] atra [dha]rmatā ○ tasmād i[da] .. .. + + + + + .. māsāṃ hi da[śai] .. k[u]kṣyā vipaśyimā[t]. + + + + + [t]ā• kāyas[y]a .[e]dāt tridaśopapa
5 + + .. kāyā bhagavajjanetrī | | dharmatā khalu sāṃprata[j]. [t]. v. + + + + + .[v]. 'bhi[rū] .. [da] .. nīya prāsā + + + + + + + .. [ṣ]..kaṃ varṇam asaṃprāpta
6 + .. [v]yaṃ varṇaṃ nirīkṣamāṇā narāś ca nāryaś ca tṛptiṃ na gacchaṃ[ti] + + + + ..* ta .. thā [j].[ṃb]ūnadamayī .. + + + + + + + .. raputraparimṛṣ[ṭ]ā ..

26 Folio (129) verso

1 + ...[ḍu]kambale upanikṣiptā atyartha[ṃ] bhāsate tapate vi[ro] .. + + + + + .. .r. [t]. [j]. .. [v]ipaśy. b[o]dhi .. + + + + + + + + [y]āvad anūnavarṇa[m i]
2 + + .. r.. .ā tasmād idam ucyate | | śiśu kumāro mana[s]eva + + + .. + .[i] ni[ṣkā][3] kuśale[na] niṣṭh[i]t. + + + + + + .. rāś [c]a nāryas tṛptiṃ na ga

---

[1] Originally this fragment would have had about 8 akṣaras before this point.
[2] MAV I reads *s[au m]. .. .[y]. [d].*
[3] MAV I reads *[rṇa]ni[ṣk]ā.*

3 + + + ...[m]* | | darmatā ○ khalu sāṃpra .. + + + + .. [bo]dhisatvo mahājanakāyasya .[i] + + + + nāpaś ca a[pīd]ānīṃ mahājana
4 + + .. + ...[ṃ pa]r[i]varta ○ yaṃti tad.a .. + + + + + [dma]ṃ .. [hā]jana[k]āyasya priyaṃ [c]. + + + + + [pa]ṃ ca apīdā[nī]ṃ .. hājanakāya
5 + + + + + + + + vam eva sāṃpratajā .. + + + + + + + + + [jana]kāyasya priyaś cābhūn ma + + + + + nīṃ mahājanakā[yaḥ] aṃsenāṃ
6 + + + + + + + + + + t[r]a dharmat. + + + + + + + + + ... nāpo mahato janasya tad[ā] + + + + + ras samānaḥ aṃse + [c]āṃ[s].ṃ +

27 Folio (131) recto

1 ///[1] .. b[o]dh[i]satvasya pratiśruty. kṣipraṃ [bha]draṃ [yā]naṃ y. jay[i]tvā + ///
2 /// draṃ yānaṃ yasyedānīṃ devaḥ kālaṃ manyate• atha vipaśyī + ///
3 /// ○ yaṃ puruṣaṃ kub[j]aṃ gopānasīvaṅgaṃ daṇḍam ava .. ///
4 /// ○ puruṣaḥ kubjo gopānasīvaṅka daṇḍam a[va] .. ///
5 /// + + + + [k]im eṣa sārathe jī[r]ṇo nām[a] anena deva .. + ///
6 /// + + + + + vo 'pi jarā .. [r]mā [ja]rādharmatāṃ cāna[t]ī + + ///

28 Folio (131) verso

1 ///[2] + + + + + .. r. [k]. lāham a .[y]. tivṛ[t]t.ḥ [p]r. tini.. + + ///
2 /// + + + + ... [rā](ṃ) kilāham av[y]ativṛtta iyam atra .. + ///
3 /// ○ p[r]a[t]ītaḥ kar[u]ṇāni dhyāti jarāṃ kilāhaṃ .. ///
4 /// ○ bhūmiṃ gata[ḥ] abh. rato vā udyāne no deva• [a] ///
5 /// .. vepamānena kāyena [ga]cchantaṃ• dṛṣṭvā ca punar māṃ āmaṃtra + ///
6 /// + gacchati keśāś cāsya [v]ivarṇā na tathānyeṣāṃ tam enam e + ///

29 Folio 132 recto

1 j. [r]ṇ. nāma tam enam [e]va[ṃ] vadāmi an[e]na d[e]va puruṣ[e]ṇa n. c. rā martavya[ṃ] bhaviṣya[ti] .. eṣa de[va] .. . [n]. .. .. [a] .. .. + + + + +
2 rmatāṃ cānatītaḥ tam enam evaṃ vadāmi de[vo 'pi] jarādharmā jarādharmatāṃ cānatītaḥ sa e[vam] āha tena hi s[āra]the pratinivartaya ratha .. [ntaḥpu] .. m. [v]. + + + +
3 ham antaḥpuramadhyagata[3] evam e ○ vārthaṃ cintayiṣyāmi jarāṃ kilāham avyativṛt.aḥ sa eṣa deva .u .. ra anta[ḥ]p[u]ramadhyagata[4] ath[ā]pratītaḥ [k]. .u +

---

[1] Originally this fragment would have had about 12 akṣaras before this point.
[2] Idem.
[3] MAV I reads *antaḥpuram=adhyagata.*
[4] Idem.

4 ni dhyāti jarāṃ kilāham avyati ○ [vṛ]ttaḥ atha bandhumato rājña etad abhavan mā hai .. brāhmaṇā[n]āṃ [n]ai[mit]tā ..[ṃ] vivañcanānāṃ vacanaṃ bhūtaṃ sa[tya]ṃ [bha]

5 viṣyati mā haiva kumāraḥ keśaśmaśrūṇy ava .. .[y]. kāṣāyāṇi vastrāṇ.[ā] .. dya samyag eva śraddhayā [a]g. rād anagārikā[ṃ] pravrajiṣyati yanv aham asya bhūya .[y]. [mā]

6 + yā pañca kāmaguṇān anupradadyām apy eva rato na pravrajeta• ath[a] ba[n]dhumā rājā vipaśyin. bodhisa[tv]. [y]a bhūyasyā [m]ātrayā pañca kāmaguṇān anuprayac.a

30 Folio 132 verso

1 + apy eva rato na pravrajeta iyam atra dharmatā tasmād idam ucyate | | ś[ru]tvā sa saṃgrāhakavākyam evaṃ pitā vipa[ś]y. sya [p]r[i]yasya bandhumā• dadau tataḥ kāmagu[ṇ].

2 hi paṃca rato hy asau yeṣu na pravrajeta | | dharma .. [kh]alu vipaśyī bodhi[sa]t[v]a [u]dyānabhūmiṃ niryātukāmaḥ sārathim āmaṃtrayati pūrvavad yāvad adrākṣīd vipaṣyī .[o]dh[i]

3 satva udyānabhūmiṃ niryāyaṃ ○ p[u]ruṣam utpāṇḍūtpāṇḍukaṃ kṛśaṃ rukṣaṃ durvarṇaṃ v[y]atibhinnendriyaṃ .. [ca n]. ba[ndh]. [n]īyaṃ bahujanasya cakṣuṣo darśan.

4 ya dṛṣṭvā ca punaḥ sārathim āma ○ ntrayati kim eṣa sārathe puruṣa utpaṇḍūtpāṇḍukaḥ kṛśa ru .[ṣ]. .[u]rvarṇa [v]y. tibhinnendriya no [ca ni]ba[ndhan]. + +

5 hujanasya cakṣuṣo darśanāya eṣa deva [p]. ruṣo vyādhito nāma kim eṣa sārathe vyādhi .[o] nāma anena deva puruṣeṇa sthānam e .. .[idy]. .[e] .. .. .e + + + +

6 na marta[v]yaṃ bhaviṣyati sa eṣa deva vyādhit. nāma aham api sārathe vyādhidharmā vyādhidharma[tāṃ] .. .. [devo] .[i] .[ā]dhidha .. .. + + + + + +

31 Folio 133 recto

1 hi sāra[the] pratinivartaya ratham antaḥpuram eva gaccha yad aham antaḥpuramadhyagata[1] etam evā .[th]. .. ..[y]. .. .[y]. .. k. [l]. .. .. + + .[ṛ] .[t].[ḥ] + + + + +

2 yati sārathī ratham antaḥpuram eva yāti [t]. tredānīṃ vipaśyī bodhisatva antaḥpuramadhya[ga]ta[2] athāpratītaḥ kar[u]ṇāni dhyāti vyā[dh]. [k]. [lāham a]vya[t]. + + +

---

[1] MAV I reads *antaḥpuram=adhyagata.*

[2] Idem.

3 yam atra dharmatā tasmād idam u ○ cyate | | dṛṣṭveha rogeṇa viṣaktarūpaṃ pāṇḍuṃ manuṣyaṃ kṛśam a[sv]atantram* athāpratītaḥ karuṇā[ni] dhy. [ti] .. .. +

4 lāhaṃ nopātivṛtta | | atha ba ○ ndhumā rājā sārathim āmaṃtrayati kaccit sārathe kumā[ra] āpta[m]anaska udyā[na]bhūmiṃ gata abhira[t]o .. [u] .. .. ..

5 deva adrākṣīd deva kumāra udyānabhūmiṃ niry. yaṃ puruṣam utpāṇḍūtpāṇḍukaṃ kṛśaṃ rukṣaṃ durvarṇaṃ vy[a] .[i]bhinnendr.yaṃ no ca nibandhan[ī]yaṃ bahujanasya cakṣu .. .. r[ś].

6 .[ā]ya d[ṛ]ṣṭ[v]ā ca punar mām āmaṃtrayati kim eṣa sārathe puruṣam utpāṇḍūtpāṇḍukaḥ kṛśa rukṣa durvarṇa vyatibhinnendriya no ca [n]ibandhanīya bahujanasya cakṣ. ṣ[o] +

32 Folio 133 verso

1 .. nāya tam enam evaṃ vadāmi eṣa deva puruṣo vyādhito nāma sa evam āha kim eṣa sārathe vyādhito nāma tam enam [e]vaṃ .. dāmi an. na deva puruṣeṇa s[thān]. +

2 tad vidyate yad anenaivābādhena martavyaṃ [bha]v[i]ṣyati sa eṣa deva vyādhito nāma sa evam āha aham api sārathe vyādhidharmā vyādhidharmat[ā]ṃ [c]ān. .ī .. +

3 m enam evaṃ vadāmi devo 'pi vyā ○ dhidharmā vyādhidharmatāṃ cānatītaḥ sa evam āha tena hi sā .. the pratinivartaya ratham antaḥ[pu] .. m [e] .. .. ..

4 yad aham antaḥpuramadhyagata ○ etam evārthaṃ cintayiṣyāmi vyādhiṃ kilāham avyativṛttaḥ [sa] eṣa deva kumāra antaḥpura[m]. [dh]y. [ga] .. + + +

5 tītaḥ karuṇāni dhyāti vyādhiṃ kilāha[m]. vyativṛttaḥ atha bandhumato rājña etad abh. .aṃ mā haiva brāh[m]aṇānāṃ naimittānāṃ pūr[va] .. .[iyam a]tra dhar.. + + +

6 d idam ucyate | | rūpāṇi śabdāṃś ca tathaiva gandhāṃ rasān atha sparśaguṇopapannāṃ• dadau tataḥ [k]ā .. .. .. [h]. [p]. .. [ra]to [h].as[au y]e + + + + + + + + + +

33 Folio 134 recto

1 khalu vi[pa]śy[ī] bodhisatva udyānabhūmiṃ niryātukāma sārathim āmaṃtrayati pūrvavad adrākṣ[ī]d vi[p]. [śy]. .. .. .y. .. .. [ryā] .. .. + + + +

2 vitānāṃ vitataṃ śivikā ca pragṛhītā ulkā ca purato nīyate mahājanakāyaś ca purato gacchati nāryaś [c]a prakīrṇakeśyo ru[d]. [n]ty.[1] pṛ[ṣ]ṭhataḥ pṛ] .. + +

---

[1] MAV I reads *u[d](ag)ry(a)*. See SWTF s.v. *ud-agra 2*, (U.H. reads *ru[dan]ty(aḥ)*).

3 manubaddhā dṛṣṭvā ca punaḥ sārathi ○ m āmaṃtrayati kim etat sārathe nānāraṅgair vastraiś cailavitān[āṃ] v[i]tataṃ śivikā ca pūrvavat pṛ[ṣṭha] .. p[ṛṣṭh]. + + +

4 nubaddhā eṣa deva puruṣo mṛto nā ○ ma kim eṣa sārathe mṛto nāma eṣa deva puruṣo na bhūyaḥ priyau mātāpitarau drakṣ[y]ati priyam api [m]. t. [pi] .. + + +

5 puruṣaṃ na drakṣyataḥ sa eṣa deva mṛto nāma aham api sārathe maraṇadharmā maraṇadharmatāñ cānatītaḥ dev. 'pi maraṇadharmā maraṇadharmat. ñ cānatī[t]. .. +

6 .[i] sārathe pratinivartaya ratham antaḥpuram eva gaccha yad aham antaḥpuramadhyagata[1] [e]tam evārthaṃ cintayiṣyāmi mara[ṇa]ṃ kilāham avyativṛttaḥ pratini[var]..

34 Folio 134 verso

1 .. t[i] sārathī ratham antaḥpuram eva yāti tatredānī(ṃ) vipaśyī bodhisatva antaḥpuramadhyagata[2] athāpratītaḥ karuṇāni dhyā[t]i mara[ṇaṃ] k[i]lāham avyativṛtta [i]

2 yam atra dharmatā tasmād idam ucyate | | puruṣaṃ dṛṣṭveha vyatītacetasaṃ mṛtaṃ visaṃjñaṃ kṛtam āyuṣakṣayam* athāpratītaḥ karuṇāni dhyāti [m]. raṇaṃ ki .. +

3 nopātivṛtta | | atha bandhumā rā ○ jā sārathim āmaṃtrayati kaccit sārathe kumāra āptamanaska udyānabhūmiṃ ga[ta] abhirato vā [ud].an[e no] .. + +

4 drākṣīd deva kumāra udyānabhūmiṃ ○ niryāyaṃ nānāraṅgair vastraiś cailavitānāṃ vitata[ṃ] śivikā ca p[ū]rvavad yāvat pṛṣṭhataḥ pṛṣṭhataḥ sam. [n]uba .. + + +

5 punar māṃ āmaṃtrayati kim etat sārathe nānāra[ṅ]gair vastraiś cailavitānāṃ vitataṃ śivikā ca pūrvavat pṛṣṭhataḥ pṛṣṭhataḥ samanubad.[ā] .. [m] enam evaṃ va .. + + + +

6 va puruṣo mṛto nāma sa evam āha kim eṣa sārathe mṛto nāma tam enam evaṃ vadāmi eṣa deva .. .. .o .. ..[i] .au .ā[t]āpi + + + .. + + + + +

35 Folio 135 recto

1 mātāpitarau etaṃ puruṣaṃ na drakṣyata sa eṣa deva mṛto nāma sa evam āha aham api sāra[the] .. [r]. .. .. [dhar]mat[āṃ cān]. .. .. + + +

2 devo 'pi maraṇadharmā maraṇadharmatāṃ cānatītaḥ sa evam āha tena hi sārathe pratinivartaya ratham antaḥpura[m]. .. gaccha yad aham a[n]taḥpurama ..[3] + + + + +

---

[1] MAV I reads *antaḥpuram=adhyagata.*

[2] Idem.

[3] MAV I reads *antaḥpuram=a(dh)[ya].*

3 vārthaṃ cintayiṣyāmi maraṇaṃ ki ○ lāham avyativṛttaḥ sa eṣa deva kumāra antaḥpuramadhyagata[1] athāpratītaḥ karuṇā[ni] .[y]. .. .. + + +
4 lāham avyativṛttaḥ atha ba ○ ndhumato rājña etad abhavaṃ mā haiva brāhmaṇānāṃ naimittānāṃ pūrvavad yāvad iyam atra dharmatā tasmā[d i] .. + +
5 te | | purottame nagaravare suramye tadā vipaśyī daharaḥ samānaḥ āmodate kāmaguṇair hi pañcabhiḥ sahasranetra iva nandane vane | | dharmatā kha ..
6 [v]ipaśyī bodhisatva udyānabhūmiṃ niryā[tu]kāmaḥ sārathim āmaṃtrayati pūrvavad yāvad adrākṣīd vipaśyī bodhisatva udyānabhūmiṃ niryāyaṃ puruṣaṃ muṇ[ḍ]aṃ ..

36 Folio 135 verso

1 [p].lapāṇim anuveśmānuv[e]śma kulāny upasaṃkramantaṃ dṛṣṭvā ca punaḥ sārathim āmaṃtrayati kim eṣa sārathe puruṣa muṇḍaḥ kapālapāṇir anuveśmānuve[śm].
2 kulāny upasaṃkrāmati vastrāṇi cāsya vivarṇāni na tathānyeṣām eṣa deva pravrajito nāma kim eṣa sārathe pravrajito nāma eṣa deva puruṣaḥ sādhu da .. +[2]
3 sādhu saṃyamaḥ sādhv arthacaryā sā ○ dhu dharmacaryā sādhu kuśalacaryā sādhu kalyāṇacaryeti keśaśmaśrūṇy avatārya kāṣāyāṇi vastrāṇy āchād[y]. + +
4 g eva śraddhayā agārād anagāri ○ kāṃ pravrajitaḥ sa eṣa deva pravrajito nāma• tena hi sārathe yena sa pravrajitas tena rathaṃ .re[r]. .. .. + + +
5 ti sārathir vipaśyino bodhisatvasya pratiśrutya yena sa pravrajita[s] tena rathaṃ prerayati• atha vipaśyī bodhisatvas taṃ pravrajitam idam avocat* .. .. + + +
6 ḥ puruṣa muṇḍaḥ kapālapāṇi anuveśmānuveśma[3] kulāny upasaṃkrāmasi vastrāṇi ca te vivar[ṇ]ā[n]i [na tathā] .. .ām ahaṃ [ku]mā[ra pra] .. .. .o + + + + +

37 Folio 136 recto

1 tha(ṃ) tva(ṃ) bhoḥ puruṣa pravrajito nāma• ahaṃ kumāra sādhu damaḥ sādhu saṃyamaḥ sādhv arthacaryā sādhu dha .m. .. ry[ā][4] [s]. .u[5] [k]u .. [l]. caryā sā .[u][6] kalyā .. [ca] .[y]. .. + + + + +
2 vatārya kāṣāyāṇi vastrāṇy āchādya samyag eva śraddhayā agārād anagārikāṃ pravrajitaḥ so 'haṃ pravrajito nāma• sādhu tvaṃ bhoḥ puruṣa arth. + + + + +
3 ryā kuśalacaryā kalyāṇaca ○ ryeti keśaśmaśrūṇy a .. tārya kāṣāyāṇi vastrāṇy

---

[1] MAV I reads *antaḥpuram=adhyagata.*
[2] MAV I reads *sādhu dama(ḥ).*
[3] MAV I reads *°veśmā.*
[4] MAV I reads *sādhu dha[r]ma[car]yā.*
[5] MAV I reads *[sādh]u.*
[6] MAV I reads *sā[dhu].*

āchādya samyag eva śraddhayā agārād anag. [r]i .. [p]r. .[r]. + +
4 tena hi tvaṃ sārathe imaṃ ca ○ ratham imāni cābharaṇāni asmākaṃ jñātibhyo 'nuprayaccha aham api ca kāmaguṇāṃ prahāya i .[ai] + +
5 vrajyām abhyupagamiṣyāmi iyam atra dharmatā tasmād idam ucyate | | imaṃ rathaṃ cābharaṇāni caiva anuprayaccha mama jñātikebhyaḥ kṣipram ahaṃ kām[a]
6 .. ṇāṃ prahāya ihaiva pravrajyām upāga .iṣye | | tatredānīṃ vipaśyī bodhisatvo jīrṇaṃ ca d[ṛ]ṣṭ[v]ā vyādhitaṃ ca dṛṣṭ[v]ā mṛtaṃ ca dṛṣṭ[v]ā kāṣāyadhāriṇaṃ pravrajita[ṃ] ca d[ṛ]ṣṭ[v]ā [p].

38 Folio 136 verso

1 .r. jy. tatra samupāgato 'sau iyam atra dhar[m]. [tā] tasmād idam ucyate | | jīrṇāñ ca dṛṣṭvā duḥkhitaṃ vyādhitaṃ ca mṛtañ ca dṛṣṭvā samatītacetasam* kāṣā .. kaṇ[ṭh]aṃ[1] [p]ra
2 vrajita[2] ca vīkṣya tatraiva pravrajyām upāgato 'sau | | uddānam* | | dhātrī brāhmaṇa mātā ca abhirūpo manāpatā[3]• animiṣo vipākadharmaś ca valgu[sva] ..ḥ pa .. ..
3 ś ca udyānam* | | aśrauṣur bandhuma ○ tyāṃ rājadhānyām aśī[t]i-prā[ṇ]asahasrāṇi vipaśyī bodhisatvaḥ keśaśmaśrūṇy avatārya kāṣāyāṇi vas[t].[āṇ]. +
4 dya samyag eva śraddhayā agārād a ○ nagārikāṃ pravraji .. .. śrutvā ca punar eṣām etad abhavan na batāvaro dharm[o] bhaviṣyati nāvaraṃ dhar.ā .. .. .. + + +
5 vipaśyī bodhisatvas tathā sukumāras tathā sukhaiṣi keśaśmaśrūṇy avatārya kāṣāyāṇi vastrāṇy āchādya samyag eva śrad[dh]ayā agārād anagāri[k]ā[ṃ] pra .[r]. + + + + +
6 punas te 'pi keśaśmaśrūṇy avatārya kāṣāyāṇi vastrāṇy āchādya samyag eva śraddhayā agār[ā]d ana[g]ā[r]i[k]āṃ [p].a[v].a .. .. [i]ya[m a] .. [dharma] .. .. .[ā] .i + + + + +

39 Folio 137 recto

1 .caryarūpaṃ pratibhāti me tad yāvat susaṃvejakāḥ śuddhasatvā vipaśyi .. pravrajita[ṃ] hi śrutvā ta[t]r[ai]va pravra .. .. [th]. .. [t]. [r bh]. .. .. + +
2 b[o]dhisatvas tenopajagmur upetya vipaśyino bodhisatvasya pādau śirasā vanditvā ekānte nyaṣīdaṃn ek[ā]ntani[ṣaṃ]ṇāny aśītir bhikṣusa[ha]srāṇi [vi]paśyī bo[dh]. + + +

---

[1] MAV I reads *kāṣā[yaka]ñ ca.*
[2] MAV I reads *vrajita[ṃ].*
[3] MAV I reads *manāpanā.*

3 rmyā kathayā sandarśayati sa .. ○ dāpayati samuttejayati saṃpraharṣayati• atha vipaśyino bodhisatvasyaitad abha[v]an na mama prati[rū] ..ṃ .y[ā] + +

4 ham ananuprāptasvakārtha eva ○ samāna śrāvakair ākīrṇo vihareyaṃ yanv ahaṃ śrāvakān udyojayeyaṃ carata bhikṣavaś caryāṃ bahu[ja] .. hi .. +

5 [bah]. janasukhāya lokānukaṃpāya arthāya hitāya sukhāya devamanuṣyāṇāṃ yadā yūyaṃ śṛ[ṇ]utha vipaśyī bodhisatva anuttarāṃ samya[k]sa[ṃ]b[o]dhim abhi .. .[u]

6 + + [ś]. yati bandhumatyāṃ rā[j]adhānyāṃ dharmaṃ tadā yūyam āgacchata bandhumatyāṃ rājadhānīṃ dharmaśravaṇāya atha vipaśyī bodhisatva ś[r]āvakān udyojayati carata bhi[k].

40 Folio 137 verso

1 + + .. pūrvavad yāvad dharmaśra[v]aṇāya• atha vipaśyino bodhisatvasya śrāvakā vipaśyinā bodhisatv[e]nodyojitā janapadacaryāṃ prakrāntā iyam atra dharmatā tasmād [i]da[m u]

2 cya[t]. [| |] anyena te pravrajitā acārṣur ucchena bhikṣācaryeṇa jīvikām* anyena śūro dvipadottamas tadā eṣaty ādīptaśira iva nirvṛtim* | | atha vipaśyī bodhi[sat].[o] .. +

3 sikasya puruṣasya sakāśāt tṛ ○ ṇāny ādāya yena bodhimūlaṃ tenopajagāma upetya svayam eva tṛṇasaṃstarakaṃ saṃstīrya nyaṣīdat paryaṃ .. [m[1] ābh]. +

4 ṛjuṃ kāyaṃ praṇidhāya pratim[u] ○ khāṃ smṛtim upasthāpya cittam utpādayati vācaṃ ca bhāṣate tāvan na bhetsyāmi paryaṃkaṃ yāvad a[p]r[ā]pt[ā] .r. [v]. [kṣ]. .. +

5 tāvan na bhinatti paryaṅgaṃ yāvad aprāptāsravakṣaya iyam atra dharmatā tasmād idam ucyate | | paryaṅga[m] ā[bh]ujya tato niṣaṇṇo d[ru]mamū[le ma]har.e + + +

6 ṇ[ḍ]e• d[u]ḥkhaṃ jarāmaraṇam idaṃ viditvā nirvāṇaśāntatvam[2] ahaṃ [p]r. padye 1 na bhinadmi pa .. .. m a[h]aṃ .. ..ṃ [b]o .. [m a]n[u] .. .. + + + + +

41 Folio 13[8] recto

1 + + ... śyī na sraṃsayati vīrya[m a]la + .ir[vṛ]t[i] .. + + + + ///

2 pādi kṛchraṃ patāyaṃ[3] loka [ā]pann[o] + d. t. [j]. [y]at. '[p]i + + + ///

3 yathābhūtaṃ na prajānanti• tasyai ○ t. [d]. bhavat [k]. + ///

4 yathābhūtasyābh[i]samaya u ○ [d]apādi• jā .āṃ ///

5 r bhavati kiṃp.atyayā ca punar jāti tasya y[o]ni .o ma[na] .[i] + ///

6 r jāti tasyaitad abhavat kasmiṃ nu [s]ati bhavo bha .. + + + ///

---

1 MAV I reads *parya[ṃga]m.*

2 MAV I misprinted *°sāntatvam* for *śāntatvam.*

3 Read *batāyaṃ.*

42 Folio 138 verso

1 [d].• upādāne [s]ati bhav[o] bhavati u[p]. dānapratya[y]. + + + ///
2 śo ma[na]sikurvata evaṃ yathābhūtasyābhi .ama[y]. .. + ///
3 nu sati tṛṣṇā bhavati kiṃpratya ○ yā ca puna[s t]. ///
4 bhava[ti] vedanāpratyayā ca pu ○ [na]s tṛṣṇā ta + ///
5 rvata evaṃ yathābhūtasyābhisa .. [ya u]dap. d. .. + + ///
6 + + .. [ya]ś ca puna sparśaḥ tasya yo + + ma[na] + + + ///

43 Folio 139 recto

1 [ya]ś ca puna sparśaḥ tasyaita + [bh]avat ka[smiṃ] .. .. [t]. .. .ā[ya]tana[ṃ] +
+ + + + + + + p[u] + + + + + + + + + + + + + + + + ///
2 bhisamaya udapādi• nāmarūpe sati ṣaḍāyatanaṃ bhava[ti] nā + + + +
.yaya(ṃ) [ca p]u .. + + + + + + + + + + + + + + + ///
3 pratyayaṃ ca punar nāmarūpa[ṃ t]a ○ sya yoniśo mana[s]. [ku] + + + [v]aṃ
yathā .. [t]. .. .. ya [u] .. + + + + .. + + + ///
4 napratyayaṃ ca punar nāmarūpaṃ ○ tasyaitad abhava[t k]a .[miṃ] .. [sa]ti
vijñānaṃ [bh]. [vati] ki[ṃ]pratya ..ṃ [ca p]una .. .[ñ]. ..[1] .. .. .. + ///
5 yathābhūtasyābhisamaya udapādi• nāma[rū] .e [sati] vijñānaṃ [bha] .. ..
nāmarūpaprat[yaya]ñ.a pu[n]ar [v]ijñ[ā] .aṃ [ta]sya vij[ñ]ā .. .[r]. [tyu] .. ///
6 rato vyativartate yad uta nāmarūpapratyayaṃ vijñānaṃ vijñāna[pr]a .. yaṃ
nāmarū[p].ṃ + [marū] + .. t[y]a[y]a[ṃ] ṣaḍāya[ta] ..[ṃ] .. [ḍ]. ya[t]a .. ///

44 Folio 139 verso

1 pratyayā vedanā vedanāpratyayā tṛṣṇā tṛṣṇāpratyayam upādānam u .ā ..
napratyayo [bh]. + .. [va]pr. .. .. j. t[i] jātipratya[ya]ṃ .. .. maraṇaṃ [ś]. ///
2 nasyopāyāsā saṃbhavaṃty e[v]am asya keval. [s]ya [m]ahato duḥkhas[k]a ..
.ya samudayo [bha]vati[•] ta[syai]tad abhavat [k]a[sm]i(ṃ) .. .. [r]ā + ///
3 rodhāj jarāmaraṇanirodhaḥ tasya ○ yoniśo manasi[k]u[rva] .. .. vaṃ
yathābhūta .[yābh]isamaya [u]dapādi• [j]ā[t].[āṃ]. .. .[y]āṃ + + ///
4 rodhāj jarāmaraṇanirodhaḥ tasyai ○ tad abhavat kasmiṃ [nv asa]t[i] + + +
[bh]avati ka .. .. .o .[ā].. .. nirodhaḥ + + + + + + + + ///
5 syābhisamaya udapādi• bhave asati jātir na bhavati bhavanir[o] + + + + ..
[dh]aḥ [tasy]ai + + + + + + + + + + + + + + + + ///
6 s[y]a yoniśo manasikurva[t]. [e]vaṃ yathā[bhū]tasyā[bh]isamaya u + + + +
+ + +[2] .. .. + + + + + + + + + + + + + + + + ///

---

[1] MAV I reads *(vi)[jñān]..*
[2] MAV I reads *[u] .. .. [ne].*

45 Folio 141 recto

1 [dh]. d vijñānanirodho:[1] vijñānanirodhān nāmarūpanirodho:[2] nāmarūpanirodhāt ṣaḍāyatananirodha[ḥ] ṣaḍāyatanan. .. [dhā]t sparśani[ro] .. [s]p. .[ś]. .. r[odā]d ve .. nāni[ro] .. ..

2 danānirodhāt tṛṣṇānirodhaḥ tṛṣṇāniro[dhād u]pādānanirodhaḥ upādānanirodhād bhavanirodho:[3] [bh]a[v]anirodhāj jātinirodho:[4] jātinirodhāj jarā[m]a[r]aṇanirodha[ḥ śoka] .. [ri]

3 devaduḥkhadaurmanasyopāyāsā ○ nirudhyaṃty evam asya k. valasya mahato [duḥkha]s[k]andhasya nirodho bhavati iyam atra dharmatā tasmād i[da] .. [cya] .e [| |]

4 imāṃ kathāṃ pariṣadi vartamānāṃ ○ mahānuśaṃsāṃ vadata śṛṇu[dhv]a[m]* [yā] bodhisa .. sya [ba]bhūva pūrve dharmeṣv avekṣā ananuśruteṣu 1 .. ho .. + + + +

5 tasya dhyāyato vipaśyino 'bhūn manasābhicintitam* kutonidānaṃ maraṇaṃ jarā ca saṃbhavati .. nāvividhaṃ ca duḥkham* 2 tasyaikam ekāgramana[sy]a dhyā .. + + + + +

6 [ry].[5] m. dapādi jñānam* jātinid. .. .. .. ṇaṃ jarā ca sa[ṃ]bhavati nānāvividhaṃ [c]a duḥkham* 3 jā[tir a]thai[ṣā] .. [k]. to[n]idā .[ā] .i[ṃpr]a[t].. + + + ... + .. .[e] + + + + +

46 Folio 141 verso

1 [n]. bhavamūlikā ca jātir bha..[praty]a[y]atāṃ pratītya 4 upādadānaḥ punas tatra tatra puna[rbha]va[ṃ v]. .. .. .. pr. .. .[t]. .. .. + + + +

2 nam idaṃ pratītya 5 prabhūtabhakṣasya hi pāvakasya samīr[i]taṃ vāyuvaśād yathārci• e[va]m upādā..m ida[ṃ h]i bhavati t[ṛ]ṣṇānidāna[ṃ] jval. ti [ya]th[ā] .. [6] + + + +

3 r vedayitaṃ pratītya utpadyate jā ○ linī duḥkhamūlikā• viṣa[kt]i .. saritā sīvanī ca sukhena duḥkhena ca saṃprayuktā 7 sparśas ta[th]. .. + + +

4 pratītya utpadyate vedayitaṃ na ○ rāṇāṃ* sātā asātā atha vāpy upekṣā tisra imā vedanā sparśasaṃbhavā 8 sparśas tathaiv[ā]ya[t]. [n]aṃ .r. .[ī]

5 tya utpadyate so 'pi hitasya hetuḥ cakṣuś ca śrotraṃ ca tathaiva ghrāṇaṃ jihvā ca k[ā]yaś ca manaś [c]a ṣaṣṭham* 9 idaṃ hi ṣaḍāyatanaṃ sahe .. [k]am utpadyate n[ām]. [rū]

6 [p]aṃ pratītya• riktaṃ ca tucchañ ca asārakañ ca anāśvāsikaṃ vipariṇāmadharmam* 10 nāma ca .[ūp]aṃ ca kutoni .. naṃ kiṃpratyaya[ṃ] ..ḥ p. na[r]. sya hetuḥ i[t]. e ..

---

[1] MAV I reads *v[i]jñananirodho.*

[2] MAV I reads *nāmarūpanirodho.*

[3] MAV I reads *bhavanirodho[ḥ].*

[4] MAV I reads *jā[t]inir[o]dhoḥ.*

[5] MAV I reads *[ra].*

47 Folio 142 recto

1 m artha(ṃ) paricintayāno dada[r]śa vijñānan[i]dānam eva 11 vijñānam eta .c. kut. nidāna(ṃ) ki(ṃ)p.atyaya[ṃ] kaḥ punar asya hetuḥ ity etam artha(ṃ) pravaṇe vicintya dada

2 rśa saṃskāranidānam eva 12 kṛtsnaṃ ca saṃskāragataṃ yad etat kiṃpratyayaṃ kaḥ punar asya hetuḥ ity etam arthaṃ bhagavāṃ vipaśyī dadarśa ajñānanidānam eva 13

3 evam idaṃ bhavati sahetukaṃ bhṛ ○ śaṃ sapratyayam asti nidānam asya• tasmād duḥkhe vipariṇāmadharme jñātvā pipāsāṃ vinayanti paṇḍitā 14 ta

4 d idaṃ hi devair na kṛtaṃ na mānuṣai ○ r na ceśvarair nirmitaṃ nābhivādyaiḥ pratyeti vid.āṃ[1] kuśalasmṛtaś ca duḥkhasya jñātvā prabhavaṃ śamaṃ ca 15 ajñānam eta

5 c ca yadā nirudhyate ime 'pi saṃskāras tadā na santi• ime 'pi saṃskāra yadā na santi ida(ṃ)[2] ca vijñānam atho nirudhyate 16 vijñānam etac ca yadā nirudhyate nāma

6 ca rūpaṃ ca tato nirudhyate• nāma ca rūpaṃ ca yadā aśeṣaṃ nirudhyate nāyatanāni santi 17 imāni ced āyatanāny aśeṣaṃ yadā nirudhyaṃti na santi sparśā• s[p]ar[ś]e

48 Folio 142 verso

1 ṣv asatsu na bhavaṃti vedanā avedayānasya na saṃti tṛṣṇā 18 tṛṣṇānir[o]dh. n n.[3] p[ā]dadāti[4] [a][5]nupādadānasya bhavā na santi• bhavasya cādhyastagamān[6] nir[o]dhāj jātiḥ ka

2 dācin na kathaṃcid asti 19 jāter nirodhān maraṇaṃ jarā ca śokaś ca duḥkhaṃ paridevitaṃ ca• sarvasya cādhyastagamo[7] nirodhaś cakṣuṣmatā evam idaṃ nibuddham* 20 gaṃbhīra

3 m etaṃ nipuṇaṃ sudurdṛśaṃ pratī ○ tyasamutpādam avaiti śāstā• asmiṃ [s]a[t]ī[d]aṃ[8] [h]i sadā pravartate asati ca tasmiṃ hi sadā na bhavati 21 yadā pra

4 jānāti yatonidānaṃ yāṃ pratya ○ yān āyatanāni santi• na tasya [bhūy]a[9] [i]to bahirdhā paryeṣaṇā bhavati svayaṃ viditvā 22 yadā ca taṃ [p]aśya

---

1 MAV I reads *vid(v)āṃ*, but *d(v)* cannot be read due to incomplete physical repair of the MS.

2 Anusvāra cannot be confirmed due to incomplete physical repair of the MS.

3 MAV I reads *°r[o]dh(ā)n n(o)°*; vowel signs of these three akṣaras cannot be confirmed due to incomplete physical repair of the MS.

4 MAV I reads *°p[ā]dadāti*, however, these four akṣaras were overwritten on the paper used in the MS repair.

5 MS repair work covers half of this akṣara *a*.

6 MAV I reads *cādhyasta(ṃ)gamān*.

7 MAV I reads *cādhyasta(ṃ)gamo*.

8 The consonants *[s]*, *[t]* and *[d]* were overwritten on the paper used in the MS repair.

9 Vowel *[ū]* was covered and consonant *[y]* was overwritten on the paper used in the MS repair.

5 ty ātmanaiva na nāma bhavati pariva(r)takaḥ saḥ prahāya moham udapādi jñānaṃ duḥkhasya jñātvā prabhavaṃ śamaṃ ca 23 c[i]ttaṃ yadā caitasikāś ca dharmā anityatas suvi
6 ditā bhavanti• hīnaṃ praṇītaṃ ca yad asti rūpaṃ samyagd. śo [v]etti pralopadharmam* 2[4][1] yam āha duḥkhopanayaṃ sukhāvahaṃ mārgaṃ śivaṃ yātum ananyaneya.* .ai

49 Folio (143) recto

1 ///[2] + + + .. virā .. + + + + + + + + .. kaḥ sa .. ///
2 /// + + + + kuleṣ[u] v[ā] l. .. + + + + + reṇa pra[ti] + ///
3 /// .. [v]i[g]atā[s]ya saṃjñā• [nā] .[ā]n. .. + + + + + + .. ṣe sa rāṣṭṛ///
4 /// + .ākṣīj jarāmara[ṇ]a[sa] +[3] + .. + + + + + + .. rodhaṃ jārā ///
5 /// + + + ..ṃ nā[ma]rū ..[ṃ] v[i] + + + + + + + + + sa(ṃ)skārasa .. ///
6 /// + + + + + .. ni[r]o + + + + + + + + + pratipada .. drā ///

50 Folio (143) verso

1 ///[4] + + + + + [d]. [m]. .[r]. + + + + + + + + + .. cotpann[aṃ s].(ṃ) .. dha ///
2 /// + + + .u .. rāṃ .. my. + + + + + + + + + ty adhyajñāsī .. ///
3 /// + .. m anityam adhya .. na e + + + + + + + + + tis tatraiva ///
4 /// .. .. tathai[va] mārasya balaṃ s[u] ..[5] + + + + + + .. s tūlapicu ///
5 /// .. + + + .. rkaś ca p[r]avi .. [k]. + + + + + + + tra dharmatā .. ///
6 /// + + + + [ka]tā + + + + + + + + + + + .. yinaḥ 1 + ///

51 Folio (144) recto

1 ///[6] + ...[v]. [r]. [kt]. .. .. .[u] .. .. [tt]. .[y]. khilo anā[s]r. [v]. vy. .. + ///
2 /// ..[ty]ā[ṃ] rā[jadhān].āṃ p[r]athama .. [dha]rman deśayeyam atha [v]ipa[ś].[i] + ///
3 /// ○ [pr]a[th]amato dha[r]ma[n d]e .. yeyam iyam atra dharmatā ///
4 /// ○ [s]. dha[r]mam. [y]aṃ .[u]m. [dha p]rāsādam āruhya samanta ///
5 /// + [dh]i[mūlaṃ ya]th. bhiramyaṃ .[ih]ṛtya yena [ba]ndh[u]matī rājadh[ā] ///
6 /// .[ā] .. .. [m] u[cy]. [t]e | | [s]im[h]o [y]a[th]. [pa]r.. [t]ak[uṃ]ja .. sī vi[ś]. ///

52 Folio (144) verso

1 ///[7] [paśyī] samyaksaṃbuddho dā[va]p[ā]lam [p]. .[u] .. m. [m]. .[r]. .. ti [e] ///

---

[1] The figure *20* was overwritten on the paper used in MS repair.
[2] Originally this fragment would have had about 32 akṣaras before this point.
[3] MAV I transliterates *jarāṃ ma[raṇa](ṃ) [ca a].*
[4] Originally this fragment would have had about 32 akṣaras before this point.
[5] MAV I reads *sa[m]..*
[6] Originally this fragment would have had about 12 akṣaras before this point.
[7] Originally this fragment would have had about 12 akṣaras before this point.

2 /// [kha]ṇ[ḍ]añ [c]a rājaku[m]āraṃ [t]iṣyañ ca purohitaputram e[v]. ///
3 /// ○ naḥ sam[y]a[k]saṃ[bu]dhas[y]a pratiśrutya yena khaṇḍ. ///
4 /// ○ [ñ] ca purohita[pu]t[r]am idam avocat* vipaś.ī [y].[1] ///
5 /// [ta]put[r]as [t]a[s]ya [pu]ruṣa[s]ya p[r]atiśrutya yena v[i] .. śyī + ///
6 /// .[y]a[ṣ]ī .. tā[m] e[k]. .. .. .. .au khaṇḍañ ca rā[j]. kumā ..[ṃ] + ///

53 Folio [1](45) recto

1 + + + + + + [p]r.[t]. + + + + + + + t[i]hāryeṇa ānuśāsanāprāt[i]h[ā]ryeṇa t[au] tr[i]bh.ḥ prāti + ///
2 + + + pr. ptavantāv ā .[r]. + + + + + + + [dha]rmatā tasmād idam ucyate | | saṃbodhilabdhas tad upāgama .. ///
3 + [m a]mṛtaṃ prakāśitaṃ .r. + + ○ taṃ bhagavatā dharmacakram* tau khaṇḍatiṣyau sugatasya .. + ///
4 pratividhyatus tadā ta .r[ai] + ○ prāptavantāv āsravakṣayam* 2 | | aśr[au]ṣur ba + + ..ṃ + + + + ///
5 s tiṣyaś ca purohitapu + + + + + + + vatārya kāṣāyāṇi vastrāṇy āchā .. + + + + + + + + ///
6 tad abhavan na batāvaro + + + + + + + varaṃ dharmākhyānaṃ yatredānīṃ khaṇ[ḍ]a[ś]. + + + + + + + + ///

54 Folio [1](45) verso

1 ṇau keśaśmaśrūṇy avatār. + + + + + + ṇy āchādya samyag eva śraddha[y]ā agā[r]. + + + + + + + + ///
2 vastrāṇy āchādya samya[g] e + + + + + + [d] .nagārikāṃ pravrajitā iyam a[t]ra + + + + + + + ///
3 jakā[ḥ ś]u[ddh]asatvā• śrutv[ā] + + ○ [vr]ajitau khaṇḍatiṣyau pravrajyāṃ tatra samu[p]. [g]. + + + + + ///
4 .. nopajagmur upetya + + + ○ [n]aḥ samyaksaṃbuddhasya pādau śirasā vanditvā ekānte + ///
5 + + .. [ja]k. māra ṛ+ + + + + + + + .. dati tiṣyaḥ purohitaputra ā[de]śanā-prātihāryeṇā ///
6 + + + + + + [t]i te + + + + + + + [m]yag avavadyamānāḥ samyag anuś[i]ṣyamānās tatraiva saṃ .[r]. ///

55 Folio 1[51] recto

1 [d]. [v].[2] .. gat. .. .. + [pul].[3] .. + .[ā va]yam* 12 āvā[s]. .. .. .. + + + + + + + + + + +

---

[1] MAV I reads *[bh].*, but this damaged akṣara is the left half of letter *[y]*..
[2] MAV I reads .. *[di]*.
[3] MAV I reads *[kal]*..

2 tās[1] tatvadarśibhi[ḥ] .. [śuddh]aś[īlaṃ][2] .. [m]a .. + + + + + + + + + + + + + + + + + + + ṣ[o] hi sap[tā]nyata[m]o vinā .. ka .. + + + ...

3 veṣv a[s]aktaḥ evaṃ [h]. de[vā aka] ○ + + + + + + + + + + + + + + + + + [14 a]rat[i]ra .. [saho hi] bhi[kṣur e] .. ..

4 naṃ bhajeta• [t]a + .. vihared i ○ + + + + + + + + + + + + + + + | | | | e[va]ṃ mayā ś[r]utam ekasamayaṃ [bhaga]vā(ṃ) rā[ja]

---

[1] Above the akṣaras *tā sta* two akṣaras are written by a different scribe: *[di]to*. MAV I reads *[ndi]to*.

[2] MAV I reads *[śuddhaśilai]*.

Restoration of the Mahāvadānasūtra

Textcritical Information

As noted in the Introduction, the restored text in the present monograph is intended as a critical edition of SHT 399, the most complete extant manuscript tradition of the Mahāvadānasūtra (MAV). Of the many MAV fragments to have emerged from Northern Turkestan, SHT 399 was selected as the base MS for this study not only because it preserves the highest percentage of its original material, but also because its place of discovery in Sorcuq is known, simplifying issues of grammar and orthography. Furthermore, it contains a significant amount of material from other sutras (namely the Catuṣpariṣatsūtra and Mahāparinirvāṇasūtra), facilitating comparisons with parallel sources.

In the previous chapter a retransliteration of SHT 399 was presented. The present chapter gives our restoration of what we believe was the original, complete form of this manuscript. The restoration is essentially a reworking of E. Waldschmidt's Das Mahāvadānasūtra II (MAV II), modified in the light of the development in text-critical methodology made subsequent to MAV II by F. Edgerton and others. The reader is directed to the Introduction for a more detailed explanation of the reasons for these modifications. Specifically relevant to the present restoration is the editor's recognition of two recension lineages within the North Turkestan Mahāvadānasūtra materials, which are referred to here and in previous publications simply as Recension I and Recension II.

The layout of the restoration used here is explained in the Introduction, but for the sake of clarity it might nevertheless be helpful to reiterate the basic rules followed. On the left-hand page is the restored MAV. The original material found in SHT 399 is printed in Roman type; restorations to SHT 399 taken from other MAV manuscripts are given in italics. Characters within parentheses on the left-hand page are restorations supplied by the editor in the absence of any specific manuscript evidence. As a rule, these restorations represent the same forms that appear in the manuscripts, but there are exceptions. In the interest of restoring exactly what is found in the base text, reoccurring word formations in SHT 399 that violate the above rules have been retained. In addition, the verses contain nonstandard Sanskrit forms that do not derive from SHT 399, included in places where SHT 399 lacks complete information. Whenever possible these exceptions are duly recorded in the notes.

For convenience sake, the divisions (Vorgänge) used in MAV II are noted on the left-hand pages by the character "w" in superscript, both in the main text and in the left margin. With the exception of subdivisions within chapters in bold lettering, which reflect reworkings of the original mnemonic key-words (uddāna) found in the MAV itself, all chapter divisions and subdivisions in the restoration reflect the readings of the editor. A detailed list of these divisions is given below.

The organization of the text reflects the reoccuring pattern of prose text followed by thematic restatement in verse form, transitions that are consistently marked in the manuscripts by double daṇḍa. Due to the requirements of the SWTF, no commas, periods, or quotations have been added to the restored text. The following notation has been included when occurring in the original MS: • for punctuation mark, **:** for the visarga used as punctuation, | | for the double daṇḍa, and * for the virāma, which in this MS clearly indicates a sentence final. Double spaces between words have been added when sentence endings are suggested but no daṇḍa are found. These occur in the manuscripts both when sandhi rules have been applied and when they have not been applied; the policy followed here is not to change any forms merely for reasons of sandhi.

The right-hand page contains transliterations of other manuscripts of the MAV. Each right-hand page begins with the name of the base MS SHT 399, followed by a colon, followed by the designation of the section from the transliteration in chapter 1. Passages in other MAV manuscripts considered to be of the same recension as SHT 399 are termed "Other MSS of Recension I," and the subscript numbers on the left-hand pages denote the manuscripts in this section. Passages in Recension I that can be found in other, non-MAV texts are labeled "MSS of Parallel Passages of Other Texts"; the listing via the lower-case letters corresponds to the lower-case letters notations in subscript on the left-hand pages. The third category of texts on the right-hand page are MAV manuscripts that differ so significantly from SHT 399 as to necessitate a separate category, which I have called "MSS of MAV Recension II." These differences are listed by upper-case letters on the right page; on the left page Recension II readings have been reproduced in full in the footnotes, and so are indicated in the restored text by note numbers only. The notes to the right-hand pages are limited to information pertaining to the restoration of SHT 399 and other relevant texts.

Contents of the Mahāvadānasūtra*

I. PROLOGUE 30
II. HOW WAS THE DHARMADHĀTU REALIZED? 36
A. *The Characteristics of the Seven Buddhas* 36
1. **Kalpa** 36
2. **Life Span** 38
3. **Caste** 38
4. **Family Name** 40
5. **Bodhi Trees** 40
6. **The Assembly of Bhikṣus** 40
7. **A Pair of Disciples** 42
8. **Attendants** 44
9. **Sons** 46
10. **Mother, Father, King and the Capital** 46
11. Mnemonic Key-words of this Chapter 50
B. *The Legend of Vipaśyin Buddha* 52
Part One
[The Bodhisattva's Entrance into His Mother's Womb]
1. **Descent from Tuṣita Heaven** 52
[In His Mother's Womb]
2. **The Four Devaputras** 54
3. **He Is as Pure as a Jewel** 56
4. **He Is Like an Eight-Faceted Gem** 58
5. **He Does Not Fatigue His Mother** 58
6. **His Mother Keeps the Five Precepts** 60
7. **His Mother Has No Mental Attachment** 60

* The chapters in bold lettering reflect reworkings of the original mnemonic key-words (uddāna) found in the MAV itself.

[The Bodhisattva's Birth]
8. **Birth** 62
9. **The Newborn Bodhisattva Is Born without Stain** 62
10. **His Mother Gives Birth in the Standing Position** 62
[After the Bodhisattva's Birth]
11. **He Takes Seven Steps** 64
12. **Warm and Cool Streams Fall from Above** 64
13. **A Stream Manifests from a Wall** 66
14. **The Deities Scatter Flowers and Play Music** 66
15. Mnemonic Key-words of this Chapter 68
Part Two
[After the Bodhisattva's Birth: Continued]
1. **His Wet Nurse** 70
2. **The Seer**
[Two Paths: To be a Universal Monarch or to Become a Buddha] 72
[The Thirty-two Distinguishing Marks of a Great Man] 76
3. **His Mother Passes Away** 86
4. **The Physical Beauty of the Bodhisattva** 88
5. **Attractiveness of the Bodhisattva** 88
[The Bodhisattva's Youth]
6. **The Bodhisattva's Eyes Do Not Blink** 90
7. **His Maturation** 92
8. **The Beauty of His Voice** 92
9. **Becoming Sagacious** 94
10. **The Four Excursions**
[On Seeing an Old Man] 94
[The King's Perturbation 1] 98
[On Seeing a Sick Man] 102
[The King's Perturbation 2] 106
[On Seeing a Corpse] 108
[The King's Perturbation 3] 112
[Seeing an Ascetic] 114

[Renunciation] 118

11. Mnemonic Key-words of this Chapter 120

Part Three

1. The Eighty-thousand People of Bandhumatī Renounce the World 122
2. The Eighty-thousand Disciples Leave on Peregrination 122
3. The Bodhisattva Sits under the Bodhi Tree 124
4. The Realization of Dependent Origination 126
   [The Pravṛtti Process] 126
   [The Nivṛtti Process] 130
5. The Four Noble Truths 142
6. The Two Questions 144
7. The Resolution to Preach 144
8. The Buddha Goes to Bandhumatī 146
9. The First Sermon to the Two Principal Disciples 146
10. Another Eighty-thousand People of Bandhumatī Renounce the World 148
11. The Display of the Three Attainments 150
12. Return of the First Eighty-thousand Renunciants of Bandhumatī 150
13. The Display of the Three Attainments to the Eighty-thousand Renunciants 152
14. Six More Years of Peregrination 152
15. The Deities Announce the Years of Peregrination Remaining 154
16. The Recitation of the Prātimokṣasūtra 156

III. How Did the Devatā Preach? 158

[Visiting Śuddhāvāsa Heaven] 158

[Abṛha Heaven] 158

[From Atapa Heaven to Sudarśana Heaven] 160

[Akaniṣṭha Heaven] 160

[Return to Jambudvīpa] 162

Restored Text of the Mahāvadānasūtra[1]

I. Prologue

W 1a.1, 2 ^{W}(1.5) $_{1}$evaṃ mayā (*ś*) r(*utam*) ^{W}ekasmiṃ[2] *samaye*[3] *bhaga*(1.6) vāṃ Śrāvastyāṃ viharati Jetavane[4] A(*nā*) thapiṇḍadārā$_{2}$*me*•

W 3 ^{W}*atha saṃbahulān*(*āṃ bhikṣūṇā*) *ṃ Karīrikamaṇ*ḍalavā*ṭe saṃni*$_{3}$*ṣaṇṇānāṃ* *s*(*a*) *ṃ*(*nipatitā*) (2.1) nām ayam evaṃrūpo 'bhūd antarākath(*āsa*) mudā$_{4}$hāraḥ

W 4 ^{W}*āścaryam āyuṣmanto* (*yāvac ca bhaga*) *vat*(*aḥ*[5] *atīteṣu*) samyaksaṃbuddheṣu[6] atītā*ṃśa*(*bhāvaga*) t(*eṣ*) u[7] $_{5}$(*ch*) *inna*(*vartma*) *su*[8] *chi*(2.2) nnapuṭeṣu[9] niṣprapaṃceṣu prapaṃ*cātī*teṣu[10] pari$_{6}$nirvṛ*teṣu kāruṇike*(*ṣu nirāśiṣ*) *e*(*ṣu*[11] *evaṃ*)
W 5 *s*(*amyak*) *pr*(*at*) *y*(*ā*) tmaṃ jñānadarśanaṃ pravartat(*e*)• ^{W}e(*vaṃśī*) lā $_{7}$bata te (*bu*) dd*h*ā bhaga*vaṃ*(2.3) to[12] babhūvur ity api[13] evaṃdharmāṇ(*a*) evaṃpr(*ajñā evamabhijñā e*)$_{8}$*vaṃv*(*i*) *muktaya evaṃ*(*vi*) *hāriṇo* bata te buddhā bhagavanto babhūv*ur i*ty api•

W 6, 7 ^{W}kiṃ nu bha(*ga*) va(*to dha*) (2.4) rmadhātuḥ supratividdhaḥ ^{W}āho[14] svid deva(*tā ārocayaṃti yena tathāga*$_{9}$*ta*) *syātīteṣu sam*yaksaṃbuddheṣu[15] atītāṃśabhā(*vagate*) ṣu chinnava(*rtmasu chinnapu*) (2.5) ṭeṣu niṣprapaṃceṣu pra-

---

1 As there is no extant colophon, this sūtra title is a restoration. Waldschmidt based the present title on the Pāli *Mahāpadānasuttanta*. Cf. MAV I. p. 3. In the *Abhidharmakoṣopāyikā* of Śamathadeva (D (mṄon pa) ñu, 59b.6; Q vol. 118, p. 259.1.8), the name of this sūtra is given as *rtogs pa brjod pa chen po'i mdo*. See Honjō (1984), p. 105.

2 Here an anusvāra is often used instead of a final nasal. Cf. BHSG §2.64 ff.

3 MS 72.8: *[ekasama](ya)ṃ*.

4 Hiatus for *- e ' -*. Cf. BHSG §4.55.

5 MS 3.1: *bhagavataḥ atīteṣu*, MS 79A.4: *(bhaga)va[ta]ḥ*.

6 Hiatus for *- v a -*. Cf. BHSG §4.55.

7 MS 2.1: *atit(āṃśa)*°, MS 3.2: *atītāṃśa*°.

8 In all our manuscripts, *ch* at the beginning of a word is not doubled after a short vowel. Cf. BHSG §2.20.

9 The meaning of *puṭā* here is not entirely clear. Its literal meaning is "hollow" or "cavity," and because the term is found in the *Nagaropamasūtra* directly after the synonym *vartman*, it seems to signify the depressions made by footsteps whereby a well-worn path is created. The other recension of *Nagaropamasūtra* cited in full in the Gilgit MS of the *Saṃgharakṣitāvadāna* (from the *Pravrajyāvastu* of the *Vinayavastu* of the *Mūlasarvāstivādin) reads *paṭumaṃ*; the Tibetan translation gives *lam-srol* (way, road); see PravrV(3), p. 284, note 86.

10 MS 73.2: *pra(paṃ)cāti(teṣu)*.

11 MAV II restores this as *nirāśiṣv*, but MS 3.2 reads *nirāśiṣeṣu*. Cf. Mvy 2740: *āśiṣaḥ*, *legs su smon pa*. BHSG §16.36.

Base MS SHT 399: MS 1.5 – 2.5

Other MSS of Recension I

1	72.8	.. ..ṃ .. .ā .. .. .[ekasama] ..ṃ[1] [bhagavā]ṃ [ś].. [vas]. [y].ṃ .[iha] .. [t]i [je] ///
	79A.2	I I eva(ṃ) [ma] + + + ///
2	79A.3	/// me [• a]tha saṃbahulān. + + ..ṃ [ka]rīrika[maṇ]ḍala .āṭe saṃniṣa[ṇṇā]nāṃ [s].ṃ ///
3	73.1	.. [ṇṇ]. .. .. [rūp]. [bhūd]. .. .. [m]u[d]. ///
4	79A.4	/// .. ..[2] ścaryam āyuṣmant[o] + + + + + va[ta].[3] + + + + + [k]sa[ṃ]buddhe[ṣ]u atītāṃśa ///
5	73.2	.[i]nna .. .. [su] cchi .. [pu] .. .. .. [ṣp]r[apaṃ]ce .. pra .. cāti .. ///
6	79A.5	/// + + nirv[ṛ]teṣu kāruṇike + + + + .e .. .. .. [s]. + .[p]r. .[y]. [t]m[aṃ] jñānada[rś]. .. [prav]. ///
7	73.3	.. [t]. .[e] .. ddh[ā] .. gavaṃ[t]o [ba] .. .. r i[t].. pi .. .. dh. .. .. ///
8	79A.6	/// + + + + + vaṃv. muk[ta]ya eva[ṃ] .. [h]āriṇo bata [t]e .. ddhā bhaga[va]ṃ[to] .. .. [vu]r i[t].. ///
9	79A.7	/// + + + + + .. [syāt]īteṣu [sa]m[ya]k[s].[ṃ]buddheṣu atī + + + ..[4] .. .. + + + + ///

---

12 For *bhagavanto*. Here the final akṣara is not the ligature *nto* but *to*.

13 Hiatus for - *y e* -. Cf. BHSG §4.55. Parallel refrain in MS 2.6: *apy*.

14 MAV II changes this to *aho*.

15 See above note 6.

1 MAV I reads *[ekas](miṃ) [sa](may)[e]*.

2 SHT (I) 3 reads *(ra)[ḥ ā]*.

3 SHT (I) 3 reads *(bhaga)va[nt]*.

4 SHT (I) 3 reads *k*.

pañcā(*tī*) teṣu par(*i*) nirvṛte(*ṣu kāruṇikeṣu nirāśiṣeṣu evaṃ samyak pratyātmaṃ*)
^W1a.8 jñ(*ā*) nadarśanaṃ pravartate   ^Wevaṃśīlā bata te bud(*dhā bhagavaṃto babhū*) (2.6) vur ity apy evaṃdharmāṇa evaṃ(*prajñā*) evamabhij(*ñ*) ā (*evaṃvimuktaya evaṃvihāriṇo bata te buddhā bhagavaṃto*) babhūvur ity api•

^W9 ^Wiyaṃ (*teṣāṃ saṃbahulānāṃ bhikṣūṇāṃ Karīri*) (3.1) k(*a*) maṇḍalavāṭe saṃniṣaṇṇānāṃ sannipatitānā(3.1a) ¹m a(*ntarākathā vipra₁kṛtā*•)

^W1b.1 ^Waśrauṣīd *bh*agavāṃ divāvihāropagato divyena śrotreṇa viśuddhenātikrānta-
^W2 mā(*nuṣeṇa* ^W*śrutvā ca*) punas tasmāt samādher vyu(*tthā*) ya yena Karīrika-
^W3 maṇḍala(*vā*) ṭas ₂tenopajagāma ^Wupetya pura(3.1b) ²stād bhikṣusaṃghasya prajñapt' evāsanne³ nyaṣīdat*⁴

^W4 niṣadya bha(*ga*) vā(*ṃ*)⁵ bhikṣūn āmantrayati⁶ ^Wkā⁷ (*nu yuṣmākaṃ bhikṣavaḥ saṃbahulānāṃ*) bh(*i*) kṣū₃ṇāṃ Karīrikamaṇḍalavāṭe⁸ saṃniṣaṇṇānāṃ saṃnipatit*ā*(*nām anta*) rākathā viprakṛtā   kayā cāp(*i*)⁹ katha(*y*) aitarhi (*sa*) n(*n*) i(*ṣa*) ṇṇā(*ḥ saṃnipa*)₄t(*i*) tāḥ

^W5 ^W(3.1c) ¹⁰ihāsmākaṃ bhadanta (*saṃ*) bahu(*lānāṃ bhikṣ*) ū(*ṇ*) ā(*ṃ*) Karīrik(*ama*) ṇḍalav(*āṭe*) s(*a*) ṃ(*niṣaṇṇānāṃ saṃnipatitānā*)¹¹(3.1) m ay(*am evaṃrū*) p(*o*)
^W6 'bhūd antarākathāsa₅mudāhāraḥ ^W*āścaryam āyuṣma*(*ṃ*) to¹² yāvac ca bhagavataḥ¹³ atīteṣu samyaksaṃbu(3.2) ddheṣu¹⁴ atītāṃśabhāvagateṣu chinnava(*rtma*) su chinnapuṭe(*ṣu niṣprapañceṣu*) prapañcātīteṣu¹⁵ pa₆rinirvṛteṣu *kāruṇ*ikeṣu nirāśiṣeṣu¹⁶ evaṃ samyak pratyātmaṃ jñānadarśa(3.3) naṃ
^W7 pravartate ^Wevaṃśīlā bata te buddhā bh(*agava*) nt(*o babhūvu*) r (*i*) ty api¹⁷ evaṃdharmāṇa evaṃprajñā eva(*ma*) ₇*bhij*(*ñ*) *ā* evaṃvim(*u*) ktaya evaṃ-
^W8 (*vihā*) riṇo bata te buddhā bha(3.4) gavanto babhūvur ity api•   ^Wkiṃ nu
^W9 bhagavato (*dhar*) m(*a*) dhātu(*ḥ s*) upratividdha   ^Wāho¹⁸ svid devatā āroca(*yaṃti*

---

¹ MS 3.1a is an interlinear insertion under the first line.
² MS 3.1b is an interlinear insertion under the second line.
³ For *prajñapta evāsane*. MS 80.3: *prajñapta e[vā]*.
⁴ MS 3.1b: *nyaṣidat*, MS 80.3: *[nyaṣ]ida(t)*.
⁵ For *bha(ga)vā(n)*. As the following akṣara is *bhi* (not *nbhi*), an anusvāra is used here instead of a final nasal. Cf. BHSG §2.64ff.
⁶ MAV II changes this to *āmantrayate*.
⁷ MS 3.1b: *ka*, MAV I reads *[kā]*.
⁸ MS 3.1b: *karīraka*°, MS 80.4: *karīrika*°.
⁹ MAV II: *cātha*.
¹⁰ MS 3.1c is an interlinear insertion under the third line.
¹¹ MS 3.1c omits this restored part.
¹² For *āyuṣmanto*. As the final akṣara is *to*, an anusvāra is required. Cf. BHSG §2.64.
¹³ For - *o* '-.
¹⁴ Hiatus for - *v a* -. Cf. BHSG §4.55.
¹⁵ MAV II omitts (*niṣprapañceṣu*) *prapañcātīteṣu*.
¹⁶ MAV II changes this to *nirāśiṣv*, but MS 3.2 reads *nirāśiṣeṣu*, Cf. BHSG §16.36. Hiatus for - *v a* -. Cf. BHSG §4.55.
¹⁷ Hiatus for - *y e* -. Cf. BHSG §4.55. Parallel refrain in MS 2.6: *apy*.
¹⁸ MAV II changes this to *aho*.

Base MS SHT 399: MS 2.5 – 3.4

Other MSS of Recension I

1 80.2 /// + + + + .. + [a]śrau[ṣ]ī[d bhg]. vāṃ [d]ivāvihāropagato [d]. vy. .. śr. treṇa [vi] + + + + + + + + ///

2 80.3 /// + + + ... + jagāma upet.a pu[r]. [st]ād bhikṣusaṃghas[y]a prajñapta e[vā] + + [nya]ṣida + .. .y. + ///

3 80.4 /// + + + + ṇāṃ karīrika + + + + [ṭe] sa[ṃ]niṣaṃ + +ṃ [sa]ṃnipati[tā] .. + .. [r]ākathā vi[pr]. ///

4 80.5 /// + + [t]. tāḥ ihāsmākaṃ + + + + ba[h]u + + + .ū .[ā](ṃ) karīri[k]. .. [ṇ]ḍa[lav]. + [s].ṃ+ ///

5 80.6 /// [m]udā[hā]raḥ āścaryam āyu[ṣ]. + + vac ca bhagavataḥ [a]tīte .u samyaksaṃbu .[dh]. .. .. .ī + + + ///

6 80.7 /// + [r]i[n]i[rvṛ]teṣu kāruṇi[k]e + + .[ā]śiṣeṣu evaṃ samyak pratyātmaṃ jñānada[r]śa[na]ṃ .r. + + + + + ///

7 80.8 /// + [bh]i[j].ā [e]vaṃ[v]i[m]. k.a + + + + + [r]iṇo bata te bud.ā bhagavaṃto babh[ū]v[u]r i[ty]. .. + + + + ///

yena tathāgata) syātīteṣu samya(*k*) s(*aṃ*) bu(*ddheṣu atī*) (3.5) tāṃśabhāvagateṣu
chinnavartmasu chinnapuṭeṣu niṣprapañceṣu prapañcā(*tīteṣu*) parinirvṛteṣu
kāruṇike(*ṣu nirāśiṣeṣu e*) vaṃ samyak pratyātm(*aṃ jñānadarśanaṃ*) (3.6)
W 1b.10 pravartate ^{W}evaṃśīlā bata te buddhā bhagavanto babhūvur ity api[1]
evaṃdhar(*māṇa evaṃ*) prajñā evamabhij(*ñ*) ā (*evaṃvimuktaya evaṃvihāriṇo*
W 11 *bata te buddhā bhagavaṃto ba*) (4.1) bhūvur ity api• ^{W}iyam asmākaṃ bha$_1$daṃta
saṃbahulānāṃ bhiksūṇāṃ Karīrikamaṇḍalavāṭe sa(*ṃ*) niṣaṃṇ(*ānāṃ*[2]
saṃnipatitānām antarākathā vip) r(*ak*) ṛ(*tā tayā cāpi*[3] *bhagavan ka*) (4.2) thayā[4]
W 2 etarhi saṃniṣaṃṇāḥ $_2$saṃnipatitā[5] ^{W}api me bhikṣavo dharmadhātuḥ
W 1c.1 su*prati*viddha api me devatā āroca(*yanti iyam atra dhar*) matā ^{W}tasmād idam
u(*c*) y(*a*) te | |

(*pūrvaṃ*) (4.3) kathā dhārmikī[6] a$_3$rthasaṃhitā
udāhṛtā maṇḍala*v*āṭabhikṣubhiḥ
aśrauṣīd divyena hi śrotradhā*tunā*[7]
(*divāvihār*) opagato mahāmu(*niḥ 1*)

W 2 ^{W}(*div*) y(*ena*) śr(*o*) (4.4) treṇa[8] niśāmya $_4$śāstā
upāgato maṇḍal*av*(*āṭa*) bhi(*kṣūn*) *[9]
nyaṣīdat[10] sa hi bhikṣugaṇasya madhye
Śakro ya(*then*) dr(*as*) tr(*ida*) śeṣu madhye (*2*)

W 3 ^{W}(*p*) r(*a*) tivi(*ddho*) dharmadhātur bu(4.5) d(*dh*) enādityabandhunā•
ye$_5$nābhyatītāṃ *jā*nāti saṃbuddhāṃ dvi*pad*(*o*) *tt*(*amaḥ 3*)

W 4 ^{W}(*evaṃ*) nāmā evaṃjātyā evaṃgotrāś ca *te 'bh*(*avan**)
yathā yathā ca te āsaṃ sarve vyākṛtavā(*ṃ*) muni(*ḥ 4*)

W 5 ^{W}(*nā*) (4.6) nādīrghāyuṣo de$_6$vā varṇavanto yaśasvinaḥ
evam *ārocayaṃ*ty arthaṃ saṃbuddhānāṃ yaśasvinā*m** (*5 | |*)[11]

---

[1] Hiatus for - *y e* -. Cf. BHSG §4.55. Parallel refrain in MS 2.6: *apy*.
[2] MS 81.1: *[s](aṃniṣa)[ṇ]ṇ(ānāṃ)*.
[3] MAV II: *ca*.
[4] Hiatus for - *ai* -. Cf. BHSG §4.55.
[5] MS 81.2: *[sa]nnipat[i]tāḥ*.
[6] Metrical considerations suggest the final *ī* should be read *i*. Cf. BHSG §3.37.
[7] Here as the preceding short vowel is a metrically light syllable, the double consonant *śr* should be read prosodically as a single consonant. Cf. GPRG §2.96.
[8] Idem.
[9] MS 81.4: °*(bhikṣūn)* ⁚.
[10] Metrically read *nyaṣīda*. Cf. BHSG §2.90.
[11] MS 81.6 omits verse no. 5.

Base MS SHT 399: MS 3.4 – 4.6

Other MSS of Recension I

1 81.1 /// + da .. s. [b]. .u .. + + + + k. r. r. k. m. ṇḍ. [l]. v[āṭ]. [s]. .. .. [ṇ]ṇ. .. .. + + + + + ///

2 81.2 /// + [sa]nnipat[i]tāḥ a + + + [k]ṣ. v[o] dharmadhātuḥ supratividdha api me devatā + + + + + ///

3 81.3 /// rthasaṃhitā udāhṛtā [m]. + [la]vāṭabhikṣubhiḥ aśr. ṣīd.ivyena hi śrotradh[āt]unā + + + ///

4 81.4 /// .. .[tā] .. pāgato maṇḍala[v]. + + + + : nya .ī[d]. .. .i .i .. [ga]ṇasya ma[dh]y. śakro ya .. + + ///

5 81.5 /// + + + .. bhyatī[t].ṃ jānā + + + + d[v]ipad. [t]t. .. + + .. [nā]mā evaṃjāty[ā evaṃ]gotrā[ś] ca te bh. ///

6 81.6 /// + + vā .. rṇavant[o] yaśa[sv]. na .. vam ārocayaṃty ar[th]a[ṃ] saṃbuddhānāṃ [yaśa]svinā[m]* + thaṃ [dha] .. ///

II. How was the Dharmadhātu Realized?

W 2a.1 [W]*(ka) tham* dharmadhātuḥ supratividd*h*aḥ

A. *The Characteristics of the Seven Buddhas*

1. Kalpa[1]

W 2 [W]itaḥ sa e(*kanava*) (5.1) (*taḥ*[2] *ka*) lp(*o yasmiṃ kalpe*[3] *Vipaś*) y(*ī*) sa$_1$myak-
W 3, 4 saṃbuddho loke[4] utpannaḥ [W]*itaḥ sa ekatriṃśattamaḥ*[5] *kalpo* (*yasmiṃ kalp*) *e*
W 5 (*Śikhī ca Viśvabhuk ca samyaksaṃbuddhau loka utpannau*[6] [W]*asminn eva*) (5.2) Bhadrakalpe c(*at*) v(*āraḥ samyaksaṃ*) buddhā lo$_2$ke[7] utpannā[8] Krakasundaḥ Kanaka(*mun*) *i*(*ḥ K*) *āś*(*ya*) *p*(*o vayaṃ*[9] *cāpy etarhi Śākyamuniḥ*[10] *iyam atra*
W 6 *dharmatā* [W]*tasmād idam ucyate* / /.)

⏓ (5.3) kaś ca kal(*p*) o ⏑ ⏑ — ⏑ — ⏓
yadā Vipaśyī udapādi — ⏓ (/)
⏓ — ⏑ — — ⏑ ⏑ — ⏑ — ⏓
⏓ — ⏑ — — ⏑ ⏑ — ⏑ — ⏓ (*1*)
(*Viśva*) (5.4) bhu(*ja*) ṃ — ⏑ ⏑ — ⏑ — ⏓
v(*i*) nāyakāḥ Krakasun(*d*) ⏑ — ⏓ (/)
⏓ — ⏑ — — ⏑ ⏑ — ⏑ — ⏓
⏓ — ⏑ — — ⏑ ⏑ — ⏑ — ⏓ (*2* / /)[11]

---

[1] Uddāna: *kalpaḥ*.

[2] MAV II restores this as *ekanavatitamaḥ*, but there is not enough space for that many akṣaras. Cf. SBV II, 147: *bhūtapūrvam bhikṣavaḥ ekanavate kalpe vipaśyī nāma samyaksaṃbuddho loka udapādi*.

[3] MAV II does not restore this portion. In this lacuna, six or seven akṣaras were written. According to the Pāli version, *yam* is required here, but this would be too short. DA II, p. 140 provides a commentary on this sentence: *tattha yaṃ vipassī ti yasmiṃ kappe vipassī*.

[4] Hiatus for - *a u* -. Cf. BHSG §4.55.

[5] MS 81.7: *ekatriṃ[śa]timaḥ*. Cf. BHSG §19.36.

[6] MAV II restores this as *śikhī samyaksaṃbuddho loka utpannaḥ / tasminn eva ekatriṃśattame kalpe viśvabhuk samyaksaṃbuddho loka utpannaḥ /*. However, this sentence has too many akṣaras for the lacuna. AKUp (D ñu, 59b.7; Q vol. 118, p. 259.2.1): *dge sloṅ dag gaṅ yaṅ 'di nas bskal pa sum cu rtsa gcig gi goṅ du yaṅ dag par rdzogs pa'i saṅs rgyas rin chen gtsug tor can daṅ / thams cad skyobs 'jig rten du byuṅ la /*.

[7] See above note 4.

[8] For *utpannāḥ*. Cf. BHSG §8.78.

[9] Here we use *vayam* for sg. nom. as a form of the plural is majestatis as in the use of *asmākam* below (MS 7.3). The form *vayam* (pl. nom.) is kept in AKUp. See note 10.

[10] MAV II does not restore this. AKUp (D (mṄon pa) ñu, 59b.7; Q vol. 118, p. 259.2.2): *dge sloṅ dag bskal pa bzaṅ po 'di la yaṅ dag par rdzogs pa'i saṅs rgyas bźi 'jig rten du byuṅ ste / 'khor ba 'jig daṅ / gser thub daṅ / 'od sruṅs daṅ / da ltar śākya thub pa ṅa dag go / /*.

[11] MAV II does not restore the verses.

Base MS SHT 399: MS 4.6 – 5.4

Other MSS of Recension I

1 81.7 /// + + .. [ksaṃ] .. ddho loke [utp]a[nna]ḥ itaḥ sa ekatriṃ[śa]timaḥ [ka]l[p]o + + + .e + + + + + + ///

2 81.8 /// + + + + + .[e utp]. + + + + + [kanaka] + .i .ā[ś].. [p]. + + + + + + + + ///

2. Life Span[1]

W 2b.1 W(*Vipaśyinaḥ samyaksaṃbu*) (5.5) ddha(*sya*)[2] a(*śītir varṣasaha*) srāṇy[3] āyuṣpra-
W 2, 3 māṇam abhūt* WŚikhinaḥ sa(*myaksaṃbuddhasya saptatiḥ* W*Viśvabhujaḥ*
W 4 *samyaksaṃbuddhasya ṣaṣṭiḥ* W*Krakasundasya samyaksaṃbu*) (5.6) d(*dhas*) y(*a*)
W 5, 6 catvāriṅśat* WKanakamuneḥ samyak(*s*) aṃbud(*dh*) asya triṅśat* WKāśya-
W 7 (*pasya samyaksaṃbuddhasya viṃśatiḥ* W*asmākam apy etarhi varṣaśatam*[4]
āyuṣpramā) (6.1) ṇ(*aṃ sa*) myaks(*u*) khe(*na*) paripri(*ya*) māṇ(*a*) m iyam atra
W 8 dha(*rma*) tā Wta(*s*) m(*ā*) d idam ucy(*ate* / /)

⏓ — ⏑ — — ⏑ ⏑ — ⏑ — ⏓
⏓ — ⏑ — — ⏑ ⏑ — ⏑ — ⏓ (/)
⏓ — ⏑ — — ⏑ ⏑ — (6.2) sa — ⏓
⏓ — ⏑ — (*Viśva*) bhujo jinasya 1

W 9 Wcatvāriṃśat Krakasundasya śā(*stuḥ*)
⏓ — ⏑ — — ⏑ ⏑ — ⏑ — ⏓ (/)
⏓ — ⏑ — — ⏑ ⏑ — ⏑ — ⏓
⏓ — ⏑ — (*Śā*) (6.3) kyamu(*ni*) ⏑ — ⏓ (*2* / /)

3. Caste[5]

W 2c.1 W(*Vipaśyī*) samyaksaṃbuddhaḥ kṣatriyo (*jātyābhūt Śikhī samyaksaṃbuddhaḥ*
kṣatriyo jātyābhūd[6] *Viśvabhuk ca• Krakasundaḥ samyaksaṃbuddho brāhmaṇo*
jātyābhūt Kana) (6.4) kamuniḥ (*Kāś*) y(*apaś ca• asmāka*) m[7] apy etarhi kṣatriyā
W 2 jāti(*r bhavati iyam atra dharmatā* W*tasmād idam ucyate* / /)

⏓ — ⏑ — — ⏑ ⏑ — ⏑ — ⏑ ⏓
⏓ — ⏑ — — ⏑ (6.5) babhūva kṣat(*r*) i(*yāḥ*)[8]
⏓ — ⏑ — Kanakamuniś ca Kāśyapa
et' ekajāty. ⏑ ⏑ — ⏑ — ⏑ ⏓ (*1*)

⏓ — ⏑ — — ⏑ ⏑ — ⏑ — ⏓
⏓ — ⏑ — — ⏑ ⏑ — ⏑ — ⏑ ⏓ (/)
⏓ (6.6) (*y*) ā ⏑ — — ⏑ ⏑ — ⏑ k(*a*) lpāṃ
niṣk(*r*) āntavāṃ[9] Cchākyakulāc ca kṣa[10](*triyāt*[11] *2* / /)[12]

---

[1] Uddāna: *āyuḥ*. HONJŌ points out that AKUp distinguishes different ages of the Buddhas. See Honjō (1984), p.771.

[2] Hiatus for - *ā* -. Cf. BHSG §4.55. Here the following akṣara *a* is independent.

[3] Cf. *Bhaiṣajyavastu*, GM III-1, p.46.9-10: *bhūtapūrvaṃ bhikṣavaḥ aśītivarṣasahasrāyuṣi prajāyāṃ vipaśyī nāma samyaksaṃbuddho loka udapādi*; p.216.8-9: *yo 'śītivarṣasahasrāyuṣi prajāyāṃ vipaśyī nāma śāstā loka utpannaḥ*.

[4] MAV II did not restore this. AKUp (D (mṄon pa) ñu, 60a.3; Q vol.118, p.259.2.6): *da ltar ṅa'i tshe'i tshad ni lo brgya ste* / *yaṅ dag par bde ba daṅ bcas na cuṅ zad lhag pa yaṅ yod do* / /.

[5] Uddāna: *jātiḥ*.

[6] MAV II does not restore the text after *jātyā*.

Base MS SHT 399: MS 5.5 – 6.6

[7] MAV II restores *aham*.

[8] Here as the preceding short vowel is a metrically light syllable, the double consonant *kṣ* should be read prosodically as a single consonant. Cf. GPRG §2.41, BHSG §2.25.

[9] For *niṣkrāntavāñ Śākya*° or *Chākya*°. Virtually the same examples of this saṃdhi are found in Gilgit MS of the *Saṃgharakṣitāvadāna: Bhagavāñ Cchrāvastyāṃ*. Cf. Lévi (1932), p. 26.15, p. 31.30 (=PravrV(N), p. 45.2, p. 53.3). GBM(Fac.Ed.) 6.955.3: *bhagavāṃ cchūraseneṣu* (GM III.1, p. 7.14: *bhagavāñ chūraseneṣu*), GBM(Fac.Ed.) 6.963.7: °*vāṃ cchūra*° (GM III.1, p. 25.14: °*vāñ chūra*°), GBM(Fac.Ed.) 6.832.3: *bhagavāṃ cchraddhādeyasya* (GM III.2, p. 89.1: °*vāñ chraddhā*°), GBM(Fac.Ed.) 6.784.2: *vividhāñ cchabdān* (GM III.1, p. 271.19: °*dhāñ cha*°). The editor wishes to thank Klaus Wille for providing the references to the GM cited in this note. Also a similar saṃdhi for the final *n* before *ś* is found in SBV I several times, thus p. 7.10: *kapilavāstavāṃś* (BHSD s.v. *Kapilavāstavya*, CPD s.v. *kapilavatthava*) *chākyān*; p. 42.4: *prāsahastāṃś chaktihastān*; p. 44.22: *nirgacchaṃś chakreṇa*; p. 82.26: *sarvaśvetāṃś chakunakān*; p. 82.27: *nānāvarṇāṃś chakunakān*.

[10] Folio no. 116 is lost.

[11] See above note 8.

[12] MAV II does not restore the verses.

4. Family Name[1]

W 2d.1 [W]Sanskrit text is completely lost[2]

5. Bodhi Trees[3]

W 3a.1 [W]Sanskrit text is completely lost[4]

6. The Assembly of Bhikṣus[5]

W 3b.1 [W]*(Vipaśyinaḥ samyaksaṃbuddhasya śrāvakāṇāṃ trayo mahāsannipātā babhūvuḥ
eko mahāsannipāto dvāṣaṣṭabhikṣuśatasahasrāṇi*[6]• *dvitīyo mahāsannipāto bhikṣu-*
W 2 *śatasahasram* tṛtīyo mahāsannipāto 'śītir bhikṣusahasrāṇi*• [W]*Śikhinaḥ samyak-
saṃbuddhasya śrāvakāṇāṃ trayo mahāsannipātā babhūvuḥ eko mahāsannipāto
bhikṣuśatasahasram* dvitīyo mahāsannipāto 'śītir bhikṣusahasrāṇi*• *tṛtīyo*
W 3 *mahāsannipātaḥ saptatir bhikṣusahasrāṇi*• [W]*Viśvabhujaḥ samyaksaṃbuddhasya
śrāvakāṇāṃ dvau mahāsannipātau babhūva*) (7.1) (*t*) u[7] eko mahāsannip(*ā*) taḥ
saptatir bh(*i*) kṣusahasrāṇi• dvitīyo[8] mahāsannipāta[9] ṣaṣṭir bh(*i*) kṣusaha-
W 4 srāṇi• [W]Krakasundasya samyaksa(*m*) buddhasya śrāvakān(*ā*) (7.2) m[10] eko
W 5 mahāsannipāto babhūva cat(*v*) āriṃśad bhikṣusahasrāṇi• [W]Kanakamuneḥ
samyaksaṃbuddhasya śrāvakānām[11] eko mahāsaṃnipāto babhūva triṃśad
W 6 bhikṣusaha(7.3) srāṇi• [W]Kāśyapasya samyaksaṃbuddhasya śrāvakānām[12] eko
W 7 mahāsannipāto babhūva viṅśatir bhikṣusahasrāṇi• [W]asmākam apy et(*arhi*

---

[1] Uddāna: *gotram.*

[2] AKUp (D (mŇon pa) ñu, 60a.5; Q vol. 118, p. 259.3.1): *dge sloṅ dag yaṅ dag par rdzogs pa'i saṅs rgyas rnam par gzigs kyi gduṅ ni Ko ti byir gyur la / dge sloṅ dag yaṅ dag par rdzogs pa'i saṅs rgyas rin chen gtsug tor can daṅ / thams cad skyo ba pa daṅ / 'khor ba 'jig daṅ / 'od sruṅs daṅ / gser thub rnams kyi gduṅ ni 'od sruṅs su gyur to / / da ltar ṅa'i gduṅ ni gau ta mar gyur to....*

[3] Uddāna: *vṛkṣāḥ.*

[4] *Āryamahāmāyūrīvidyārājñī* preserves three verses (triṣṭubh-jagatī) of the Bodhi trees of the seven Buddhas. MhMVR(T), pp. 13.17-14.3:

aśokam āśritya jino Vipaśyī Śikhī jinaḥ puṇḍarīkasya mūle,
śālasya mūle upagamya Viśvabhūt śirīṣamūle Krakucchandabrāhmaṇaḥ.
buddhaś ca Kanakamuni uduṃbare nyāgrodhamūle upagamya Kāśyapaḥ,
aśvatthamūle muni Śākyapuṃgavaḥ (*sic*) *upetya bodhiṃ samavāpya Gotamaḥ.*
eteṣu buddheṣu maharddhikeṣu yā devatāḥ santi atiprasannāḥ,
tā devatā muditamanā udagrāḥ kurvantu śāntiṃ ca śivaṃ ca nityaṃ.

[5] Uddāna: *sannipātaḥ.*

[6] This restoration *dvāṣaṣṭabhikṣuśatasahasrāṇi* is tentative since there is no extant text. MAV II restores this as *aṣṭaṣaṣṭibhikṣuśatasahasram* according to the Pāli version. However, it seems that the number of bhikṣus stated as 6,800,000 in the Pāli version is confounded with 68 × 100 × 1000 and (68+100) × 1000 which is preserved in 大本經 *Ta-pen ching.* Cf. *Whitney, Grammar* §478a: The added sum is prefixed to the other and takes the accent. The Chinese translation is more easily understood because 84,000 people followed Vipaśyin on two separate occasions, which totals 168,000. As MAV uses the approximate number 80,000 for 84,000, which represents infinity, *ṣaṣṭyadhikaśatabhikṣusahasra°* (160,000) is required here in theory; see Fukita (1987). However,

Base MS SHT 399: MS 7.1 – 7.3

MS 175.1 preserves the final number of bhikṣus as *tas[y]a .[vā]ṣaṣṭasya bhik[ṣuś].[t]. + ///.* If we can restore this as *tasya (d)vāṣaṣṭasya bhikṣuś(a)t(asahasrāni)*, the resulting combination of the numbers 2, 60, 100, and 1000 suggests that the original indication was 2 groups totalling (60+100) × 1000, or 160,000, but apparently the text was corrupted in transmission such that this became (2+60) × 100 × 1000, or 6,200,000. We can find a similar number 62000 in 七佛經 *Ch'i-fo ching* (T 2) and SBV II 147.27–28: *sa (=Vipaśyī samyaksaṃbuddho) dvāṣaṣṭibhikṣusahasraparivāraḥ* (*sic*) *janapādacārikām* (*sic*) *caran bandhumatī-rājadhānīm anuprāptaḥ*. In this example, we may suppose that the multiple of 100 was simply lost at some point. For a detailed discussion of the confusion over the number of bhikṣus, see Fukita (1997), p.162, after the publication of which I learned that the akṣaras *[ś].[t].* in MS 175.1, could be read *śata*, which provided evidence confirming my theory. I wish to thank Klaus Wille for confirming the original MS in Berlin.

7 For *(babhūvat)uḥ.*

8 MS 7.1: *dvitiyo.*

9 For *mahāsannipātaḥ.* Cf. BHSG §8.22.

10 For *śrāvakāṇām.*

11 Idem.

12 Idem.

śrāvakā) (7.4) nām[1] eko mahāsaṃnipāta[2] ardhatrayodaśa bhikṣuśatāni iyam
W 3b.8 atra dharmatā ^{W}tasmād idam ucyate | |

trayo Vipaśyisya[3] trayaḥ Śikh(*ino*)
⏓ — ⏑ —[4] (7.5) Viśvabhujo jinasya•
caturṇāṃ buddhānām ekaikaśa[5]
ṛṣisannipātā muninā prakāśitā 1

W 9 ^{W}te saṃn(*i*) pātā paramārthadarśinān
nāgeṣu nāge ⏑ ⏑ — ⏑ — ⏑ ⏓ (/)
(7.6) saṃghādikānām akhilā(*nāṃ*)[6] tā(*y*) i(*n*) āṃ
pannadhvajānāṃ virajasām ṛjūnām* 2 | |

7. A Pair of Disciples[7]

W 3c.1 ^{W}Vipaś(*y*) inaḥ samya(*ksaṃbuddhasya Khaṇḍaś ca Tiṣya*) ś (*ca*) śrā(*va*) k(*ayugam*
abhūd agrayugaṃ bhadra) (8.1) (*yuga*) m eko 'grya ṛddhimatā(*ṃ*) dvi(*tī*) y(*o*)
W 2 'grya[8] prajñāvatām* ^{W}Śikhinaḥ samyaksaṃbuddhasya[9] Abhibhūḥ Saṃ-
(*bha*) v(*aś*) c(*a śrāvakayu*) gam a(*bhūd a*) gr(*a*) yu(*gaṃ*) bhadra(*yugam eko 'grya*
W 3 *ṛddhi*) (8.2) matāṃ dvitīyo 'grya prajñāvatām* ^{W}Viśvabhujaḥ samyak-
saṃbuddhasya Śroṇaś ca[10] Uttaraś ca śrāvakayug(*a*) m (*a*) bhūd agrayugaṃ
bhadrayugam eko 'grya ṛ(*ddhima*) t(*ā*) ṃ dvi(*tīyo 'gryaḥ*) (8.3) prajñāvatām*
W 4 ^{W}Krakasundasya samyaksaṃbuddhasya Saṃjīvaś ca Viduraś ca śrāvakayugam
abhūd agrayugaṃ bhadrayugam eko 'grya ṛddhim(*atāṃ dvitīyo 'gryaḥ*
W 5 *pra*) (8.4) jñāvatām* ^{W}Kanakamuneḥ samyaksaṃbuddhasya Bhujiṣyaś ca
bhikṣur Uttaraś ca śrāvakayugam abhūd agrayugaṃ bhadrayugam eko 'grya
W 6 ṛddhim(*a*) tā(*ṃ d*) v(*itīyo*) (8.5) 'grya[11] prajñāvatām* ^{W}Kāśyapasya samyak-
saṃbuddhasya Tiṣyaś ca Bharadvājaś ca śrāvakayugam abhūd agrayugaṃ
bha$_{1}$dr(*a*) yugam eko 'grya ṛddhimatā(*ṃ*) dvitīyo 'grya[12] prajñāvatām*
W 7 ^{W}(*a*) (8.6) (*sm*) ākam apy etarhi ŚāriputraMaudgalyāyanau bhikṣū agrayugaṃ
bhadrayugam eko 'grya ṛddhima$_{2}$tāṃ dvitīyo $_{a}$grya[13] prajñāvatām[14] iyam atra
W 8 dharmatā ^{W}tas*m*ād idam *ucy*(*ate*) (9.1) (/ /)

---

[1] For *(śrāvakā)ṇām.*

[2] For *mahāsaṃnipātaḥ.*

[3] For *Vipaśyinaḥ*, BHSG § 10.78. Cf. Brough (1954), p. 364. For a possible Gāndhārī influence on this name, see v. Hinüber (1982), p. 245.

[4] MAV II restores *(dvau parṣadau).*

[5] Metrical considerations suggest the first word *caturṇāṃ* should be read *caturṇa* (cf. BHSG § 19.19); — — ⏑⏑ for *buddhānām* and *eka ekaśa* for *ekaikaśa.*

[6] Metrically this word should be read *akhilāna*. Cf. BHSG § 8.117.

[7] Uddāna: *yugam.*

[8] For *'gryaḥ*. Cf. BHSG § 8.22.

[9] Hiatus for - *ā* -. Cf. BHSG § 4.55.

[10] Hiatus for - *o* -. Cf. BHSG § 4.55. But the following word is possibly a proper name.

[11] See above note 8.

Base MS SHT 399: MS 7.4 – 9.1

Other MSS of Recension I

1 133.1 + + + + + .. .[u] .. .. [k]. .[ry]. + + + + + + + .[y]. .[r]. + + + + + + + + + + + + .. + + + + ///

2 133.2 tāṃ dvitī .. [g]ryaḥ prajñāvatām* i + + + + + + tasmād i[d]. .[u].[y]. + + + + + + + + + .y. .. gry. [ś]. kh.. [n]. + ///

MSS of MAV Recension II

a 231.a /// + + .[o] pra .. ///

[12] Idem.

[13] Idem. MS 133.2: *[g]ryaḥ*, Recension II (MS 231.a): *('gry)o.*

[14] MS 133.2: *prajñāvatām**.

Kh(*a*) ṇḍaś ca Tiṣyaś ca Vipaśyino 'gryau
$_a$Śikhino buddha(*syā*) bhibhūḥ Saṃbhavaś ca•
Śroṇottarau Viśvabhujo $_1$jinasya
oghātigau kā$_b$mabhaveṣv asaktau 1

w 3c.9 ^{W}Saṃjīvabhikṣur Vidura(9.2) ś ca paṇḍitaḥ
agryāv etau Krakasundasya *śā*stu[1]$_c$•
(*b*) uddh(*a*) sya ca K(*a*) nakamuner ihāgryau
Bhujiṣyo bhikṣur a$_2$thottaraś ca 2

w 10 ^{W}TiṣyaBharadvājayugaṃ maharṣer
et(*ā*) *v* (*ag*) *r*(*yau bha*) ga(9.3) vataḥ Kāśyapasya•
ŚāriputraMaudgalyā*ya*nau bhikṣū
tāv etāv Aṅgiraso 'graśrāvakau[2] 3 | |

8. **Attendants**[3]

w 3d.1 ^{W}Vi$_3$paśyinaḥ samyaksaṃbu*ddha*$_d$sya[4] Aśoko nāma bh*ikṣur u*(*pa*) *sthā*(9.4) yako
w 2 'bhūt* ^{W}Śikhinaḥ samyaksaṃbuddhasya Kṣemakāro nāma bhikṣur
w 3 upasthāyako 'bhūt* ^{W}Viśva$_4$bhujaḥ samyaksaṃ*b*uddh*a*sya[5] Upaśānto nā(*ma*
w 4 *bhikṣur upa*) (9.5) sthāyako 'bhūt* ^{W}Krakasundasya samyaksaṃbuddhasya
w 5 Bhadriko nāma bhikṣur upa$_e$sthāyako 'bhūt* ^{W}Kanakamuneḥ samyak-
w 6 saṃ$_5$buddhasya Svas*t*iko nā*ma bhikṣur upasthā*(*yako*) (9.6) 'bhūt* ^{W}Kāśya-
pasya samyaksaṃbuddhasya (*Sa*) rvamitro nāma bhikṣur upasthāy(*ak*) o
w 7 'bhūt* ^{W}a$_f$smākam apy etarhi[6] (*Ānand*) o bhi(*kṣu*) r (*u*) pa$_6$*s*(*th*) *āyakaḥ*[7] *iyam*
w 8 *atra dharmatā* ^{W}*ta*(*smād i*) (10.1) dam ucyate | |

A$_g$śoka[8] Kṣemakāraś ca Up(*aśā*) ntaś ca Bhadrikaḥ
Svastikaḥ (*Sa*) rvamitraś ca Ānando[9] bhavati (*saptamaḥ 1*)

w 9 ^{W}(*bhi*)$_h$kṣava e(*te*) ma$_7$(*hā*) *tmānaḥ* *śarīrānt*(*i*) *madhāriṇaḥ*
(10.2) vaiyyāpatyakarā āsaṃ[10] cittanimitteṣu kovidā[11] 2

w 10 ^{W}sarve $_i$kālasya kuśalā nimittaprativedhinaḥ
sarveṣām āsravā[12] kṣīṇā nāsti te$_8$ṣāṃ *punarbhavaḥ 3* | |

---

1 MS 133.3: *śāstuḥ*.

2 Here as the preceding short vowel is a metrically light syllable, the double consonant *śr* should be read prosodically as a single consonant. Cf. GPRG §2.96.

3 Uddāna: *upasthāyakāḥ*.

4 Hiatus for - *ā* -. Cf.BHSG §4.55.

5 Hiatus for - *o* -, but the following word is proper name. Cf. BHSG §4.55.

6 Because of the final akṣara *hi*, there should be a hiatus here for - *y ā* -. Cf. BHSG §4.55. Recension II (MS 232.b): *(a)smat pure tarhy*.

7 MAV II restores *(u)pas(thā)yak(o 'bhūt)*.

8 For *Aśokaḥ*.

Base MS SHT 399: MS 9.1 – 10.2

Other MSS of Recension I

1 133.3 jinasya oghātigau kāmabhaveṣv a + + + [jī] .. bhikṣur viduraś. + + + + + + + + + .. ndasya śāstuḥ .. + ///

2 133.4 thottaraś ca 2 tiṣyabharadvājayugaṃ ma ○ harṣer et. [v]. .[r]. + + + + + + + [s]ya ○ śāriputramaudgaly[āya] ///

3 133.5 paśyina[ḥ] samyaksaṃbuddhasya aśoko ○ + .. [bh]ik[ṣu]r u .. *[s]thā[y].*[1] + + + + khinaḥ samyaksaṃbuddha[sya] + ///

4 133.6 bhujaḥ samyaksaṃbuddha[s]ya [u]paśānto nā .. + + + + + ...[2] + *k[r]akasu[n]*..[3] + + + .. buddhasya bhadriko nā[m]. + ///

5 133.7 buddhasya svastiko nāma bhikṣur upasthā .. + + + *[k]āśyapasya*[4] + *.[y]. ksaṃbu*[5] + + + + .[i]t[r]o nāma bhik[ṣur u]pas[th]ā .. + ///

6 133.8 [s].āyakaḥ iyam atra dharmatā ta + + + + + + .. *a[śo]*[6] + + + + + + + + + + + + [d].i[kaḥ] s[v]a[s]t[i]ka .. + + ///

7 134.1 .. tmānaḥ śa[r]īrā[nt]. madhāri[ṇa]ḥ .. + + + + + + *saṃ ci* ..[7] + + + + + + + + + + + .. .[y]. kuśal. n. + + ///

8 134.2 ṣāṃ punarbhavaḥ [3][8] | | vipaśyi[naḥ sa]myaksaṃ + + + + ..*ṃvṛt[tas]* ..[9] + + *m[a] putr[o]*[10] + + + + + + .. myaksaṃbuddha[sya] atu + ///

MSS of MAV Recension II

a 231.b /// + + [śi]khi[n]. ///

b 231.c /// .. [bh]. [ve]ṣv a .. ///

c 231.d /// [• b]uddhasya .. ///

d 231.e /// .. .. [ś]o .o + ///

e 232.a /// + + .th. + + ///

f 232.b /// [sm]āt pure tarhy . ///

g 232.c /// .[o]k. [kṣe]ma[k]. ///

h 232.d /// + .. [va] e[te] ///

i 232.e /// + + [kā] .. + ///

---

9 Metrical considerations suggest *cānando* for *ca ānando.*

10 For *āsaṃś.* Metrically read *vaiyyāpatyakarāsaṃ.*

11 For *kovidāḥ.*

12 For *āsravaḥ.*

1 The akṣaras shown in italics are from SHT (II) Tafel 164, 685 5B right portion, a.

2 These three akṣaras are from SHT (II) 685 5A middle portion, a.

3 The akṣaras shown in italics are from SHT (II) Tafel 164, 685 5B right portion, b.

4 The akṣaras shown in italics are from SHT (II) Tafel 164, 685 5A middle portion, b.

5 The akṣaras shown in italics are from SHT (II) Tafel 164, 685 5B right portion, c.

6 The akṣaras shown in italics are from SHT (II) Tafel 164, 685 5A middle portion, c.

7 The akṣaras shown in italics are from SHT (II) Tafel 164, 685 5B middle portion, a.

8 SHT (II) 685 reads this number as 2.

9 The akṣaras shown in italics are from SHT (II) Tafel 164, 685 5B middle portion, b.

10 The akṣaras shown in italics are from SHT (II) Tafel 164, 685 5A right portion, a.

9. **Sons**[1]

W 3e.1 ^{W}*Vipa*(10.3) śyinaḥ samyaksaṃbuddhasya Susaṃvṛttaskandho nāma putro
'bhūt* Śikhinaḥ samyaksaṃbuddhasya[2] Atulo nāma putro 'bhūt*
Viśvabhujaḥ sa(*mya*) ksaṃbu(*ddhasya*) (10.4) $_1$Suprabuddho nāma putro 'bhūt*
Krakasunda(*s*) y(*a*) samyaksaṃbuddhasya Pratāpano nāma putro 'bhūt*
Kanakamuneḥ samyaksaṃbuddhasya Sā(*rthavā*) ho nā(10.5) ma putro 'bhūt*
Kāśyapasya $_2$samyaksaṃbuddhasya Vijitasen*o* nāma putro 'bhūt* asmākam
W 3e.2 apy etarhi Rāhula[3] putra[4] iyam atra dharmatā ^{W}tasmād idam ucyate / /

(10.6) (*Su*) saṃvṛttaskandho 'tu$_3$la[5] Suprabuddha[6] Pratāpan*aḥ*
*Sā*rthavāho Vijitaseno Rāhulo bhavati[7] saptama[8] 1

W 3e.3 ^{W}ete putrā mahātmānaḥ śarīrāntimadhāriṇaḥ
(*sarve*) (11.1) (*ṣā*) m (*ā*) sravā[9] kṣī$_4$ṇā nāsti teṣāṃ punarbhava[10] 2 | |

10. **Mother, Father, King and the Capital**[11]

W 3f.1 ^{W}*Vi*(*paś*) y(*i*) naḥ samyaksaṃbuddhasya pitābhūd Bandhumo[12] nāma rājā
kṣatriyo mūrdhābhiṣikto[13] mātābhūd Bandhuvatī nāma (11.2) Bandhumāvatī
nā$_5$ma nagarī rājadhānī babhūva[14] ṛddh(*ā ca sphī*) tā ca kṣemā ca subhikṣā
W 3f.2 cākīrṇabahujanamanuṣyā ca• ^{W}Śikhinaḥ samyaksaṃbuddhasya pitābhūd
Aru(11.3) ṇo nāma rā$_6$jā kṣatriyo mūrdhābhiṣikta[15] *mā*tābhūt (*P*) rabhāvatī
nāma• Aruṇāvatī[16] nāma nagarī rājadhānī babhū(*va•*) ṛddhā ca
W 3f.3 $_7$pūrva(*va*) t*[17] ^{W}*Viśva*(11.4) bhujaḥ samyaksaṃbuddhasya pitābhūt[18]
Supradīpo nā(*ma*) rājā kṣatriyo mūrdhābhiṣiktaḥ mātābhūd Uttarā nā(*ma*)
Anopamā n(*ā*) ma (*na*) garī (*rā*)$_8$*ja*(11.5) dhānī babhūva pūrvavat*
W 3f.4 ^{W}Krakasundasya samyaksaṃbuddhasya p*i*tābhūd Agnidatto nāma brāhmaṇaḥ
purohitaḥ mātābhūd Dhanavatī nā(*ma tena khalu sama*) (11.6) yena $_9$Kṣemo

---

1 Uddāna: *putrāḥ*.
2 Hiatus for - *ā* -. Cf. BHSG §4.55.
3 For *Rāhulaḥ*. Cf. BHSG §8.22.
4 MS 134.4: *(rā)[h]ulaputraḥ*.
5 MS 134.5: °*laḥ*.
6 MS 134.5: *suprabuddhaḥ*.
7 Metrically read *bhoti*. Cf. BHSG §3.75.
8 MS 134.5: *(sapta)[maḥ]*.
9 For *(ā)sravāḥ*.
10 For *punarbhavaḥ*.
11 Uddāna: *mātā pitā*.
12 For *Bandhumān*. Cf. BHSG §18.55.
13 Read *mūrdhābhiṣiktaḥ(|)* with the other parallels.
14 MS 134.7: *babhūva•*.
15 For *mūrdhābhiṣiktaḥ*. MS 134.8: *(mū)r(dh)[ā](bhiṣikt)o*.
16 MS 11.3: *aruṇāvati*.

Base MS SHT 399: MS 10.3 – 11.6

Other MSS of Recension I

1	134.3	suprabuddho nāma putro [bh]. .. .. [ka]sunda .. + + + + ... 1[1] + *[pa]no nā[m].*[2] + + + .. [k]anakamuneḥ [sa]myaksaṃ + ///
2	134.4	samyaksaṃbuddhasya vijita[s]eno nāma ○ + + + t* [ā]sm*ā[k]. m a*[3] + + + + [h]ulaputraḥ iyam a .. + ///
3	134.5	laḥ suprabuddhaḥ pratāpanaḥ sārthav. ○ ho vijitase .o + + + + + + + .. [maḥ 1] .. .[e] put[rā ma]hā .. ///
4	134.6	ṇā nāsti teṣāṃ punarbhavaḥ 2 I I vi .. + + [sa] .yaksaṃbuddhasya .. + + + + + + + .ājā kṣatri[y]o mūrdhā .. + ///
5	134.7	ma naga[r]ī [r]ājadhānī babhūva• ṛ + + + + + k[ṣ]. mā ca [su] .i + + + + + + + + + .. ṣ.ā ca• śikhi[n]. + ///
6	134.8	.ā .. + + + r.[ā] .. .. .o [m]ā[t]ā + + + + + + + .. + + + + + + + + + + + ... + + + + ///
7	135.1	+ [n]. [m]. .[u] .. ca [• viśva]bhujaḥ sa + + + + + + + [bhūt*] .. .. + + + + + + + + + + + + + .. ///
8	135.2	jadhānī babhūva pūrvavat* krakasu + + + + + buddhasya pitā[bh]. + + + + + + + ...ur. h[ita] ///
9	135.3	kṣemo nāma rājābhūt kṣemasya kha[lu] + + .[ṣ]e[mā]vatī nāma naga .. + + + + + + + .ūrvavat* kanakamu .e ///

17 MS 135.1 preserves a fully elaborated text: *(ṛddhā ca sphītā ca kṣemā ca subhikṣā cākīrṇababu) (135.1) (ja)[n](a)[m](an)[u](ṣyā) ca [•].*

18 MS 135.1: *(pitā)[bhūt*].*

1 These two damaged letters are from SHT (II) Tafel 164, 685 5B middle portion, c.

2 The akṣaras shown in italics are from SHT (II) Tafel 164, 685 5A right portion, b.

3 The akṣaras shown in italics are from SHT (II) Tafel 164, 685 5A right portion, c.

nāma rājābhū*t* *Kṣ*emasya *kha*lu rājñaḥ Kṣemāvatī nāma *na*garī rājadhānī
W 3f.5 babhūva *pūrvavat** [W]Kanaka*muneḥ* (*sam*) y(*aksa*) ṃ(*buddhasya pitābhūd Ya*) (12.1) jñadatto nāma brā$_1$hmaṇaḥ pur*o*hitaḥ *mā*tābhūd Yaśovatī nāma tena (*kha*) lu samayena Śobho nā*ma rājābhūc*[1] Ch(*obha*) sy(*a*) kh(*a*) lu (*rāj*) ñ(*aḥ Śobhavatī nāma nagarī*) (12.2) rā$_2$jadhānī babhūva pūrvavat*
W 6 [W]Kāśyapasya samyaksaṃbuddhasya pitābhūd Brahmadatto nāma brāhmaṇaḥ purohitaḥ mātābhūd Viśākhā nā(*ma tena khalu*) $_3$*sama*(12.3) yena Kṛkī nāma rājābhūt Kṛkiṇaḥ khalu rājñ(*o*) Bārā*ṇa*sī nāma nagarī rājadhānī
W 7 babhūva pūrvavat* [W]a(*sm*) āk(*a*) m apy etarhi (*pitā*) Śuddho(*dano*) (12.4) nāma $_4$rājā kṣatriyo mūrdhābhiṣiktaḥ mātā (*Ma*) hāmāyā (*n*) āma nagarī Kapilavastur nāma rājadhānī[2] ṛddhā ca *s*phītā (*ca*) kṣemā ca subhi(*kṣā ca*)[3] ākī(12.5) rṇabahujanamanu$_5$ṣyā ca Śākyānāṃ gaṇarā*j*(*y*) *am* i(*yam a*) tr(*a*)
W 8 dharmatā [W]tasmād idam ucyate | |

Vipaśyino buddhavarasya Bandhumā[4]
pitābhava(*d*) Bandh(*uva*) tī (*ca*) mātā•
na(12.6) (*gar*) ī (*ta*) thā Bandh(*u*) ma(*t*) ī $_6$suramyā
yatra jino[5] dharma(*m*$_a$ *a*) *d*(*e*) *ś*(*a*) yac chiva(*m** *1*)

W 9 [W]buddhasya Śikhinaḥ[6] Aruṇaḥ[7] pitābhūt[8]
Prabhāvatī mātā prabhāka*r*(*a*) sya[9] (•)
nagarī tathā(13.1) ruṇa$_b$vatī suramyā
Aruṇa$_7$sya *rā*jñaḥ p(*ara*) *śatruma*rd*i*n*aḥ* 2[10]

W 10 [W]yat Supra(*d*) īpa[11] u*d*(*a*) pādi kṣatriyaḥ[12]
pitā abhūd Vi$_c$śvabhujo jinasya•[13]
mātā tathaivottara[14] satyanā(13.2) mā[15]
Anopamā nagarī rājadhānī 3

---

1 MS 135.4: *rājābhūt**.

2 MS 135.7: *(rā)[ja]dhā[n]īr.*

3 Hiatus for - *ā* -. Cf. BHSG § 4.55. Here the following akṣara *ā* is independent.

4 For *Bandhumān*. Cf. BHSG § 18.77.

5 Metrically, in order to read the short preceding vowel as a heavy syllable, the initial *j* should be doubled. Cf. BHSG § 2.78.

6 Metrically a final visarga before the vowel would make the syllable closed and prosodically long as required by metre. Cf. BHSG § 2.93.

7 Idem.

8 Recension II (MS 92.1): *bu(ddhasya) Śikhino Aruṇo pit(ā)bhū(t).*

9 Metrical considerations suggest *mātā* has to be read *māta* (BHSG § 3.27) and the double consonant *pr* should be read prosodically as a single consonant. Cf. GPRG § 2.76, BHSG § 2.10.

10 Recension II (MS 92.2): *Aruṇasya rājño praśatrumardin(aḥ | |).*

11 Metrical considerations suggest *Supradīpaḥ;* interpreting a final visarga before the vowel would make the syllable closed and prosodically long as required by metre. Cf. BHSG § 2.93. Recension II (MS 92.2): *(Su)pratīta.*

Base MS SHT 399: MS 11.6 – 13.2

Other MSS of Recension I

1 135.4 hmaṇaḥ purohitaḥ mātābhūd yaśo .. ○ tī nāma tena .. + + + + + .. [bh]o nāma rājābhūt* ///

2 135.5 jadhānī babhūva pūrva[vat* k]āśyapa[s]. ○ + + [ks].ṃb. [d]_dhasya pi_[1] + + + .. datto nāma brāhma[ṇ]. ///

3 135.6 samayena [kṛ]kī .. [ma rā] .. bhūt [k]ṛ + + + _[lu r]ājñ. .ārāṇas[ī] n._[2] + + + .[ī] rājadhānī babhūva pūrva .. ///

4 135.7 rājā kṣatri[yo mū]rdhābhi[ṣiktaḥ] mātā .. _[h]āmā[y]_[3] _ā .[āma na]_ .. _[r]ī [ka]pila_[4] + + + + + [ja]dhā[n]īr ṛd[dh]ā [ca s]phīt. ///

5 135.8 [ṣy]ā .. [ś]. [k].ā[n]āṃ gaṇa[rā]j.a[m i] + + + + + + .. _smā_ .. [5] + + + + + + + + + + + + [r]. .[y]a bandh. m[ā] .[i]tā ///

6 136.1 [su]ra[my]. .. [tr]. .. ..[m]. .. [d]. [ś].[6] + + + + + .. _[sya] śi_[7] + + + + + + + + + + + .. [tā prabhākar]. .. ///

7 136.2 sya rājña .. .. .. [śa]trumard[i]naḥ 2 [ya] .. + + + _[ud]. [p]._[8] _[d]i .[ṣ]_. .. .. _ḥ pitā_[9] + + + + + ... jinasya .. tā ta[th]. ///

MSS of MAV Recension II

a 92.1 d. d. śa .. .. .. [*] bu .. .. śikhino aruṇo pit. [bhū] + + + + + + ///

b 92.2 va .ī suramyā• aruṇasya rājño paraśatrumardi[n]. + + .. pratīta u .. ///

c 92.3 śvabhujo jinasya• [m]ā .. ca dha .. vatī satyanā[m]. + + + + + + [r]ī rā[10] .. .. .. ///

---

[12] Here as the preceding short vowel is a metrically light syllable, the double consonant _kṣ_ should be read prosodically as a single consonant. Cf. GPRG §2.41, BHSG §2.25.

[13] Recension II (MS 92.3): _(pitā abhūd Vi)śvabhujo jinasya•._

[14] For _tathaivottarā_. Metrically the final syllable needs to be light as MS Cf. BHSG §3.30.

[15] Recension II (MS 92.3): _mā(tā) ca Dha(na)vatī satyanām(ā)._

[1] SHT (II) Tafel 164, 685 4A.a. A small fragment (two akṣaras _sya pi_) is attached to the right of 4A.c.

[2] Th akṣaras shown in italics are from SHT (II) Tafel 164, 685 4A.b.

[3] The akṣaras shown in italics are from SHT (II) Tafel 164, 685 5A left portion, b.

[4] The akṣaras shown in italics are from SHT (II) Tafel 164, 685 4A.c.

[5] These three akṣaras are from SHT (II) Tafel 164, 685 4A.d.

[6] SHT (II) 685 reads _[d]._

[7] The three akṣaras are from SHT (II) Tafel 164, 685 4B.a.

[8] The akṣaras shown in italics are from SHT (II) Tafel 164, 685 5B left portion, b.

[9] The akṣaras shown in italics are from SHT (II) Tafel 164, 685 4B.b.

[10] SHT (VI) 652 reads _[r]i nā._

W 3f.11 $^{W}{}_{1}$yad Agnida$_{a}$tta[1] ud*a*pādi brāhmaṇaḥ[2]
pitā abhūt Krakasundasya śāstuḥ[3]
mātāpi ca Dhanavatī satyanā$_{b}$mā
Kṣemo rājā Kṣemāva(13.3)tī rājadhānī 4[4]

W 12 ^{W}yad Yajña$_{2}$datta[5] udapādi brāhmaṇaḥ[6]
pitā abhūt Kanakamu$_{c}$ner[7] jinasya•[8]
mātāpi ca Yaśovatī satyanāmā[9]
Śobho rāj(*ā*) [10]Ś(*o*)bhā(*va*)(13.4)tī rājadhānī 5[11]

W 13 ^{W}yad Bra$_{3}$hmadatta[12] udapādi brāhmaṇaḥ[13]
$_{d}$pitā abhūd bhagavataḥ[14] Kāśyapasya (•)[15]
mātāpi ca Viśākhā satyanāmā[16]
Kṛkī rā(*jā*) Bā(*rāṇa*)(13.5)sī rājadhānī 6

W 14 $^{W}{}_{e}$Śuddho$_{4}$dano nāma pitā maharṣer[17]
mātā Mahāmāya[18] prabhākarasya[19]•[20]
nagarī[21] tathā ṛddhā sphītā sura$_{f}$myā
Kapilāhvayā[22] yatra jino ◡ — (13.6)te 7 ||[23]

11. Mnemonic Key-words of This Chapter

W 15 ^{W}uddānam* ||

ka$_{5}$lpo 'tha *āyu*r jātiś ca gotraṃ vṛkṣāś ca pañ$_{g}$camā[24]•
saṃnipāto yugam upasthāyakā[25] putrā mātā pitā tathā ||

---

1 Metrical considerations suggest *Agnidattaḥ;* interpreting a final visarga before the vowel would make the syllable closed and prosodically long as required by metre. Cf. BHSG §2.93.

2 Here as the preceding short vowel is a metrically light syllable, the double consonant *br* should be read prosodically as a single consonant. Cf. GPRG §2.80. Recension II (MS 92.4): *(yad Agnida)tta udapādi brāhmaṇaḥ.*

3 MS 136.3: *śāstu•*. Recension II (MS 92.4): *pitā abhūvaṃ krakatsu(ndas)y(a) śā(stuḥ).*

4 Recension II (MS 92.5): *kṣemo rājā kṣematī rājadhānī ||*.

5 Metrical considerations suggest *Yajñadattaḥ;* interpreting a final visarga before the vowel would make the syllable closed and prosodically long as required by metre. Cf. BHSG §2.93.

6 See above note 2. Recension II (MS 92.5): *ya yajñadatta udapā(d)i (brāhmaṇaḥ).*

7 MS 136.4: *(ka)[naka]mun[e].* Cf. BHSG §10.72.

8 Recension II (MS 92.6): *(pitā abhūt Kanakamu)ne jinasya•.*

9 Recension II (MS 92.6): *mātā tathaivottara satyanāmā.*

10 MS 13.3: Before *ś(o)bhā(va)*° there is a superfluous akṣara *dvi.*

11 Recension II (MS 92.6): *śobhāvatī rājadhānī* ◡ — ◡.

12 Metrical considerations suggest *Brahmadattaḥ;* interpreting a final visarga before the vowel would make the syllable closed and prosodically long as required by metre. Cf. BHSG §2.93.

13 See above note 2.

14 Metrically *bhagavata* is required here.

15 Recension II (MS 93.1): *pitā abhū bhagavata kāśyapasya.*

16 Recension II (MS 93.1): *mātā ca Viśākhā satyanā(mā).*

17 Recension II (MS 93.2): *Śuddhodano nāma pitā maharṣe.*

Base MS SHT 399: MS 13.2 – 13.6

Other MSS of Recension I

1 136.3 yad agnidatta udapā[di brā]hmaṇaḥ + + ... [1] .. ..*y. śāstu• [mā]*[2] + + + dhanavatī satya[n]āmā kṣe ///

2 136.4 datta udapādi brāhma .. .. tā a ◯ + + *[naka]m*[3] *un[e] jī*[4] + + + [t]āpi ca yaśovatī sa[t] .. ///

3 136.5 hmadatta udapādi brāhmaṇaḥ pit. ◯ abhūd bhagava .. + + + + [m]ā[tā] .. [vi]śākhā satya .. ///

4 136.6 dano nāma pit[ā] maharṣer mātā .. + + [yā] prabhākarasya• [na] + + + + + + + tā suramyā kapi .. ///

5 136.7 lpo tha āyur jātiś ca gotraṃ vṛkṣāś [ca] + + + saṃ + [p]āto yugam u .. + + + + + + + + [t]ā .. th. | | dhar[m]atā ///

MSS of MAV Recension II

a 92.4 [tt]a udapādi brāhmaṇa[5] ḥ pitā abhūvaṃ krakat[su] .. .[y]. [śā] ///

b 92.5 .[ā] kṣemo rājā kṣ[e]matī rājadhānī | | ya yajñadatta udapā .i ///

c 92.6 ne jinasya• mātā tathaivottara satyanāmā śobhāvatī rājadhānī .. ///

d 93.1 pitā abhūbhagavata kāśyapasya mātā ca viśākhā satyanā .. ///

e 93.2 [śu]ddhodano nāma pitā maharṣe mātā ca māyā prabhākarasya• ///

f 93.3 myā [kap]ilāhvayātra jino virocate | | uddānaḥ .. .. ka[l].[o] ///

g 93.4 camaḥ saṃnipāto yuga ◯ [m u]pasthāyakaḥ p[u]t.ā + + + .ā .. + + ///

---

18 For *Mahāmāyā*. MS 136.6: *(mahāmā) [yā]*. Metrically ⏑ — — ⏑ is required. BHSG §3.27. Cf. Brough (1954), p. 365.

19 Here as the preceding short vowel is a metrically light syllable, the double consonant *pr* should be read prosodically as a single consonant. Cf. GPRG §2.76, BHSG §2.10.

20 Recension II (MS 93.2): *mātā ca Māyā prabhākarasya•*.

21 Metrically ⏑⏑ — is required. Cf. Edgerton (1946) §36, Balk, Uv(2), p. 96.

22 Metrically ⏑⏑ — ⏑ — is required. Cf. Edgerton (1946) §36, Balk, Uv(2), p. 96.

23 Recension II (MS 93.3): *Kapilāhvayātra jino virocate | |*.

24 For *pañcamāḥ*.

25 Recension II (MS 93.4): *[u]pasthāyakaḥ*.

1 These two damaged akṣaras are from SHT (II) Tafel 164, 685 5B left portion, c.

2 These akṣaras shown in italics are from SHT (II) Tafel 164, 685 4B.c.

3 These akṣaras shown in italics are from SHT (II) Tafel 164, 685 4B.d.

4 These akṣaras shown in italics are from SHT (II) Tafel 164, 685 4B.right portion, b.

5 String hole above the akṣara *ṇa*.

B. *The Legend of Vipaśyin Buddha*
Part One

[The Bodhisattva's Entrance into His Mother's Womb]

1. Descent from Tuṣita Heaven[1]

W 4a.1 [W]dharmatā khalu (*yasm*) iṃ (*samay*) e (*Vi*$_{a}$*pa*) (14.1) śy(*ī*) bodhisatvas[2] Tuṣi$_{1}$tād
devanikāyāc cyavitvā[3] mātuḥ kukṣāv[4] avakrāmati[5] atyartham tasmiṃ samaye
ma$_{b}$hāpṛthiv(*ī*) cālaś cābhūt[6] sarvaś cā(*yaṃ*) l(*oka udāreṇāvabhāse*) (14.2) na
W 2 sphuṭo 'bhūt* [W]$_{2}$yā api tā lokasya lokāntarikā andhastamā[7] andhākārata$_{3}$misrā[8]
yatremau sūryācandramasāv evaṃmahardhikau[9] mahānubhāvau[10] ābha(*yā*)[11]
ābh(*āṃ nā*) (14.3) nubhavataḥ[12] tā $_{4}$api tasmiṃ samaye[13] udāreṇāvabhāsena
W 3 sphuṭā abhūvaṃ[14] [W]$_{5}$tatra ye satvā upapannās[15] te tayā[16] ābhayā anyonyaṃ
sa(*t*) vaṃ[17] saṃjān(*ate*[18] *a*) (14.4) nye 'pi bhavaṃ$_{6}$taḥ satvā i$_{7}$hopapannā anye
W 4 'pi bhavaṃtaḥ satvā ihopapannā[19] i$_{8}$yam atra dharmatā [W]tasmād idam
ucyate | |[20]

yathāpi megho (*vipu*) (14.5) laḥ[21] susaṃbhṛto
bahū$_{9}$dako mārutavega$_{10}$mūrcchitaḥ
tathopa$_{11}$maṃ kukṣim avākramaṃ[22] muniḥ
śatahradāṃ sūrya ivābhyupāgataḥ 1[23]

---

[1] Uddāna of SBV: *cyutiḥ*. Parallels: SBV I, p.41, 6–23; SBV(Tib.): D ('Dul ba) ga, 278b.4–7; Q vol.42, p.20.5.2–5; SBV(Ch.): T 1450, vol.24, p.107b.25–29.

[2] For *bodhisattvas*. In all our manuscripts, *satva* is written with a single *t*, following the precedent of Brough (1954), 365. Recension II (MS 93.5): *bodhisatvaḥ*.

[3] Cf. BHSG §35.12: Present stems (especially of thematic type) function as roots before gerund suffixes chiefly in the Middle Indic form *-itvā*. Recension II (MS 93.5): *tuṣitā devanikāyā cutvā*, SBV: *cyutvā*.

[4] SBV: *kukṣiṃ*.

[5] SBV: *avakrānto*.

[6] Recension II (MS 93.6): *(ca) bhavati*; SBV omits *ca*.

[7] For *andhatamaso* or *andhās tamaso*. Cf. BHSG §16.23. MPS MS 35.5 in the same manuscript (= SHT (I) 399, Bl.176V, FakSHT XXVIII. c) also preserves *andhastamā*, suggesting that this form may have been an idiosyncrasy. See SWTF s.v. *andhatama* and *andhastama*. SBV: *andhas tamaso*, Divy, p.204.23: *andhās tamaso*.

[8] For *andhakāratamisrā*, MPS MS 35.5 in the same manuscript (= SHT (I) 399.Bl.176V; FakSHT XXVIII.c) also preserves *andhākāratamisrā*. See above note 7. SBV: *andhakāratamisrā*. MS 96.a: *m(i)sr[ā]ḥ*.

[9] Read *maharddhikau*.

[10] Hiatus for - *āv ā* -. Cf. BHSG §4.55. SBV adds *evaṃ°*.

[11] Hiatus for - *ā* -. Cf. BHSG §4.55. As the following initial akṣara *ā* is independent, here a hiatus should be restored.

[12] SBV: *pratyanubhavataḥ*.

[13] Hiatus for - *a u* -. Cf. BHSG §4.55.

[14] MS 137.2: *abhūvan**.

[15] SBV has an additional sentence here as follows: *te svakam api bāhuṃ pragṛhītaṃ na paśyati*. SBV(Tib.) also has *de dag raṅ gi log pa brkyaṅ pa yaṅ mi mthoṅ*.

[16] Hiatus for - *ā* -. Cf. BHSG §4.55.

Base MS SHT 399: MS 13.6 – 14.5

Other MSS of Recension I

1	136.8	[t]ād.eva .[ik]āyā[c].. [v]it.ā mā[tuḥ] + + + + + + ... [ty]ar[th].ṃ .. .[iṃ] ///
2	137.1	[y]. a .. [t]ā l[o]ka[sya] l. kāntari + + + + + + ... [r]. .. .. ///
3	96.a	/// m. sr[ā]ḥ y. .[r]. ///
4	137.2	api tasmiṃ [sa]maye udāreṇ[ā] + + + + .[phu]ṭā abhūvan* + + + + + + + + + + .. [ā] .. y. [a] + ///
5	96.b	/// [t]atra ye sa ///
6	207.t	/// + + + [ta](ḥ) [s]. [tv]. [i] + + + ///
7	137.3	hopapannā anye pi bhavantaḥ satv[ā] + + + [p]annā iya[m at]r. + + + + + + + .u[c]y. te I I yathāpi me + + ///
8	96.c	/// [y]. [m]. .. + ///
9	207.u	/// + + dako mārutave[ga] + + + ///
10	137.4	mūrcchitaḥ tathopamaṃ kukṣim avākra[m].ṃ ○ muniḥ śatah.a[d]. + + + + + ... 1 [a]vabhāsa[yaṃ] .. ///
11	82.1	+ + + + + + + [ma]ṃ .[u] + + + + + + + ///[1] .[r]tā ya[d u]tk[r]a[m]e[t*] + +

MSS of MAV Recension II

a	93.5	pa[śy]ī bodhisatvaḥ tuṣitā devanikāyā cutvā + + + + .. vakrāmati ///
b	93.6	hāpṛ .i[v]īcāla .. [bha]vati sarvaś cāyaṃ loka u .. + + + [bh]āsena s[ph]. [ṭo] ///

---

[17] SBV: *sattvān dṛṣṭvā*, SBV(Tib.): *mthoṅ nas śes ldan dag*.

[18] MAV II restores this as *saṃjā(nante)*. Cf. LV, p. 51.16: *anyo 'nyaṃ saṃjānante sma*, rep. p. 410.20. However, there is no precedent for *√jñā* as a 1st class verb outside the Lal. SBV: *saṃjānate*.

[19] SBV: *anye 'pīha bhavantaḥ sattvā upapannā anye 'pīha bhavantaḥ sattvā upapnnā iti*. von Simson noticed that the Sarvāstivādins avoided the frequent use of the particle *iti*, whereas the so-called Mūlasarvāstivādins continued this usage common to Pāli, see v. Simson (1985), p. 83, and also Dietz (1993), pp. 98-99.

[20] These stanzas are not found in the SBV(Tib.) and SBV(Ch.).

[21] MAV II restores this as *(vima)laḥ* without any basis. SBV: *vipulaḥ*.

[22] For *avākrāman*, SWTF I s.v. *ava-kram* reads Impf. (or Aor.), 3rd sg. Metrically the third akṣara of this word has to be read as short.

[23] SBV I, p. 41.16-19:
yathaiva megho vipulaḥ susaṃbhṛto bahūdako mārutavegapreritaḥ I
tathopamaṃ kukṣim ivākramaṃ muniś cirād ghanaṃ sūrya ivābhyupāgataḥ I I

[1] There is a lacuna of about 35 akṣaras between *.[u]* and *.[r]tā*.

W 4a.5 Wavabhāsayaṃ[1] hi janatās[2] sama(14.6)(*ntata*)ḥ
pṛ$_{1}$thūś ca lokāntarikā$_{2}$s tamovṛtā*ḥ*[3]
*yad utkra*met[4] *ku*kṣi$_{3}$m asahyasannibh*as*[5]
*ta*thā tad āsīd iyam atra dharmatā 2 | |[6]

[In His Mother's Womb]

2. The Four Devaputras[7]

W 4b.1 Wdharmatā khalu yasmiṃ samaye Vipa$_{4}$śyī bo*dhisa*(15.1)tv*as* Tuṣitā$_{5}$d devanikāyāc cyavitvā[8] mātuḥ kukṣ*ā*v asthāt[9] tato[10] 'sya[11] $_{6}$Śakreṇa de$_{7}$*v*endreṇa catvāro devaputrā mātur ārakṣakā[12] sthāpitā[13] mā $_{8}$etāṃ[14] kaścid[15] viheṭh*a*-
W 2 *yi*(15.2)*ṣya*ti ma(*nuṣ*)y(*o*) vā $_{9}$amanuṣyo vā i$_{10}$yam atra dharmatā Wtasmād idam ucyate | |[16]

te deva$_{11}$putrā[17] sahitāś caturdiśaṃ
mahātmadevā$_{12}$nugatā yaśasvinā•[18]
Śakreṇa *pro*(15.3)(*k*)tāḥ[19] param(*ā*)rthadarśi$_{13}$no
rakṣāṃ kurudhvaṃ $_{14}$sugatasya mātuḥ 1

---

1 Metrically read *obhāsayaṃ*. Cf. BHSG §3.76.

2 MAV II changes this to *janatām* for some reason. The original *janatās* (f. pl. ac.) is correct. Metrically, in order to read the short preceding vowel as a heavy syllable, the initial *j* should be doubled. Cf. BHSG §2.78.

3 MS 82.1: *(tamov)[r]tā*.

4 MS 137.5: *u[t]kramet* in SHT II 42. The form of this verb is doubtful; the '*t*' is almost impossible to read in the MS In light of the context, the Middle Indic form *ukramet* (< *okramet* < *avakramet*) is to be preferred; Cf. SWTF s.v. *u-kram*. SBV *ākramet*. MS 82.1: *[u]tk[r]a[m]e[t*]*, this MS appears to have a śloka. Thus: *pṛthūś ca lokāntarikās tamovṛtā yad utkramet**.

5 On the hyper-sanskrit form *asahyasannibha*, the original form is likely to have been the better attested *asahyasāhin*, "one who endures the unendurable," an epithet of a buddha; see BHSD s.v. *asahya-sāhin*. On the Pāli form *asayhasāhin*, see CPD s.v. *asayha-sāhi(n)*.

6 SBV I, p. 41.20-23:
avabhāsayitveha diśaḥ samantataḥ pṛthak ca lokāntarikās tamovṛtāḥ |
yadākramat kukṣim atulyavikramas tathā tadāsīd iyam atra dharmatā | |

7 Uddāna of SBV: *devaputraḥ*. Parallels: SBV I, p. 42, 1–6; SBV(Tib.): D ('Dul ba) ga, 278b.7–279a.1; Q vol. 42, p. 20.5.6–7; SBV(Ch.): T 1450, vol. 24, p. 107b.29–c.3.

8 SBV, SBV(Tib.) omit *Tuṣitād devanikāyāc cyavitvā*.

9 SBV: *avakrāntaḥ*.

10 SBV: *tasmin samaye*.

11 SBV omits *asya*.

12 MS 137.6: *ārakṣakāḥ*.

13 SBV written in the active voice: *Śakro devendraś caturo devaputrān mātur ārakṣakān sthāpayaty*. SBV has an additional phrase here as follows: *asihastān prāhastāṃś chaktihastān tomarahastān*; SBV(Tib.) has *lag na ral gri daṅ | lag na mduṅ daṅ | lag na mduṅ thuṅ daṅ | lag na mda' bo che'o | |* and SBV(Ch.) also has 一執利刀 一執羂索 一執於戟 一執弓箭 .

14 SBV omits *etāṃ*.

15 SBV adds *bodhisattvaṃ*.

16 SBV, SBV(Tib.) and SBV(Ch.) do not record these verses.

17 For *devaputrāḥ*.

18 MS 207.y: *yaśasvinaḥ*.

Base MS SHT 399: MS 14.5 – 15.3

Other MSS of Recension I

1	207.v	/// ○ thuś ca lokāntari[k]. + + ///
2	137.5	s tamo[v]ṛtāḥ yad u[t]kramet kukṣim asa ○ + + .. + + + + + + + + .. [t]ra [dh]. [rma]tā ǀ ǀ dharmatā [kha] + ///
3	82.2	.. + .y. + n[i]bhas ta + .. d ā[sī] + + + ///[1] .. t ta[t]o [s]ya śak[r]e + +
4	207.w	/// ○ [ś].ī bodhisatvas tuṣi[t]. + ///
5	137.6	d devanikāyāc cyavitv[ā mātu]ḥ kukṣāv . + + + + + + + + + + + + + + + + + + + mātur ārakṣakāḥ sthā + ///
6	226.5	/// + + + .. [kr]. .. + + + + .. tvā ○ ///
7	82.3	vendre[ṇa cat].[ā] .. de[va]pu[trā māt]ur [ā] ○ ///[2] [d i]da[m u] + + +
8	207.x	/// ○ [e]tāṃ kaścid viheṭhayiṣya ///
9	137.7	amanuṣyo vā iyam atra [dha]rmatā .. + + + + + + + + + + + + + + + + .. [śa]ṃ mahātma[dev]ānu .. + ///
10	226.6	/// y. m atra dharma .. + + [d]. dam ucya + ///
11	82.4	.[u]trā[ḥ] sa[hi] + + [t]urdi ..ṃ [m]ahā ○ /// + ... + + + +
12	207.y	/// .. tā yaśasvinaḥ śakreṇa pro ///
13	137.8	.[o] [r]. [k].[ā]ṃ [k]. [r]. dh.[ṃ] s. gatasya mā[t]. .. + + + + + + + + + + + + + + + + + + + [l]. .. śa[k].[im* m]. +
14	226.7	/// .. ..[ā][3] + + + + [ṣ]ṭaśa[s].r[ā] + ///

[19] Here as the preceding short vowel is a metrically light syllable, the double consonant *pr* should be read prosodically as a single consonant. Cf. GPRG §2.76, BHSG §2.10.

[1] There is a lacuna of about 38 akṣaras between *ās[ī]* and *.. t*.

[2] There is a lacuna of about 34 akṣaras between *[ā] ○* and *[d i]da[m]*.

[3] SHT (VI) 177 reads *[s](u)[g](a)[t](a)[s](ya m)[ā]*.

W 4b.3 ^{W}niṣkṛṣṭaśastrāyudhakhaḍgapāṇayaḥ
su$_{1}$tīkṣṇarūpāṃ vyavalaṃbya śaktim*
mā tāṃ ma$_{2}$*(nuṣy)ā* (15.4) atha vāpi rākṣasā
viheṭhayeyuḥ suga$_{3}$tasya māta$_{4}$ram*[1] 2

W 4 ^{W}sā devaguptā varabhūtarakṣitā
yaśasvinī devagaṇaiḥ su$_{5}$pāli(*tā*•)
(*krīḍa*) (15.5) ty asāv apsarasa $_{6}$iva Nandane
tathā tad āsīd iyam atra dharma$_{7}$tā 3 | |

3. He is as Pure as a Jewel[2]

W 4c.1 ^{W}dharmatā khalu ya$_{8}$smiṃ samaye Vipaśyī bodhisatvas Tuṣitād devanikāyāc
cyavitvā[3] mā*tuḥ kukṣā*(15.6) v a$_{9}$sthāt kośogata[4] evāsthād amrakṣito garbha-
malena jubhramalena[5] $_{10}$rudhiramalena[6] anyata$_{11}$mānyatamena vā[7] aśuci-
W 2 prākṛte(*na*) ^{W}tadyathā maṇiratnaṃ Kā(*ś*) i$_{12}$*ka*(*ra*) *tne*[8] *upanikṣi*(16.1) ptaṃ
naiva maṇiratnaṃ Kāśikaratnenopalipyate na Kāśikaratnaṃ maṇi-
W 3 $_{13}$ra$_{14}$tnena iyam atra dharmatā ^{W}tasm*ā*d *i*dam ucy(*ate*) | |

yath(*ā*) $_{15}$pi $_{16}$taṃ maṇiratn*aṃ*[9] *prabhāsvaraṃ*
na lipya(16.2) te paramaśucau hi Kāśike•
$_{17}$tathopamaḥ kukṣigato naro$_{18}$ttamo
na li$_{19}$pyate aśucikṛtena paṇḍitaḥ 1 | |

---

1 Uddāna of SBV: *ratanam*. Parallels: SBV I, p. 42. 6–10; SBV(Tib.): D ('Dul ba) ga, 279a.1–2; Q vol. 42, p. 20.5.7–8; SBV(Ch.): T 1450, vol. 24, p. 107c.3–5.

2 SBV and SBV(Tib.) omit *Tuṣitād devanikāyāc cyavitvā*.

3 For *kośāvagata*. The word *kośogata* has been emended by Waldschmidt to *kośagata*, but given the fact that *kośogata* is found in all of our manuscripts and textual parallels including SBV, it seems preferable to keep the attested form. Cf. SWTF s.v. *kośogata*, which suggests that *-ogata* may derive from Middle Indic influence (< *avagata*). This form is also attested in the list of the thirty-two *lakṣaṇa*s of the Buddha: *kośogata-vastiguhya* (MS 22.5), suggesting that the form is intentional and not merely a scribal error. Cf. the Pāli form *kosohita-vatthaguyha* (PTSD s.v. *kosa*).

4 The word *jubhra-* is unattested in the standard dictionaries; it is attested in the SBV as *juvra*, which is equally unclear. SWTF s.v. *jubhra* suggests "Schmutz der Nachgeburt" on the basis of the Tibetan parallel *śa ma* (placenta). For a possible explanation of this word, see Fukita (1988), p. 12-13. If we hypothesize that the MAV was previously transmitted through northwest India or other Gāndhārī Prakrit-using areas, this would suggest that the form *jubhra* is the result of two types of confusion (though not necessarily simultaneous). First, the initial *j* may represent the Iranian *z*, well attested in the northwest, and in all probability originally written in an Indian context with initial *ś*. Cf. Burrow (1937), p. 8. Second, if this word was transmitted through a *kharoṣṭhī*-script-using environment, it is possible to conceive of the - *bh* - as having been graphically confused with - *k* -, thus giving us an original *śukra-* (semen). This somewhat convoluted explanation receives additional support from a nearly parallel passage in the Chinese translation of the **Madhyamāgama*, 中阿含經*Chung a-han ching* (T 26: vol. 1, p. 470b.1–4): 我聞世尊覆藏住母胎不爲血所汚亦不爲精及諸不淨所汚 .This explanation would appear to fit our context well.

5 Hiatus for - *ā* -. Cf. BHSG §4.55.

Base MS SHT 399: MS 15.3 – 16.2

Other MSS of Recension I

1 82.5 + + .[ī]kṣṇa[rū] + + + [laṃ]bya śa .[i] + (○) ///

2 207.z /// + + . . .[ā a]tha vāpi [r]. + + ///

3 138.1 + [t]. .y. [m]. [ta]ram* [2] s. d. va[g]. + ty. [s]. v a[p]. + + ///

4 227.1 /// ..m* [s]. [d]. v. .. .. + + .. tara[kṣ]. + ///

5 82.6 + + + + + + + + + p. + + + + ///

6 208.1 /// + + + ... nandane ta[thā] + + ///

7 138.2 tā 3 | | dharmatā khalu yasmiṃ sama[y]. + + + + + + + + + + + + + + + + + + + mātu[ḥ] kukṣā . . sthā[t ko] + ///

8 227.2 /// .. [s].iṃ [s]ama[y]e + + .[ī] bodhisa[t]v. ///

9 208.2 /// [s]th. [t] k[o]śoga[ta] evāsthād amrakṣito [g]. ///

10 138.3 rudhiramalena anyatamānyatamena v[ā] + + + + + + + + + + + + + + + + + + + panikṣiptaṃ naiva ma[ṇi] + ///

11 227.3 /// + + + .[ā] .. + + + + + + .[i]prā ○ ///

12 208.3 /// ○ ka .. tne upanikṣiptaṃ naiva .. ///

13 138.4 ratnena iyam atra dharmatā tasmād i ○ + + .. + + + + + + + + + + p[r]. bhāsvaraṃ na lipyate .. + ///

14 211.1 /// .[n]. na i[y]. + ///

15 208.4 /// ○ pi taṃ maṇiratnaṃ prabhā .. + ///

16 183.1 /// t[aṃ] maṇira[t]. ///

17 83.2 + + + + + + + + + [t]. [th]. + + ///

18 138.5 ttamo na lipyate aśucikṛt[ena] pa[ṇḍ]. ○ taḥ | | dharmat. kha + + + + + [y]. vipaśyī b[o]dhisatvas tu[ṣitā] ///

19 211.2 /// .y. te aśu + ///

---

6 Idem.

7 - *e u* - for - *a u* - as MS clearly has *.e*.

8 Metrical considerations suggest this word should be read *maṇiratanaṃ*. Cf. BHSG §3.99.

4. He is Like an Eight-Faceted Gem[1]

W4d.1 Wdharma$_{1}$*tā* khalu $_{2}$yasmiṃ sa$_{3}$maye Vipaśyī bodhi*satvas Tu*(16.3)ṣitād
devanikāyāc cyavitvā[2] mā$_{4}$tuḥ kukṣāv asthāt sarva$_{5}$m enaṃ mātā paripūrṇaṃ
W2 kukṣigataṃ paśyati[3] Wtadyathā maṇi$_{6}$r vaiḍūrya[4] aṣṭāṃśo j(*ā*) timāṃ śu$_{7}$ddh*o*[5]
vipra(16.4)sanna[6] anāvilaḥ pañcaraṅgike sūtre[7] arpi$_{8}$ta[8]$_{9}$syān[9] nīle pīte lohite[10]
ava$_{10}$dāte māṃjiṣṭhe taṃ cakṣuṣmāṃ puruṣo dṛṣṭvā jānīyād i$_{11}$daṃ sūtram
W3 a*ya*ṃ ma*ṇi*(*ḥ*) (16.5) (*s*) ūtre ma(*ṇir a*) rpita[11] $_{12}$iyam atra dha*r*matā[12] Wtasmād
idam ucyate | |

yathāpy a$_{13}$sau vaiḍūryako mahāma$_{14}$ṇi[13]
prabhāsvaraḥ sūryamarīcisaṃnibhaḥ
tathopamaṃ ku(*kṣ*) ig(*a*) (16.6) (*ta*) ṃ narottamaṃ
Vipaśyimā$_{15}$tā paripūrṇam īk(*ṣ*) ate | |

5. He Does Not Fatigue His Mother[14]

W4e.1 Wdharmatā khalu yasmiṃ sama$_{16}$ye Vipaśyī bodhisatvas $_{17}$Tuṣitād devanikāyāc
cyavitvā[15] mātuḥ kuk(*ṣ*) āv as(*th*) ā(*n*[16] *nāsya tasmiṃ samaye mātā śrāntakāyā*
vābhūt klāntakāyā vā ya) (17.1) d uta bodhi(*satvaṃ dhārayaṃtī*) *iyam atra*
(*dharmatā*[17] *tasmād ida*)$_{18}$*m u*$_{19}$*cyate | |*

⏓ — *cāsau kukṣim upe* ⏑ — ⏑ ⏓
⏓ — (*c*) *yutaḥ karmav.* — ⏑ — ⏑ ⏓ (*/*)
⏓ — ⏑ — — ⏑ $_{20}$⏑ — ⏑ — ⏑ (17.2) ⏓
te dhārayaṃtī i(*yam atra*) *dharmatā*$_{21}$ | |

---

[1] Uddāna of SBV: *aṣṭāṅgaṃ*. Parallels: SBV I, p.42.13–19; SBV(Tib.): D ('Dul ba) ga, 279a.3–6; Q vol.42, p.21.1.1–4; SBV(Ch.): T 1450, vol.24, p.107c.6–8.

[2] SBV omits *Tuṣitād devanikāyāc cyavitvā.*

[3] SBV: *tam enaṃ tasmin samaye mātā sarvam antaḥkukṣigataṃ paripūrṇaṃ paśyati.*

[4] For *vaiḍūryaḥ*. MS 138.6: *vaiḍūryaḥ*, MS 208.6: *[v]aiḍūryaḥ*.

[5] SBV: *aṣṭāṅgo vaiḍūryaḥ śubhro jātimān accho.*

[6] MS 138.6: *(vipra) [s]an[n]aḥ.*

[7] Hiatus for - *e* ' -. Cf. BHSG §4.55.

[8] For *arpitaḥ*. Cf. BHSG §8.22. MS 83.4: *(arpi) [ta]ḥ.*

[9] SBV adds *tadyathā.*

[10] See above note 7.

[11] For *(a)rpitaḥ*. SBV repeats the above section with some changes as follows: *evam eva bodhisattvo yasmin samaye mātuḥ kukṣāv asthāt tam enaṃ tasmin samaye mātā sarvam antaḥkukṣigataṃ paripūrṇaṃ paśyati,*
SBV(Tib.) and SBV(Ch.) also record this section.

[12] SBV omits *iyam atra dharmatā.*

[13] MS 83.5: *(ma) h[ā]ma[ṇ]i[ḥ]*, MS 138.8: *(mahāma) [ṇ]iḥ.*

[14] Uddāna of SBV: *śrānta*. Parallels: SBV I, p.42.21–24; SBV(Tib.): D ('Dul ba) ga, 279a.6–7; Q vol.42, p.21.1.4–5; SBV(Ch.): T 1450, vol.24, p.107c.9–10.

[15] SBV omits *Tuṣitād devanikāyāc cyavitvā.*

[16] MAV II does not restore the text of 4e.1 from here onward.

[17] SBV omits *iyam atra dharmatā.*

Base MS SHT 399: MS 16.2 – 17.2

Other MSS of Recension I

1	208.5	/// ○ tā khalu yasmiṃ sa + + + ///
2	183.2	/// yas.i .. + ///
3	97.b	/// .. ye vipaś.[ī] ///
4	83.3	+ + .[u]ḥ ku .. + + ... m. na + ///
5	138.6	m enaṃ mātā paripūrṇaṃ kukṣigataṃ pa[śy]. + + + .ā [m]aṇir vaiḍūryaḥ [a] + + + + + + + + + [s]an[n]aḥ anāvilaḥ .. + ///
	211.3	/// m [e]naṃ mā[t]. + ///
6	208.6	/// + + r [v]aiḍūryaḥ aṣṭāṃśo .. + + + ///
7	97.c	/// [d].[o] vip[r]asa .. ///
8	83.4	[ta]ḥ syāṃ n[īl]. + + [lo]hi[te] ava ○ /// + ... + + +
9	211.4	/// [s]yān nīle pī .. ///
10	138.7	dāte mā[ṃ]jiṣṭhe taṃ cakṣuṣmāṃ puruṣo dṛ .ā + + + + + .[ū]tram ayaṃ ma[ṇi] .. + + + + + + + + + [m a] .. [dha]r[m]atā ta .. + ///
11	208.7	/// + + + + + ..ṃ ..+ .. [y].ṃ + + + ///
12	211.5	/// .. yam atra [dh]. ///
13	83.5	sau vai[ḍū]r[y]a[k]. + h[ā]ma[ṇ]i[ḥ] prabhā ○ /// [t]ā [kh]al[u] + + +
14	138.8	[ṇ]iḥ p[r]a .. s[v]a[raḥ s]. r[y]amarīcisaṃ + + + + + + + .i[g]. ///
15	211.6	/// + + [t]ā pari ///
16	83.6	+ [y]e [vipa]sy. bodhi[sat]. [s t]u[ṣ]i + + /// iyam a[tra] .. + +
17	139.1	[tu][1] .. .. + + + + ...y. [v]. [tvā] .. ///
18	139.2	m ucya[t]e [॥] .. .. c[ā]sau kukṣim u[p]e + + + + + + .[yu]taḥ karmav. + + + + + + + + + + + + .. .y. .. .. .. ///
19	83.7	+ + + .. [cya] .. + + + .[āsau k]. ///[2] .. dharma[tā] ॥ [dharma] .. + +
20	212.1	starts around here: /// + .. [sy]. + ///
21	139.3	{m ucyate} ॥ dharmatā khalu yasmiṃ sa .. + + + + [bo]dhisatvas tu .[i] + + + + + + + + .. [mātu]ḥ kukṣāv asth. + ///

---

1 SHT (II) 685 reads *[th]*.

2 There is a lacuna of about 35 akṣaras between *[k].* and *dharma[tā]*.

6. His Mother Keeps the Five Precepts[1]

W4f.1 [W]*dharmatā khalu yasmiṃ sa(maye Vipaśyī) bodhisatvas Tu(ṣ)i(tād devanikāyāc cyavitvā)*[2] *mātuḥ* $_{1}$*ku*(17.3) *kṣāv* asthāt tato[3] (*mātrā yāvajjīvaṃ pañca vratapadāni samā*)$_{2}$*dattāni*[4] *yāvajjīvam asya mātā*[5] *prāṇātipātāt prati*(*viratādattādānā*) *d abra*(17.4)$_{3}$hmacaryān[6] mṛṣāv(*ādāt surāmaireyamadyapramādasthānāt prativiratā*[7] *iya*)$_{4}$*m atra dharmatā*[8] *tasmād idam ucyate* | |

prā(*ṇān aha*)*ṃtī nā*(*dattam*[9] *ādadau*)
(*mṛṣā na*) $_{5}$*bhāṣen na ca madya*(17.5) pānam*
abra(*hmacaryād viratā ca maithunād*)
(*Vipaśyi*)$_{6}$*mātā iyam atra dharmatā* | |[10]

7. His Mother Has No Mental Attachment[11]

W4g.1 [W]*dharmatā kha*(*lu yasmiṃ samaye Vipaśyī bodhi*)$_{7}$*satvas Tu*(*ṣitād deva*)*n*(*i*)*kāyāc cya*(17.6)vitvā[12] mātuḥ ku(*kṣāv asthān*[13] *nāsya mātā tataḥ*[14] *puruṣeṣu mānasaṃ ni*)$_{8}$*baddhavatī yad uta kāmag*(*u*)*ṇo*(*pa*)*saṃhi*(*tam*[15] *iyam atra dharma*$_{9}$*tā*)[16] *tasmād i*(*dam ucyate* | |)

⏑̲ — ⏑ — *nā*(18.1) pi *ca* rajyate[17] *tadā*
(*na kāmahetoḥ paridahyate manaḥ*)
(*na cāsya mā*)$_{10}$*tuḥ puruṣena mānasaṃ*
nibadhyate kā(*maguṇo*$_{11}$*pa*)*saṃhit*(*am* | |)[18]

---

[1] Uddāna of SBV: *vrata*. Parallels: SBV I, p.42.24-43.5; SBV(Tib.): D ('Dul ba) ga, 279a.7–279b.2; Q vol.42, p.21.1.5–7; SBV(Ch.): T 1450, vol.24, p.107c.10–12.

[2] SBV omits *Tuṣitād devanikāyāc cyavitvā*.

[3] SBV: *tasmin samaye*. MAV II does not restore the text of 4e.1 from here onward.

[4] SBV: *mātā yāvajjīvaṃ pañcavratapadāni samādattavatī*.

[5] SBV omits *asya mātā*, and reads *prāṇātipātaṃ prahāya prāṇātipātāt prativiatā*.

[6] MS 212.3: *(abra)hmacaryāṃ*.

[7] SBV: *adattādānam abrahmacaryaṃ mṛṣāvādaṃ surāmaireyamadyapramādasthānaṃ prahāya surāmaireyamadyapramādasthānāt prativiratā*.

[8] SBV omits *iyam atra dharmatā*.

[9] Metrically read *na adattam*.

[10] Parallels: SBV I, p.43.5-7; SBV(Tib.): D ('Dul ba) ga, 279b.2; Q vol.42, p.21.1.7-8. SBV transmits the prose here as follows: *prāṇān ahantī nādattam ādadau; mṛṣā nāvocat; na madyalolupā 'bhūt; abrahmacaryād viratā ca maithunāt siddhārthamātā; iyam atra dharmatā*. However, there is a possibility that this prose was originally verse as follows:

prāṇān ahantī nādattam ādadau mṛṣā nāvocat na madyalolupā | ('*bhūt* is not necessary.)
abrahmacaryād viratā ca maithunāt siddhārthamātā iyam atra dharmatā |

SBV(Tib.) retains the stanza:

srog mi gcod daṅ ma byin mi len daṅ | *brdzun du mi smra chaṅ la mi brkam daṅ* |
'khrig pa'i mi tshaṅ spyod pa spoṅ ba 'di | *'di ni don grub yum gyi chos ñid yin* | |.

[11] Uddāna of SBV: *manasa*. Parallels: SBV I, p.43.7–10; SBV(Tib.): D ('Dul ba) ga, 279b.2–3; Q vol.42, p.21.1.8–2.1; SBV(Ch.): T 1450, vol.24, p.107c.12–13.

[12] SBV omits *Tuṣitād devanikāyāc cyavitvā*.

Base MS SHT 399: MS 17.3 – 18.1

Other MSS of Recension I

1 212.2 /// + .. kṣāv a[sth]. ///

2 139.4 dattāni [y]āvajjīvam asya mātā prā ○ ṇātipātāt pra[ti] + + + + + + + + d abrahmacaryān mṛṣāv. ///

3 212.3 /// + hmacaryāṃ [mṛ] ///

4 139.5 m atra dhar[m]atā tasmād ida[m u]cyate | | prā ○ + + ..ṃt[ī] nā .. + + + + + + + [bh]ā[ṣen n]a[1] ca madyapā[n]. ///

5 212.4 /// [bhā]ṣen na ca + ///

6 139.6 mātā iyam atra dha[rmatā] | | [dha]rmatā [kha] + + + + + + + + + + + + + + + + + + [n]. kāyāc cyavitvā mā + ///

7 212.5 /// satvas tu + + ///

8 139.7 baddhavatī yaduta kāma[g]. [ṇo] .. [s]aṃhi .. + + + + + + + + + + + + + + + + + + + nā[p]i [ca] ra[jyate] tadā + ///

9 212.6 /// .. tasmād i + ///

10 139.8 [tu]ḥ puruṣeṇa mānasa[ṃ] nibadhyate kā .. + + + + + + + + + + + + + + + + + + .[ī bo]dhi[satv]. .. + ///

11 212.7 /// .. saṃhi[t]. + ///

---

13 MAV II does not restore the text of 4e.1 from here onward.

14 SBV: *tasmin samaye*.

15 SBV: *kāmopasaṃhitam*.

16 See above note 8.

17 MS 18.1 MAV I reads *pi [v](i)[raj]yate*. Cf. MAV II 87, note 2.

18 Parallels: SBV I, p. 43.10–11; SBV(Tib.): D ('Dul ba) ga, 279b.3–4; Q vol. 42, p. 21.2.1. SBV transmits the prose here as follows: *na rajyate kleśeṣu; na cāsyāḥ kāmahetoḥ paridahyate manaḥ; na cāsya mātā puruṣeṣu mānasaṃ badhnāti kāmaguṇopasaṃhitam*. Except for the first sentence there is the possibility that this prose was originally verse, with *cāsyāḥ* in the second sentence is unnecessary, and *badhnāti*, an editor's emendation (MS: *bandha sā*), in the last sentence should be changed to four syllables. Tib. maintains the following stanza:

ñon moṅ rnams la chags par mi 'gyur źiṅ | | de ni 'dod rgyus sems gduṅs mi 'gyur la | |
de yum 'dod pa'i yon tan ldan pa yi | | skyes pa rnams la sems ni gtoṅ ba med | |.

1 SHT (II) 685 reads *[c]āp[ann]a*. See SHT (VII) 685.

[The Bodhisattva's Birth]

8. Birth[1]

W5a.1 ^{W}*(dharmatā)* $_{1}$*khalu (yasmiṃ sama)* (18.2) ye Vipaśyī *bodhisatv(o mātuḥ kukṣer*
niṣkrānto[2] *'tyarthaṃ*[3] *tasmiṃ samaye mahāpṛthi*$_{2}$*vī) cāl(a)ś c(ā) bhūt*[4] *sa(r) v(a)ś*
W2 *c(ā)y(aṃ) l(oka udā)*$_{3}$*reṇāvabh(āsena s)* (18.3) phuṭo 'bh*(ūt)* ^{W}pū*(rvavad yāvad*
W3, 4 ^{W}*anye 'pi bhava)nt(a)ḥ s(a)t(v)ā i(hopapannāḥ*[5] *iyam atra dharmatā*[6] ^{W}*tasmād*
idam ucya)$_{4}$*te | |*

utpad(y)amāne pṛthivī prakampit(ā)
pṛ(thu) (18.4) s tathābhā visṛ*(tā)* ⏑ — ⏑ ⏓ (|)
⏓ — ⏑ — — ⏑ ⏑ — ⏑ *śobhate*
(ta)thā tad (āsīd iyam atra dharmatā | |)[7]

9. The Newborn Bodhisattva is Born Without Stain[8]

W5b.1 ^{W}*(dharmatā khalu yasmiṃ sa)*$_{5}$*maye Vipaśyī bodhisatvo mā*(18.5) tuḥ kukṣer
niṣkrānt*(as kośogata*[9] *ivāsir niṣkrānto 'mrakṣito garbhamalena ju)bh(r)amalena*[10]
rudhirama(lenānyatamānyatamena vāśuciprākṛtena)[11] $_{6}$*iyam atra* (18.6)
W2 dharmatā[12] ^{W}ta*smād idam ucya(te | |)*

(yathāpi taṃ maṇiratanaṃ prabhāsvaraṃ)[13]
(na) lip(y)ate paramaśucau (hi Kāśike•)
⏓ — ⏑ — — ⏑ ⏑ — ⏑ — ⏓
⏓ $_{7}$*ciḥ suni*(19.1) rdhāntam ivāṃ*śukāñcanam**[14] | |

10. His Mother Gives Birth in the Standing Position[15]

W5c.1 ^{W}dh*a*rmat*ā* kh*a*lu yasmi*(ṃ)* samaye Vipaśyī bodhisatvo mātuḥ kukṣe*(r)*
niṣkrā*(nto nāsya*[16] *mātā niṣaṇṇā vābhūn nipannā vā sthi)*$_{8}$*taiva*[17] *sā kṣatriyā*[18]
W2 *kṣa*(19.2) triyaṃ prajāt*ā*[19] *(iyam at)*r*(a)* dharmatā[20] ^{W}*ta*smād idam ucyate | |

---

[1] Uddāna: *utpāda*. Parallels: SBV I, p.45.1–3; SBV(Tib.): D ('Dul ba) ga, 280b.1–2; Q vol.42, p.21.3.7–8; SBV(Ch.): T 1450, vol.24, p.109a.9–12.

[2] SBV: *jātaḥ* instead of *mātuḥ kukṣer niṣkrānto*. Tib. *bltam pa*.

[3] SBV omits *atyarthaṃ*.

[4] SBV omits *ca*. MS 140.1: *c(ā)bhūt**.

[5] SBV adds *iti*. See p.53, note 19.

[6] SBV omits *iyam atra dharmatā*.

[7] MAV II does not restore this verse.

[8] Uddāna: *kośa*. Parallels: SBV I, p.45.3–6; SBV(Tib.): D ('Dul ba) ga, 280b.2–3; Q vol.42, p.21.3.8–4.1; SBV(Ch.): T 1450, vol.24, p.108a.12–13.

[9] SBV: *kośogata*. See p.56, note 4.

[10] SBV: *juvramalena*. See p.56, note 5.

[11] SBV: *vā aśucinā viprakṛtena*. MAV II does not restore this phrase.

[12] SBV omits *iyam atra dharmatā*.

[13] This restoration is based on a parallel phrase in MS 16.1.

Base MS SHT 399: MS 18.2 – 19.2

Other MSS of Recension I

1 184.y /// kha[l]u .. .. ///

2 140.1 + .. c[āl]. ś c. bhūt* sa .v. ś c. [y].(ṃ) [l]. .. + nt.[ḥ s]. [t].[ā i] + + ///

3 184.z /// reṇāva[bh]. ///

4 140.2 te | | utpa[d].[a]mān[e] pṛthivī p[r]a[k]am[p]i[t]. [pṛ] .. + + + + + + + + + + + + + + + + + + .. [śobhate] .. thā ta[d]. + ///

5 140.3 maye vi[paś]y[ī] bodhisatvo mā[tuḥ] k[u]kṣer niṣ[k]rā + [bh].amale[na] ru[dhi]rama + ///

6 140.4 iyam atra dharmatā tasmād idam ucya ○ + + + + + t. .. + + + + + + + + [li]p.ate paramaśuc[au] + ///

7 140.5 ciḥ sunirdhāntam ivāṃśukāṃñcanam* | | ○ dha[r]matā khalu ya .. + + + + + + .[o]dhisa[t]vo mātu[ḥ k]uk[ṣ]e .. ///

8 140.6 tā eva sā kṣatriyā kṣatriyaṃ prajātā .. + + + .. rmatā tasmād i .. + + + + + + + + + na nipanna kṣatriyā [s].[i] + ///

---

[14] MS 140.5: *ivāṃśukāṃñcanam**.

[15] Uddāna: *sthiti*. Parallels: SBV I, p.45.6-9; SBV(Tib.): D ('Dul ba) ga, 280b.3–4; Q vol.42, p.21.4.1–2; SBV(Ch.): T 1450, vol.24, p.108a.13–14.

[16] SBV adds *tasmin samaye*.

[17] MS 140.6: *(sthi)tā eva*.

[18] SBV: *kṣatriyī*.

[19] SBV: *prasūtā*.

[20] SBV omits *iyam atra dharmatā*.

na sā niṣaṃṇā na nipanna[1] kṣatriyā[2]
s(*th*) i(*tai*) va sā .r. pad ⏑ — ⏑ — ⏑ ⏓ (/)
⏓ — ⏑ — — $_{1}$*varasa*(19.3) tya vikra*mo*
*jagrāha ta*ṃ surapatide(*va*) u(*ts*) uka[3] | |

[After the Bodhisattva's Birth]

11. He Takes Seven Steps[4]

W5d.1 Wdhar*matā* khalu sāṃpratajāto Vipaś(*y*) ī (*bodhi*) satvaḥ sapt(*a padāni*
prakrāntaḥ parigṛhīto na kasmiṃ) (19.4) ś(*c*) ic[5] catu(*rdiśa*) ñ ca $_{2}$vyavalokayati
W2 *vā*cañ ca bhā*ṣate*[6] Wiyaṃ me bhave(*t paśc*) imā jā(*tiḥ*)
[7](*devāḥ ś*) v(*e*) taṃ ca chatraṃ maṇ(*idaṇḍakaṃ ca cāmaraṃ ca dhārayanti iyam*
W3 *a*) (19.5) t(*ra*) dhar(*matā*[8] W*ta*) smād ida$_{3}$(*m u*) cya*te* | |

jāto hy (*e*) *ṣa* sapta *pa*dāni prakramad[9]
di —[10] ⏑ — lo(*k*) y(*a*) v(*ācaṃ*) ca bhāṣ(*at*) e (•)
ś(*r*) e — ⏑ — — ⏑ ⏑ — ⏑ — ⏑ ⏓
⏓ — ⏑ — — ⏑ ⏑ — (19.6) nti deva (/ /)

12. Warm and Cool Streams Fall from Above[11]

W5e.1 Wdharm(*atā*) kh(*alu sā*)$_{4}$*ṃpratajātasya*[12] Vipaśyino bodhisatvasya (*dve vāridhāre*
'n) t(*a*) rīkṣāt[13] pr(*a*)$_{5}$*patite*[14] *e*(*kā śītāsyaik*) *oṣṇ*(*ā*) *sya*[15] *ye* (*bo*) *dhisatvaṃ* (*snāpita-*
W2 *va*) (20.1) (*t*) yau[16] i(*yam at*) r(*a*) dha(*rmatā*[17] W*tasmād ida*)$_{6}$*m ucyate / /*

---

[1] For *nipannā*. Metrically a light syllable is required. See the following note.

[2] Here as the preceding short vowel is a metrically light syllable, the double consonant *kṣ* should be read prosodically as a single consonant. Cf.GPRG §2.41, BHSG §2.25.

[3] For *utsukaḥ*.

[4] Uddāna: *saptapāda*. Parallels: SBV I, p.45.9–15; SBV(Tib.): D ('Dul ba) ga, 280b.4–6; Q vol.42, p.21.4.2–5; SBV(Ch.): T 1450, vol.24, p.108a.15–20.

[5] SBV seems to emend *kasmiṃścic* to *kenacic* (cf.SBV I, p.45, note 2, where the editor refers the reader to p.41 but no such reference can be found. See, however, his note 5 on p.30). MAV II reads (*ācār*)*ṣīc* and does not restore the text in the preceding and the following lacunae.

[6] SBV adds *iyaṃ pūrvā dik pūrvaṃgamo bhaviṣyāmi nirvāṇāya; iyaṃ dakṣiṇā dakṣiṇīyo bhaviṣyāmi kṛtsnasya jagataḥ; iyaṃ paścimā dik, mama paścimaṃ janma bhaviṣyati; iyam uttarā dik, bhavasaṃsārād uttariṣyāmi iti*. Cf.SBV(Tib.) and SBV(Ch.).

[7] SBV adds *tasya śirasi upari*.

[8] SBV omits *iyam atra dharmatā*.

[9] Here as the preceding short vowel is a metrically light syllable, the double consonant *pr* should be read prosodically as a single consonant. Cf.GPRG §2.76, BHSG §2.10.

[10] MAV I: *diś*.. The Schøyen collection SC 2382/M (*Vinayoddānagāthā*) had parallel phrase: *prakkramaṃ diśaṃ cāvalokayaṃ vācaṃ bh*. The editor wishes to thank Klaus Wille for pointing out the reference to the Schøyen collection.

[11] Uddāna: *dve vāridhāre*. Parallels: SBV I, p.45.15–17; SBV(Tib.): D ('Dul ba) ga, 280b.6–7; Q vol.42, p.21.4.5–6; SBV(Ch.): T 1450, vol.24, p.108a.20–21.

[12] MS 141.2: (*sā*)*mpratajātasya*.

Base MS SHT 399: MS 19.2 – 20.1

Other MSS of Recension I

1 140.7 varasatya .i .. mo jagrāha ta[ṃ] sura[p]. + + + + + + I I dharmatā kha[l]. + + + + + + + + + + + + ..[ḥ sap]. .. + ///

2 140.8 .. .. [l]o + [y]. [ti] .[ā] ..[ṃ] .. [bh]āṣate + + + + + + + .ā .ā + + + + ///

3 141.1 .[u] .y. t. I I jāt[o] hy. ṣa sapta padān[i] + .. + vya[d]. [ne] .. + ///

4 141.2 mpratajātasya vipaśyino .[odhi]satvas[y]a + + + + + + + + + + + + + + + + + + + [u]ṣṇ. [s]ya ye .. [dhi]satvaṃ ///

5 84.1 /// + + + + + patite e .. + + + + ///

6 141.3 m ucyate I I jāte kumāre [sumah]ābhiṣaṭke .[e] + .[ā]vi[l]ā ca snātaḥ [s]. + ///

---

[13] SBV: *'ntarikṣāt*.

[14] MS 84.1: *(pra)patite*. SBV: *prādurbhavata* (Gnoli's restoration). MAV II also restores this as *pr(ādurbhavataḥ)* from the Pāli version *pātubhavanti*, and incorrectly places MS 84.1 *(pra)patite* in the following verse, pāda b.

[15] MS 141.2: *[u]ṣṇ(ā)[s]ya*. SBV: *ekā śitā ekā uṣṇā* (as restored from Tib.); MS of SBV is corrupt: *dakṣiṇīyo bhaviṣyāmi kṛtsnasya ekā uṣṇāsya ye bodhisattvaṃ snapitavatyai |*. Between the phrase *kṛtsnasya* and *ekā uṣṇāsya*, one and a half lines were omitted in the MS of SBV due to the scribe's eye skipping from one *-sya* to the next (homoeoteleuton). The original probably read *ekā śītāsya ekā uṣṇāsya*. Cf. BHSG §9.75.

[16] SBV: *snāpitavatye* (MS: *snāpitavatyai*).

[17] SBV omits *iyam atra dharmatā*.

jāte kumāre sumah*ā*bhiṣ*aṭke*
(*dv*)*e* (*vāridhāre*) patite[1] a(*ntarikṣāt**)
⏑̱ — ⏑ — — $_{1}$*ṇa ca anāvilā ca*
snātaḥ s⏑ — — (*dvipa*) (20.2) dottamo ⏑̱ (/ /)

13. A Stream Manifests from a Well[2]

W5f.1 W(*dhar*) matā khal(*u sāṃ*) pra$_{2}$*tajāta*sya Vip*aśy*ino bodhisatva*sya* (*mātu*) r
jan(*ayitr*) y(*ā*) *ḥ p*urastāṃ mahad u(*dapānaṃ*) $_{3}$*prādurbhū*$_{4}$*taṃ vāri viṣyandi*[3]
ya(*to 'sya mā*) (20.3) tā[4] ud(*akakār*) yam[5] akār(*ṣ*) īd iyam a$_{5}$tra dharmatā[6]
W2 Wtasmā*d i*dam ucyate | |

kur*vaṃti nā*gāsya[7] *sadai*vapūjāṃ
yasmiṃ ⏑ — (*jā*) *yate bodhisatvaḥ*
$_{6}$*te hṛ*$_{7}$*ṣṭā*(*s*) *tuṣṭā mu*(20.4) ditā u*dagrā*(*ḥ*)
(*vā*) riṃ sṛjantīha a$_{8}$thodapānam* | |

14. The Deities Scatter Flowers and Play Music[8]

W5g.1 Wdh*arma*t*ā* khalu sāṃpratajātasya Vi(*paś*) y(*i*) *n*o bodhisatv*asya* (*d*) *e*(*vatā*[9]
antarīkṣād divyāny utpa) *lāni*[10] *padmā*(20.5) *ni* kumu$_{9}$dāni *puṇḍarīkāṇi*[11]
agarucūrṇāni taga$_{10}$rucūrṇāni[12] candanacūrṇāni[13] divyāni[14] m(*a*) ndā(*rakā*) ni[15]
puṣ*p*āṇi *kṣipa*(*nti divyāni ca vādyāni saṃpravādayanti*[16]) (20.6) cailavikṣe(*pa*) ṃ
W2 (*cākā*) r(*ṣu*) r[17] iyam a$_{11}$*t*ra dharmatā[18] Wtasmād idam ucyate | |

---

[1] The final vowel *e* as a dual ending is uncombinable, but here metrically read *patite 'ntarikṣāt*.

[2] Uddāna: *udapāna*. Parallels: SBV I, p.45.17–20; SBV(Tib.): D ('Dul ba) ga, 280b.7–281a.1; Q vol.42, p.21.4.6; SBV(Ch.): T 1450, vol.24, p.108a.21–23.

[3] SBV: *vāriniṣyandi*. MS 141.4: *viṣyaṃ[t](i)*.

[4] Hiatus for - *o* -. Cf.BHSG §4.55.

[5] SBV: *udakenodakakāryam*.

[6] SBV omits *iyam atra dharmatā*.

[7] MAV I reads *[ha] s[ya]*. MS 20.3: .. *g[āsy]*., MS 141.5: *nāgāsya*.

[8] Uddāna: *devatā*. Parallels: SBV I, p.45.20–46.2; SBV(Tib.): D ('Dul ba) ga, 281a.1–2; Q vol.42, p.21.4.6–8; SBV(Ch.): T 1450, vol.24, p.108a.23–26.

[9] MAV II has mistakenly placed MS 84.4 here, noting a connection to MPS 16.12 and 40.22, and restoring it as follows: *(devatā)* (84.4) *hṛṣṭās tuṣitā muditā udagrā(ḥ prītisaumanasyajātā antarikṣād divyāni padmāni kṣipanty utpalā)(20.5)ni*. As we identified MS 84.4 as pāda c of the previous verse, this phrase has been thus restored on the basis of MPS 47.20.

[10] SBV adds *kṣipanti*.

[11] Hiatus for - *y a* -. Cf.BHSG §4.55. As the following initial akṣara *a* is independent, we should restore a hiatus. MS 84.5: *puṇḍarīkāni*.

[12] Read *tagara*°. SBV: *tagara*°.

[13] SBV adds *tamālapatracūrṇāni*.

[14] SBV adds *ca*.

[15] For *māndārakāṇi*. SBV: *māndāravāṇi*. MAV II reads *mand(ā)rak(ā)ṇi*. The same MS (SHT 399) has in MPS MS 121.4: *mandārakaiḥ* (MPS 48.1); MPS MS 121.5: *mandārakāṇi* (MPS 48.2); MPS MS 121.3: *mandārakapu[ṣpāṇ]y* (MPS 48.8).

Base MS SHT 399: MS 20.1 – 20.6

Other MSS of Recension I

1 84.2 /// + + + + ṇa ca anāvi[l]. + + + + ///

2 141.4 tajātasya vipaśyino b[odh]isatvasya ○ + + + + + .y.ḥ pu + + + + + + + + .. d[u]rbhūtaṃ vāri viṣyaṃ[t]. + ///

3 235.a /// prā .[u] ///

4 84.3 /// + + + [t].[ṃ] vāri viṣyandi ya + + + ///

5 141.5 tra dharmatā tasmād idam ucyate | | kurvaṃ ○ ti nāgāsya sadaiva + + + + + + [y]ate bodhisatvaḥ te [hṛ] .. ///

6 235.b te h[ṛ] .. ///

7 84.4 /// + + [ṣ]ṭā tuṣṭā muditā udagr[ā] + + ///

8 141.6 thodapānam* | | dharmatā khalu sāṃpra[ta] .. + + + + + + no bodhisatvasya .[e] + + + + + + + + + .. [l]āni padmāni .[u] + ///

9 84.5 /// + + dāni puṇḍarīkāni aga + + ///

10 141.7 ruc[ū]rṇāni .. .. nacūrṇāni divyāni + + + + + + ṣpāṇi kṣipa .. .. + + + + + + + + + + + .. .[ai] .. .. .. + ///

11 84.6 /// + tra dharmatā tasmād idam ucya + ///

---

[16] SBV: *pravādayanti.*

[17] SBV omits *cailavikṣepaṃ cākārṣur.*

[18] See above note 6.

jāte ku$_{1}$māre sumahābhiṣa*ṭ*(*k*) e
d.e — ⏑ — — ⏑ ⏑ — ⏑ — ⏓ (*|*)
⏓ — ⏑ — — ⏑ ⏑ — ⏑ — ⏓
⏓ — ⏑ — — ⏑ ⏑ — ⏑ — ⏓ (*1*)
⏓ — ⏑ — $_{2}$— (*a*) *nubhāvam īkṣya*[1]
yāvat sujāto $_{3}$*b.* ⏑ — ⏑ — *utaḥ*
rāj — ⏑ — — ⏑ ⏑ — ⏑ — ⏓
⏓ — ⏑ — — ⏑ ⏑ — ⏑ — ⏑ ⏓ (2)
⏓ — ⏑ — — ⏑ ⏑ — ⏑ — ⏑ ⏓
⏓ — ⏑ — $_{4}$*āṃ paripūrayiṣyati*•[2]
$_{5}$*itīha* (*d*) *e*(*vā*) *akaniṣṭhavāsina*
ā — ⏑ — — ⏑ *ṣv agh*(*o*) *ṣa* — ⏑ ⏓ (3 *| |*)

15. Mnemonic Key-words of This Chapter

(*uddānam | |*)

⏓ — ⏑ — — ⏑ ⏑ — ⏑ — ⏓
⏓ — ⏑ — — ⏑ ⏑ — ⏑ — ⏓ (*|*)[3]
(*utpādakośa$_{6}$sthi*) *ti saptapa$_{7}$daṃ*
dve vāridhāre udapāna devatā | |[4]

---

[1] MS 84.7: *ikṣya.*

[2] MS 85.1: *paripūrayiṣyati*:.

[3] A half stanza (*triṣṭubh*) is required here because of lost akṣaras. In SBV, SBV(Tib.) and SBV(Ch.), we find this *uddāna* (in prose in SBV, in verse in Tib. and Ch.) for this chapter at the beginning of the story. SBV I, p. 41.4: *cyutir devaputro ratanam aṣṭāṅgaṃ śrāntavratamānasam*, SBV(Tib.): D ('Dul ba) ga, 278b.4; Q vol. 42, p. 20.5.2: *'chi 'pho lha daṅ rin po che | | zur brgyad dub daṅ brtul źugs brtan | |* Cf. T 1450, vol.24, p. 107b.22-24: 我降生時 四天守護 如明月珠 諸物纏裹 亦如寶綫 智者明了 自持五戒 無諸欲念.

[4] SBV I, p. 46.2–4 has the same sentence in pādas c and d as the prose: *utpādakośasthitiḥ sapta padāni dve varidhāre, udapānam devatā*; SBV(Tib.) retains this half stanza, D ('Dul ba) ga, 281a.2–3; Q vol. 42, p. 21.4.8: *bltam daṅ bźeṅs daṅ gom pa bdun | | chu rgyun gñis daṅ chu mig lha | |*; SBV(Ch.) omits this sentence altogether.

Base MS SHT 399: 20.6

Other MSS of Recension I

1 141.8 + + + ...[ā] .[i]ṣaṭ.e [d].[e] ///

2 84.7 /// .. nubhāvam ikṣya yāvat sujāto [b]. ///

3 142.1 + + ... + + + .[u]t[a]ḥ rā[j]. ///

4 85.1 /// .[āṃ] paripūrayiṣyati: itīha .[e] ///

5 142.2 it. ha .. .. akaniṣṭavāsina ā + + + + + [ṣ]v a[gh]. [ṣa] .. .. + + + + + + + + + + + [n]. .. .. + + ///

6 85.2 /// .. ti saptapadaṃ dve vāridhāre [u] + ///

7 142.3 daṃ dve vāridhāre udapāna devatā | | dharma + + + + + tajātaṃ vipaṣyi .. [1] + + + + + + + + + + .yā anupraya[ccha] + + ///

[1] SHT (II) 685 reads *vipaṣyi[no]*.

Part Two

[After the Bodhisattva's Birth: Continued]

1. His Wet Nurse[1]

W 5h *dharma(tā khalu[2] sāṃpra) tajātaṃ Vipaśyi(naṃ bodhisatvaṃ mātāpitarau dhātr) yā anuprayaccha(taḥ[3] ayaṃ tvayā[4] dhātri kumāraḥ kālena) $_{1}$kālam udva$_{2}$rtayitavyaḥ kālena kālaṃ snāpayitavyaḥ[5] kālena kā(laṃ bhojayitavyaḥ kā) lena kālaṃ samyak su(khena parihartavyaḥ tam enaṃ dhātry[6] ubhābhyāṃ pāṇibhyāṃ prati)$_{3}$gṛhītvā[7] kālena kālam udvartaya(ti kā) le(na) kāl(aṃ snāpayati kālena) kālaṃ bhojayati kā(lena kālaṃ samyak sukhena pariharati• apīdānīṃ ye) $_{4}$gandhā loke[8] mano$_{5}$jñarūpās[9] tair vilipya sa(rvālaṃkārair alaṃkṛtaṃ pitur Bandhumato 'nuprayaccha) t(i•) [10]enaṃ Bandhumā[11] rā(jā gṛhītvāṅke niṣādya punaḥ punaḥ prekṣate harṣaṃ ja)$_{6}$nayati[12] iyam atra dha$_{7}$rmatā[13] tasmād ida(m ucyate) / /*

⏓ — ⏑ — — ⏑ ⏑ — ⏑ — ⏓
⏓ — ⏑ — — *m adadat sa dhātryāḥ*
tato 'pi — — ⏑ ⏑ — ⏑ — ⏓
⏓ — ⏑ — — ⏑ ⏑ — $_{8}$*y(a) ti caiva 1*

ye gandha loke $_{9}$sumanojñar(ūpāḥ)
⏓ — ⏑ — — ⏑ ⏑ — ⏑ — ⏓ (/)
⏓ — ⏑ — — *bhir alaṅkṛ*[14] — ⏓
⏓ — ⏑ — — ⏑ ⏑ — ⏑ — ⏓ (2)

$_{10}$⏓ *bā* ⏑ *.ā l. sagataṃ kumāraṃ*
punaḥ puna(ḥ $_{11}$p) rekṣ(ati har) ṣ(a) jāt(a) ḥ
su — ⏑ — — ⏑ ⏑ — ⏑ — ⏓
⏓ — ⏑ — — ⏑ ⏑ — ⏑ — ⏓ (/)
⏓ — ⏑ — — ⏑ ⏑ — ⏑ — ⏓
abhyudya$_{12}$mo — kula — ⏑ .y . nti (3)[15] $_{13}$/ /

---

[1] Uddāna: *dhātrī*. Parallels: SBV I, p. 48.22–31; SBV(Tib.): D ('Dul ba) ga, 282b.1–4; Q vol. 42, p. 22.2.7–3.2; SBV(Ch.): T 1450, vol. 24, p. 108c.11–16.

[2] SBV omits *dharmatā khalu*.

[3] SWTF s.v. *anu-pra-yam* restored 685 Bl.98 R3 as */// (dhā?)[tr]yā (statt dhātrīḥ) anupraya[cch](ati) ///*, but *anu-pra-√yam* takes the genitive case as indirect object. Cf. BHSD s.v. *anu-prayacchati*. SBV: *sāṃpratajāto bodhisattvaḥ mātāpitṛbhyāṃ dhātryai dattaḥ*.

[4] SBV: *te*.

[5] SBV: *snapayitavyaḥ*.

[6] SBV adds *āttamanāttamanā*.

[7] SBV: *pratigṛhya*.

[8] SBV omits *loke*.

[9] SBV: *sumanojñarūpāḥ*.

[10] SBV adds *tam*.

Base MS SHT 399: lost

Other MSS of Recension I

1 85.3 /// + + kālam udvartayitavyaḥ + + ///
2 142.4 rtayitavyaḥ kālena kālaṃ snāpa[yi] ○ tavyaḥ kālena k[ā] + + + + + + + lena kālaṃ samyak su .. ///
3 142.5 gṛhītvā kālena kālam udvartaya ○ + + [le] + [k]ā[l]. + + + + + + + kālaṃ bhojayat[i kā] + ///
85.4 /// + + gṛhītvā kālena kā .. + ///
4 142.6 gandhā loke manojñarū[pās tai]r vilipya sa .. [1] + + + + + + + + + + + + + + + + + + .. [t]. e[n]aṃ[2] bandhumā[3] rā .. + ///
5 85.5 /// + + + .. rūpās tair vilip[y]a + + + ///
6 142.7 nayati iyam atra dharmatā tasmād ida + + + + + + + + + + + + + + + + + + + [m a]da[tat] sa dhātr[y]āḥ tat[o pi] ///
7 85.6 /// + + + [rma]tā tasmād i + + + + ///
8 142.8 [y]. ti caiva 1 ye ga[ndha] loke sumano[jñar]. + + + + + + + + + + + + + + + ... bhir alaṃ[kṛ] .. + + ///
9 85.7 /// + + + + .. manoj[ñ]a + + + + + ///
10 86.1 + [bā] .. .ā [l]. sa[ga]taṃ kumāraṃ [pu]naḥ puna .[e] + abhyudyamo
11 143.1 + + + + .[r]. [k]ṣ. .. .. [ṣ]. j[ā]t.ḥ [s]u ///
12 86.2 .. .. k[u]l[a] .. .. .y. [n]ti | | .. [rma]t[ā] khalu sā(ṃ) .. + .. kumāro dvā
13 143.2 | | dharmatā [kha]lu sāṃpratajātaṃ vipa[ś]y. + + + + + + [t]āpitarau br. .[m]. + + + + + + + + + + + + + .. d. .[ś]. ya .. [4] + ///

---

[11] For *Bandhumān*. BHSG §18.77. MS 142.6: *bandhumā*. In our MSS, Nom. sg. masc. of *Bandhumat* is *Bandhumā* in prose and verse with one excepction in p. 46.14 (MS 11.1): *Bandhumo*, cf. BHSG §18.55.

[12] SBV: *harṣajātaḥ*.

[13] SBV omits *iyam atra dharmatā*.

[14] MS 142.8: *alaṃ[kṛ]*.

[15] MS 86.2 omits verse number.

[1] SHT (II) 685 reads *sa[my]* .. .

[2] SHT (II) 685 reads *evaṃ*.

[3] SHT (II) 685 reads *bandhumā[ṃ]*.

[4] SHT (II) 685 reads *.ā [d].[bh].* .. .. .

2. The Seer[1]

[Two Paths: To Be a Universal Monarch or to Become a Buddha][2]

W 6a.1 ^{W}*dharmatā khalu sāṃpratajātaṃ Vipaśy(inaṃ bodhisatvaṃ mā)tāpitarau*
br(āh)m(aṇānāṃ naimittānāṃ[3] *vipañcanānāṃ*[4] *copa)d(ar)ś(a)ya(taḥ kaścid*
bhavantaḥ samanvāgataḥ) kumāro dvā$_{1}$(tr)iṃ(śa)$_{2}$dbhir[5] *mahāpuruṣalakṣaṇair*
W 2 *yaiḥ samanvā(gatasya mahā)puruṣasya dve gatī (bhavato 'nanyathā*[6] ^{W}*saced*
gṛhy a)gāram adhyāvasa(ti rājā bhavati cakravartī cā)turantyāṃ[7] *vi(je$_{3}$tā*
dhā)$_{4}$rmiko dharmarājā[8] *saptaratnasamanvāgataḥ tasyemāṇy*[9] *e(vaṃrūpāṇi sapta*
ratnāni) bhavaṃti tadyathā cakr(a)r(a)tn(aṃ) h(as)t(iratnam aśvaratnaṃ
maṇiratnaṃ strīra)$_{5}$tnaṃ gṛhapatiratnaṃ pariṇā$_{6}$yakaratna(m eva sa)pt(a)maṃ
W 3 ^{W}*pū(rṇaṃ cāsya bhavati saha)sraṃ putrāṇāṃ śūrā(ṇā)ṃ (vīrāṇāṃ*
varā)ṅgarūpiṇāṃ pa(ra)s(ainyapramarda)$_{7}$kānāṃ sa imām eva samudra-
paryantāṃ m(ahāpṛthivīm akhilām akaṇṭakām anutpīḍām[10] *adaṇḍe)nāśastreṇa*
W 4 *dharme(ṇa samenābhinirjityādhyā)$_{8}$vasati*[11] ^{W}*sacet keś(aś)m(a)$_{9}$śrūṇy*[12] *avatārya*
kāṣāyāṇi vastrāṇyācchā(dya samyag eva śraddhayāgārād anagārikāṃ pravrajati
ta)thā(ga)to bha$_{10}$vaty arhaṃ[13] *samyaksa(ṃ)bud(dh)o (vi)ghuṣṭaśabdo $_{11}$loke*[14]
tathyaṃ[15] *deva $_{12}$s(a)manvāgataḥ kumāro dvātriṃśadbhir ma(hāpuruṣalakṣaṇaiḥ*[16]
pūrvavad yāvat tathāgato bhavaty arhan samyaksaṃbuddho) $_{13}$vighuṣṭa(śa)b(d)o
W 5 *loke (i)yam atra (dha)rmatā*[17] ^{W}*tasm(ād ida)$_{14}$m ucyate* | |

$_{15}$jātaṃ kumāraṃ sumahābhiṣaṭkaṃ
te bo(dhisa)tvam ⏑ ⏑ — ⏑ — ⏑̱ (|)
⏑̱ — ⏑ — — ⏑ $_{16}$n(a) pr(a)vraj(i)t(o)[18]
rājā bhaviṣyati cakravartī 1

---

1 Uddāna: *brāhmaṇa*.
2 Parallels: SBV I, p. 49, 1–21; SBV(Tib.): D ('Dul ba) ga, 284b.4–6; Q vol. 42, p. 22.3.2–5; SBV(Ch.): T 1450, vol. 24, p. 108c.16–26.
3 SBV: *naimittikānām*.
4 SBV: *vipañcanakānām*.
5 SBV: *dvātriṃśatā*.
6 SBV: *nānyā*.
7 MAV II, SBV: *cāturantām*. Cf. SWTF s.v. *cāturantyā*.
8 SBV: *dharmarājaḥ*.
9 MS 143.4: *tasyemā[ṇy]*.
10 MAV II restores *anutpātam*.
11 MS 86.6: *[vasati:]*.
12 SBV: *keśaśmaśrv*.
13 MS 143.7: *[a]rhaṃ*.
14 MS 86.7: *[l]ok[e]:*.
15 MAV II restores *(pa)thyaṃ*.
16 SBV adds *yaiḥ samanvāgatasya mahāpuruṣasya dve gatī bhavato nānyā; sa cet gṛhī agāram adhyāvasati, rājā bhavati cakravartī, cāturantāṃ vijetā, dhārmiko dharmarājaḥ*.
17 SBV omits *iyam atra dharmatā*.
18 Here as the preceding short vowel is a metrically light syllable, the double consonant *pr* should be read prosodically as a single consonant. Cf. GPRG §2.76, BHSG §2.10.

Base MS SHT 399: lost

Other MSS of Recension I

1	86.3	.[iṃ] .. dbhir ma .. .. .. ṣa [la]kṣa[ṇ]ai .[y]ai + [t]urantyāṃ vi
2	143.3	dbhir mahāpuruṣalakṣaṇair yaiḥ samanv[ā] + + + + + [p]uruṣasya dve gatī .. + + + + + + + + .. ġāram adhyāvasa + ///
3	143.4	rmiko dhar[ma]rā[j]ā saptaratnasamanv[ā] ○ gataḥ tasyemā[ṇy e] + + + + + + + + + .. bhavaṃ[t]i tadyathā [ca] .. ///
4	86.4	.. .. rmi .. .. r.. rājā [s]ap[ta] .. + [k]r. r. [t]n. h. .t. + + + + + + + + + + + + [t]n.(ṃ) gṛh.
5	143.5	tnaṃ gṛhapa[t]iratnaṃ pariṇāyakaratna ○ .. + + p[t]. maṃ p[ū] .. + + + + + + + [sra]ṃ [pu]trāṇāṃ śūrā ..ṃ + ///
6	86.5	/// .. ka[r]. + ṅgarū[piṇāṃ pa] .. [s]. + + + + + + + + mā .e +
7	143.6	kānāṃ sa i[mā]m eva sa[mu]draparyantāṃ [m]. + + + + + + + + + + + + + + + + + .. [nāśa]streṇa dharme .. + ///
8	86.6	/// [vasati:] sacet ke[ś]. .m. [śrū] + + + + + + + [ṇi] va[s]. +
9	143.7	śrūṇy avat[ā]rya kāṣāyāṇi vastrāṇy ācch[ā] .. + + + + + + + + + + + + + + + + + + .. [thā] + [t]o [bha] .. [ty a]rhaṃ sa + ///
10	74.1	/// + + + + [va]ty a .[ha](ṃ) [sa]mya[ksa](ṃ)bud.[o] .. [ghuṣṭa]śabd[o lok]. [t]. .. + + + + + ///
11	86.7	/// [l]ok[e]: tathyaṃ deva s. .. [nvā] .. .. + + + + + + + [dbh]. r ma .. +
12	143.8	[s]. manvāgataḥ kumāro dvātriṃśadbhir ma .. + [v]ighu[ṣṭa] .. .. + ///
13	74.2	/// + + + .[i]ghu[ṣ]. .. b.[o loke] .. [yam a]tra .. [rmatā] ta[sm]. + + + + + ///
14	87.1	/// m u[cya]te । । [jā]taṃ ku[m]ā[r]aṃ [s]. + + + + + + + + .. [tv]am. +
15	144.1	[j]. ta(ṃ) kum[ā]raṃ sumah[ā]bhiṣaṭkaṃ te b[o] .. + + + + + + + + + + + + + + + + + + + [r]ājā bhavi[ṣ]. + ///
16	74.3	/// + n. [p]r. vra[j]. [t]. .. .. [bhaviṣ]ya[ti] cakra[v]ar[t]ī 1 .. .. ..[ṃ tāṃ] + + + + + ///

W 6a.6 [W]*⏓ — ..ṃ tāṃ — ⏑ ⏑ — ⏑ — ⏓*
$_{1}$dharmeṇa kṣe$_{2}$meṇa[1] *śivāṃ vasundharām*[*2]
yad — ⏑ — — ⏑ ⏑ — ⏑ — bhaṃta(m)
⏓ — ⏑ — $_{3}$yaṃ sa k. — .r. $_{4}$m eva 2

W 7 [W]*y(a)t sarvasauva(r)ṇa sa ku ⏑ — ⏓*
⏓ — ⏑ — — ⏑ ⏑ — ⏑ $_{5}$nemi•
yad asya pūrve pṛthivīṃ vijeṣyate
(tac cakraratnaṃ prathamaṃ ni)$_{6}$yāsyati 3

W 8 [W]*su$_{7}$jāta*[3] *saptāṅgapratiṣṭhitaṃ*[4] *ṛjum*
avadāt(am)[5] *— ⏑ ⏑ — ⏑ — ⏑ ⏓ (।)*
⏓ — ⏑ — — ⏑ ⏑ — ⏑ $_{8}$kuñjaraṃ
dvitīyaṃ[6] *ratnaṃ hi bhṛśaṃ niyā(syati 4)*

W 9 [W]*$_{9}$yaḥ prāt(a)rā$_{10}$śe $_{11}$samaye$_{a}$na medinīṃ*
samaṃtataḥ[7] *prāpya pun(ar n)irvartate•*[8]
⏓ — ⏑ — — ⏑ ⏑ — ⏑ — ⏑ ⏓
(a)$_{12}$śvaṃ tṛtīyaṃ ratnaṃ[9] *niyāsyati 5*

W 10 [W]*maṇi$_{13}$ñ ca vaiḍūryam a$_{14}$yaṃ sunirmalaṃ*
$_{15}$samaṃtato yo$_{b}$janam āvabhāsate•[10]
ya(thaiva rātrau) ⏑ ⏑ — ⏑ — ⏑ ⏓
⏓ — ⏑ — — $_{16}$vimalaṃ niyāsyati 6

W 11 [W]*yā rūpaśa$_{17}$b(de)ṣv atha gandhasparśe*[11]
nārī pra$_{18}$dhānā pra ⏑ dottamā ca•

---

[1] Here as the preceding short vowel is a metrically light syllable, the double consonant *kṣ* should be read prosodically as a single consonant. Cf. GPRG §2.41, BHSG §2.25.

[2] MS 144.2: *vasundharām**.

[3] For *sujātaṃ*, metrically the third akṣara has to be read as light. MS 74.5: *sujāta*, MS 87.4: *(sujā)[ta]*.

[4] Here as the preceding short vowel is a metrically light syllable, the double consonant *pr* should be read prosodically as a single consonant. Cf.GPRG §2.76, BHSG §2.10. Also the final syllable has to be read as heavy. Here the final nasal changes to *ṃ* before a following initial vowel if metre requires a long syllable. Cf. BHSG §2.69. MS 74.5: *°[pr]a[t]iṣṭhi(ta)ṃ*, MS 144.3: *°(prati)ṣṭh[i]taṃ*.

[5] Metrically ⏑⏑ — ⏑ is required. Cf. Edgerton (1946) §36, Balk, Uv(2), p. 96.

[6] Metrically read *dvitīya*. Cf. BHSG §2.27.

[7] MS 74.6: *sa[m]aṃ[ta](taḥ)*, MS 87.5: *(sa)maṃ[ta](taḥ)*, MS 144.4: *sama[ṃ]tataḥ*.

[8] Here as the preceding short vowel is a metrically light syllable, the double consonant *rv* should be read prosodically single as the preceding short vowel is a metrically light syllable. Cf.BHSG §2.84, 86. Cf. GPRG §2.89.

[9] Metrical considerations suggest this word should be read *ratanaṃ*. Cf. BHSG §3.99.

[10] For *avabhāsate*, metrically the first akṣara has to be read as heavy. Cf.BHSG §3.9-11. MS 144.5: *āvabhāsati*. MS 87.6: *ā[va]bhāsate*.

Base MS SHT 399: lost

Other MSS of Recension I

1	144.2	dharmeṇa kṣemeṇa śivāṃ vasundharām* ya[d] .. + + + + + + + + + + + + + + + + + .. .r. .. va 2 .. [t] sarva[sau] ///
2	87.2	/// [me]ṇa [śivā](ṃ) va[sundha] .. + ... + + + + + + + bhaṃta + +
3	74.4	/// ○ yaṃ sa k. .. .. .. m eva 2 [y]. .. .. [sau]va .ṇa sa ku .. + + + + + ///
4	87.3	/// m. [v]. + [pūrve p]ṛthi[v]īṃ [vij]. .. [te] + + + + + + + + + + [sy]ati + +
5	144.3	nemi• yad asya pūrve pṛthivīṃ vijeṣyate + ṣṭh[i]taṃ [ṛ]j[u]m avadā[t]. + ///
6	74.5	/// ○ yāsyati 3 sujāta saptāṅ[g]a[pr]a[t]iṣṭhi ..ṃ [ṛj]. m av. .. [t]. .. .. .. + ///
7	87.4	.. [ta] sa .. .. [prat]i[ṣ].. ta .. + .. d[v]. tīyaṃ rat[n]aṃ .i + + + + + + + + + [t]. rā[ś]. +
8	144.4	kuṃjaraṃ dvitīyaṃ ratnaṃ hi bhṛśaṃ niyā ○ + + + [y].(ḥ) pr. [t]. + + + + + + + + [n]ī[ṃ] sama[ṃ]tataḥ prāpya .. ///
9	74.6	/// [yaḥ] prā .. rā[ś]e samayena medinīṃ sa[m]aṃ[ta] .. .[rā] .. pun. .. .[i]rvar[t]ate• .. ///
10	189.x	/// + + + [ś]. [s]. + + + m[edi] + +
11	87.5	.. maye[na medin]. .. maṃ[ta] .. ○ + nirmalaṃ
12	144.5	śvaṃ tṛtī[yaṃ] ratnaṃ niyāsyati 5 ma[ṇi] ○ ñ ca vaiḍūryam ayaṃ su[n]. + + + + + + + + nam āvabhāsati• .. ///
13	189.y	/// + + .[c]. [v]. ḍūryam ayaṃ sun[i]rmalaṃ
14	74.7	/// [y]. [s]. [ni]rmalaṃ sa[ma]ṃtato yojanam ā .. .. ///
15	87.6	.. [mant]. .[o] yo .. na[m] ā[va]bhāsate• ya + .. dottamā ca•
16	144.6	vimalaṃ niyāsyati 6 yā rūpaśab.. + + + + + r[ś]e nārī pradhānā pra + + + + + + + + + + ḥ sarvataś cāru[h]ā ///
17	189.z	/// .. ṣv atha gandhasparśe nārī pradhān.
18	74.8	/// + ...[o] .. mā .. .. + + + + + ///

MSS of MAV Recension II

a	213.1	+ n. m. d. n[ī](ṃ) sa[m]antataḥ pr[ā]pya pu[n]. ///
b	213.2	janam āvabhāsate• yathaiva rātrau .. ///

[11] Here as the preceding short vowel is a metrically light syllable, the double consonant *sp* should be read prosodically as a single consonant. Cf. GPRG § 2.110, BHSG § 2.12.

$_{1}$yathānta$_{a}$rāḥ sarvataś[1] cāruhāsinī
ta(t pañcamaṃ strīratnaṃ[2] niyāsyati 7)
W 6a.12 ᵂ⏑̲ — ⏑ — $_{2}$vaiḍūryaṃ ma(ṇ)iratnaṃ
$_{3}$śilāpravāḍaṃ ca suvarṇarū(paṃ*)
da$_{4}$dāti yaḥ śreṣṭhivaro mahā — ⏑ ⏑̲
gr̥(hapatiṃ $_{b}$ratna)ṃ ṣ(a)ṣ(ṭhaṃ)[3] niyā(syati 8)
W 13 ᵂ(ya) — ⏑ — — ⏑ ⏑ — ⏑ — $_{5}$⏑̲m
senāsu $_{6}$sthānaṃ[4] gamanaṃ (n)ivartanam*[5]
yo — (21.1) tidakṣa$_{7}$ḥ pariṇāyakottamas
tat saptamaṃ $_{c}$ratn(a)vara(ṃ) n(i)y(ā)sya(ti)[6] 9
W 14 ᵂ(jana) ⏑ — — ⏑ ⏑ — ⏑$_{8}$— ⏑ ⏑̲
⏑̲ — ⏑ — — ⏑ ⏑ — $_{9}$·garūp(i)ṇām*[7]
sacet punaḥ pravrajat' āna(21.2)$_{10}$gārikāṃ[8]
niḥsaṃśayaṃ buddhava$_{d}$ro bhaviṣyati[9] 10
W 15 ᵂevaṃvidha[10] e(ṣa s)utas tavāst(i)
⏑̲ — ⏑ — — ⏑ ⏑ — ⏑ — ⏑̲ (|)
⏑̲ anyatarānya$_{11}$tarā gatir dhruvā
tathā hy e(21.3)taṃ $_{12}$mantrapadeṣu dr̥śyate 11 ||

[The Thirty-two Distinguishing Marks of a Great Man][11]

W 6b.1 ᵂkatamāni tāni $_{e}$bhavaṃt(i[12] ku)mārasya[13] (dvātri)ṃś(an) mahāp(u)$_{13}$ruṣa(lakṣaṇāni yaiḥ samanvāgatasya mahāpuruṣasya dve) $_{14}$gatī bha$_{15}$va(21.4)to

---

[1] Metrically read *sarvata*. Cf. BHSG §2.92.

[2] Metrical considerations suggest this word should be read *strīratanaṃ*. Cf. BHSG §3.99.

[3] Here as the preceding short vowel is a metrically light syllable, the double consonant *ṣṭh* should be read prosodically single as the preceding short vowel is a metrically light syllable. Cf. GPRG §2.97, BHSG §2.12.

[4] Here as the preceding short vowel is a metrically light syllable, the double consonant *sth* should be read prosodically as a single consonant Cf. GPRG §2.107, BHSG §2.12.

[5] MS 144.8: *(n)[iva]rtanam**, MS 190.2: *ga*.

[6] MAV II restores *n(a)y(i)ṣya(ti)*.

[7] MS 145.1: *°rūp(i)ṇ[ā]m**.

[8] For *pravrajaty ana°*. Cf. BHSG §4.26, Geiger, Pali §70.2b. MS 145.1: *pravrajat[ā]*.

[9] MS 75.3: *bha[v]iṣyati•*.

[10] Metrical considerations suggest this should be read *evaṃvidhaḥ*. Cf. BHSG §2.93.

[11] SHT (I) 652 (MS 94, 95), which is written in Turkestan Gupta script, and Hoernle MS 167 (MS 213) preserve a similar version to what is represented in SBV. See Fukita (1986), pp. 490-488. In order to allow easy comparison with these MSS named Recension II and the SBV, I have taken liberties with the paragraphing in this section. Cf. SBV I, pp. 49.22- 51.17; SBV(Tib.): D ('Dul ba) ga, 282b.6–284a.3; Q vol. 42, pp. 22.3.4–23.1.3; T 1450, vol. 24, pp. 108c.26–109a.18.

[12] MS 75.4: *bhavaṃt(i)*, SBV: *bhavanto*.

[13] SBV omits *kumārasya*.

Base MS SHT 399: MS 21.1 – 21.4

Other MSS of Recension I

1	87.7	[yathāntarāḥ] sarvataś cāru[h]ā[s]inī ta + ṣṭhivaro mahā
2	144.7	vaiḍūryaṃ ma .[i]ra[tn]aṃ śilāpravāḍaṃ ca [s]. + + + + [da]dāti yaḥ ś.eṣ .. + + + + + + + + + + ..[ṃ ṣ]. [ṣ]..(ṃ) niyā .. ///
3	190.1	/// śīlāpravāḍaṃ ca suvarṇa[rū] ..
4	75.1	/// + ... [y].[ḥ ś]r. [ṣ]ṭh. .. [r]. [m]. [h]. .. .. [g]ṛ .. .. + + + + + ///
5	190.2	/// + ..ṃ [s]e[nā]su sthānaṃ gamanaṃ ga
6	144.8	+ .. + .ā .. ..ṃ .[iva]rtanam* yo ///
7	75.2	/// [ḥ] pariṇāyakottamas tat saptamaṃ rat[n]. [vara](ṃ) [n]. [y]. [s]ya .. [9] .. ..[y]. .. ///
8	190.3	/// + + + [tra] .. + [pa]m[aṃ b]. + +
9	145.1	.garūp. ṇ[ā]m* sacet punaḥ pravrajat[ā]na[1] + .[u]t.[s tavāst]. + ///
10	75.3	/// [g]ārikāṃ niḥsaṃśayaṃ buddhavaro bha[v]iṣyati• 10 [ev]aṃvidha e .. .[u]tas tav[ā] .. ///
11	145.2	tarā gatir dhruvā tathā hy etaṃ mantrapadeṣu .. + + + + + + + + + + + + + + + + + + + ṅ[ś]. .[mah]ā[p]. ruṣa + ///
12	75.4	/// ◯ ma[ṃt]rapadeṣu [d]ṛśyate 11 ǀ ǀ katamāni t[ān]i bhavaṃt. .. [m]ā[ras]ya + + ///
13	209.u	/// + + .u + + + +
14	145.3	gatī bhavato nanyathā saced ag[ā]ram a + + + + [pū] .. + + + + + + + + + + + + + + + .[ādo] .. va kumāra [i] + ///
15	75.5	/// ◯ vato na .[y]. [th]. [s]aced ag[ār]. .. [dhy]ā[vasa]ti pūrvava[d yā] .. + ... + + ///

MSS of MAV Recension II

a	213.3	rā sarvataś cār[u]hāsinī tat paṃcamaṃ ///
b	213.4	ratnaṃ ṣaṣṭhaṃ niyāsyati 8 ya ◯ ///
c	213.5	ratnavara[ṃ] niyāsyati 9 jana ◯ ///
d	213.6	ro bhaviṣyati 10 evaṃvidha eṣa suta .. ///
e	213.7	bhavantaḥ kumārasya dvātriṃśan mahāp. ///

---

1 SHT (II) 685 reads *pravraj(i)[t](o)=[n]*.

’nanyathā[1] saced agāram adhyāvasati[2] $_{A}$*pūrvavad* yāvad[3] vighu(*ṣṭaśa*)$_{B}$b(*d*)o (*loke*)[4]

^{W}6b.2 ^{W}(*supratiṣṭhitap*)*ādo* (*de*)*va kumāra i*(*daṃ mahāpuruṣasya mahāpuruṣa-la*$_{1}$*k*)*ṣ*(*a*)*ṇam**[5] (*1*)[6]

^{W}3 ^{W}$_{2}$*adhas tasya* (21.5) $_{a}$pādayoś cakre jāte $_{3}$sahasrāre *sanābhike* s(*an*)emike sarvākāra(*pa*)r(*i*)*pūrṇe*[7] *idaṃ ma*(*hāpuruṣasya mahāpuruṣalakṣaṇam** *2*)[8]

^{W}4 ^{W}(*dīrghā*)$_{4}$*ṅgu*$_{b}$*lir deva* (21.6) $_{5}$kumāra idaṃ mahāpu*ruṣasya mahāpuru*(*ṣa*)-
^{W}5 la$_{6}$*kṣ*(*a*)ṇam*[9] *3* ^{W}*āyatapādapārṣṇir*[10] *deva* (*kumāra idaṃ mahāpuruṣasya*
^{W}6 *mahāpuru*)$_{7}$*ṣalak*(*ṣa*)*ṇam**[11] $_{c}$*4* ^{W}*mṛdu*$_{8}$*taruṇapā*(22.1)ṇipādo deva kumāra[12] mṛdu*kam as*(*ya pāṇipādaṃ tad*)y(*a*)th(*ā*) tū$_{9}$*lapicur vā karpāsapi*(*cur vā idaṃ mahāpuru*$_{d}$*ṣasya mahāpuruṣa*$_{10}$*lakṣaṇam** *5*)[13]

^{W}7 ^{W}(*jālin*)*īpāṇi*(22.2)*pā*do deva kumāra[14] jālinī[15] a*sya pā*(*ṇipād*) eṣu t(*a*)dy(*a*)thā-bhijā$_{11}$*tasya haṃ*$_{e}$*sarājñaḥ*[16] *id*(*a*)*ṃ* (*mahāpuruṣasya mahāpuruṣalakṣaṇam** *6*)[17]

---

1 SBV: *nānyā*.

2 SBV omits *saced agāram adhyāvasati*.

3 MS 209.v ff. preserves an unabridged text instead of the version here abbreviated with *pūrvavad yāvad*: *(saced agāram adhyāvasati rājā bhavati cakravartī cāturantyāṃ vijetā dhārmiko saptaratna)*$_{13}$*samanvāgataḥ (tasyemāny evaṃrūpāṇi sapta ratnāni bhavanti tadyathā cakraratnaṃ hastiratnam aśvaratnam maṇiratnam strīratnam gṛhapatiratnam pariṇāyakaratnam eva saptama)*$_{14}$*m* pūrṇaṃ cāsya (bhavati sahasraṃ putrāṇāṃ śūrāṇāṃ vīrāṇāṃ varāṅgarūpiṇāṃ parasainyapramardakānāṃ sa imām eva samudraparyantāṃ mahāpṛthivīm akhilām a)*$_{15}$*kaṇṭakām anutpī(ḍām adaṇḍenāśastreṇa dharmeṇa samenābhinirjityādhyāvatsati sacet keśaśmaśrūṇy avatārya kāṣāyāṇi vastrāṇy ācchādya samyag eva śraddhayā agārād anagāri)*$_{16}$*kāṃ pravrajati tathāga(to bhavaty arhan samyaksaṃbuddho)*.

4 MS 94.1 omits *yāvad vighuṣṭaśabdo loke*.

5 MS 75.6: *°(lak)ṣ(a)ṇa[m]**.

6 Recension II: $_{A,B}$*supratiṣṭhitapādo de(va kumāraḥ idaṃ mahāpuruṣa)sya m(ahāpuruṣa)lakṣaṇa(m 1)*. SBV: *(1) supratiṣṭhitapādo deva kumāraḥ; apīdānīṃ supratiṣṭhitatvāt pādayoḥ samam ākramate mahīm; idaṃ kumārasya mahāpuruṣasya mahāpuruṣalakṣaṇam*.

7 MAV II restores *sarvānt(aparipū)rṇ(e)*.

8 Recension II: *(adhas tasya)* $_{C}$*pādayoś cakre jāte (sahasrāre sanābhike sanemi)ke sarvāk(ā*$_{D}$*ra-paripū)rṇe idam mahāpu*$_{E}$*ruṣasya mahāpuruṣa(lakṣaṇam 2)*. SBV: *(2) adhastāc cāsya pādatalayoḥ cakre jāte sahasrāre, sanābhike sanemike, sarvākāraparipūrṇe; idam deva kumārasya mahāpuruṣasya mahāpuruṣalakṣaṇam*.

9 MS 210.1: *°(la)[kṣa]ṇam**.

10 MS 145.5: *(ā)yatapādapārṣṇīḥ*.

11 MS 145.6: *°la[k](ṣa)[ṇ]am**.

12 Read *kumāro*. MS 75.8: *[ku]mā(ra)[ḥ]*, MS 145.6: *(ku)[mā]raḥ*.

13 Recension II: *(dīrghāṅgulir) de(va kumāraḥ āyatapādapārṣṇiḥ mṛ*$_{F}$*dutaruṇapāṇipādo mṛdu(kam asya pāṇipādaṃ tadya)*$_{G}$*thā tūlapicur vā karpāsapicur vā* $_{H}$*idaṃ mahāpuruṣasya mahā(puruṣalakṣaṇam 3)*. SBV: *(3) dīrghāṅgulir deva kumāraḥ (4) āyatapādapārṣṇir (5) mṛdutaruṇapāṇipādaḥ; mṛdukam asya pāṇipādam, tadyathā tūlapicur vā karpāsapicur vā; idaṃ deva kumārasya mahāpurṣasya mahāpurṣalakṣaṇam*.

14 Read *kumāro*.

15 Hiatus for *-y a-*. Cf. BHSG §4.55.

16 MS 132.4: *(haṃ)sarāj[ñā]*. MAV II restores *(haṃ)sarājñi*.

17 Recension II: *(jālinīpāṇipādo deva kumāraḥ jā)linī a(sya)* $_{I}$*(pā)ṇi(pā)d(e)ṣu tadyathābhijā(tasya)* $_{J}$*haṃsarājñaḥ idaṃ mahāpuruṣasya (mahāpuruṣala)kṣaṇam 4*. SBV: *(6) jālinīpāṇipādo deva kumāraḥ;*

Base MS SHT 399: MS 21.4 – 22.2

Other MSS of Recension I

1	75.6	/// .ṣ. ṇa[m]* adha .. .[y]. [pād]. .. [ś c]. [kre ⟨jā⟩te s]. [h]. .r. [r]e [s]a[nā] .. + + + + + + + ///
2	145.4	adhas tasya pādayoś cakre jā[t]e [sa]ha ◯ sr. [r]. [s]. nābhike .. + + + + + + + .. [r]. [p]ūrṇe idaṃ ma + ///
3	209.z	/// sahasrāre sa[n]ā ..
4	145.5	ṅgulir [d]eva kumāra idaṃ mahā ◯ puruṣasya mahā .. + + + + + + yatapādapārṣṇīḥ de[va] ///
5	75.7	/// + + + + kumā[ra i] .. .. .[āpu]ru .. s[y]a [mah]āpuru + + + + + + + ///
6	210.1	/// [kṣ]. ṇam* 3 āy. t.
7	145.6	ṣala[k].. [ṇ]am* 4 mṛdu[taruṇa] .. + + + + + + [mā]raḥ mṛdukam as.. + + + + + + + + + .. cur vā [kar]pāsa[p]i .. ///
8	75.8	/// + + + tar[u]ṇapā[ṇip]ād[o] .. .. [ku]mā ..[ḥ] .. [d]. [k]. .. + + + + + + + ///
9	210.2	/// + lapicur vā karpāsa
10	145.7	.. .. + .. .ī[p]āṇipādo de + + + + + + + .. sya [p]ā + + + + + + + + + + + [r]āj[ñ]aḥ i[d].ṃ .. + ///
11	210.3	/// + [t]asya haṃsarājñaḥ
13	209.v	/// + samanvāgataḥ
14	209.w	/// + ..m* pūrṇaṃ cāsya
15	209.x	/// + kaṇṭakām anutpī
16	209.y	/// [k]āṃ pravrajati tathāga

MSS of Parallels Passages of Other Texts

a	131.4	pādayo[ś].. .[e] .[ā]te saha ///
b	132.1	[l]ī bhagavāṃ idaṃ mahā + ///
c	132.2	[4•][1] mṛdutaru .. pāṇi[pādo] + ///
d	132.3	ṣasya ma .. .uruṣalakṣa[ṇ]a ///
e	132.4	sarāj[ñā] + daṃ mahāpuru + ///

MSS of MAV Recension II

A	94.1	p[ū]rvavat * suprati[ṣ]ṭhitapādau [de] + + + + + + + + + + [ṣa]sya [m].+ + + [la]kṣaṇaṃ [a] .. + ///
B	213.8	+ .o [l]o[ke] I I s.p[r]atiṣ.itapādo [de] + ///
C	94.2	pādayo[ś c]akre jā[te s]. .. + + + + + + + + + ke sarvā[k]. + + + + r.. idaṃ mahāpu
D	214.1	[r]. [p]. [r]. .[ū] .ṇ. ida(ṃ) mah[ā]puruṣ. + ///
E	94.3	rusya mah[ā]puru[ṣ]a ◯ + + + + + + .. [d]e .. .. .. + + + + pādapārṣṇiḥ mṛ
F	94.4	dutaruṇapāṇipādo mṛ[du] + + + + + + + .. + + + + + + + karpāsāpicur vā
G	214. 2	[thā t]ūlapicur vā karpāsapicur vā ida ///
H	94.5	[ida]ṃ [ma]hāp.ruṣasya mahā + + + + + + + + + + + + + + + + + + .. liṇī [a] + +
I	95.1	.. ṇ[i] ..d. ṣu [ta]dyathā abhijā .. + + + + + + + + + + + + + + + + + + ..kṣaṇaṃ 4 u[ccha]
J	214.3	haṃsarāj[ñ]aḥ idaṃ mahāpuruṣasya .. ///

---

jāliny asya hastayoś ca pādayoś ca, tadyathā abhijātasya haṃsarājasya; idaṃ deva kumārasya mahāpuruṣasya mahāpuruṣalakṣaṇam.

[1] MAV I reads *[ṇ](aṃ)* I for *[4•]*.

^{W}6b.8 ^{W}(*ucchaṅga*) (22.3) caraṇo[1] deva kumāra idaṃ mah(*ā*) pu(*ruṣas*) y(*a*) mahā-
^{W}9 pu(*ruṣalakṣaṇam* * 7 ^{W}*aiṇeyajaṅgho*) $_{1}$*deva kumāra i*(*daṃ mahāpuruṣasya*
^{W}10 *mahāpuruṣalakṣa*) (22.4) ṇam* 8 ^{W}anavanatakāyo deva kumā(*raḥ anavanat*)e(*na kāyenobhau jānumaṇḍalāv āmārja$_{a}$ti parimā*)$_{2}$*rjati idaṃ ma*(*hāpuruṣasya mahāpuruṣala*) (22.5) (*kṣa*) ṇam* 9[2]

^{W}11 ^{W}kośoga$_{3}$tavastiguhyo[3] de(*va k*) *umāraḥ k*(*ośogatam asya va*)$_{4}$*stiguhy*(*aṃ*) *tadyathābhijā$_{b}$tasya*[4] *hastyā*(*jāneyasya*) *vā*(*ś*) *v*(*a$_{5}$sy*) *ā*(*j*) *ā*(*n*) *e*(*yasya*[5] *vā idaṃ*) *mahā*(22.6) puruṣasya ma(*hā*) puru$_{6}$ṣalakṣaṇa(*m* *)[6] 10[7]

^{W}12 ^{W}(*n*) *yagrodhaparimaṇḍalo deva* $_{c}$(*kumā*) *ro yāva*(23.1) *t* kāye(*na*) $_{7}$*tāvad* vyāmen*a* yāvad vyāmena tāvat kāyena ida(*ṃ mahāpuruṣas*) *y*(*a ma*) *h*(*ā*) *puruṣalakṣa*(*ṇam* *) $_{8}$11[8]

^{W}13 ^{W}*ūrdhvā$_{d}$ṅgaromā deva kumāra idaṃ mahāpuruṣa*(*s*)*ya* (23.2) *ma*hāpuruṣa-
^{W}14 l(*a*) kṣaṇam* 12 $^{W}_{9}$ekaikaromā deva kumāra ek*ai*kam asy*a roma kāye jātaṃ nīlaṃ ku$_{e}$ṇḍala$_{10}$jātaṃ pradakṣiṇāvartam idaṃ mahāpuruṣas*(*y*) *a mahāpuru*-(23.3) (*ṣa*) lakṣaṇam* 13[9]

^{W}15 ^{W}suvarṇavarṇo deva kumāra(*ḥ k*) āñcana(*saṃnibhatvacaḥ i*)$_{11}$*daṃ mahā*-
^{W}16 *puru$_{f}$ṣa$_{12}$sya mahāpuruṣalakṣaṇam* *[10] *14* ^{W}(*sūkṣmacchavi*) *r*[11] *de*(*va*) (23.4)

---

1 This restoration is tentative. MS 95.1-2 (Recension II): *u[ccha]ṅgacaraṇau*. SBV: *ucchaṅkhacāro*. Cf. BHSD s.v. *ucchaṅkha-*, *ucchaṅga-*, *utsaṅga-*.

2 Recension II: *uccha$_{A}$ṅgacaraṇau deva kumāraḥ eṇ(eyajaṅghaḥ anavanatakāyaḥ anavanamanena kāyena jānuma)$_{B}$ṇḍale āmārjati parimā$_{C}$rjati idaṃ mahāpuruṣas(ya ma)hāpuruṣ(alakṣaṇam 5)*. SBV: *(7) ucchaṅkhacāro deva kumāraḥ; (8) eṇījaṅghaḥ, (9) anavanatakāyaḥ; anavanamanena kāyena ubhau jānumaṇḍalāv āmārṣṭi parāmārṣṭi; idaṃ deva kumārasya mahāpuruṣasya mahāpuruṣalakṣaṇam.*

3 For *kośāvagatavastiguho*. Cf. the Pāli form *kosohita-vatthaguyha* (PTSD s.v. *kosa*). See p.56, note 4.

4 MS 56.1: *tadyath[ā a]bhijātasya.*

5 MS 146.2: *v[ā a](ś)v(a)°.*

6 MS 146.3: *°lakṣa[ṇ]a[m*].*

7 Recension II: *kośagatavastigu$_{D}$hya deva kumāraḥ kośo(gatam asya vastiguhyaṃ tadya)$_{E}$thā abhijātasya hastyājāneyasya vāśva(syā)$_{F}$jāneyasya vā 6*. SBV: *(10) kośogatavastiguhyo deva kumāraḥ; kośogatavastiguhyam tad yathā abhijātasya hastyājāneyasya vā aśvājāneyasya vā; idaṃ deva kumārasya mahāpuruṣasya mahāpuruṣalakṣaṇam.*

8 Recension II: *nyagrodhapa(rimaṇḍalo deva kumāraḥ y)āvat kāye(na tāvad vyāmena yāvad vyāmena tāvat kā)$_{G}$yena idaṃ mahāpuruṣasya mahāpu(ruṣalakṣaṇam 7)*. SBV: *(11) nyagrodhaparimaṇḍalo deva kumāraḥ; yāvān kāyena tāvān vyāmena, yāvān vyāmena tāvān kāyena; idaṃ deva kumārasya mahāpuruṣasya mahāpuruṣalakṣaṇam.*

9 Recension II: *(ūrdhvāṅgaromā deva kumāraḥ ekaikaromā ekaikam asya roma kāye jātaṃ nīlaṃ kuṇḍalajātaṃ pradakṣiṇāvarta)$_{H}$m idam mahāpuruṣasya mahāpuruṣa(lakṣaṇam 8)*. SBV: *(12) ūrdhvāṅgaromo deva kumāraḥ (13) ekaikaromaḥ; ekaikamasya roma kāye jātaṃ nīlam, kuṇḍalajātakaṃ pradakṣiṇāvartam; idaṃ deva kumārasya mahāpuruṣasya mahāpuruṣalakṣaṇam.*

10 MS 146.6: *°lakṣaṇam*.*

11 MS 146.6: *(sūkṣmacchavi)r*. Cf. SBV (15): *sūkṣmacchaviḥ*. MAV II: *(sūkṣmatvaco)*.

Base MS SHT 399: MS 22.3 – 23.4

Other MSS of Recension I

1 210.4 /// + + [d]eva kumāra i

2 210.5 /// + + [rja]ti idaṃ ma

3 146.2 .. .. .. + + + .. .u[mā]raḥ [k]. + + + + + + .[t]. [guh]y. + + + + + + + + + + + + .. v[ā a] .v. .. + ///

4 56.1 sti + .. tadyath[ā a]bhijātasya hastyā + + + + + + + + + + + + + .. [ma]hāp. + + + + + + + + + + + + + + + + + ṇḍalo de[va] + + + + + + + +

5 210.6 /// + + .[ā] .ā .e + +

6 146.3 ṣalakṣa[ṇ]a[m* 10] .yagrodhaparima + + + + + + ro yāvat kāye .. .. + + + + + + + + + [t]āva[t] k[ā] .. na i .. ///

7 56.2 tāvad vyām[e]na yāvad vyāmena tāvat kāye .. + + + + + + + .y. .. h.puruṣala[k]ṣa .. + + + + + + + + + + + + + + + + + + + .ya mahāpuruṣa[l]. + + + +

8 146.4 11 ūrdhvaṅgaromā [d]eva kumāra [i] ○ daṃ mahāpuruṣa .. + + + + + + + + [m]* 12 ekai[ka]romā .. ///

9 56.3 ekaikaromā deva k. mār. e[k]aika ○ m asya roma kāye jātaṃ nīlaṃ kuṇḍalajātaṃ + + + + + + + + + + + + + + + + + + + lakṣaṇam* 13 suva .. + + +

10 146.5 jātaṃ pradakṣiṇāvartam idaṃ mahāpuru ○ ṣas.a mahāp[uru] .. + + + + + varṇavarṇo de[v]a ku[m]ā + ///

11 56.4 + + + + + + + + + + + + + + ○ daṃ mahāpuruṣasya mahāpuruṣalakṣaṇa + + + + + + + + + + + + + + + + jojalaṃ kāye na saṃti[ṣṭha] .. + +

12 146.6 sya mahāpuruṣalakṣaṇam* 14 .. + + + r de + + + + + + + + + + + + + + + saṃtiṣ[th]ate ida[ṃ] .. + ///

MSS of the Parallel Passages of Other Texts

a 129.1 ti parimārjati idaṃ ma + + + + + + + + + + + + + + + + + + vastiguhyo bha[g]avāṃ kośogatam asya [v]astiguhyaṃ + [dy]. + + [bh]. [j].

b 129.2 tasya hastyājāneyasya + + + + + + + + + + + + [hā]purūṣa[sya] ma[h]āpurū[ṣ]alakṣaṇam* nyagro[dha] .. .[i]maṇḍalo

c 129.3 bhagavāṃ yāvat kāyena .. + + + + + + + + + + + k. yena idaṃ ma[h]āpurūṣasya mahāpurūṣalakṣa[ṇ]am*: urdhvā

d 129.4 ṅgaromā bha[ga] + + + + + + + + + + + + + + + .. [ṇam*: e]kaikaromā bha[ga]vāṃ ekaikam asya r[o]m[ā] kāye [jā]tā nila ku

e 129.5 ṇḍala + [ṇam]* su[var] .. va[r].[o] bhagavāṃ .ā .ca .. .. n.ibhatvaca i[daṃ mahā]purū

f 130.1 ⟨ṣa⟩sya [m].+ jalaṃ kā[ye] na saṃtiṣṭhate [i] .. [ma] + pur[ū]ṣasya ma[h]. [p]u[r]ū .. .. .ṣ.

MSS of MAV Recension II

A 95.2 ṅgacaraṇau deva kumāraḥ eṇ. + + + + + + + + + + .. + + + + + + + .ārjati parimā

B 214.4 ṇḍale [ā]mārjati parimārjati ○ ///

C 95.3 rjati idaṃ mahāpu[ruṣa] ○ s.. + + + + + + + .. [h]ā[puruṣ]. .. + + + [ko]śagatavasti[gu]

D 95.4 hya deva ku[m]āraḥ koś[o] + + + + + + + + + + + .. bhijāta .. + + + + yasya vāśva ..

E 214.5 [thā] ⟨⟨[a]⟩⟩[bh]ijātasya hastyājāneya ○ ///

F 95.5 jānīsya vā | | 6 n[y]agrodhapa .. + + + + + + + + .āvat [k]ā[y]e + + + + + + + + + + + + + + .[en]a idaṃ ma .ā +

G 214.6 yena idaṃ mahāpuruṣasya mahā[pu] ///

H 214.7 m idaṃ mahāpuruṣasya mahāpuru[ṣa] ///

kumāraḥ sūkṣmatvāt tvaco rajojalaṃ kāye na _saṃtiṣṭhate_ idaṃ (_mahāpuruṣasya mahāpuru_$_{1}$_ṣa_) _lakṣa_$_{a}$_ṇam_*[1] 1$_{2}$5[2]

W6b.17 [W]_saptotsado deva kumāraḥ saptā_(23.5)_syotsadā_[3] kāye jātā dvau hast(_a_)yo[4] dvau pādayo[5] dvāv aṃsayor eko _grīvāyām_ idaṃ _mahāpuru_(_ṣasya_ $_{b}$_mahāpuruṣalakṣaṇam_*) $_{3}$16[6]

W18 [W]$_{4}$_citāntarāṃso_[7] _deva kumāra idaṃ_ (23.6) mahāpuruṣasya mahāpuruṣalakṣa-
W19 ṇam* 17 [W]siṃhapūrvārdh(_akā_)_yo dev_(_a_) $_{c}$_k_(_u_)_mā_(_ra_) _idaṃ mahāpuruṣasya_
W20 (_mahāpuruṣalakṣaṇam* 1_)$_{5}$_8_ [W]_bṛhadṛjugātro deva_ (24.1) kumāra idaṃ
W21 mahāpuruṣasya[8] mahāpuruṣa$_{d}$lakṣaṇam* 19 [W]su(_saṃvṛttaskandho deva kumāra_
W22 _idaṃ mahāpuru_)_ṣas_(_ya mahā_)_puruṣalakṣaṇam_*[9] _20_ [W](_catvāriṃśaddanto deva_)
W23 (24.2) kumāra $_{6}$idaṃ mahāpuruṣasya mahāpuruṣalakṣaṇam* 21 [W]samada(_nto deva k_)u(_māra idaṃ mahāpuruṣasya mahāpuru_)_ṣalakṣa_(_ṇa_)_m* 22_
W24 [W]_aviraḍadaṃto_[10] (_deva kumāra_) (24.3) idaṃ mahāpuruṣasya $_{7}$mahāpuruṣa-
W25 lakṣaṇa_m_*[11] _23_ [W]_suśukladaṃ_(_ṣṭ_)_ro_ (_deva kumāra idaṃ mahāpuruṣasya_
W26 _mahāpuru_)_ṣalakṣaṇam_*[12] _24_ [W]_siṃha_(_ha_) (24.4) (_nu_)r de$_{8}$va kumāra idaṃ
W27 mahāpuruṣasya mahā_puruṣ_ala_kṣaṇam_*[13] _25_ [W]_rasarasāgr_(_aprāpto_[14] _deva kumāra idaṃ mahāpuruṣasya mahāpuruṣala_) (24.5) kṣaṇam* 26[15]

W28 [W]prabhūtata$_{9}$nujihvo[16] deva ku$_{10}$māra[17] prabhūtatvāj jihvayā _mukhā_(_j_)[18] _jihvāṃ_ (_nirṇāmayitvā sarvaṃ mukha maṇḍa_)_laṃ praticchā_(_dayati yāvat keśaparyantam upā_) (24.6) (_dā_)ya idaṃ mahāpuru$_{11}$ṣasya mahāpuruṣalakṣaṇam* $_{12}$2(7)[19]

---

[1] MS 56.5: °_[lakṣa]ṇam*_.

[2] Recension II: (_suvarṇavarṇo deva kumāraḥ kāñcanasannibhatvacaḥ sūkṣmatvaco deva kumāraḥ sūkṣmatvāt tvaco rajojalaṃ kāye na saṃtiṣṭhiṣṭate idaṃ_ $_{A}$_ma_)_hāp_(_u_)_r_(_u_)_ṣasya mahāpuruṣalak_(_ṣaṇam 9_). SBV: _(14) suvarṇavarṇasaṅkāśo deva kumāraḥ; vyāmaprabhaḥ kāñcanasannibhas tvak; (15) sūkṣmacchaviḥ; apīdānīṃ sūkṣmatvāc cchave rajomalam asya kāye na santiṣṭhate; idaṃ deva kumārasya mahāpuruṣasya mahāpuruṣalakṣaṇam._

[3] For _saptāsyotsadāḥ_. Cf. BHSG §8.78.

[4] For _hastayor_. Cf. BHSG §2.92.

[5] For _pādayor_. Cf. BHSG §2.92.

[6] SBV: _(16) saptotsadakāyo deva kumāraḥ; saptotsadāḥ kāye jātāḥ; dvau hastayor dvau pādayor dvāv aṃsayor ekaṃ grīvāyām; idaṃ deva kumārasya mahāpuruṣasya mahāpuruṣalakṣaṇam._

[7] MS 56.6: _(ci)[t]āṃ(ta)rāṃso_, MS 146.8: _[c]itāṃtarāṃso_.

[8] MS 57.1 omits _mahāpuruṣasya_.

[9] MS 57.1: °_lakṣaṇam*_.

[10] MS 57.2: _aviraḍadaṃ[t]o_.

[11] MS 57.3: °_lakṣaṇam*_.

[12] MS 57.3: °_lakṣaṇam*_.

[13] MS 57.4: °_lakṣaṇam*_.

[14] MS 57.4: _rasasāgr(aprāpto)_. MAV II: _rasarasāgr(avān)_.

[15] SBV: _(17) citāntarāṃso deva kumāraḥ, (18) siṃhapūrvardhakāyo (19) bṛhadṛjugātraḥ, (20) susaṃvṛtaskandhaḥ, (21) catvāriṃśaddantaḥ, (22) samadantaḥ, (23) aviraladantaḥ, (24) śukladaṃṣṭraḥ, (25) siṃhahanū (26) rasarasāgraprāptaḥ; idaṃ deva kumārasya mahāpuruṣasya mahāpuruṣalakṣaṇam._

[16] MS 57.4: _prabhūtadanu(jihvo)_.

[17] Read _kumāraḥ_. MS 57.5: _(ku)māraḥ_.

Base MS SHT 399: MS 23.4 – 24.6

Other MSS of Recension I

1	56.5	+ + + + + + + + + + + .. [lakṣa]ṇam* 15 [sapt]. tsado deva kumāraḥ saptāsyotsadā + + + + + + + + + + + + + + + + [y]or eko grīvāyām idaṃ mahāpuru ..
2	146.7	5 saptotsado deva kumāraḥ saptāsyotsa + + + + + + + + + + + + + + + + + [y]. [r e] .. .[ī]v[ā] .[ā]m i .. + ///
3	56.6	+ + + + + + + + + + [16] .. [t]āṃ .. rāṃso deva .. māra idaṃ mahāpuru .. sya mahā + + + + + + + + + + + + + + + + + + + [k]. .ā + [i]daṃ mahāpuruṣasya
4	146.8	[c]itāṃtarāṃso deva kumāra ida[ṃ] mahā .. + [yo] de[v]. .. [mā] .. + ///
5	57.1	+ + + + + + + + + + [8] bṛhadṛjugātro deva kum[ā]ra idaṃ mahāpuruṣalakṣaṇa[m]* + ṣa[s].. .. .. puruṣalakṣaṇam* 20
6	57.2	+ + + + + + + + + + + + + idaṃ mahāpuruṣa .. mahāpuruṣalakṣaṇam* 21 samada + + + + + + + + + + + + + + + + + + + .. ṣalakṣa ..m* 22 aviraḍadaṃ[t]o +
7	57.3	+ + + + + + + + + + + + + + ○ mahāpuruṣalakṣaṇam* 23 suśukladaṃ .[ro] + + + + + + + + + + + + + + + + + + + .. ṣalakṣaṇam* 24 siṃ[ha] + + +
8	57.4	va kumāra ida[ṃ] mah. puruṣasya ○ mahāpuruṣalakṣaṇam* 25 rasasāgr. + [m]* 26 prabhūtadanu .. + + + +
9	90.1	/// + + + nujihvo + ///
10	57.5	māraḥ prabhūtatvāj jihvayā mukhā⟨j⟩[1] jihvāṃ + + + + + + + + + + + .. laṃ praticchā .. + ruṣasya mahāp. + + + + + +
11	90.2	/// + + [ṣa]sya ma[h]ā .. [r]u .. + + + + + + + + + .. m[*][2] + + + + .v. [r]. deva ku[mā] ///
12	57.6	2 .. + .. svaro deva kumāraḥ kalavi .. + + + + + + + + + + + + + .[o] + idaṃ .. + + + + + + + + + + + + + + + + + + abhinīla .. + + + + + + + +

MSS of the Parallel Passages of Other Texts

a	130.2	ṇam* [s]. + .au hasta[yo] dvau pā[da]yo dvāv a[ṅ]sayor ekagrivāyām i .. mahāpuruṣasya
b	130.3	mahāpurūṣalakṣaṇa + + + + + + + + + + + + + + + + [hā]purū[ṣ]asya mahāpurūṣalakṣaṇam* s[i]ṃhapūr[v]ādhakāyo bha
c	130.4	gavām idaṃ mahāpurūṣa + + + + + + + + + + + bṛhadṛjugā[t]ro bhagavāṃ idaṃ mahāpurūṣas[y]a [m].hāpuruṣa
d	130.5	lakṣaṇam* susaṃvṛtt. + rūṣa[la]kṣaṇam*: ca .. riṅśaddanto bhagavāṃ idaṃ mahāpurū

MSS of MAV Recension II

A	214.8	.. [h]āp. [r]. ṣas[ya] mahāp[u]r[u]ṣala[k]. ///

---

[18] MAV II: *mukha(ṃ).*

[19] SBV: *(27) prabhūtatanujihvo deva kumāraḥ; apīdānīṃ prabhūtatvāt tanutvāc ca jihvāyā mukhāj jihvāṃ nirṇamayya sarvaṃ mukhamaṇḍalaṃ chādayati yāvat keśaparyantam upādāya; idaṃ deva kumārasya mahāpuruṣasya mahāpuruṣalakṣaṇam.*

[1] MAV I reads *mukha*. SHT (VIII) 9 corrects *mukhā⟨j⟩*.

[2] According to the other MSS, There is a dittography in this lacuna: *(mahāpuru) [ṣa]sya ma[h]ā (pu) [r]u (ṣasya mahāpuruṣalakṣaṇa) m*.*

W6b.29 ^{W}*(brahma)svaro deva kumāraḥ kalavi(ṅkamanojñabhāṣī dundubhisvara-*
*nirgh)o(ṣaḥ) idaṃ (mahāpuruṣasya mahāpuruṣalakṣa$_{1}$ṇa)m**[1] *28*[2]
W30 ^{W}*abhinīla(netro) d(e)va kumāra*[3] *i$_{2}$daṃ mahāpuruṣasya mahāpuruṣalakṣaṇa(m**
W31 *29* ^{W}*gopakṣmā deva kumāra idaṃ mahāpuruṣasya mahāpu$_{3}$ru)ṣalakṣaṇam**[4]
W32 *30* ^{W}*uṣṇī(ṣa)śirā deva k(u)mār(a idaṃ mahāpuruṣasya mahā)$_{4}$puruṣa-*
W33 *lakṣaṇam**[5] *31*[6] ^{W}*ūrṇā cāsya (bh)ruvo(r madhye śvetā śaṅkhanibhā pradakṣi)-*
$_{5}$ṇā(var)tā idaṃ mahāpuruṣasya mahāpu(ruṣalakṣaṇam 32)*[7]

W34 ^{W}*(imāni dvātriṃśan*[8] *ma)$_{6}$hāpuruṣalakṣaṇāni yai(ḥ)*[9] *sama(nvāgatasya $_{7}$ma)hā-*
puruṣasya[10] *dve (gatī bhavato 'nan)yathā pūrvavad y(āvad iyam atra*
W35 *dharmatā*[11] ^{W}*tasmād idam ucyate)* $_{8}$*/ /*

hantāhaṃ kīrtayiṣyāmi la(kṣaṇāni mahā)$_{9}$muneḥ
kāye ('sm)iṃ[12] *(bhāvitātmasya śa)rīrāntimadhāri(ṇaḥ 1)*
W36 ^{W}⏓ ⏓ ⏓ ⏓⏑ — — ⏓ ⏓ ⏓ ⏓ ⏓⏑ — ⏑⏓ (/)
(adhaś ca pāda)$_{10}$yos tasya cakre jāte susaṃsthite 2
W37 ^{W}*dīrghāṅgu$_{11}$liḥ s(a) bh(a)v(a)t(i pādapārṣṇī ca ā)yate*•[13]
jālini ⏓⏑ — — ⏓ ⏓ ⏓ ⏓ ⏓⏑ — ⏑⏓ *(3)*
W38 ^{W}⏓ ⏓ ⏓ ⏓⏑ — — ⏓ ⏓ ⏓ ⏓ ⏓⏑ — ⏑⏓ (/)
⏓ ⏓ ⏓ $_{12}$*ś cāpi kāyena spṛ$_{13}$śate jānumaṇḍalam*[14] *(4)*
W39 ^{W}*(kośogataṃ) vastiguhyaṃ* ⏓ ⏓ ⏓ ⏓⏑ — ⏑⏓ (/)
⏓ ⏓ ⏓ ⏓⏑ — — ⏓ ⏓ ⏓ ⏓ ⏓⏑$_{a}$*(dakṣiṇam 5)*
W40 ^{W}⏓ ⏓ *(s). (ḍ). (k). (t). (ṇ). (bhā vy)* ⏓ ⏓ ⏓ ⏓ $_{14}$*sa$_{15}$maṃtataḥ*[15]
sū$_{b}$kṣmatvaco 'sau bhavati sapta kāy(asya utsadāḥ 6)
W41 ^{W}*(citāntarāṃso h).* — ⏓ *(siṃha$_{c}$pūrvārdhakāyavān*)*
(bṛhadṛjūni gātrāṇi skandhau$_{d}$ tasya su)$_{16}$saṃskṛtau 7

---

[1] MS 90.3: *°(lakṣaṇa)m*.*
[2] SBV: *(28) brahmasvaro deva kumāraḥ, kalaviṅkamanojñabhāṇī dundubhisvaranirghoṣaḥ; idaṃ deva kumārasya mahāpuruṣasya mahāpuruṣalakṣaṇam.*
[3] MS 90.3: *kumāraḥ.*
[4] MS 90.4: *°lakṣaṇam*.*
[5] MS 58.2: *°lakṣaṇam*.*
[6] MS 58.2 omits the digit *1*. On SBV, see following note.
[7] SBV: *(29) abhinīlanetro deva kumāraḥ, (30) gopakṣmā; (31) uṣṇīṣaśirāḥ; (32) ūrṇā cāsya bhruvor madhye jātā śvetā śaṅkhanibhā pradakṣiṇāvartā; idaṃ deva kumārasya mahāpuruṣasya mahāpuruṣalakṣaṇam.*
[8] SBV: *tāni deva kumārasya mahāpuruṣasya.*
[9] MS 58.3: *yai.*
[10] SBV omits *mahāpuruṣasya.*
[11] SBV omits *iyam atra dharmatā.*
[12] MS 90.7: *(asm)iṃ.*
[13] MS 91.1: *(ā)yate•.*
[14] MS 58.6: *jānumaṇḍalam*.*
[15] MS 59.1: *samaṃtataḥ*, MS 91.3: *(samaṃ)tataḥ.*

Base MS SHT 399: lost

Other MSS of Recension I

1	90.3	/// + ..m* 28 [abh]inīla ○ + .. [d]. va kumāraḥ idaṃ [m]. ///
2	58.1	daṃ mahāpuruṣasya mahāpuruṣalakṣaṇa ///
3	90.4	/// .. ṣalakṣaṇam* 30 uṣṇī ○ + śirā de[va k]. [m]ā[r]. ///
4	58.2	puruṣalakṣaṇam* 30 urṇā cāsya .ru[vo] ///
5	90.5	/// + [ṇ]ā⟨⟨(var)[tā]⟩⟩ idaṃ mahāpuruṣa ○ [s]ya mahā[pu] + ///
6	58.3	hāpuruṣalakṣaṇāni yai sama ○ ///
7	90.6	/// + + .. hāpuruṣas[y]a dve .. + + + + + .yathā pūrvava[d y]. ///
8	58.4	I I hantāhaṃ kīrtayiṣyāmi la ○ ///
9	90.7	/// + + [mu]neḥ [k]ā[y]e .iṃ .. + + + + + rīrāntimadhā[r]i .. ///
10	58.5	yos tasya cakre jāte susaṃsthite 2 dīrghāṅgu ///
11	91.1	/// + + liḥ [s]. [bh]. [v]. [t]. .. + + + + + [y]ate• jāli[ni] .. ///
12	58.6	ś cāpi kāyena spṛśate jānumaṇḍalam* .. ///
13	91.2	/// + + śate jānumaṇḍala + + + + + + vastiguhyaṃ .. .. ///
14	59.1	samaṃtataḥ sūkṣmatvaco sau bhavati sapta kāy. ///
15	91.3	/// + .. tataḥ sūkṣmatvaco [sau] ○ [bh]avati [s]a .. ///
16	91.4	/// [s]aṃskṛtau 7 catuṣkā daśa ○ + tānāṃ [par]. .ū .. .. ///

MSS of the Parallel Passages of Other Texts

a	116.1	dakṣiṇa[m*] 5 .. + .. s. [ḍ]. k. [t]. .[n]. bhā vy. + + + + + + +
b	116.2	.. t[v]aco sau bhavati sapta kāyasya utsadā 6 citāntarāṃso [h].
c	116.3	+ + + + .. rvārdhakāyavāṃ bṛha[dṛ]juni {ni} gā[tr]āṇi s[k]andhau
d	116.4	[tas]ya [s]u .. + + + ... da + dantānāṃ pa[r]i + + + + + + +

W 6b.42 [W]*catuṣkā daśa (dan) tā*$_{1}$*nāṃ paripūrṇā anūnakāḥ*
$_{a}$*samā avirad(āś caiva śuklāś caiva susaṃsthitāḥ 8)*

W 43 [W]*(suśukladaṃṣṭro 'sau h)* — ⏑̲ $_{b}$⏑̲ ⏑̲ *(rasarasāgra)*$_{2}$*tām**[1]
prabhū(tata) nuji(hvaś ca) tathā brahmasvaro mu ⏑̲ *(9)*

W 44 [W]$_{c}$*(a)*$_{3}$*bhinīlanetro gopakṣmā uṣṇīṣaṃ cā(sya mūrdhani•)*
(ū$_{d}$*rṇā* $_{4}$*cā) sya bhruvo(r madhye) śvetā bhavati*[2] *prada(kṣi)*$_{5}$*ṇā 10*

W 45 [W]*dve ca (tr) iṃ(śat tathaitāni la*$_{e}$*kṣaṇāni mah) ā(mu) neḥ*[3]
kāye ('sm) i(ṃ bhāvitā)$_{6}$*tmasya śarīrā*$_{f}$*ntimadhāriṇa(ḥ) 11*

W 46 [W]*(dvātriṃśatiṃ)*[4] $_{7}$*yasya viva(rdhi) tāni*
bhavaṃti kāye 'sm(iṃ) ⏑ — $_{8g}$ *v(i) dhasya*$_{9}$•
rājā vijitya[5] *pṛthi(vīṃ viśāsti)*[6]
(buddho 'tha vā $_{h}$*bhavati*[7] *hitānukampī 1)*$_{10}$*2*

W 47 [W]*smṛtimāṃ ba*(25.1) huputraś ca a*lpābā*$_{11}$*dhaś ca pa*$_{i}$*ṇḍi(ta) ḥ*
*lābhī a*nnasya[8] pānasya vastraśayyā$_{12}$sa*nasya ca*[9] $_{j}$*13*

W 48 [W]*a*bhedyaparivāro 'sau (*manā*) p(*aḥ sar*) v(*adehināṃ**)
(*anvāvartanti taṃ*)[10] (25.2) devā manu$_{13k}$jāś ca ta*thāvi*$_{14}$*dham*[11] *14*

W 49 [W]*agryo mahā*dhipatyeṣu bhave$_{l}$n martyas tathāvi$_{15}$dha*ḥ*
*asamaś cā(prat) i*sama[12] atu(*l*) y(*a*) ś ca vināyaka[13] 1(*5*)

3. His Mother Passes Away[14]

W 6c.1 [W](*dharmatā*) (25.3) (*kha*) lu $_{16}$saptāhaj*ā*$_{17}$tasya *Vipaśyino bodhisatva*$_{18}$sya māt*ā* janetrī[15] kālagatā (*samanantarakā*)$_{19}$lagatā[16] tridaśe *d*evanikāye[17] u*papannā*
W 2 (25.4) *iya*m atra dharmatā[18] [W]tasmā$_{20}$d i$_{21}$da*m ucyate* | |

vidhṛtya māsāṃ hi daśaiv*a* kukṣyā
Vipaśyimāt*ā asamaṃ pra*$_{22}$*jā*$_{23}$tā•[19]

---

1 MS 91.5: *(rasarasāgra)[t]ām**.
2 Metrically read *bhoti*. Cf. BHSG § 3.75.
3 MS 91.6: *(mah) ā(mu) [n]eḥ*.
4 MS 116.10: *dvātriṃśitiṃ*.
5 Metrically the final syllable should be read heavy. MS 116.11, which is a parallel text, preserves *vicitryā*.
6 MS 116.11: *pṛthīviṃ viśāsti*.
7 Metrically read *bhoti*. Cf. BHSG § 3.75.
8 MAV II: *(tṛpta) ś c(ā) nnasya*.
9 MS 117.2: *ca•*.
10 Cf. SWTF s.v. *anv-ā-vṛt 1*.
11 MS 59.6: *tathāvidham**, MS 147.4: *(tathāvi) dham**.
12 MS 117.3: *ca (prat) isamaḥ*.
13 For *vināyakaḥ*.
14 Uddāna: *mātā*. Parallels: SBV I, p. 51.18–21; SBV(Tib.): D ('Dul ba) ga, 284a.3; Q vol. 42, p. 23.1.3–4; SBV(Ch.): T 1450, vol. 24, p. 109a.18–19.

Base MS SHT 399: MS 25.1 – 25.4

Other MSS of Recension I

1	59.2	nāṃ paripūrṇā anūnakāḥ samā avira[ḍ]. ///
2	91.5	/// + [t]ām* prabhū .. .. nuji ◯ + .. [t]athā brahmasvar[o mu] ///
3	59.3	bhinīlanetro gopakṣmā uṣṇīṣaṃ [c]ā ◯ ///
4	147.1	.. sya bhru[vo] + .. śv[etā bhava]ti prada .. + ///
5	91.6	/// + [ṇ]ā 10 [d]ve ca .iṃ .. .. + + + + + + + + .ā + [n]eḥ kāye .[i] ///
6	59.4	tmasya śarīrāntimadhāriṇa 11 ◯ ///
7	147.2	yasya vi[va] + [t]āṇi bhavaṃti kāye sm. .. ///
8	117.1	/// + [v]. dhasya• rājā vijitya pṛ[thi] + + ///
9	91.7	/// + .. rājā [vi] ///
10	59.5	2 smṛtimāṃ bahuputraś ca alpābā[dha]ś ca ///
11	147.3	dhaś ca paṇḍi .. [ḥ] lābhī annasya [p]ā[nasya] + ///
12	117.2	/// sanasya ca• 13 abhedyaparivā + ///
13	59.6	jāś ca tathāvidham* 14 agryo mahādhipa .. ///
14	147.4	dham* 14 agryo mahādhipatyeṣu ◯ ///
15	117.3	/// ◯ [dha]ḥ asama[ś ca] + .isamaḥ [a] ///
16	229.u	/// .. ptāha[jā] ///
17	147.5	tasya vi[pa]śyino bodhisat[v]asya mātā ◯ ///
18	60.1	sya mātā janetrī [k]. + + + + + + + + + + + + + + .. devanikā[y]e .. papannā iyam a .. .. [tas]m. d ida[m]. [cya]te ı ı vidhṛtya māsāṃ hi daś[ai]va kukṣyā vipaśyīmātā asamaṃ pra
19	117.4	/// ◯ [l]. .. .. .e .[e] .. .. k[ā] .[e] ///
20	101.2	/// .. .. .[ucy]. .. [ı ı] .. .ṛ .. ///
21	147.6	dam ucyate ı ı vidhṛtya māsā .. [daśai]va kukṣy. ///
22	60.2	jātā꞉ kāyasya bhedāt trida[śo] .. .. .. [d]. [v]. .. .. [y]ā bhagavajjanetrī ı ı dharmatā khalu sāmpra + + .. vipaśyī [b]o .i + + [a]bhirupo darśanīyaḥ prāsādikaḥ atik[r]āntaś ca mānuṣya[kaṃ]
23	117.5	/// (◯) + + + + + + + + + [t]ā .. ///

MSS of the Parallel Passages of Other Texts

a	116.5	sāmā aviraḍāś caiva śuklāś cai⟨⟨va⟩⟩ susaṃsthitā 8 suśuklādaṃṣṭro sau h.
b	116.6	+ .. .. .. sarasāgratām* prabhūtatanujih[v]aś ca tathā brahma
c	116.7	+ + + + + [a] + [n]. l. n. tr. .. .. kṣmā ūṣṇīṣaṃ c[ā] .y. .ū .. .. [ū]
d	116.8	r[ṇ]ā cāsya bruvor madhye śvetā bhavati pradakṣiṇā 10 dve ca triṃśat tathai
e	116.9	+ + + .ṣ. + + + + .ā + .eḥ kāye smiṃ bhāvitā + + .. .i .ā
f	116.10	n.. madhāriṇa 11 dvātriṃśitiṃ yasya vivadhatāni bhavaṃti kā[ye smiṃ]
g	116.11	+ + + + + [v]idhasya rājā vicitryā pṛthīviṃ viśāsti buddho tha vā
h	116.12	[bha]vati hitānukampī 12 smṛtimāṃ bahuputraś ca alpā
i	116.13	+ + + + [ṇ].i taḥ lābhi annasya pānasya vastraśayyāsanasya
j	116.14	+ 13 abhedye parivāro sau manāpaḥ sarvadehināṃ* anvāvarta
k	116.15	+ + + + + + .ā [ś].. [tathā]vidham* 14 agryo mahādhipatyeṣu
l	116.16	+ + n martyas tathāvidhaḥ asamaś cāpratisama atulyaś ca vinā⟨⟨ya⟩⟩ka

---

15 For *janayitrī*. Cf. Brough (1954), p. 364. SBV: *janayitrī*.

16 SBV adds *praṇīte*.

17 Hiatus for - *a u* -. Cf. BHSG § 4.55. SBV: *trayastriṃśaddevanikāye*.

18 SBV omits *iyam atra dharmatā*.

19 MS 60.2: *(pra)jātā꞉*.

kāyasya *bh*edāt tridaśopapa(*nnā*)
d(*e*)*v*(*a*) (25.5) (*ni*) kāyā bhagavajjanetrī | |

4. The Physical Beauty of the Bodhisattva[1]

W 7a.1 Wdharmatā $_{1}$khalu sāṃpra$_{2}$taj*āto*[2] *Vipaśyī bodhisatvo* 'bhirūp*o*[3] da*rś*anīya[4] prāsād*iko 'tikrāntaś*[5] *ca mā*$_{3}$*nuṣya*kaṃ $_{4}$varṇam[6] asaṃprāpta*ś ca* (25.6) *di*vyaṃ varṇaṃ nirīkṣamā$_{5}$ṇā narāś ca nāryaś[7] ca[8] tṛptiṃ na ga$_{6}$cchaṃti[9] *a*(*n*)*ūna-*
W 2 *varṇ*(*am*) *[10] Wta*d*(*y*) *a*thā j*ā*ṃbūnadamayī *suvarṇa*$_{7}$*niṣkā*[11] $_{8}$*dakṣakarmā*raputraparimṛ$_{9}$ṣṭā[12] *ā*(26.1) *hate pāṇḍ*ukambale[13] upanikṣiptā[14] atyarthaṃ bhāsate tapate[15] viro$_{10}$*cate evam eva sāṃ*(*p*) r(*a*) t(*a*) j(*ā*) *t*(*o*)[16] Vipaśy*ī* bo$_{11}$dhi$_{12}$*satvo 'bhirūpo*[17] *darśanīyo*[18] yāvad[19] anūnavarṇam[20] $_{13}$*iyam atra* (26.2) *dharmatā*[21]
W 3 Wtasmād idam ucyate | |

śiśu[22] kumāro manaseva *nirm*(*itaḥ*)[23]
$_{14}$*yathā*$_{15}$*pi* niṣkā[24] kuśalena niṣṭhit*ā*(•)
$_{16}$*nirīkṣamāṇā hi na*rāś ca nāryas
tṛptiṃ na ga*cchaṃti a*(26.3) *nūnavarṇa*m* | |

5. The Attractiveness of the Bodhisattva[25]

W 7b.1 W$_{17}$dharmatā khalu sāṃpra*tajāto*[26] *Vipaśyī* bo$_{18}$dhisatvo mahājanakā$_{19}$yasya *priyaś* $_{20}$*cābhūn ma*nāpaś ca apīdānīṃ mahājana*kāyā*[27] (26.4) *aṃsenāṃsaṃ*[28]

---

[1] Uddāna: *abhirūpaḥ*. Parallels: SBV I, p.51. 21–28; SBV(Tib.): D ('Dul ba) ga, 284a.4–6; Q vol.42, p.23.1.4–7; T 1450, vol.24, p.109a.19–22.

[2] SBV omits *sāṃpratajāto*, MS 60.2: *sāmpra(tajāto)*, MS 101.3: *sāmpratajā(to)*.

[3] MS 147.7: *bodhisa[tva](ḥ) [a](bhi)rūpo*.

[4] For *darśanīyaḥ*. Cf. BHSG §8.22. MS 60.2: *darśanīyaḥ*.

[5] MS 60.2: *prāsādikaḥ atik[r]āntaś*.

[6] SBV: *mānuṣavarṇam*.

[7] MS 60.3: *nāryāś*.

[8] SBV: *apīdānīm narāś ca nāryaś ca nirīkṣamāṇās*.

[9] Because of the final akṣara *ti*, there should be a hiatus for *- y a-* here. Cf. BHSG §4.55.

[10] SBV: *mudaṃ labhante*.

[11] MS 60.3: *sūvarṇaniṣ[k]ā*.

[12] MS 203.u: *dakṣaḥkarmāra°*. SBV: *karmāraparimṛṣṭā*.

[13] Hiatus for *- a u -*. Cf. BHSG §4.55. MS 60.4: *pāṇḍukaṃmpale*.

[14] Hiatus for *- ā -*. Cf. BHSG §4.55.

[15] SBV: *tapati*.

[16] SBV omits *sāṃpratajāto*.

[17] MS 203.v: *(bo)dhisatvaḥ abhirūpo*.

[18] MS 60.4: *darśanīyaḥ*, MS 119.2: *[da]rśanīyaḥ*.

[19] SBV: *prāsādikaḥ atikrānto mānuṣaṃ varṇaṃ asaṃprāptaś ca divyaṃ*.

[20] SBV: *varṇam*.

[21] SBV omits *iyam atra dharmatā*.

[22] For *śiśuḥ*. MS 60.5: *śiśuḥ*. Cf. BHSG §12.13.

[23] MAV II: *nirmi(tā)*.

Base MS SHT 399: MS 25.4 – 26.4

Other MSS of Recension I

1	101.3	/// .. lu sāmpratajā + ///
2	147.7	tajāto vipaśyī bodhisa[tva](ḥ) [a] .. rūpo darś. ///
3	203.t	/// + + [nu]ṣya[k]. + + + + + ///
4	60.3	varṇam asaṃprāptaś ca divyaṃ varṇaṃ ni ◯ rīkṣamāṇā narāś ca nāryāś ca tṛptiṃ na gacchaṃti [a] .[ū]nava[rṇ]. + + + + + + nadamayī sūvarṇaniṣ[k]ā [da]kṣaḥka[r]m. .. [p]utraparimṛ
5	101.4	/// .. .. .. ś.. .. + ///
6	147.8	.. ti .. .. + [tad].[a]thā [jā]m .. .. + ///
7	119.1	/// + + + + + + + + + + + + + .. [ṣ]k[ā] da[k]ṣaḥkarm. + + + .. rimṛṣṭā āhate [p]. ///
8	203.u	/// dakṣaḥkarmāraput[r]apari[mṛ] ///
9	60.4	ṣṭā āhate pāṇḍukaṃmpale upa ◯ ni .. ptā atyarthaṃ bhā[sa]te tapate virocate evam eva [s]āṃ + + + + + + .y[ī] bodhi[sa] + + + [po] darśanīyaḥ yāvad anūnavarṇa
10	148.1	.. t. [e] .. + + + .r. + [j]. t. v. p. śy. b. .. + ///
11	203.v	/// dhisatvaḥ abhirūpo da[r]śa + ///
12	119.2	/// + + + + + + + + .. .v. [a] + + [po da]rśanīyaḥ yā[va]d anūnavarṇam iya⟨m a⟩tra dhar. ///
13	60.5	+ iyam atra dharmatā tasmād idam ucyate ǀ ǀ śiśuḥ kumāro manaseva nir[m]. + + + + n[i]ṣkā ku .. + + + + + + + [kṣa]māṇā hi naraś ca nā[rya] + ptiṃ na gacchaṃti anū .. varṇam* ǀ ǀ
14	148.2	yathāpi niṣkā kuśalena niṣ.i[tā] nirīkṣamā ///
15	203.w	/// [p]. niṣkā kuśalena ni[ṣ].i + ///
16	119.3	/// + + + [n]. r[ī]kṣamā .. .. [na]r[ā] ◯ ś [c]a nāryas tṛptiṃ na gacchaṃti anūna .. ///
17	60.6	dharmatā khalu sāmpratajāto vipaśyī bodhisatvo mahājana[k]āyasya priyaś cābhūn manāpa[ś] .. .. + + + + + + .. kāyaḥ aṅsenā⟨ṃ⟩saṃ pa .. + + [y]. ti• tadyathā śāradakaṃ padmaṃ
18	203.x	/// + .[i]satvo mahāja[n]. + + ///
19	148.3	yasya priyaś cābhūn manāpa[ś] .. [a]pīdānīṃ .. ///
20	119.4	/// .. [bh]ūn manāpa .. ap. dā ◯ nī[ṃ] mahā⟨⟨ja⟩⟩{{nta}}nakā[yaḥ] a[ṅ]senā⟨ṃ⟩saṃ pa ///

---

[24] MAV I reads *(suva)[rṇa]ni[ṣk]ā.*

[25] Uddāna: *manāpatā.* Parallels: SBV I, p. 51.28–52.3; SBV(Tib.): D ('Dul ba) ga, 284a.6–7; Q vol. 42, p. 23.1.7–8; SBV(Ch.): T 1450, vol. 24, p. 109a.22–23.

[26] SBV omits *sāṃpratajāto.*

[27] SBV: °*kāyam.* MS 60.6: *(mahājana)kāyaḥ,* MS 119.4: *mahā⟨⟨ja⟩⟩{{nta}}nakā[yaḥ],* see next page note 1.

[28] MS 60. 6: *aṅsenā⟨ṃ⟩saṃ,* MS 119.4: *a[ṅ]senā⟨ṃ⟩saṃ.*

W 7b.2 parivartayaṃti[1] [W]tad*yathā śāradakaṃ pa*dmaṃ $_{1}$*ma*$_{2}$hājana$_{3}$kāyasya priyaṃ *ca bhavati*[2] *manā*paṃ ca $_{4}$a$_{5}$pīḍānīṃ *ma*hājanakāya*ḥ*[3] *pāṇinā pāṇiṃ saṃvārayati e*(26.5)vam eva sāṃpratajā*to Vipa*$_{6}$*śyī bodhi*(*sat*)*v*(*o*) *m*(*a*)*hā*janakāyasya priyaś cābhū$_{7}$n ma$_{8}$*nāpa*$_{9}$*ś ca apīḍānīṃ* mahāja$_{10}$nakāyaḥ[4] aṃsenāṃ*sa*(*ṃ*)
W 3 *parivartayati*[5] *iyam a*(26.6)tra dharmat*ā*[6] [W]*tasmā*(*d ida*)$_{11}$*m ucyate* / /[7]

*priyo ma*nāpo mahato jana$_{12}$sya
tadā $_{13}$*Vi*$_{14}$*paśyī dahara*s[8] samānaḥ
aṃ$_{15}$se*na* cāṃsaṃ *parivarta*$_{16}$*yaṃti*
padmaṃ yathā śāradakaṃ sujātam / /[9]

[The Bodhisattva's Youth]

6. The Bodhisattva's Eyes Do Not Blink[10]

W 7c.1 [W]*dha*(*r*)*matā khalu*[11] *Vipa*$_{17}$*śyī bodhisatvo* $_{18}$*'nimiṣo*[12] *rūpāṇi* $_{19}$(*paśyat*)*i na*[13] (*n*)*imi*$_{20}$*ṣati•* *tadyathā devās tridaśopapanna*$_{21}$*kā*[14] *iyam atra* $_{22}$*dharmatā*[15]
W 2 [W]*tasmād idam ucyate* / /

nāsau kumāro[16] *nimiṣaṃ* $_{23}$*hi paśyati*
yathā$_{24}$*pi devās tridaśopapanna*$_{25}$*kāḥ*[17]
dṛṣṭveha rū$_{26}$*pāṇi manoramāṇi*
athāpi dṛṣṭvā $_{27}$*amanoramāṇi* / /

---

1 SBV: *samparivartayati*. MS 60.6: *pa(rivarta)[y](a)ti.*
2 SBV omits *bhavati.*
3 SBV adds *tat.*
4 For - *o* ' -.
5 MS 119.6: *parivarta(ya)ṃti.*
6 SBV omits *iyam atra dharmatā*, and adds *antaroddānam: animiṣavipākadharmaś ca valgusvaraś ca paṇḍita udyānam / /.*
7 MS 118.4: *ucyate 1 / /.*
8 MS 61.2: *dahara*, MS 148.6: *daharaḥ.*
9 MS 61.3: *sujātam* / /*, MS 120.1: *s[u](jā)[t]am* 1 / /.*
10 Uddāna: *animiṣaḥ*. Parallels: SBV I, p. 52.5–6; SBV(Tib.): D ('Dul ba) ga, 284a.7–284b.1; Q vol. 42, p. 23.2.1; SBV(Ch.): T 1450, vol. 24, p. 109a.23–24.
11 SBV adds *sāṃpratajāto.*
12 SBV: *animiṣan*. MS 118.5: *bodhisatvaḥ animiṣo.*
13 SBV: *nāsau.*
14 MS 61.4: *(tridaśopapanna)kā*, MS 148.7: *[tr]idaśopapannakā*. SBV: *trayastriṃśāḥ.*
15 SBV omits *iyam atra dharmatā.*
16 MS 120.2: *kumārau.*
17 MS 61.4: *(tridaśopa)pannakā.*

Base MS SHT 399: MS 26.4 – 26.6

Other MSS of Recension I

1 61.1 [ma]hājanakāyasya priyaṃ ca bhavati manāpaṃ ca apīdānīṃ [ma]hājanakāyaḥ pā[ṇ]inā .. .. .. + + + + + + m. va sāṃpratajāto vipaśyī bo[dhi] + + [m]. h[ā]janakāyasya priyaś cā

2 118.2 /// + + + + + + + + + + + h. [j].[1] ///

3 203.y /// + + kāyasya priyaṃ [c]. + + ///

4 119.5 /// + .. [pīdān]ī(ṃ) mahā .. nakāyaḥ pāṇinā pāṇiṃ saṃvāraya[ti evam e]va sām[pr]a[t]. ///

5 148.4 pīdānīṃ mahājanakāyaḥ pāṇi ○ ///

6 118.3 /// ○ + + .y. + + .. .[v]. + hāj. ///

7 61.2 + [n] manāpaś ca apīdānīṃ mahājanakāyaḥ aṃsenāṃ[sa](ṃ) [pari]vartayati [i] .. + ... r[ma]tā tas[m]ā + + + + + + [yo] manāpo mahato jana .. tadā vipaśyī dahara [sam]ānaḥ [a]ṃ

8 100.4 /// + ...c. [a] + + ///

9 148.5 ś ca apīdānīṃ mahājanakāyaḥ aṃ ○ ///

10 119.6 /// + + nakā[yaḥ an].e[nāns].(ṃ) parivarta ..ṃti iyam atra [dha] .. + + + ... + ///

11 118.4 /// ○ m ucyate 1 | | pri + .. nāpo ma ///

12 204.1 /// + + .. + [d]ā + [p]. + ///

13 100.5 /// .. paśyī dahara .. ///

14 148.6 paśyī daharaḥ samāna[ḥ] aṃsena cānsa[ṃ] + ///

15 61.3 [s]. na cāṃsaṃ parivartayaṃti padmaṃ ○ ya .. śāradakaṃ sujātam* | | dh. .m. tā khalu vipaśyī b[o]dh. + + + + + .[o rū]pāṇi .. .. .[i] + + ⟨⟨mi⟩⟩ṣati tadyathā devās tridaśopapanna

16 120.1 /// + + ...[m].(ṃ) [y]. th. [ś]. r. d. k.(ṃ) s[u] .. [t]am* 1 | | dha .matā kha + + + + + + + + ///

17 118.5 /// [śy]ī bodhisatvaḥ animiṣo rūpāṇi .. ///

18 204.2 /// + + nimiṣo rūpāṇi + ///

19 100.6 /// .. .. .i [na] .i .i .. .. ///

20 148.7 ṣati tadya[th]. + .ās [tr]idaśopapannakā i ///

21 61.4 kā iyam atra dharmatā tasmā ○ d idam ucyate | | nāsau kumāro nimiṣaṃ hi paśya .i yathā[p]. + + + + + + pannakā [d]ṛṣṭv[e]ha rūpāṇi manoramāṇi athāpi dṛṣṭvā

22 120.2 /// + .. rmatā tas[m]ād [i]dam ucyate | | nāsau kumārau nimiṣaṃ hi pa .. .. yathāpi .. ///

23 204.3 /// + + h. [pa]śyati ya[th]. .. ///

24 118.6 /// + [pi] devā[s] tr[i]daśopapan[n]ak[ā] + ///

25 230.6 /// kāḥ dṛ ///

26 148.8 [p]āṇi man[o] + + .. [ath]āpi dṛṣṭ[v]ā a + + ///

27 61.5 amano[ra]māṇi | | dharmatā khal. [v]i .. [ś].ī bodhisatvaḥ karmavipā[k]ajena divyena cakṣuṣā samanv. + [to] yena sa + + + + [v]ā ca rātrau ca samaṃtayojanam iyam atra dharmatā tasmā[d i]

---

1 MAV I reads *[ṇ]. ..* .

7. His Maturation[1]

W7d.1 ^{W}$_{1}$*dha*$_{2}$*rmatā khalu*[2] *Vi*$_{3}$*paśyī bodhisatvaḥ karmavipākajena*[3] *divyena cakṣuṣā*
samanv(āga)to yena sa[4] *(pa)*$_{4}$*śyati divā ca rātrau ca samaṃtayojana*$_{5}$*m iyam atra*
W2 *dha*$_{6}$*rmatā*[5] ^{W}$_{7}$*ta*$_{8}$*smād i*$_{9}$*dam ucyate | |*

vipākajaṃ tasya babhūva cakṣur
divyaṃ vi(śuddhaṃ vi)malaṃ prabhāsvaram *[6]
yenāsau[7] *paśya(ti) bodhisatvo*
di$_{10}$*vā ca rātrau ca sa*$_{11}$*mantayojana*$_{12}$*m* *[8] | |

8. The Beauty of His Voice[9]

W7e.1 ^{W}*dharmatā kha*$_{13}$*lu*[10] *Vipaśyī bodhisatvo* $_{14}$*valgusvaraś cābhūn*[11] *ma*$_{15}$*nojñasvaraś*
ca kalaviṅkamano$_{16}$*jñ(a)bh(āṣī*[12] *ca) dundubhisvaranirghoṣa*$_{17}$*ś ca*[13] [14]*tadyathā*
haimavataḥ śakunto[15] *va*$_{18}$*lg(u)svar(aś cābhūn*[16] *manojñasva)*$_{19}$*raś ca kal(aviṅka-*
$_{20}$*man)oj(ñabh)āṣī ca d(undubhisva)ranirghoṣaś ca*[17] *e*$_{21}$*vam eva*[18] *Vipaśyī*
bodhi(satvo va)$_{22}$*lgusvaraś cābhūn manojñasvaraś ca (kalaviṅ*$_{23}$*ka)manojñabhā(ṣī*
W2 *ca dundubhisvaranirghoṣaś ca*[19] *iyam atra dharmatā)*[20] ^{W}*tasmād idam u*$_{24}$*cyate | |*

(yathāpy a)$_{25}$*sau haimavataḥ śakunto*
nikūjate ku$_{26}$*(s)umarasena* $_{27}$*mattaḥ*

---

[1] Uddāna: *vipākadharmaḥ*. Parallels: SBV I, p. 52.6–8; SBV(Tib.): D ('Dul ba) ga, 284b.1–2; Q vol. 42, p. 23.2.1–2; SBV(Ch.): T 1450, vol. 24, p. 109a.24–25.

[2] SBV adds *sāṃpratajāto*.

[3] SBV: *pūrvakarmavipākajena*.

[4] SBV: *yenāsu*, (printing errot for °*āsau* ?).

[5] SBV omits *iyam atra dharmatā*.

[6] MS 61.6: *prabhāsvaraṃ*.

[7] Metrically read *yenā asau*. MS 61.6: *yenāsau*.

[8] MS 61.6: °*yojanam**, MS 149.2: *[y]ojanam**, MS 204.6: °*(yojana)m**, MS 219.t: °*yojanam**.

[9] Uddāna: *valgusvaraḥ*. Parallels: SBV I, p. 52.9–13; SBV(Tib.): D ('Dul ba) ga, 284b.2–3; Q vol. 42, p. 23.2.2–4; SBV(Ch.): T 1450, vol. 24, p. 109a.25–26.

[10] SBV adds *sāṃpratajāto*.

[11] SBV adds *madhurasvaraś ca*.

[12] MS 62.1 *kalaviṅgamano[j]*.

[13] MS 219.u: *ca•*. SBV omits *kalaviṅkamanojñabhāṣī ca dundubhisvaranirghoṣaś ca*.

[14] MS 62.1 omits *tadyathā haimavataḥ śakunto valgusvaraś cābhūn manojñasvaraś ca kalaviṅkamanojñabhāṣī ca dundubhisvaranirghoṣaś ca. evam eva Vipaśyī bodhisatvo valgusvaraś cābhūn manojñasvaraś ca kalaviṅkamanojñabhāṣī ca dundubhisvaranirghoṣaś ca*. It looks like a haplography.

[15] SBV: *śakunako*; MS 149.3: *śukuntaḥ*.

[16] SBV adds *ca madhurasvaraś*.

[17] SBV omits *kalaviṅkamanojñabhāṣī ca dundubhisvaranirghoṣaś ca*.

[18] SBV adds *sāṃpratajāto*.

[19] SBV omits *kalaviṅkamanojñabhāṣī ca dundubhisvaranirghoṣaś ca*.

[20] SBV omits *iyam atra dharmatā*.

Base MS SHT 399: lost

Other MSS of Recension I

1 120.3 /// .. rmatā khalu [v]i .. śyī bodhi ○ satvaḥ karmavipā[kaj]. na divyena ca .. ///
2 219.r /// + + + .[m]. t[ā kh]. + + + ///
3 204.4 /// paśyī bodhisatvaḥ karma .. ///
4 230.7 /// [śyat]i [d]i ///
5 149.1 + + + + + + + + [m]. [y]. [m]. .[r]. + + ///
6 219.s /// + + .. tā tasmā[d i] + + ///
7 204.5 /// .. smād idam ucyate | | vi .. ///
8 120.4 /// + .ād idam uc[y]ate | | vipā ○ kajaṃ tasya babhūva cakṣur divyaṃ vi .. ///
9 61.6 da[m u]c[y]a[te] | | .ipā[k]. + + + + + + + + + + + + + .. malaṃ prabhāsvaraṃ yenāsau paśya .. [bodhisa]tvo divā ca rātrau ca samaṃtayojanam* | | dharmatā khalu vipaśyī bodhisatvo
10 149.2 .. .. [r]. + .. [sama](ṃ)[tay]ojanam* [| |] + + ///
11 219.t /// .. tayojanam* | | .. + + ///
12 204.6 /// [m]* | | dharmatā khalu vipaś[y]ī ///
13 120.5 /// + + + + [l]. + .. [śyī bo] + + .[v]. valg. s[v]araś cābhū[n] .. nojñas[v]araś ca kalavi .. ///
14 62.1 valgusvaraś cābhūn manojñasvaraś ca kalaviṅgamano[j]. + + .. du[n]dubhisvaranirghoṣaś ca [i]yam atra dharmatā tasmād ida .. + + + ///
15 219.u /// [n]. jñ. .v. .. + + ///[1] ṣaś ca• tadyathā hai + + ///
16 102.2 /// + + .[ñ]. [bh]. + ///
17 149.3 ś ca tadya + .. mavata[ḥ] śukuntaḥ va[lg]. + ///
18 204.7 /// + + [l]. s[v].[r]. + + + + ///
19 219.v /// raś ca ka[l]. + + ///[2] .. m eva vipaśyī bodhi .. + ///
20 120.6 /// + + + + + + + +̣ + + + .. .[oj]. .[ā]ṣī ca [d]. + + .. ranirghoṣaś ca eva[m] e ///
21 102.3 /// ○ va[m]. ///
22 149.4 lgusvara[ś] cābhūn manojñasvaraś ca ○ ///
23 219.w /// .. manojñabhā .. ///[3] + + [t].[smā]d idam ucyate .. ///
24 102.4 /// ○ cya + ///
25 149.5 sau haimavataḥ śakunto nikūjate ku ○ ///
26 62.2 .[u] marasena mattaḥ tathaiva valgukalaviṅgabhāṣī .. + .y. bhūd apratikūlabhāṣ[ī] | | dharmatā khalu vipaśyī bodhisatvaḥ paṇḍit[o] + + ///
27 219.x /// mattaḥ tathaiva .. ///[4] + + .. ṣī | | dharmatā kha ///

---

[1] There are 16 akṣaras in the lacuna.
[2] There are 16 akṣaras in the lacuna.
[3] There are 15 akṣaras in the lacuna.
[4] There are 14 akṣaras in the lacuna.

tathaiva valgukalaviṅkabhāṣī[1]
(sa cāp)y (a)bhūd apratikūlabhāṣī | |

9. **Becoming Sagacious**[2]

^{W}7f.1 ^{W}*dharmatā kha*$_1$*lu*[3] *Vipa*$_2$*śyī bodhisatvaḥ paṇḍito 'bhūd (v)yakto medhāvī ta(nt)r(opamikayā mīmāṃsikayā prajñayā samanvāga*$_3$*taḥ) apīdānīṃ* $_4$*pitur*[4] *Bandhuma(to) 'rthakaraṇe*[5] *niṣadya gambhīrā*$_5$*n arthān ni*$_6$*stārayati*[6] *iyam atra*
^{W}2 *dharmatā*[7] ^{W}*tasmād ida(m ucyate* | |*)*

⏓ — ⏑ — — ⏑ ⏑ — ⏑ — ⏑ ⏓
⏓ — $_7$⏑ *toyāmbudhara iva sāgaraḥ*
anuśiṣṭavān Bandhumatī$_8$*nikete*
nai$_9$*kāṃ janāṃ*[8] *jānapadāṃś ca kṣatriyān*[9] *(1)*

^{W}3 ^{W}*hitānukampaṃ sam* ⏑ — ⏑ — ⏑ ⏓
⏓— ⏑ — — ⏑ ⏑ — ⏑ — $_{10}$*daḥ*
tataḥ samājñā udapādi bhadrikā
bhūyo Vipaśyīti samaṃta$_{11}$*ca*$_{12}$*kṣuḥ 2* | |[10]

10. **The Four Excursions**[11]

[On Seeing an Old Man][12]

^{W}8a.1 ^{W}*dharmatā khalu*[13] *Vipaśyī bodhisatva udyānabhūmiṃ niryātukāma(ḥ sārathim āmantrayati)*[14]

^{W}2 ^{W}*(yojaya sā)*$_{13}$*r(a)the kṣipraṃ* $_{14}$*bhadraṃ yānam u(dyā)nabhūmiṃ niryāsyāmi*[15]

---

1 MS 62.2 *valgukalaviṅgabhāṣī.*

2 Uddāna: *paṇḍitaḥ*. Parallels: SBV I, p. 52.13–16; SBV(Tib.): D ('Dul ba) ga, 284b.3–4; Q vol. 42, p. 23.2.4–5; SBV(Ch.): T 1450, vol. 24, p. 109a.26–28.

3 SBV adds *sāṃpratajāto.*

4 SBV: *rājñaś ca.*

5 MS 62.3: *bandhuma(ta)[ḥ] artha°*; SBV: *arthādhikaraṇena.*

6 SBV: *gaṃbhīram arthapadavyañjanaṃ prajñayā pratividhyati.*

7 SBV omits *iyam atra dharmatā.*

8 MS 62.4: *naikāṃ janāṃ*, MS 149.8: *(nai)[k]āṃ ja[n]āṃ.*

9 MS 62.4: *kṣatriyān**, MS 149.8: *kṣatriyā[n]**. Here as the preceding short vowel is a metrically light syllable, the double consonant *kṣ* should be read prosodically as a single consonant. Cf. GPRG §2.41, BHSG §2.25.

10 MS 103.1: *°(cakṣu)ḥ* | |, MS 62.5: *°cakṣu 2* | |, MS 150.1: *°(ca)kṣu 2* | |.

11 Uddāna: *udyānam.*

12 Parallels: SBV I, pp. 65.8–66.9; SBV(Tib.): D ('Dul ba) ga 291b, 3–292a.5; Q vol. 42, p. 25.4.7–5.8; SBV(Ch.): T 1450, vol. 24, p. 112c.9–25.

13 SBV adds *yadā.*

14 SBV: *yadā bodhisattva udyānabhūmiṃ nirgantukāmo bhavati tadā sārathim āmantrayate aṅga tāvat sārathe kṣipraṃ bhadraṃ yānaṃ yojaya yatrāham abhiruhyodyānabhūmiṃ niryāsyāmi iti; tato bodhisattvaḥ sārathim āmantrayate.*

15 SBV: *aṅga tāvat sārathe kṣipraṃ bhadraṃ yānaṃ yojaya yatrābhiruhyodyānabhūmiṃ gacchāmi.*

Base MS SHT 399: lost

Other MSS of Recension I

1	102.5	/// ○ l. + ///
2	149.6	śyī bodhi[sa]tvaḥ paṇḍito bhūd.[y]ak[t]o medhāv[ī] ta .[r]. ///
3	62.3	.. apīdānīṃ pitur bandhuma ..[ḥ] a ○ rthakaraṇe niṣadya gaṃbhīrān arthāṃ nis.ā + + ti iyam atra dharmatā tasmād ida + + ///
4	219.y	/// .. tur ban.. .. + ///[1] + starayati [i] .. + ///
5	102.6	/// .. rthā[n] ni + + ///
6	149.7	stārayati iyam atra dha[r] .. .. [ta]smād ida ///
7	62.4	.. toyāmbudhara iva sāgaraḥ ○ anuśiṣṭavāṃ bandhumatīnike[t]e nai[k]āṃ janāṃ jānapadāṃś ca kṣatriyān* hitānukaṃpaṃ sa[m]. ///
8	219.z	/// + [n]i[k]e[t]e nai[k]. + + + ///
9	149.8	[k]āṃ jan[ā]ṃ jānapa[dā]ṃś ca kṣatriyā[n]* hitā .. ///
	102.7	/// + .. ñ.. [nā] + ///
10	62.5	daḥ tataḥ samājñā udapādi bhadrikā bhūyo vipaśyīti samaṃtacakṣu 2 I I dharma .. + [l]u vipaśyī bodhisatva udyānabhūmiṃ niryātukāma ///
11	150.1	.. kṣu 2 I I dharmatā khalu vipaśy[ī] bodhisa[t]v. [u] ///
12	103.1	/// + ..ḥ I I [dh]. + ///
13	220.2	/// + + r. th[e] kṣ[i]praṃ [bh]. .[r]. + + ///
14	62.6	bhadraṃ yānam u .. [na]bhūmiṃ niryāsyāmi evaṃ d[e]va iti sārathir vipaś[y]īno bodhisatvasya prati[ś]. + .i[pr]aṃ bhadraṃ yānaṃ yojayitvā yena ///

---

[1] There are 12 akṣaras in the lacuna.

W 8a.3 [W]*evaṃ de*$_{1}$*veti*[1] *sārathir Vipaśyi*(27.1)*no* $_{2}$bodhisatvasya pratiśruty(*a*) kṣipraṃ[2] bhadraṃ yānaṃ yojayitvā *yena* (*Vi*)*p*(*a*)*śyī bodhisatvas te*(*nopajagāma upetya*)[3]

W 4 $_{3}$*Vipaśyinaṃ*[4] *bodhi*(*satva*)*m idam avocat*[5] [W]*yu*$_{4}$*ktaṃ* $_{5}$*devasya bha*(27.2) draṃ yānaṃ yasyedānīṃ devaḥ kālaṃ manyate•

W 5 [W]atha Vipaśyī *bodhisatvo bhadraṃ yānam a*(*bhiruhyodyānabhūmiṃ niryāti*[6]

W 6 [W]*adrākṣī*)$_{6}$*d Vipa*$_{7}$*śyī bodhisatva udyānabhū*$_{8}$*miṃ niryā*(27.3) yaṃ[7] puruṣaṃ[8] kubjaṃ gopānasīvaṅgaṃ[9] daṇḍam ava(*ṣ*)*ṭ*(*a*)*bhya purataḥ pravepamānena*

W 7 *kāyena gacchantam*[10] [W](*dṛ*)$_{9}$*ṣṭvā ca punaḥ* (*sārathim ā*)$_{10}$*maṃ*(*trayati*)

W 8 [W](*kim eṣa*) $_{11}$*sārathe* (27.4) puruṣaḥ[11] kubjo gopānasīvaṅka[12] daṇḍam ava*ṣṭabhya purataḥ pravepamānena kāye*$_{12}$*na gacchati keśāś cāsya vi*(*var*)$_{13}$*ṇā*[13] *na tath*(*ā*)-*ny*(*eṣām*)[14]

W 9 [W](*eṣa de*)$_{14}$*va puru*$_{15}$*ṣo* (*jīrṇ*)*o nā*$_{16}$*ma*[15]

W 10 [W](27.5) kim eṣa sārathe jīrṇo nāma

W 11 [W]anena deva *puruṣeṇa na cirāṃ*[16] *martavy*(*aṃ* $_{17}$*bha*) *viṣyati sa eṣa deva*[17] *jīrṇo nāma*

W 12 [W](*aham api sāra*$_{18}$*the*) *j*(*a*)*rādhar*$_{19}$*mā* $_{20}$*jarādharmatāṃ cānatītaḥ*

W 13 [W]$_{21}$*de*(27.6) vo 'pi jarā*dha*rmā jarādharmatāṃ cānatī*taḥ*

W 14 [W]*tena* $_{22}$(*h*) *i sārathe pratinivartaya ratham aṃtaḥpuram eva gaccha yad aham aṃta*$_{23}$*ḥpuramadhya*(*ga*)*ta*[18] *et*(*a*)$_{24}$*m* (*e*)*vārthaṃ*[19] *cintayi*$_{25}$*ṣyām*(*i*)[20] (28.1) *jarāṃ* k(*i*)$_{26}$lāham a$_{27}$*vyativṛtta*ḥ[21]

W 15, 16 [W]pr*atinivartayati sārathī rath*(*am antaḥ*) *puram eva yāti*[22] [W]*tatredānīṃ*[23] *Vipa*$_{28}$*śyī bodhisa*$_{29}$*tvo 'ntaḥpu*(*ramadhyagataḥ*)[24]

---

1 MS 62.6: *d[e]va iti.*
2 SBV omits *kṣipraṃ.*
3 SBV: *tenopasaṅkrāntaḥ upasaṅkramya.*
4 MS 63.1: *vipaśyīnaṃ.*
5 MS 63.1: *avocat*.*
6 SBV: *nirgataḥ.*
7 SBV omits *udyānabhūmiṃ niryāyaṃ.*
8 SBV adds *jīrṇaṃ vṛddhaṃ mahallakaṃ.*
9 MS 220.5: *(gopāna)[sī]vaṅkaṃ.*
10 SBV adds *keśāś cāsya vivarṇā, na yathānyeṣāṃ puruṣāṇām.*
11 SBV adds *jīrṇo vṛddho mahallakaḥ.*
12 MS 63.3: *gopānasīvaṅkaḥ.*
13 SBV omits *vivarṇā.*
14 SBV: *yathānyeṣāṃ puruṣāṇām.*
15 MS 220.7: *nāma•.*
16 MS 63.4: *cirāṃ.* SBV adds *eva.*
17 SBV omits *deva.*
18 MS 63.5: *aṃtaḥpu(ramadhyagata)*, MS 217.t: *(antaḥpuramadh)y(aga)[ta]ḥ.*
19 SBV omits *eva.*
20 SBV adds *iti.*
21 Idem.
22 MS 63.6: *yāti:.*

Base MS SHT 399: MS 27.1 – 28.1

Other MSS of Recension I

1	103.2	/// [v]. ti sā[r]. + + ///
	150.2	veti sārathir vipaśyino bodhi[satvas]ya pratiśru ///
2	220.3	/// [bo]dhi[sa]tv. + + + ///[1] + + [p]. śyī bodhisatva[s te] .. ///
3	63.1	vipaśyīnaṃ bodhi + .. m idam avocat* yuktaṃ devasya bhadraṃ yānaṃ yasyedānīṃ deva kālaṃ manyate + [th]. [vi]paśyī bodhisatvo bhadraṃ yānam a ///
4	150.3	ktaṃ devasya bhadraṃ yānaṃ yas[y]edānī[ṃ] devaḥ kā ///
5	220.4	/// [d]. vasya bhadra[ṃ] .. ///[2] + .. ś[y]ī bodhisatvo bhadraṃ [y]. ///
6	220.5	/// [d v]ipaśyī bodhisa[t].. ///[3] + [sī]vaṅkaṃ daṇḍam ava .. ///
7	63.2	śyī bodhisatva udyānabhūmiṃ niryāyaṃ puruṣaṃ kubjaṃ gop[ā]nasīvaṅgaṃ daṇḍa + + .ṭ. bhya purataḥ pravepamānena kāyena gacchantaṃ ///
	103.4	/// ○ śyī .. ///
8	150.4	min niryāyaṃ p. ruṣaṃ kubjaṃ gopānasī ○ ///
9	220.6	/// ṣṭ[v]ā ca puna[ḥ] + + ///[4] + bjo gopānasīvaṅk. + ///
10	103.5	/// ○ maṃ .. ///
11	63.3	sārathe puruṣaḥ kubjo gopāna ○ sīvaṅkaḥ daṇḍam avaṣṭabhya purataḥ pravepamānena kāyena gacchati keśāś cāsya vi + ///
	150.5	sārathe puruṣa[ḥ] kubjo gopānasīva ○ ///
12	220.7	/// [n]. gac[ch]ati + + + ///[5] .. ṣo jīrṇ[o] nāma• ki .. + ///
13	205.t	/// + + [ṇā] na tath. ny. + + + ///
14	150.6	va puru[ṣo] + .o nāma kim eṣa sārathe + + ///
15	103.6	/// + + + [ṣo] + ///
16	63.4	ma kim eṣa sārathe jīrṇo [n]āma ○ anena deva puruṣeṇa na cirāṃ martavy. + [v]iṣyati sa eṣa deva jīrṇo nāma + + + ///
17	217.s	/// + + + + .. viṣyati sa eṣa d.va j[īr]ṇ. [n]. + .. taḥ .. + + + ///
18	220.8	/// .. [j]. [r]ādharmā jarādha .[m]. + + ///
19	205.u	/// m. jarādharmatāṃ cān. + + ///
20	150.7	.. [r]ādha[rm]. + .anatītaḥ devo pi jar[ā] + + ///
21	63.5	+ devo pi jarādharmā jarādharma[t]āṃ cānatītaḥ tena .i + + the pratinivartaya ra[tha]m aṃtaḥp[u]ram eva gaccha yad aham aṃtaḥpu .. + + ///
22	217.t	/// + + + + .. sārathe prativartaya ratham a + + + + + + + + + + + + + + + + .y. .. [ta]ḥ e[t]. + + + ///
23	220.9	/// + + + .. puramadhya + + ///
24	205.v	/// [m]. vārthaṃ cintayiṣyā + + ///
25	150.8	+ + + + + + + + .. [m]. jarāṃ .. + + + ///
26	63.6	lāham avyatīvṛttaḥ pratinivartayati sārathī ra[th]. + + p[u]ram eva yāti: tatredānīṃ vipaśyī bodhisatvaḥ antaḥpu .. + + + + ///
27	217.u	/// + + + + .[y]. tivṛttaḥ pratinivartayati sā[r]. + + + + + + + + + + + + + dānī vipaśy[ī] + + + ///
28	220.10	/// + + + + .[ī] bodhi[s].. + + ///
29	104.1	/// [t]v.ḥ [a] .. + + + + ///

23 MS 217.u: *(tatre)dānī*. SBV: *tatra svic*.

24 MS 63.6: *bodhisatvaḥ antaḥ°*, MS 104.1: *(bodhisa)[t]v(a)ḥ [a](ntaḥ)°*.

1 There are 13 akṣaras in this lacuna.

2 There are 13 akṣaras in this lacuna.

3 There are 15 akṣaras in this lacuna.

4 There are 15 akṣaras in this lacuna.

5 There are 14 akṣaras in this lacuna.

$_{1}$*athā*$_{2}$*pratī*$_{3}$*taḥ karuṇāni dhyā*(28.2)*ti j*(*a*) rā(*ṃ*) kilāha$_{4}$m avyativṛtta[1] iyam
W 8a.17 atra *dharmatā*[2] [W]*tasmād idam ucyate*[3] | |

puruṣaṃ dṛṣṭveha $_{5}$*vyatītayauvanaṃ*[4]
jī$_{6}$*rṇāturaṃ pali*$_{7}$*tam daṇḍapāṇim**[5]
athā(28.3) pra$_{8}$tītaḥ karuṇāni dhyāti[6]
jarāṃ kilāhaṃ *nopā*(*t*) *i*$_{9}$*vṛttaḥ* | |[7]

[The King's Perturbation 1][8]

W 8b.1 [W]*atha Ba*$_{10}$*ndhumā*[9] *rājā sārathim āmantrayati*[10]

W 2 [W]*kaccit sārathe ku*$_{11}$*māra āptamanaska*[11] $_{12}$*udyāna*(28.4) bhūmiṃ gataḥ[12] abh*i*rato vā[13] udyāne

W 3 [W]no deva•[14] $_{13}$*adrākṣīd de*$_{14}$*va kumāra udyānabhūmiṃ niryāyaṃ*[15] *pu*$_{15}$*ruṣaṃ*[16] *kubjaṃ gopānasīvaṅkaṃ daṇḍam a*$_{16}$*vaṣṭabhya purataḥ* (28.5) *pra*vepamā$_{17}$nena
W 4 kāyena gacchantaṃ•[17] dṛṣṭvā ca $_{18}$punar mām āmaṃtray*ati*[18] [W]*kim*[19] *eṣa sārathe puruṣaḥ*[20] $_{19}$*kubjo gopānasīvaṅko daṇḍ*(*a*)$_{20}$*m avaṣṭabhya pura*$_{21}$*taḥ pravepamāne*$_{22}$*na*
W 5 *kāyena* (28.6) gacchati[21] ke$_{23}$śāś cāsya vivarṇā na tathānyeṣāṃ[22] [W]tam enam

---

1 MS 64.1: *avyativṛttaḥ*. SBV adds *iti*.

2 SBV omits *iyam atra dharmatā*.

3 SBV: *āha cātra*.

4 Here as the preceding short vowel is a metrically light syllable, the double consonant *vy* should be read prosodically as a single consonant. Cf.GPRG §2.92.

5 MS 64.1: *daṇḍapāṇim**.

6 Here as the preceding short vowel is a metrically light syllable, the double consonant *dhy* should be read prosodically as a single consonant. Cf.GPRG §2.73.

7 SBV:
puruṣaṃ hi dṛṣṭvā samatītayauvanaṃ jīrṇaṃ kubjaṃ palitaṃ daṇḍapāṇim |
athāpratītaḥ karuṇāni dhyāyati jarāṃ kilāsmy avyativṛtta ityasau | iti |.
MS 64.1–2: *no[p]ā(t)ivṛttaḥ 1 | |.*

8 Parallels: SBV I, p.66.10–67. 16; SBV(Tib.): D ('Dul ba) ga, 292a.5–293a.1; Q vol.42, pp.25.5.8–26.2.2; SBV(Ch.): T 1450, vol.24, pp.112c.26–113a.11.

9 See above note p.46.12. MS 64.2: *bandhumā*, MS 217.x: *(ba)[n]dhumā*. Cf.BHSG §18.77.

10 MS 64.2: *āmaṃtrayati*, MS 217.x: *āmantrayati*.

11 SBV: *āttamanāttamanā*.

12 For - *o* ' -. SBV: *nirgata*.

13 Hiatus for - *o* -. Cf.BHSG §4.55.

14 SBV adds *tat kasya hetoḥ*.

15 MS 64.2: *(niryā)ya[ṃ]*, MS 217.y: *niryāyaṃ*. SBV: *nirgacchan*.

16 SBV adds *jīrṇaṃ vṛddhaṃ mahallakaṃ*.

17 MS 64.3: *gacchaṃtaṃ* and omits •, MS 151.4: omits •. SBV adds *keśāś cāsya vivarṇā; na yathānyeṣāṃ puruṣāṇām*.

18 The following MSS use the enclitic *mā* for *mām*, MS 64.3: *māmaṃtrayati*, MS 217.z: *[māma]ṃ(tra)yati*. Cf.MS 67.2. SBV: *idam avocat*.

Base MS SHT 399: MS 28.2 – 28.6

Other MSS of Recension I

1 217.v /// ○ athāpratītaḥ karuṇāni dhyāti [j]. + + + + + + + + + + + + + dharmatā tasmād. .. + ///

2 205.w /// pratītaḥ karuṇāni dhy. + + ///

3 151.1 + + + + + + ... n. [dhy]. + + + + ///

4 64.1 m avyativṛttaḥ iyam atra dharma + + .m[ā]d idam ucyate | | puruṣaṃ dṛṣṭveha vyatītayauvanaṃ jīrṇāturaṃ palitaṃ daṇḍapāṇim* athāpṛatītaḥ karuṇāni dhyāti jarāṃ kilā[ha]ṃ no[p]ā .i

5 217.w /// ○ vyatītayauvanaṃ jīrṇāturaṃ pali + + + + + + .. [pra]tītaḥ .. + .[ā]ni dhyāti jarāṃ kilā .. ///

6 104.2 /// r[ṇ]āturaṃ pali + + + ///

7 151.2 [t]. .. + + + .. a[thā]pratītaḥ karu[ṇ]. + + ///

8 205.x /// [t]ī[ta]ḥ karuṇāni dhyāti ja .. ///

9 64.2 vṛttaḥ 1 | | atha bandhumā [r]. [j]ā sārathim āmaṃtrayati kaccit sārathe kumāra āptamanaska udyānabhūmiṃ gataḥ abhirato vā udyāne no deva a .[ā] .[ṣī]d deva kumāra udyānabhū[m]iṃ .. .. ya[ṃ pu]

10 217.x /// [n]dhumā rājā sārathim āmantrayati kaccit sāra + + + + + + manaska udyā .. + ..ṃ gataḥ abhirato vā [u] ///

11 104.3 /// + .. ra āptamana[sk]. ○ ///

12 151.3 u[dy]. [n]a[bh]. .[i](ṃ) gataḥ abhirato vā u .. + + ///

13 205.y /// ..[1]drākṣīd deva kumāra udyā[n]. ///

14 217.y /// .. kumāra [u] .. na[bh]. miṃ niryāyaṃ puruṣaṃ ku .. + + + + + .. daṇḍam ava .. .. + + taḥ pravepamāne[n]. ///

15 64.3 ru[ṣ]aṃ kubjaṃ gopānasīvaṅkaṃ daṇḍa ○ m avaṣṭabhya purataḥ pravepa[m]ānena kāyena gacchaṃtaṃ dṛṣṭvā ca punar māmaṃtrayati ki[m] eṣa .. [ra]the puruṣaḥ kubjo gopā + + + + + +

16 104.4 /// + [v]. [ṣ].. [bh]ya purataḥ ○ ///

17 151.4 nena kāy[e]na gacchantaṃ dṛṣṭvā ca puna ○ ///

18 217.z /// + .. na[r] .[ā]ma]ṃ .. yati [ki]m e[ṣa sārathe p]. [r]. [ṣa] + + + + + .ī[v].ṃ[k]. [ḥ] .. .. + + + [bhy]. [p]. r[ataḥ] .. .[e] + ///

19 205.z /// .. [bj]o go[pāna]sīvaṅkaḥ daṇ[ḍ]. ///

20 64.4 m avaṣṭabhya purataḥ pravepamā ○ nena kāyena gaccha[t].: ke[ś]. ś c[ā]sya vivarṇā na tathānyeṣāṃ tam enam evaṃ vadāmi eṣa .[e] .. + + .. jīrṇo nāma: sa [e] .. .. + + +

21 104.5 /// + + + [ta]ḥ pravepamā ○ ///

22 151.5 na kāyena gacch. ti keśāś cāsya vi ○ ///

23 218.1 /// + ś. ś c. [sy]. + [va]rṇā [n]. [t]. th. ny. [ṣā](ṃ) t. m. n. + v.(ṃ) [v]. + + + + + + [p]uruṣ. j. .. + + + + + [m] ā[ha] k. m. ṣ. .. + ///

---

19 SBV: *ka.*

20 SBV adds *jīrṇo vṛddho mahallakaḥ.*

21 MS 64.4: *gacchat(i):.*

22 SBV: *yathānyeṣāṃ puruṣāṇām iti.*

1 Another fragment seems to overlap this akṣara in the photostat.

[W]8b.6 *evaṃ vadāmi eṣa (d) e(va p) uruṣ(o) jīrṇo nāma*[1] [W]*sa e(va) m āh(a) k(i) m*[2]
[W]7 *(e)*$_{1}$*ṣa*[3] *sārathe* (29.1) j*ī*$_{2}$r*ṇo* nāma [W]$_{3}$tam enam e$_{4}$vaṃ vadāmi[4] anena deva
[W]8 puruṣeṇa n*a* c*i*rā[5] martavyaṃ bhaviṣyati[6] *sa* eṣa deva[7] *jīrṇo nāma*[8] [W]*sa evam*
āha a*h*a(*m a*)*p*(*i*) *sā*(*rathe jarādharmā*) *jarā*$_{5}$*dha*(29.2)$_{6}$rmatāṃ cāna$_{7}$tītaḥ
[W]9 [W]ta$_{8}$m enam evaṃ vadāmi devo 'pi jarādharmā jarādharmatāṃ
[W]10 cānatītaḥ[9] [W]sa evam āha tena hi sārathe pratinivartaya ratha*m a*$_{9}$ntaḥ-
pu*r*am[10] *eva gaccha ya*$_{10}$*d a*(29.3) ham antaḥpura$_{11}$madhya$_{12}$gata[11] etam[12]
[W]11 evār$_{13}$thaṃ[13] cintayiṣyāmi[14] jarāṃ kilāham avyativṛt*t*aḥ[15] [W]sa eṣa deva
*kumā*ra[16] $_{14}$antaḥpuramadhyagata[17] athāpratītaḥ k*aruṇā*(29.4) ni dhyāti
$_{15}$jarāṃ kilāham avyativṛttaḥ

[W]12 [W]atha $_{16}$Ba$_{17}$ndhumato rā$_{18}$jña etad abhavan[18] mā hai*va*[19] brāhma$_{19}$ṇānāṃ
naimittā*nā*ṃ vivañcanānāṃ[20] vacanaṃ bhūtaṃ satyaṃ bha(29.5) vi$_{20}$ṣyati
mā hai$_{21}$va kumāraḥ[21] keśaśmaśrūṇy[22] ava*tārya* kāṣāyāṇi vastrā$_{22}$ṇ*y* ā*cchā*dya
[W]13 $_{23}$sam$_{24}$yag eva śraddhayā[23] ag*ā*rād[24] anagārikāṃ pravrajiṣyati [W]yanv[25] aham
asya[26] $_{25}$bhūya*s*y*ā* mā(29.6) *tra*yā $_{26}$pañca kāmaguṇān anupradadyām apy eva
rato[27] na $_{27}$pravrajeta•[28]

---

1 MS 64.4: *nāma*:.SBV adds *iti*.
2 SBV: *ka*.
3 MS 64.5: *(e) (64.5)ṣa•*.
4 MS 64.5: *vadāmi*:.
5 MS 64.5: *cirā*. Read *na cirān*.
6 MS 64.5: *bhaviṣya(t)i*:.
7 SBV omits *deva*.
8 SBV adds *iti*.
9 Idem.
10 MS 64.6: *aṃta(ḥ)puram*.
11 MS 64.6-65.1: *aṃtapuramadhyagata*, MS 151.8: *antaḥpuramadhyagataḥ*, MS 206.3: *(antaḥpuramadhyaga) [ta]ḥ*.
12 MS 29.3: *evam*, which is a mistranscription of *etam*. The parallel phrases in this MS (MS 28.1, 31.1, 32.4) preserve *etam* as do MS 65.1, 151.8, 206.3.
13 SBV omits *eva*. MS 206.3: *evārtha*.
14 SBV: *cintayāmi*.
15 See above note 8.
16 For *kumāraḥ*. MS 65.1: *kumāraḥ*.
17 MS 65.1, 218.5: *antaḥpuramadhyagataḥ*.
18 MS 105.2: *abhava[t]**.
19 SBV adds *teṣām*.
20 For *vipañcanānāṃ*. MS 218.6: *vivaṃcanānāṃ*. SBV: *vipañcanakānāṃ ca*.
21 MS 65.2: *kumāra*.
22 SBV: *keśaśmaśrv*.
23 Hiatus for - *ā* -. Cf. BHSG §4.55. MS 218.7: *śrāddhayā*.
24 MS 218.7: *agārad*.
25 For *yan nv*. In all our manuscripts, *yanv* is written with a single *n*. Cf. Brough (1954), p. 365.
26 SBV: *kumārasya*.
27 SBV: *abhirato*.
28 MS 65.3: *pravraj[et] (a)* :. SBV: *pravrajed iti*.

Base MS SHT 399: MS 28.6 – 29.6

Other MSS of Recension I

1 64.5 ṣa• sārathe jīrṇo nāma tam enam evaṃ vadāmi: anena deva puruṣeṇa na cirā martavyaṃ bhaviṣya .i: sa eṣa deva jīrṇo nāma sa evam ā[ha] + ... [p]. sā .. + + + + + jarādha

206.1 /// + [ṣ]. .. [r]. .. j[ī] .ṇ. nāma [ta] ///

2 151.6 rṇo nāma tam ena[m] evaṃ vadāmi anena de[v]. + ///

3 104.6 /// + + [ta]m enam evaṃ .. ///

4 218.2 /// [vaṃ] vādāmi [a] .. .. [de]va puruṣeṇa na cirā[ṃ ma] + + + + + + sa eṣa deva [j]. + + + sa evam āha a[ha] ///

5 218.3 /// + dharmatāṃ cāna[tītaḥ] tam enam evaṃ vadāmi de[vo] + + + + + + [r]ādharmatāṃ cāna .. + + [e]vam āha tena hi [sā] ///

6 64.6 rma ..ṃ cānatītaḥ tam enam evaṃ vadāmi devo pi jarādharmā jarādharmatāṃ cānatīta[ḥ] sa evam āha tena hi sārathā pratinivartaya ratham aṃta .. puram [ev]. + + + + + m aṃtapura

151.7 rmatāṃ cānatītaḥ tam enam evaṃ [va] .. mi devo [p]. ///

7 206.2 /// tītaḥ tam enam evaṃ vadā .[i] ///

8 104.7 /// + + + m ena[m] e[va]ṃ + + ///

9 218.4 /// + ○ ntaḥpuram eva gaccha yad aham antaḥ .. + + + + + + + .. [v]ārthaṃ c[i] .. + + mi jarāṃ kilāham av[y]. ///

10 151.8 .. ham antaḥpuramadhyagataḥ etam evārthaṃ ci[n].. ///

11 65.1 madhyagata etam evārthaṃ cintayiṣyāmi jarāṃ kilāham avyativṛtta[ḥ] sa eṣa deva kumāraḥ antaḥpuramadhyagataḥ athāpratītaḥ karuṇāni dhyā .[i] jarāṃ ki[l]. + + + + .. taḥ atha

12 206.3 /// .. taḥ etam evārtha cinta[yi] ///

13 105.1 /// + + + [th]. [c]. .. .. + + ///

14 218.5 /// + ○ antaḥpuramadhyagataḥ athāpratī + + + + + + + + + + + + + + [ti]vṛttaḥ atha [b]. .. + ///

15 152.1 [j]. rā(ṃ) k[i]lāham avyativṛttaḥ [atha] bandhu[m]. ///

16 65.2 bandhumato rājña etad abhavan mā haiva brāh[m]aṇānāṃ naimittānāṃ vivaṃcanānāṃ vacanaṃ bh[ūt]aṃ .. tyaṃ .. viṣyati mā haiva kumāra keśaśmaśr[ū] + + [t]. .[y]. [k]āṣ. [y]. + + .. [ṇ]y ācchādya

17 206.4 /// n[dhu]mato rājña etad a .. + ///

18 105.2 /// + + .. [et]ad abhava[t]* + ///

19 218.6 /// + + + + [ṇ]ānāṃ naimittānāṃ vivaṃcanānāṃ va .. + + + + + + + + + + + + + .[ā]raḥ keśaśmaśrū + + + ///

20 193.1 /// + + + + .y. t. + ///

21 152.2 va kumāraḥ keśaśmaśrūṇy a .. [tā]rya kāṣā[y]. ///

22 105.3 /// + + [ṇ]. ācchādya samya ○ ///

23 65.3 samyag eva śraddhayā agārād ana ○ gārikāṃ pravrajiṣyati yan[v] a[ha]m asya bhūyasyā mātrayā paṃca kāmaguṇān anupra[d]. [dy]. + + va rato na pravraj[et]. [: a] .. [b]. + +

206.5 /// samyag eva śraddhayā + + ///

24 218.7 /// + + + .. g eva śrāddhayā agārad anagā[r]i + + + + + + + + + + + + + + + t[r]ayā .. + + + ///

25 193.2 /// + [bh]ūyasyā mātra ///

26 152.3 paṃca kāmaguṇān anupradadyām apy eva + ///

27 105.4 /// + .[r]. [v]r. [je]ta• atha ○ ///

218.8 /// + + + + p[r]av[r]ajeta• [ath]. [b]an[dh]. mā .. + + + + + + + + + + + + + + + + ..[ṃ] .. + + + + ///

W 8b.14 ^{W}atha Bandhumā[1] $_{1}$rājā Vipaśyin(*e*)[2] bodhi$_{2}$satv*ā*ya[3] bhūyasyā mātrayā pañca kāma$_{3}$guṇān anuprayac*cha*$_{4}$*ti* (30.1) apy eva rato na pravrajeta iyam atra
W 15 dharma$_{5}$tā[4] ^{W}tasmād idam ucyate[5] | |

śrutvā sa[6] $_{6}$saṃgrāhakavākyam evaṃ[7]
pitā Vipaśy*i*sya[8] priya$_{7}$sya[9] Bandhumā[10]•[11]
da$_{8}$dau[12] tataḥ[13] kāmaguṇ*āṃ*[14] (30.2) hi[15] paṃca
rato hy asau y̥eṣu na pravrajeta[16] | |[17]

[On Seeing a Sick Man][18]

W 8c.1 ^{W}dharmat*ā* kha$_{9}$lu[19] Vipaśyī bodhisatva udyānabhūmiṃ $_{10}$niryātukāmaḥ[20] sārathim āmaṃ$_{11}$trayati pūrvavad yāvad

W 2 ^{W}a$_{12}$drākṣīd Vipaśyī *b*odhi(30.3)satva[21] $_{13}$udyānabhūmiṃ[22] niryāyaṃ[23] puruṣam utpāṇḍūtpāṇḍukaṃ[24] kṛśaṃ[25] rukṣaṃ[26] du$_{14}$rvarṇaṃ[27] vyatibhinnendriyaṃ *no*
W 3 $_{15}$ca[28] n*i*bandh*a*nīyaṃ bahu$_{16}$janasya cakṣuṣo darśan(*ā*) (30.4)ya ^{W}dṛṣṭvā ca punaḥ sārathi$_{17}$m āmantrayati

---

[1] For *Bandhumān*. Cf. BHSG § 18.77.
[2] MS 65.4: *vipaśyīnā*.
[3] SBV: *bodhisatvasya*.
[4] SBV omits *iyam atra dharmatā*.
[5] SBV: *āha cātra*.
[6] SBV: *hi*.
[7] SBV: *etac*.
[8] MS 65.5 also preserves *Vipaśyiyasya*; on this form, see p. 42, note 2.
[9] Here as the preceding short vowel is a metrically light syllable, the double consonant *pr* should be read prosodically as a single consonant. Cf. GPRG § 2.76, BHSG § 2.10.
[10] For *Bandhumān*. Cf. BHSG § 18.77.
[11] MS 65.5, 206.7 omit •.
[12] MS 65.5: *dado*.
[13] SBV: *tadā*.
[14] For *kāmaguṇān*. The next akṣara is not the ligature *nhi* but *hi*. Here an anusvāra is used instead of a final nasal. Cf. BHSG § 2.64 ff. MS 65.5: *kāmaguṇāṃ*, MS 152.5: *[k]ā[ma]guṇāṃ*.
[15] SBV: *sa*.
[16] See above note 10.
[17] SBV: *bhūyo rato 'py eva na māṃ tyajed iti | |*.
[18] Parallels: SBV I, pp. 67.18- 68.24; SBV(Tib.): D ('Dul ba) ga, 293a.1–ṅa, 2a.2; Q vol. 42, pp. 26.2.2–27.1.7; SBV(Ch.): T 1450, vol. 24, p. 113a.12–22.
[19] SBV adds *yadā*.
[20] SBV: *nirgantukāmo bhavati tadā*.
[21] MS 65.6: *bodhisatvaḥ*.
[22] MS 65.6: *udyānabhūmin*.
[23] SBV omit *udyānabhūmiṃ niryāyaṃ*.
[24] MS 65.6: *utpāṇḍutpāṇḍukaṃ*.
[25] SBV: *kṛśālaṃ*.
[26] For *rūkṣaṃ*. Cf. BHSD s.v. *rukṣa*. SBV omits *rukṣaṃ*.
[27] SBV: *durbalakaṃ*.
[28] SBV: *tu*.

Base MS SHT 399: MS 29.6 – 30.4

Other MSS of Recension I

1	65.4	rājā vipaśyīnā bodhi[sat].[ā]ya ○ bhūyasyā mātrayā paṃca kā[m]aguṇān anuprayacchati apy eva rato na pravrajeta iya[m a]tra dharmatā tasmād ida[m]. + + .. + +
2	206.6	/// satvāya bhūya[sm]ā + + ///
3	193.3	/// .[u]ṇān anuprayac[ch]. ///
4	152.4	ti apy eva rato [na] pravrajeta iya ○ ///
5	105.5	/// + + [t]ā tasmād ida[m u] ○ ///
6	65.5	saṃgrāhakavākyam evaṃ + tā vipaśyiyasya priyasya bandhumā dado tataḥ kāmaguṇāṃ hi paṃca rato hy asau yeṣu na pravrajeta | | dha[r]ma[tā] khalu vipaśyī bodhisatva udyānabhūmiṃ
7	206.7	/// + [sya ba]n[dh]. mā da[dau] + + ///
8	152.5	dau tataḥ [k]ā[ma]guṇāṃ [hi] paṃca rato ○ ///
	194.x	/// .. .. ..[ḥ] kā[magu]ṇ. ///
9	105.6	/// .[u] .. [p]. śyī bodhi .. + + + ///
10	65.6	niryātukāmaḥ sārathi .[ā] .. + + .[i] pūrvavad yāvad adrākṣīd vipaśyī bodhisatvaḥ udyānabhūmin niryāyaṃ puruṣam utpāṇḍutpāṇḍukaṃ kṛśaṃ rukṣaṃ durvarṇaṃ vyatibhinnendriya[ṃ] no
11	152.6	trayati [pū] + .. .yāvad adrākṣid vipaśyī bo + + ///
12	194.y	/// + ... [paś].. + ///
13	195.s	/// .. d[y]ānabhūmiṃ ni[ry]. ..(ṃ) [p]uru + ///
14	105.7	/// .. rṇaṃ .. .i + + + + + ///
15	66.1	ca nibandhanīyaṃ bahujanasya cakṣuṣo dar[ś]a .. ya dṛṣṭvā ca [pu]naḥ sārathim āmaṃtraya .[i] .. m eṣa sārathe puruṣa u .. + .āṇ[ḍu] + + + [ru]kṣo: durvarṇo: vyatibhinnendriyo: no ca niba
16	152.7	.. .. + + + .[o] .. r.. [n]. ya dṛṣṭvā ca .. + + ///
17	195.t	/// + .. [mantrayat]i kim eṣa sāra ///

^{W}8c.4 ^{W}kim[1] eṣa sārathe puruṣa utpaṇḍūtpāṇḍukaḥ kṛśa[2] ru*kṣo*[3] *d*urvarṇa[4] vy*a*tibhinnendriya[5] no ca[6] niba$_{1}$ndhan*īyo*[7] *ba*(30.5)$_{2}$hujanasya cakṣuṣo darśanāya

^{W}5 ^{W}e$_{3}$ṣa deva p*u*ruṣo[8] vyādhito nāma

^{W}6 ^{W}kim[9] eṣa sārathe vyādhi*t*o nāma[10]

^{W}7 ^{W}anena deva puruṣeṇa sthānam e*tad* vidy*a*te *yad anenaivābādhe*(30.6) na ma$_{4}$rtavyaṃ $_{5}$bhaviṣyati sa eṣa deva[11] vyādhit*o* nāma

^{W}8 ^{W}aham api sārathe vyādhidharmā vyādhidharmatāṃ *cā*(*nat*) *ītaḥ*

^{W}9 ^{W}devo (*'p*) i (*vy*) ādhidha(*rmā vyā*) *dhidharmatāṃ cānatī*$_{6}$*taḥ*

^{W}10 ^{W}*te*$_{7}$*na* (31.1) hi sārathe pra$_{8}$tinivartaya ratham antaḥpuram[12] eva gaccha yad aham antaḥpuramadhyagata[13] etam evārth*aṃ*[14] (*cintayiṣ*) y(*āmi* *v*) y(*ādhiṃ*) k(*i*) l(*āha*)$_{9}$*m avyativṛttaḥ*[15]

^{W}11, 12 ^{W}*pra*$_{10}$*tinivarta*(31.2) yati sārathī ratha$_{11}$m antaḥpuram eva yāti ^{W}t*a*tredānīṃ[16] Vipaśyī bodhisatva[17] antaḥpuramadhyagata[18]

athāpratītaḥ karuṇāni dhyāti[19] vyā$_{12}$dh(*iṃ*) k(*i*) lāham avya$_{13}$t*ivṛttaḥ*[20]

^{W}13 *i*(31.3) yam atra dharmatā[21] ^{W}tasmād idam ucya$_{14}$te[22] | |

dṛṣṭveha rogeṇa viṣaktarūpaṃ[23]
pāṇḍuṃ manuṣyaṃ kṛśam asvatantram*[24]
athāpratītaḥ karuṇāni dhy(*ā*) ti[25]
$_{15}$*vyādhiṃ ki*(31.4) lāhaṃ nopātivṛtta[26] | |[27]

---

1 SBV: *ka*.
2 For *kṛśo*. Cf. BHSG §8.22. SBV: *kṛśālo*.
3 For *rūkṣo*. Cf. BHSD s.v. *rukṣa*. MS 66.1 adds *:*. SBV omits *rukṣo*.
4 For *durvarṇo*. Cf. BHSG §8.22. MS 66.1: *durvarṇo:*. SBV: *durbalako*.
5 For *vyatibhinnendriyo*. Cf. BHSG §8.22. MS 66.1: *vyatibhinnendriyo:*.
6 SBV: *tu*.
7 MS 66.2: *niba(66.2)ndhanīyo:*.
8 SBV omits *puruṣo*.
9 SBV: *ka*.
10 MS 66.2: *nāma:*.
11 SBV omits *deva*.
12 MS 66.4: *aṃtaḥpuram*.
13 MS 66.4: *aṃ[t](aḥpu)rama[dh]ya[gata]*.
14 SBV omits *eva*.
15 SBV adds *iti*.
16 SBV: *tatra svic*.
17 For *bodhisatvaḥ*. MS 66.5: *bodhisatvaḥ*.
18 For *antaḥpuramadhyagataḥ*.
19 SBV: *dhyāyati*.
20 SBV adds *iti*.
21 SBV omits *iyam atra dharmatā*.
22 SBV: *āha cātra*.
23 SBV: *viṣaktarūpaṃ*.
24 MS 66.6: *asvataṃtram**.

Base MS SHT 399: MS 30.4 – 31.4

Other MSS of Recension I

1	66.2	ndhanīyo: bahujanasya cakṣuṣo darśa .. .. [e]ṣa deva puruṣo vyādhito nāma .i .. .. .ārathe vyādhito nāma: a .. + deva .. + + [ṇa] sthānam etad vidyate yad anenaivābādhena ma
2	152.8	+ + + + + ... + .. ca[k].. .[o] + + + + ///
3	195.u	/// + + ... [ru]ṣo [vyā]dhito nā ///
4	66.3	rtavyaṃ bhaviṣyati sa eṣa deva vyā ○ dhito nāma [a] .. .. [pi s]. .. [th]e vyādhidharmā .. dhidharmatāṃ cā .. .[ītaḥ] + + + + dhi .. .. .. dhidharmatāṃ cānatītaḥ tena hi sāra .. .[r].
5	153.1	+ + + + + + + + + [bh]. [v]. + + + + ///
	195.v	/// + + ... [s]. [e]ṣa [de]va v[y]. ///
6	153.2	[t]. .. + + + + the [p]ra[tin]ivartaya r. + + ///
7	195.w	/// + + .. hi .. [r]. [th]. [pra]ti[n]i ///
8	66.4	[t]inivartaya ratham aṃtaḥpuram e ○ .. gaccha yad aham aṃ[t]. + rama[dh]ya[gata] etam e .. r[tha]ṃ .. + + + + + + + ... [v]yativṛttaḥ pratinivartayati sārathī ..
9	195.x	/// + + + + m. .. .. .[ṛtt]. [pr]. .. ///
10	153.3	ti[ni] .. .. .. [ti] sārathī ratham a[ntaḥ]pu + ///
11	66.5	+ [m]. tapuram eva yāti tatredānīṃ + + śyī bodhisatvaḥ antaḥpuramadhya[g]. + [a]thāprat. [t]. .. .. + + + + + + + .. t[i] .. .. iyam atra dharmatā tasmād idam. +
12	195.y	/// + + + + + ... [l]ā .. .. + + ///
13	153.4	tivṛttaḥ [i]yam atra dharmatā tasmā ○ ///
14	66.6	t. + ṣṭveha rogeṇa viṣaktarūpaṃ pāṇḍuṃ manuṣyaṃ kṛśam asvatamtram* ath. pr. + + karuṇāni dh[y]. .[i] + + + + + + + + + + + + ... + .[ā]jā sārathim āmaṃtra[y]. + + +
15	153.5	vyādhiṃ kilā[haṃ] nopātivṛttaḥ 1 । । atha ○ ///

[25] Here as the preceding short vowel is a metrically light syllable, the double consonant *dhy* should be read prosodically as a single consonant. Cf. GPRG §2.73. SBV: *dhyāyati.*

[26] Metrically read *na upātivṛtta.*

[27] MS 153.5: *nopātivṛttaḥ 1 । ।*. SBV: *vyādhiṃ kilāsmy avyativṛtta ityasau । । iti ।*. SBV(Ch.) does not preserve this parallel stanza.

[The King's Perturbation 2][1]

W 8d.1 [W]atha Bandhumā[2] rājā sārathim[3] āmaṃtrayati
W 2 [W]kacci$_{1}$t sārathe kumāra āptamanaska[4] udyānabhūmiṃ gata[5] abhirato $_{2}$*vā*[6] u*dyāne*
W 3 [W]*no* (31.5) deva[7] adrākṣīd deva kumāra $_{3}$udyānabhūmiṃ niry(*ā*)yaṃ[8] puruṣam utpāṇḍūtpāṇḍukaṃ kṛśaṃ rukṣaṃ durvarṇaṃ[9] vya$_{4}$(*t*)ibhinnendr*i*yaṃ no ca[10] nibandhanīyaṃ[11] bahujanasya $_{5}$ca$_{6}$kṣu*ṣo*[12] *darśa*(31.6)*nā*ya dṛṣṭvā
W 4 ca punar mām[13] āmaṃtrayati [W]kim[14] eṣa sārathe puruṣa[15] utpāṇḍūtpāṇḍukaḥ[16] kṛśa[17] rukṣa[18] durvarṇa[19] vyatibhinnendriya[20] $_{7}$no ca ni$_{8}$bandhanīya[21] bahu-
W 5 janasya ca$_{9}$kṣ*u*ṣo *da*(32.1)*rśa*nāya[22] [W]tam enam evaṃ vadāmi eṣa deva
W 6 puruṣo[23] vyādhito nāma[24] [W]sa evam āha kim[25] eṣa sārathe vyādhito nā$_{10}$ma
W 7 [W]tam e$_{11}$nam evaṃ *va*dāmi an*e*na deva puruṣ*e*ṇa $_{12}$sthān(*a*)*m* (*e*)(32.2) tad vidyate yad anenaivābādhena martavyaṃ bhaviṣyati sa eṣa $_{13}$deva vyādhito
W 8 nāma[26] [W]sa evam āha aham api sārathe $_{14}$vyādhidharmā vyādhidharmatāṃ
W 9 cān*atītaḥ*[27] [W](*ta*)(32.3)m ena$_{15}$m evaṃ vadāmi devo 'pi vyādhidharmā
W 10 vyādhidharmatāṃ cāna$_{16}$tītaḥ[28] [W]sa evam āha tena hi sā*ra*the pratinivartaya

---

1 Parallels: SBV I, pp. 68.25–70.2; SBV(Tib.): D ('Dul ba) ṅa, 2a.2–2b.4; Q vol.42, pp.27.1.7–29.1.8; SBV(Ch.): T 1450, vol.24, p.113a.22–28. Cf. Wille, MSV, p.128 f.

2 For *Bandhumān*. Cf. BHSG §18.77.

3 SBV omits *sārathiṃ*.

4 SBV: *āttamanāttamanā*.

5 MS 67.1: *gataḥ*. SBV: *nirgata*.

6 Hiatus for - *o* -. Cf. BHSG §4.55. As the following initial akṣara *u* is independent, here a hiatus should be restored.

7 SBV adds *tat kasya hetoḥ*.

8 SBV: *nirgacchan*.

9 SBV: *kṛśālakaṃ durbalakaṃ mlānaṃ*.

10 SBV: *tu*.

11 MS 67.2: *nībandhanī[yaṃ]*.

12 SBV: *cakṣuṣā*.

13 MS 67.2 uses enclitic *mā* for *mām*, thus *māmaṃtrayati*.

14 SBV: *ka*.

15 MS 31.6: *puruṣam*. Cf. MS 30.4.

16 MS 67.2: *(utpāṇḍū)tpāṇḍu[k]a*.

17 MS 67.2: *[kṛ]śo⁚*. This visarga used as punctuation seems to indicate a semantic break in spite of the sandhi functioning between the last final and first capital of two words. SBV: *kṛśālako*.

18 MS 67.2: *rukṣo•*. This daṇḍa also indicates a semantic break in spite of the sandhi functioning. SBV omits *rukṣo*.

19 MS 67.2: *durvarṇo⁚*. See above note 16. SBV: *durbalakaḥ mlāno*.

20 MS 67.2–3: *vyatibhinnendri(yo) ⁚*. See above note 16.

21 MS 67.3: *nībandhanīyo⁚*. See above note 16. MS 196.5: *(ni)[ban](dha)[nī]y(a)ḥ*.

22 MS 153.8: *darśanāya•*.

23 SBV omits *puruṣo*.

24 SBV adds *iti*.

25 See above note 14.

Base MS SHT 399: MS 31.4 – 32.3

Other MSS of Recension I

1	67.1	t [s]ā + [the] kumāra āptamanaska udyānabhūmiṅ gataḥ abhi .. to vā .. d[y]. ne .. + .. adrākṣīd deva .u + + + + + + + + + + + + + [m] ut.. .[ū]tpāṇḍukaṃ kṛśaṃ rukṣaṃ du .. + +
2	153.6	vā udyane no deva adrākṣīd deva kumāra u ///
3	196.3	/// + + + + u[dy]. .. .. ///
4	67.2	.. .[i]nnendriyaṃ no ca nībandhanī[yaṃ] + [h]. janasya [c]akṣu[ṣo] darśan[āya d]. .. .. punar māmaṃtrayati ki[m e] + + + + + + + + + + tpāṇḍu[k]a [kṛ]śo: rukṣo• durvarṇo: vyatibhinnendri +
5	196.4	/// + + ... [r].. .. .. [ṣṭv]. ///
6	153.7	kṣuṣo darśanāya dṛṣṭvā ca punar mām āmaṃtraya ///
7	67.3	[: no] ca nībandhanīyo: bahu[jana] ◯ .. .. .ṣu .. .. .[śa]nā[ya] + [ta]m enam evaṃ vadāmi [e] .. + + + + + + + + + + [sa] evam āha kim eṣa sārathe vyā[dh]ito nāma [t]. +
8	196.5	/// + + [b]. .. [nī]yaḥ .. [h]uja ///
9	153.8	[k].. ṣo darśanāya• tam ena[m] evaṃ vadāmi e ///
10	196.6	/// + ... m. na ///
11	67.4	nam evaṃ vadāmi anena deva pu ◯ ruṣeṇa .. .. [ya]d anen[ai]vābādhena ma .t. vyaṃ [bh]. .. [ṣy]. + + + + [d]. va vyādhito nāma sa evam āha aham api sā + +
12	154.1	[s]th. n. m. tad vidyate [ya]d anenaivā[b]ādh. na m. + ///
13	196.7	/// + ... t. nāma sa [e] ///
14	67.5	vyādhidharmā vyādhidharmatāṃ cānatīta[ḥ] .. .. vaṃ va[d]. .. d[e]v. p. .. dh. dha[r].[ā v].ādhidharmatāṃ cāna .[ī]taḥ sa eva + [h]. t[en]. + .[ā]rathe pratinivartaya ratham aṃtaḥpuram eva gaccha
15	154.2	m evaṃ vadāmi devo pi vyādhidha[r].ā [vy]. dhidharmat[ā]ṃ ///
16	196.8	/// [tī]taḥ sa evam āha .. [n]. .i ///

26 See above note 24.

27 Idem.

28 Idem.

W 8d.11 ratham antaḥpu*ram eva gaccha*[1] $_{1}$(32.4) yad aham antaḥpuramadhyagata e$_{2}$tam evārthaṃ[2] cintayiṣyāmi vyādhiṃ kilāham avyativṛttaḥ[3] [W]sa eṣa deva kumāra[4] antaḥpuram(*a*)dhy(*a*)ga(*taḥ*) *athāpra*(32.5) tītaḥ[5] karuṇāni dhyāti[6] vyādhiṃ kilāham (*a*)vyativṛttaḥ[7]

W 12 [W]atha $_{3}$Bandhumato rājña[8] etad abh*ava*ṃ mā haiva[9] brāhmaṇānāṃ
W 13 naimittānāṃ pūrva(*vat*)[10] iyam atra dhar(*matā*[11] [W]*tasmā*) (32.6) d idam ucyate[12] | |

rūpāṇi śabdāṃś ca tathaiva gandhāṃ
rasā$_{4}$n atha sparśaguṇopapannāṃ•[13]
dadau tataḥ kā(*maguṇāṃ*) h(*i*) p(*añca*)
rato h(*y*) asau ye(*ṣu na pravrajeta*[14] *| |*)[15]

[Seeing a Corpse][16]

W 8e.1 [W](*dharmatā*) (33.1) khalu[17] Vipaśyī bodhisatva udyānabhūmiṃ niryā$_{5}$tukāma[18] sārathim āmaṃtrayati pūrvavad

W 2 [W]adrākṣīd Vip(*aś*) y(*ī bodhisatva ud*) y(*ānabhūmiṃ ni*) ryā(*yan*[19] *nānāraṅgair vastraiś caila*) (33.2) vitānaṃ[20] vitataṃ śivikā ca pragṛhītā ulkā ca pura$_{6}$to nīyate mahājanakāyaś ca purato gacchati[21] nāryaś ca prakīrṇakeśyo

---

1 MS 67.6 has **:**.
2 SBV omits *eva*.
3 SBV adds *iti*.
4 For *kumāraḥ*.
5 SBV omits *atha*.
6 SBV: *dhyāyati*.
7 See above note 3.
8 MS 154.4: *rājñaḥ*.
9 SBV adds *teṣāṃ*.
10 See above note 3.
11 SBV omits *iyam atra dharmatā*.
12 SBV: *āha cātra*.
13 MS 154,5: °*pannān**.
14 Here as the preceding short vowel is a metrically light syllable, the double consonant *pr* should be read prosodically as a single consonant. Cf. GPRG §2.76, BHSG §2.10.
15 SBV:
rūpāṇi śabdāṃś ca tathaiva gandhān sprastavyān vai premaṇīyān pradhānān |
dadau tadā kāmaguṇāṃs tu pañca bhūyo rato 'py eva na māṃ tyajed iti |.
16 Parallels: SBV I, pp. 70.4-71.9; SBV(Tib.): D ('Dul ba) ṅa, 2b.4-3a.6; Q vol. 42, p. 39.1.8-3.1; SBV(Ch.): T 1450, vol. 24, p. 113a.29-b.9.
17 SBV adds *yadā*.
18 For *niryātukāmaḥ*. Cf. BHSG §8.22. SBV: *nirgantukāmo bhavati tadā*.
19 SBV: *nirgacchan*.
20 MS 33.2: *(caila)vitānāṃ*. This form is also incorrect at MS 33.3, 34.4, 34.5.
21 SBV: *śibikāṃ ca pragṛhītām, ulkāṃ ca purastān nīyamānāṃ, mahājanakāyaṃ ca purastād gacchantaṃ*.

Base MS SHT 399: MS 32.3 – 33.2

Other MSS of Recension I

1	67.6	: yad aham aṃtaḥpuramadhyagata etam e[v]. .. .. vyādh[iṃ] k[il]āham a + + vṛttaḥ sa [e]ṣa deva kumā[ra] + + pu[r]. + + + + athāpratītaḥ karuṇāni dhyāti vyādhiṃ kilā
2	154.3	tam evārthaṃ cintayiṣyāmi vyādhiṃ kilā[ha]m a + ///
3	154.4	bandhu[m]ato rājñaḥ etad abhavaṃ mā haiva ◯ ///
4	154.5	n atha s[p]arśaguṇopapannān* dadau ta ◯ ///
5	154.6	tu .ā .. .. .. thim āmaṃtrayati pūrvava[d]. + ///
6	154.7	.. .. + + + [hā]ja .. .[ā]yaś ca purato + + ///

W 8e.3 rudanty(*aḥ*) [1] pṛṣṭhataḥ pṛ(*ṣṭhataḥ sa*) (33.3) manubaddhā[2] [W]dṛṣṭvā ca punaḥ sārathim āmaṃtrayati

W 4 [W]kim etat sārathe nānāraṅgair va$_{1}$straiś cailavitānaṃ[3] vitataṃ śivikā ca pūrvavat[4] pṛṣṭha(*taḥ*) pṛṣṭh(*ataḥ*[5] *sama*) (33.4) nubaddhā

W 5 [W]eṣa deva puruṣo mṛto[6] nāma

W 6 [W]kim[7] eṣa sārathe mṛto nāma

W 7 [W]eṣa deva pu$_{2}$ruṣo na bhūyaḥ priyau mātāpitarau[8] drakṣyati[9] priyam api m(*ā*) t(*ā*) pi(*tarāv etaṃ*) (33.5) puruṣaṃ na drakṣyataḥ[10] sa eṣa deva mṛto nāma

W 8 [W]aham api sārathe maraṇadharmā maraṇadharmatāñ $_{3}$cānatītaḥ[11]

W 9 [W]dev*o* 'pi maraṇadharmā maraṇadharmat(*ā*) ñ cānatīt(*aḥ*) [12]

W 10 [W](*tena*) (33.6) (*h*) i sārathe pratinivartaya ratham antaḥpuram eva gaccha yad aham antaḥpuramadhyagata etam evā[13]$_{4}$rthaṃ cintayiṣyāmi maraṇaṃ kilāham avyativṛttaḥ[14]

W 11, 12 [W]pratinivar(*ta*) (34.1) (*ya*) ti sārathī ratham antaḥpuram eva yāti [W]tatredānī(*ṃ*) [15] Vipaśyī bodhisatva[16] antaḥpuramadhyagata[17]

athā[18]$_{5}$pratītaḥ karuṇāni dhyāti[19] maraṇaṃ kilāham avyativṛtta i(34.2) yam

W 13 atra dharmatā[20] [W]tasmād idam ucyate[21] | |

puruṣaṃ dṛṣṭveha[22] vyatītacetasaṃ[23]
mṛtaṃ visaṃjñaṃ kṛ$_{6}$tamāyuṣakṣayam[24]*

---

[1] MAV II restores *ud(ag)ry(aḥ)*. Cf. SWTF s.v. *ud-agra* 2. SBV: *nārībhiḥ prakīrṇakeśābhiḥ rudantībhiḥ*, however, note the following refrains pp. 70.21–22, 71.19: *nāryaś ca prakīrṇakeśyo rudantyaḥ*, and p. 71.15–16: *nārīś ca prakīrṇakeśā rudatīḥ* (MS: *nāryaś prakīrṇakeśo rudantyaḥ* (sic.))

[2] SBV: *nārībhiḥ prakīrṇakeśābhiḥ rudantībhiḥ pṛṣṭhataḥ samanubaddham.*

[3] MS 33.3: *cailavitānāṃ*. Cf. p. 108, note 20.

[4] SBV has the unabridged text.

[5] SBV omits *pṛṣṭhataḥ*.

[6] SBV: *deva eṣa mṛto*.

[7] SBV: *ka*.

[8] SBV: *priyaṃ mātāpitaraṃ*.

[9] MS 155.1: *drakṣyati•*.

[10] SBV: *na putradāraṃ; dāsīdāsakarmakarapauruṣeyam; te'pi enaṃ na bhūyo drakṣyanti.*

[11] MS 155.2: *cānatīta*.

[12] SBV adds *sa evam āha*.

[13] SBV omits *eva*.

[14] SBV adds *iti*.

[15] SBV: *tatra svic*.

[16] For *bodhisatvaḥ*.

[17] For *antaḥpuramadhyagataḥ*.

[18] SBV omits *atha*.

[19] SBV: *dhyāyati*.

[20] SBV omits *iyam atra dharmatā*.

[21] SBV: *āha cātra*.

[22] SBV omits *iha*.

Base MS SHT 399: MS 33.2 – 34.2

Other MSS of Recension I

1	154.8	+ + + + + ... + + .ānaṃ .[i] + + + + ///
2	155.1	[r]uṣ. na [bh]ūyaḥ priyau māt[āp]itarau drakṣyati• .[ri] ///
3	155.2	cānatīta devo pi maraṇadharmā maraṇa[dh]. ///
4	155.3	rthaṃ ci[nt]ayiṣyāmi maraṇaṃ kilāham . .. + ///
5	155.4	pratītaḥ karu .. [n]i dhyāti maraṇaṃ ki ○ ///
6	155.5	tam āyu[ṣ]. + [y]am* athāpratītaḥ [ka] ○ ///

[23] Here as the preceding short vowel is a metrically light syllable, the double consonant *vy* should be read prosodically as a single consonant. Cf. GPRG §2.92. SBV: *vyapayāta*°.

[24] Read *kṛta-m-āyuṣakṣayam**. Cf. SWTF s.v., BHSG §4.59, 60. SBV: *gatam āyuṣaḥ kṣayāt*.

athāpratītaḥ karuṇāni dhyāti[1]
m(*a*)raṇaṃ ki(*lāhaṃ*) (34.3) nopātivṛtta[2] | |[3]

[The King's Perturbation 3][4]

w8f.1 [W]atha Bandhumā[5] rājā sārathim āmaṃtrayati
w2 [W]kaccit sārathe kumāra āptamanaska[6] udyānabhūmiṃ gata[7] abhirato vā[8] ud(*y*)ane
w3 [W]no (*deva*)[9] $_{1}$*a*(34.4) drākṣīd deva kumāra udyānabhūmiṃ niryāyaṃ[10] nānāraṅgair vastraiś cailavitānaṃ[11] vitataṃ śivikā[12] ca pūrvavad yāvat pṛṣṭhataḥ[13] pṛṣṭhataḥ sam(*a*)nuba(*ddhāḥ dṛṣṭvā ca*) (34.5) punar māṃ
w4 āmaṃtrayati [W]kim etat sārathe nānāraṅgair $_{2}$vastraiś cailavitānaṃ[14] vitataṃ
w5 śivikā[15] ca pūrvavat pṛṣṭhataḥ pṛṣṭhataḥ[16] samanubad(*dh*)ā[17] [W](*ta*)m enam
w6 evaṃ va(*dāmi eṣa de*) (34.6) va puruṣo[18] mṛto nāma[19] [W]sa evam āha kim[20]
w7 eṣa sārathe mṛto nāma[21] [W]tam enam evaṃ vadāmi eṣa de$_{3}$va *puruṣo na bhūyaḥ priyau mātāpitarau*[22] *drakṣyati priyam api* (35.1) mātāpitarau[23] etaṃ
w8 puruṣaṃ na drakṣyata[24] sa eṣa deva mṛto nāma[25] [W]sa evam āha aham api
w9 sārathe *maraṇadharmā maraṇa*dharmatāṃ $_{4}$cān*atītaḥ*[26] [W]*tam enam evaṃ*

---

1 Here as the preceding short vowel is a metrically light syllable, the double consonant *dhy* should be read prosodically as a single consonant. Cf.GPRG §2.73. SBV: *dhyāyati*.
2 Metrically read *na upātivṛtta*.
3 SBV: *mṛtyaṃ kilāsmy avyativṛtta ity asau |*. SBV(Ch.) does not preserve this parallel verse.
4 Parallels: SBV I, pp. 71.10–72.22; SBV(Tib.): D ('Dul ba) ṅa, 3a.6–4a.2; Q vol.42, pp.39.3.1–4.4; SBV(Ch.): T 1450, vol.24, p.113b.9–17.
5 For *Bandhumān*. Cf.BHSG §18.77.
6 SBV: *āttamanāttamanā*.
7 For *nirgataḥ*. SBV: *nirgata*.
8 Hiatus for - *o* -. Cf.BHSG §4.55.
9 SBV adds *tat kasya hetoḥ*.
10 SBV: *nirgacchan*.
11 MS 34.4: *cailavitānāṃ*. Cf.p.108, note 20.
12 SBV: *śibikām*.
13 SBV omits *pṛṣṭhataḥ*.
14 MS 34.5: *cailavitānāṃ*. Cf.p.108, note 20.
15 SBV: *śibikā*.
16 See above note 13.
17 For *samanubaddhāḥ*. SBV adds *iti*.
18 SBV omits *puruṣo*.
19 SBV adds *iti*.
20 SBV: *ka*.
21 See above note 19.
22 SBV: *priyaṃ mātāpitaraṃ*. MS 68.1: *mātāpitaro*.
23 Hiatus for - *āv e* -. Cf.BHSG §4.55.
24 SBV: *na putradāraṃ; na dāsīdāsakarmakarapauruṣeyaṃ; te 'py enaṃ na bhūyo drakṣyanti*.
25 See above note 19.
26 Idem.

Base MS SHT 399: MS 34.2 – 35.1

Other MSS of Recension I

1	155.6	adr. .. + + + [m]āra udyānabhūmi .. + + ///
2	155.7	+ + + + + + .. [s]..[aiś].[aila]vi[t]ā + + + ///
3	68.1	va puruṣo na bhūyaḥ priyau mātāpitaro[1] drakṣyati priyam api mātāpitarau etaṃ puruṣaṃ na drakṣyata sa eṣa deva mṛto nāma sa evam āha aham api sārathe maraṇadharmā maraṇadharmatāṃ
4	68.2	cānatītaḥ tam enam evaṃ va .. + + + + maraṇadharmatāṃ cānatīta sa evam āha tena hi sārathe pratini[v]artaya ratham aṃtaḥpuram eva gaccha yad aham antaḥpuramadhyagataḥ e[t].

[1] MAV I reads °*tar[au]*.

^{W}8f.10 *va(dāmi)* (35.2) devo 'pi maraṇadharmā[1] maraṇadharmatāṃ cānatītaḥ[2] ^{W}sa
evam āha tena hi sārathe pra$_{1}$tinivartaya ratham antaḥpuram *eva* gaccha yad
aham antaḥpuramadh*yagata*[3] *et*(*a*)$_{2}$*m e*(35.3) vārthaṃ[4] cintayiṣyāmi maraṇaṃ
^{W}11 kilāham avyativṛttaḥ ^{W}sa eṣa deva $_{3}$kumāra[5] antaḥpuramadhyagata[6]
athāpratītaḥ[7] karuṇāni *dhyāti*[8] *maraṇaṃ ki*(35.4) lāham avyativṛttaḥ[9]

^{W}12 $^{W}{}_{4}$atha Bandhumato rājña etad abhavaṃ mā haiva[10] brāhmaṇānāṃ
^{W}13 naimi$_{5}$ttānāṃ[11] pūrvavad yāvad iyam atra dharmatā[12] ^{W}tasmād *idam*
ucya(35.5) te[13] | |

purottame nagaravare[14] suramye[15]
tadā $_{6}$Vipaśyī[16] daharaḥ samānaḥ[17]
āmodate[18] kāmaguṇai$_{7}$r hi pañcabhiḥ[19]
sahasranetra[20] iva Nandane vane | |

[Seeing an Ascetic][21]

^{W}8g.1 ^{W}dharmatā kha*lu*[22] (35.6) Vipaśyī bodhisatva udyānabhūmiṃ niryātukāmaḥ[23]
sārathim āmaṃtraya$_{8}$ti pūrvavad[24] yāvad

^{W}2 ^{W}a$_{9}$drākṣīd Vipaśyī bodhisatva udyānabhūmiṃ niryāyaṃ[25] puruṣaṃ muṇḍaṃ
^{W}3 *ka*(36.1) *pā*lapāṇim[26] anuveśmānuveśma[27] kulāny upasaṃkramantaṃ ^{W}dṛṣṭvā
ca punaḥ sārathim āmaṃtrayati

---

1 MS 68.2 omits *maraṇadharmā*.
2 MS 68.2: *cānatīta*. SBV adds *iti*.
3 MS 68.2: *antaḥpuramadhyagataḥ*.
4 SBV omits *eva*.
5 For *kumāraḥ*.
6 MS 68.3: *antaḥpuramadhyagataḥ*, MS 156.3: *(antaḥp)uramadhyagataḥ*.
7 MS 68.3: *athāpratīta*.
8 SBV: *dhyāyati*.
9 MS 68.3: °*tta*. SBV adds *iti*.
10 SBV adds *teṣāṃ*.
11 SBV: *naimittikānāṃ*.
12 SBV omits *iyam atra dharmatā*.
13 SBV: *āha cātra*.
14 MS 68.4: *nnagaravare*.
15 SBV: *purottame śrīmati tatra ramye*.
16 SBV: *devātidevo*.
17 MS 68.5: *dahara• samāna•*.
18 MS 68.5: *amodate*. SBV: *saṃmodate*.
19 MS 68.5, MS 156.5: *paṃca*°.
20 Metrical considerations suggest *sahasranetraḥ;* interpreting a final visarga before the vowel would make the syllable closed and prosodically long as required by metre. Cf. BHSG §2.93.
21 Parallels: SBV I, pp. 73.3–74.7; SBV(Tib.): D ('Dul ba) ṅa, 4a.3-5a.1; Q vol.42, pp.29.4.5–30.1.1; SBV(Ch.): T 1450, vol.24, p.113b.21–c.7.
22 SBV adds *yadā*.
23 MS 68.5: *niryātukāma*. SBV: *nirgantukāmo bhavati tadā*.

Base MS SHT 399: MS 35.2 – 36.1

Other MSS of Recension I

1 156.2 + + + + + + .. n[i]v. .t. y. .. .. + + + ///

2 68.3 m evārthaṃ cintayiṣyāmi maraṇaṃ ◯ kilāham avyativṛttaḥ sa eṣa deva kumāra antaḥpuramadhyagataḥ athāpratīta karuṇāni dhyāti maraṇaṃ kilāham avya[t]i[v]ṛtta

3 156.3 kumāra .. + + .uramadhyagataḥ a[th]. .[r]. + + ///

4 68.4 atha bandhumato rājña etad abha ◯ vaṃ mā haiva brāhmaṇānāṃ naimittānāṃ pūrvavad yāvad iyam atra dharmatā tasmād idam ucyate | | purottame nnagaravare suramye [ta] .ā

5 156.4 ttānāṃ pū + + .yāvad iyam atra dharmat[ā] ◯ ///

6 68.5 vipaśyī dahara• samāna• amodate kāmaguṇair hi paṃcabhiḥ sahasranetra iva nandane vane | | dharmatā khalu vipaśyī bodhisatva udyānabhūmiṃ niryātukāma sārathim āmaṃtraya

7 156.5 r hi paṃcabh. sa .. [sra]netra iva nanda ◯ ///

8 68.6 ti pūrvavat* yā[v]a⟨d a⟩drākṣīd vipaśyī bodhisatva udyānabhūmiṃ niryāyaṃ puru[ṣ].ṃ + [ṇḍ].(ṃ) kapālapāṇim anuveśmānuveśma kulāny upasaṃkramaṃtaṃ dṛṣṭvā ca punaḥ sārathim āmaṃtrayati ki

9 156.6 drākṣīd vipaśy[ī] b[o]dh[i]satva udyānabhūmi[n] n[i] .y. + ///

---

24 MS 68.6: *pūrvavat**.

25 SBV omits *udyānabhūmiṃ niryāyaṃ*.

26 SBV: *kāṣāyavastraprāvṛtam pātrapāśṇim*.

27 Cf. SWTF s.v. *anuveśmānuveśma*.

^{W}8g.4 ^{W}ki$_{1}$m[1] eṣa $_{2}$sārathe puruṣa[2] muṇḍaḥ[3] kapālapāṇir[4] anuveśmānuveśm*a* (36.2) kulāny upasaṃkrāmati vastrāṇi cāsya vivarṇāni na tathānyeṣām[5]

^{W}5 ^{W}eṣa deva pravrajito nāma

kim[6] eṣa sāra$_{3}$the pravrajito nāma

^{W}6 ^{W}$_{4}$eṣa deva puruṣaḥ[7] sādhu da*maḥ* (36.3) sādhu saṃyamaḥ sādhv arthacaryā sādhu dharmacaryā sādhu kuśalacaryā sādhu kalyāṇacaryeti[8] keśaśmaśrūṇy[9] avatārya kāṣāyā$_{5}$ṇi vastrāṇy āchādy*a*[10] *samya*(36.4)$_{6}$g eva śraddhayā[11] agārād anagārikāṃ pravrajitaḥ sa eṣa deva pravrajito nāma•[12]

^{W}7 ^{W}tena hi sārathe yena sa[13] pravrajitas tena rathaṃ *prera$_{7}$ya*

^{W}8 ^{W}*evaṃ deve*(36.5) ti sārathir[14] Vipaśyino[15] bo$_{8}$dhisatvasya pratiśrutya yena sa pravrajitas tena rathaṃ prerayati•[16]

^{W}9 ^{W}atha Vipaśyī bodhisatvas taṃ pravrajitam idam avocat*

^{W}10 ^{W}*kaḥ*[17] *pu$_{9}$nas*[18] *tvaṃ bho*(36.6)ḥ puruṣa muṇḍaḥ kapālapāṇi[19] a$_{10}$nuveśmānuveśma kulāny upasaṃkrāmasi vastrāṇi ca te vivarṇāni na tathā*nyeṣ*ām[20]

^{W}11 ^{W}[21]ahaṃ[22] kumāra pra*vrajito nāma*

^{W}12 ^{W}*yathā ka*(37.1)$_{11}$tha*ṃ* tva*ṃ* bhoḥ puruṣa pravrajito nāma•[23]

^{W}13 ^{W}ahaṃ[24] kumāra[25] sādhu da$_{12}$maḥ sādhu saṃyamaḥ sādhv arthacaryā sādhu dhar*ma*car*y*ā *sādh*u ku*śa*l*a*caryā sād*h*u kalyā*ṇacarye*$_{13}$*ti*[26] *keśaśmaśrūṇy*[27]

---

1 SBV: *ka.*

2 For *puruṣaḥ*. MS 69.1: *puruṣaḥ*, MS 156.7: *puruṣa[ḥ].*

3 MS 69.1: *muṇḍa.*

4 SBV: *pātrapāṇir.*

5 MS 69.1: *tathānyeṣā*. SBV: *yathānyeṣām.*

6 SBV: *ka.*

7 SBV: *pravrajitaḥ.*

8 MAV II: *sādhur damaḥ sādhuḥ saṃyamaḥ sādhvy arthacaryā sādhvī dharmacaryā sādhvī kuśalacaryā sādhvī kalyāṇacaryeti*. SBV omits *sādhudharmacaryā*; *sādhudamaḥ sādhusaṃyamaḥ sādhvarthacaryaḥ*, *sādhukuśalacaryaḥ*, *sādhukalyāṇacarya iti viditvā.*

9 SBV: *keśaśmaśrv.*

10 For *ācchādya*. MS 69.2: *ācchādya*, MS 157.1: *(ā)cchādya.*

11 Hiatus for - *ā* -. Cf. BHSG §4.55.

12 MS 69.3 omits •.

13 SBV: *yenaiṣa.*

14 MS 69.3: *sārather.*

15 MS 69.3: *vipaśyīno.*

16 MS 69.4 omits •.

17 SBV: *kasmāt.*

18 SBV omits *punas.*

19 For *kapālapāṇir*. Cf. BHSG §10.15. SBV: *pātrapaṇir.*

20 MS 69.5: *tadyathānyeṣām*. SBV: *yathānyeṣām*

21 SBV adds *sa evam āha.*

22 SBV adds *asmi.*

23 MS 69.5 omits •.

Base MS SHT 399: MS 36.1 – 37.1

Other MSS of Recension I

1	69.1	m eṣa sārathe puruṣaḥ muṇḍa kapālapāṇir anuveśmānuveśma kulāny [u]pasaṃ .r. + + vastrāṇi cāsya vivarṇāni na tathānyeṣā eṣa deva pravrajito nāma kim eṣa sārathe pravrajito nāma
2	156.7	sārathe puruṣa[ḥ] muṇḍaḥ ka[p]ā[la]pāṇi[r an]. ///
3	156.8	the p[r]av[r]a[j]ito nā[m]a eṣa de[va] .. .. .. [s]ādhu .. ///
4	69.2	eṣa deva puruṣaḥ sādhu damaḥ sādhu saṃyamaḥ sādhv arthacaryā sādhu dharmacaryā sādhu kuśalacaryā sādhu kalyāṇacaryeti keśaśmaśrūṇy avatārya kā .[āy]āṇi vastrāṇy ācchādya samya
5	157.1	+ + + [ṇ]. vastr. ṇy. cchādya sam. ///
6	69.3	g eva śraddhayā agārād anagāri ○ kāṃ pravrajitaḥ sa eṣa deva pravrajito nāma tena hi sārathe yena sa pravrajitas tena rathaṃ preraya evaṃ deveti sārather vipaśyīno[1] bo
7	157.2	ya evan d[e]v[et]. sārathir vipa .[i] + ///
8	69.4	dhisatvasya pratiśrutya yena sa ○ pravrajitas tena rathaṃ prerayati atha vipaśyī bodhisatvas taṃ pravrajitam idam avocat* kaḥ punas tvaṃ bhoḥ puruṣa muṇḍaḥ kapālapā .. a
9	157.3	nas tvaṃ bhoḥ p[uru]ṣa muṇḍaḥ kapā + ///
10	69.5	nuveśmānuveśma kulāny u[p]. +ṃ + + .[i] vastrāṇi ca te vivarṇāni na tadyathānyeṣām[2] ahaṃ kumāra pravrajito nāma yathā kathaṃ tvaṃ bhoḥ puruṣa pravrajito nāma ahaṃ kumāraḥ sādhu da
11	157.4	thaṃ tvaṃ .[o] .. ruṣa pravrajito [n]. + + ///
12	69.6	maḥ sādhu saṃyamaḥ sādhv arthacaryā sādhu dharmacaryā sādhu kuśalacaryā sādhu kalyāṇacaryeti keśaśmaśrūṇy avatārya kāṣāyāṇi vastrāṇy ācchādya samyag eva śraddhayā agārād ana
13	157.5	ti ke[ś]. + + [ṇ]y av. .. [rya] .. + + ///

---

24 See above note 22.

25 MS 69.5: *kumāraḥ*.

26 MAV II: *sādhur damaḥ sādhuḥ saṃyamaḥ sādhvy arthacaryā sādhvī dharmacaryā sādhvī kuśalacaryā sādhvī kalyāṇacaryeti*. SBV: *sādhudharmacaryā*; *sādhudamaḥ sādhusaṃyamaḥ sādhvarthacaryaḥ sādhudharmacaryaḥ sādhukuśalacaryaḥ sādhukalyāṇacarya iti*.

27 SBV: *keśaśmaśrv*.

1 MAV I reads *vipaśyino*.

2 MAV I misspells *tathānyeṣām*.

a(37.2) vatārya kāṣāyāṇi vastrāṇy āchādya[1] samyag eva śraddhayā[2] agārād anagārikāṃ pravrajitaḥ so[3] 'haṃ pravrajito nāma•

W 8g.14 Wsādhu tvaṃ bhoḥ pu$_{1}$ruṣa[4] arth(*acaryā dha*)*rmac*(*a*) (37.3) ryā kuśalacaryā kalyāṇacaryeti[5] keśaśmaśrūṇy[6] a(*va*) tārya kāṣāyāṇi vastrāṇy āchādya[7] samyag eva śraddhayā[8] agārā$_{2}$d anagāri(*kāṃ*) pr(*a*) vr(*a*) j(*itaḥ*)

W 15 W(37.4) tena hi tvaṃ sārathe[9] imaṃ ca ratham imāni cābharaṇāni[10] asmākaṃ jñātibhyo 'nuprayaccha aham api ca kā$_{3}$maguṇāṃ prahāya[11] *ihaiva pra-*

W 16 (37.5) vrajyām abhyupagamiṣyāmi iyam atra dharmatā Wtasmād idam ucyate | |

imaṃ rathaṃ cābharaṇāni caiva
anuprayaccha[12] mama $_{4}$jñātike$_{5}$bhyaḥ[13]
kṣipram[14] ahaṃ kāma(37.6) (*gu*) ṇāṃ prahāya
ihaiva pravrajyām[15] upāga(*m*) iṣye | |

[Renunciation]

W 17 Wtatredānīṃ Vipaśyī bodhisatvo jīrṇaṃ ca dṛṣṭvā vyādhitaṃ ca dṛ$_{6}$ṣṭvā mṛtaṃ ca dṛṣṭvā kāṣāyadhāriṇaṃ pravrajitaṃ ca dṛ$_{7}$ṣṭvā p(*ra*) (38.1) (*v*) r(*a*) jyā(*ṃ*)

W 18 tatra samupāgato 'sau iyam atra dharm(*a*) tā Wtasmād idam ucyate | |

jīrṇāñ ca dṛ$_{8}$ṣṭvā $_{9}$duḥkhitaṃ[16] vyādhitaṃ ca
mṛtañ ca dṛṣṭvā samatītacetasam*

---

1 For *ācchādya*. MS 69.6: *acchādya*.

2 Hiatus for - *ā* -. Cf. BHSG §4.55.

3 SBV: *evam*.

4 See above note 2.

5 SBV: *sādhu tvaṃ bhoḥ puruṣa sādhudamaḥ sādhusaṃyamaḥ sādhvarthacaraḥ sādhudharmacaryaḥ sādhukuśalacaryaḥ sādhukalyāṇacarya iti.*

6 SBV: *keśaśmaśrv*.

7 For *ācchādya*.

8 See above note 2.

9 Hiatus for - *a i* -. Cf. BHSG §4.55.

10 Hiatus for - *y a* -. Cf. BHSG §4.55.

11 Hiatus for - *e* -. Cf. BHSG §4.55.

12 Metrically read *anuprayacchā*. Cf. BHSG §30.11.

13 Here as the preceding short vowel is a metrically light syllable, the double consonant *jñ* should be read prosodically as a single consonant. Cf. GPRG §2.54, BHSG §2.15.

14 Metrical considerations suggest *kṣipraṃ;* interpreting a final anusvāra before the vowel would make the syllable closed and prosodically long as required by metre. Cf. BHSG §2.69.

15 Here as the preceding short vowel is a metrically light syllable, the double consonant *pr* should be read prosodically as a single consonant. Cf. GPRG §2.76, BHSG §2.10. Also, the final syllable should be light as *am*. Cf. BHSG §9.16.

16 Metrically the first syllable has to be read as light. Cf. BHSG §2.85.

Base MS SHT 399: MS 37.2 – 38.1

Other MSS of Recension I

1	157.6	r[u] .. + + + + .. r[mac]. .. .. + + ///
2	181.x	/// [d]. n. gār[i] + [p]r. [v]r. [j]. .. [t]. + ///
3	181.y	/// maguṇāṃ prahā .. ihaiva [pr]a ///
4	215.u	/// + + + .[ñ]. + + + + + + + ///
5	181.z	/// + + .. + + + [bh].. [kṣ]. pra[m a] + ///
6	182.1	/// .[v]. .ṛ .. + + + [kāṣ]āyadhā[ri] + ///
7	215.v	/// .[ā] .. .r. [jyā](ṃ) t. tr. s. [mu] + + + ///
8	182.2	/// ṣṭvā duḥkh[i]taṃ vyādh[i] .. ca mṛtaṃ ca d[ṛ] ///
9	106.1	/// .[u]ḥkhitaṃ v[y]. + [taṃ] ca mṛ + ///

kāṣā(*ya*)kaṇṭhaṃ[1] pra(38.2)vrajita[2] ca vīkṣya
tatraiva $_1$pravrajyām[3] upāgato 'sau | |

11. Mnemonic Key-words of This Chapter[4]

W8g.19 [W]uddānam*$_2$| |

dhātrī brāhmaṇa mātā ca abhirūpo ma$_3$nāpatā•[5]
animiṣo vipākadharmaś ca
valgusva(*ra*)ḥ pa(*ṇḍita*)(38.3)ś ca udyānam* | |

---

[1] MAV II: *kāṣayañ ca.*

[2] For *pravrajitaṃ*. MAV II: *pravrajitaṃ*. Here as the preceding short vowel is a metrically light syllable, the double consonant *vr* should be read prosodically as a single consonant. Cf. GPRG §2.94.

[3] Here as the preceding short vowel is a metrically light syllable, the double consonant *pr* should be read prosodically as a single consonant. Cf. GPRG §2.76, BHSG §2.10. Also, the final syllable should be light as *am*. Cf. BHSG §9.16.

[4] SBV I, p. 52.4 has *antaroddāna* which better preserves the latter half of this *uddāna*: *animiṣavipākadharmaś ca valgusvaraś ca paṇḍita udyānam* | | Tib: D ('Dul ba) ga, 284a.7; Q vol. 42, p. 23.1.8-2.1 also has: *mig mi 'dzams daṅ rnam smin daṅ* | | *gsuṅ sñan 'jebs pa mkhas pa bsdus* | |.

[5] MS 106.2 omits •.

Base MS SHT 399: MS 38.1 – 38.3

Other MSS of Recension I

1 215.w /// + [p]. vrajyā[m] upāga[to] + + + ///
2 182.3 /// .. .. .ī b.[ā] + [ṇ]. [mā] .. .. + ///
3 106.2 /// .[ā]patā a[nimiṣ]o vipā[k]. ///

Part Three

1. The Eighty-thousand People of Bandhumatī Renounce the World

W 8h.1 ^{W}aśrauṣur Bandhumatyāṃ rājadhā$_{1}$nyām aśīti$_{2}$prāṇasahasrāṇi Vipaśyī bodhisatvaḥ keśa$_{3}$śmaśrūṇy avatārya kāṣāyāṇi vast(*r*)āṇ(*y ācchā*) (38.4) dya
W 2 samyag eva śraddhayā[1] agārād anagārikāṃ $_{4}$pravraji(*taḥ*) ^{W}śrutvā ca punar
W 3 eṣām etad abhavan ^{W}na batāvaro dharmo bhavi$_{5}$ṣya$_{6}$ti nāvaraṃ dhar*mākhyānaṃ* (*yatredānīṃ*) (38.5) Vipaśyī bodhisatvas tathā sukumāras tathā su$_{7}$khaiṣi[2] keśaśmaśrūṇy avatārya kāṣāyāṇi vastrāṇy āchādya[3] samyag eva śraddha$_{8}$yā[4] agārād anagārikāṃ pra(*v*)r(*ajitaḥ*)

W 4 ^{W}(*atha*) $_{9}$*c*(*a*) (38.6) punas te 'pi keśaśmaśrūṇy avatārya kāṣāyāṇi $_{10}$vastrāṇy āchādya[5] samyag eva śraddhayā[6] agārād anagārikāṃ p(*r*)av(*r*)a(*jitāḥ*) iyam
W 5 a(*tra*) dharma(*tā* ^{W}*tasm*)ā(*d*) i(*dam ucyate* | |)

(*ā*) (39.1) (*ś*)caryarūpaṃ pratibhāti me ta$_{11}$d
yāvat susaṃvejakāḥ[7] śuddha$_{12}$satvā[8]
Vipaśyi*naṃ*[9] pravrajitaṃ hi śrutvā
tatraiva pravra(*jyām*[10] *anuvrajanti* | |)

2. The Eighty-thousand Disciples Leave on Peregrination

W 8i.1 ^{W}(*a*)th(*āśī*)t(*i*)r bh(*ikṣusahasrāṇi yena Vipaśyī*) (39.2) bodhisatvas tenopajagmur upetya Vipaśyino $_{13}$bodhisatvasya pādau śirasā vanditvā[11] ekānte
W 2 nyaṣīdaṃn ^{W}ekāntaniṣaṃṇāny aśītir bhikṣusahasrāṇi Vipaśyī bodh(*isatvo dhā*) (39.3) rmyā kathayā sandarśayati sa(*mā*)dāpayati samutteja$_{14}$yati saṃpraharṣayati•

W 3, 4 ^{W}atha Vipaśyino bodhisatvasyaitad abhavan ^{W}na mama pratirū(*pa*)ṃ (*s*)yā(*d yad a*) (39.4) ham ananuprāptasvakārtha eva samāna[12] śrāvakair ākīrṇo vihareyaṃ yanv ahaṃ śrā$_{15}$vakān udyojayeyaṃ carata bhikṣavaś caryāṃ

---

[1] Hiatus for - *ā* -. Cf. BHSG §4.55.
[2] For *sukhaiṣī*. Cf. BHSG §10.19.
[3] For *ācchādya*.
[4] See above note 1.
[5] See above note 3.
[6] See above note 1.
[7] Metrically the final syllable shoud be read as light. Cf. BHSG §8.79.
[8] For *satvāḥ*. MS 158.8: *°[s](a)[t](vā)ḥ*.
[9] MS 158.8: *(vipa)śyīnaṃ*.
[10] Here as the preceding short vowel is a metrically light syllable, the double consonant *pr* should be read prosodically as a single consonant. Cf. GPRG §2.76, BHSG §2.10. Also, the final syllable should be light as *am*. Cf. BHSG §9.16.
[11] Hiatus for - *ai* -. Cf. BHSG §4.55.
[12] For *samānaḥ*. MAV II: *samānaḥ*.

Base MS SHT 399: MS 38.3 – 39.4

Other MSS of Recension I

1	158.4	nyām a + + + [ṇa]saha[s].[ā] .. + + ///
2	215.x	/// + + p[r]āṇasa .. srā[ṇ]. + ///
3	106.3	/// .. śrūṇy avatārya kāṣā[yā] ///
4	158.5	pravra .[i] .. .. [t]vā ca [puna]r. .. + + ///
5	215.y	/// + + .. t[i] nāvaraṃ dha .m. [kh]. ///
6	106.4	/// + .[i] nāvaraṃ dharmākhyānaṃ .. ///
7	158.6	.. .. [ṇy a]vatā .. .. + ///
8	106.5	/// + + [y]ā [a] .. ..[ā] .[i] + ///
9	215.z	/// + + + + + [c]. [p]. + [s].e [p]. ///
10	158.7	va .[t]r. .y. .. .. [sa]myag eva [ś].. [ddh]. + ///
11	216.1	/// + + + + + + .. + .[u] .. + .. ///
12	158.8	+ [s]. [t]..ḥ .. .. śyīnaṃ p[r]av.ajitaṃ .. .[r]. ///
13	216.2	/// + + + b[o]dhi[sa]tvas[y]a p[ā] ///
14	216.3	/// + + yati sa[ṃ] .r. [h]a[rṣ]. + ///
15	216.4	/// + .. [kā] .u[dy]oja[y]e + + ///

bahuja(na) hi(tāya) (39.5) bah(u)janasukhāya lo₁kānukampāya¹ arthāya hitāya sukhā₂ya devamanuṣyāṇāṃ ᵂyadā yūyaṃ śṛṇutha Vipaśyī bodhi₃satva² anuttarāṃ samyaksaṃbodhim abhi(saṃb)u(ddho de)(39.6)ś(a)yati ₄Bandhumatyāṃ rājadhānyāṃ dharmaṃ ₅tadā yūyam āgacchata Bandhumatyāṃ³ rājadhānīṃ dharmaśrava₆ṇāya

ᵂatha Vipaśyī bodhisatva⁴ śrāvakān udyojayati carata bhi₇kṣavaś ca(40.1)r-yāṃ ₈pūrvavad yāvad dharmaśravaṇāya.⁵

ᵂatha Vipaśyino bodhisatvasya śrāvakā Vipaśyinā bodhisatvenodyojitā janapadacaryāṃ prakrāntā iyam atra ₉dharmatā ᵂ₁₀tasmād idam u(40.2)cyate | |

    anyena te pravrajitā acārṣur
    ucchena⁶ bhikṣācaryeṇa⁷ jīvikām*
    anye₁₁na śūro dvipadottamas tadā
    eṣaty⁸ ādīptaśira iva nirvṛtim* | |

3. The Bodhisattva Sits under the Bodhi Tree

ᵂatha Vipa₁₂śyī bodhisatvo yāva(40.3)sikasya puruṣasya sakāśāt tṛṇāny ādāya yena bodhimūlaṃ tenopa₁₃jagāma ᵂupetya svayam eva tṛṇasaṃstarakaṃ saṃstīrya nyaṣīdat paryaṃ(ga)m⁹ ābh(u₁₄j)y(a) (40.4) ṛjuṃ kāyaṃ praṇidhāya pratimukhāṃ¹⁰ smṛtim upasthāpya cittam utpādayati ₁₅vācaṃ ca bhāṣate ᵂtāvan na bhetsyāmi paryaṃkam¹¹ yāvad aprāptā(s)r(a)v(a)kṣ(ayaḥ)

ᵂ(sa) (40.5) tāva₁₆n na bhinatti paryaṅgaṃ yāvad aprāptāsravakṣaya iyam atra dharmatā ᵂtasmād ida₁₇m ucyate | |

    paryaṅgam¹² ābhujya tato niṣaṇṇo
    drumamūle mahar(ṣ)e(r¹³ bodhima)(40.6)nde·
    duḥkhaṃ jarā₁₈maraṇam idaṃ viditvā
    nirvāṇaśāntatvam ahaṃ prapadye 1

    ᵂna bhinadmi paryaṃgam¹⁴ ahaṃ hy alabdh(v)ā
    (anuttarā)ṃ bo(dhi)m anu ∪ — ₁₉∪ ḥ

---

[1] Hiatus for - ā -. Cf. BHSG §4.55.
[2] For bodhisatvaḥ.
[3] MAV II: bandhumatīṃ. MS 159.6: ba(ndhu)[ma]tīn.
[4] For bodhisatvaḥ. Cf. BHSG §8.22.
[5] MS 159.6 omits •.
[6] MS 159.7: uṃchena. Cf. CPD s.v. uñcha, SWTF s.vv. uccha, umcha.
[7] Metrically read °cariyeṇa. Cf. BHSD s.v. cariyā. Cf. BHSG §3.102.
[8] Metrically read eṣati.
[9] Both readings paryaṃgam and paryaṃkam seem to be possible. MAV II: paryaṅkam everywhere.
[10] For pratimukhaṃ. MSS. 40.4 and 160.1 have °khāṃ which is a possible variant. MAV II changed the reading of the MSS to °khaṃ. (Also in CPS 7.2ᴳ, MPS 5.3). However, °khāṃ is found in CPS 6.1ᴳ, 24a.9, MPS 30.16 (MS 61.1=SHT 399).

Base MS SHT 399: MS 39.4 – 40.6

Other MSS of Recension I

1	107.3	/// + + + k. [nuk]. .. .. a .. ///
2	159.4	y. d. [v]. + + + + + [dā] .. + + + ○ + + + + + + + + + + + + + ///
3	216.5	/// + .. .[v]. .. n. t[t]. rāṃ .. + + ///
4	107.4	/// + + bandhumatyāṃ rājadhāny[ā]ṃ ///
5	159.5	tadā yū[ya]m āga[ccha]ta bandhu .. .. ○ rā[j]. + + + + + + + + [a] .. + + ///
6	216.6	/// .ā[y]. .. + + + + + + + ///
7	107.5	/// kṣavaś caryāṃ pūrvavad yāva .. ///
8	159.6	ba .. [ma]tīn r[ā]jadhā .. .. r.. śrava[ṇāya a]tha v[ipa]śy[in]o .. .. sa[tva] .[y]. [ś]rā .. [kā] .[i] .. [ś]y. + ///
9	107.6	/// [dha]rmatā ta[sm]ā[d i]dam uc[y]a ///
10	159.7	ta[smā]d idam ucyate I I [a] .[y]. .. te [pr]a[v]rajitā .. [c]ārṣur uṃchena bhik.ā[ca]rye[ṇ]a [jī] .. [k].m* [anye] .. ///
11	108.2	/// + + [na]. [ś]. .. + + + + + + + + + + + + + + [i] .. .. .. ///
12	107.7	/// .[ī] bodhisa .. [y]āvasi + ///
	159.8	+ ś.ī bodhisat[v]o [y]ā[va]sikasya puru[ṣas]ya sakāśāt t. ṇāny ā .. ya ye[na bo]dhimūlaṃ te[n]. .. + ///
13	108.3	/// + + jagā[m]a [u] .. + + ○ + + + + + saṃstara + ///
14	160.1	+ + .y. [ṛj]u(ṃ) kāya(ṃ) praṇ. dh[ā]ya prat[i]mukhā(ṃ) smṛtim upasthāpya [cittam] utpādayat[i] vāca(ṃ) ca .. + ///
15	108.4	/// + [v]ācaṃ [ca] bhā[ṣa] + + ○ + + + + m. paryaṅgaṃ .. ///
16	160.2	n na [bhina]tti [p]aryaṅgaṃ yāvad aprāptāsravakṣa[ya] iyam atra dharmatā tasmād ida .. [cya]te I I paryaṃ .. ///
17	108.5	/// + [m]. c.. [te] I I [p]. .. + + ○ + + + + niṣaṇṇo druma ///
18	160.3	[m]. [r]. [ṇ]. m idaṃ vidi[tvā ni]r[v]āṇaśāntatvam aha[ṃ] prapadye 1 na bhinadmi paryaṅga[m]. ..[ṃ] h[y] alab[dh].ā .. ///
19	108.6	+ + + + + + + + + + + + + + ..[ḥ ity] e .. ///

---

[11] MS 108.4: *paryaṅgaṃ.*

[12] MS 160.2: *paryaṃ.*

[13] Emend to *mahārṣir.*

[14] See above note 9. MS 160.3: *paryaṅga[m].*

ity e(va) — — ◡ ◡ — (41.1) (*Vipa*) śyī
na sraṃ$_{1}$sayati vīryam ala*bdhani*rvṛtiḥ (*2*) / /[1]

4. The Realization of Dependent Origination[2]

[The Pravṛtti Process][3]

W9b.1 ^{W}*atha Vi(paśyino bodhisattva) syai(kākino rahasigatasya*[4] *pratisaṃlīnasyaivaṃ cetasi* W2 *cetaḥparivitarka uda*) (41.2) $_{2}$pādi ^{W}kṛčhraṃ batāyaṃ[5] loka āpanno (*ya*) d (*u*) t(*a*) j(*ā*) yat(*e*) 'pi (*jīryate 'pi mriyate 'pi cyavate 'py upapadyate 'pi atha ca punar ime satvā jarāmaraṇasyottare niḥsaraṇaṃ*) (41.3) yathābhūtaṃ na prajānanti•

W3 ^{W}tasyait(*a*) d (*a*) bhavat k(*asmiṃ nu sati jarāmaraṇaṃ bhavati kiṃpratyayaṃ ca punar jarāmaraṇaṃ tasya yoniśo manasikurvata evaṃ*) (41.4) yathābhū$_{3}$tasyābhisamaya udapādi• jā(*ty*) āṃ (*satyāṃ jarāmaraṇaṃ bhavati jātipratyayaṃ ca punar jarāmaraṇaṃ*)[6]

W4 ^{W}(*tasyaitad abhavat kasmiṃ nu sati jāti*) (41.5) r bhavati kiṃp(*r*) atyayā ca $_{4}$punar jāti[7] $_{5}$tasya yoniśo manas*ikurvata*[8] *evaṃ yath*(*ābhū*) *tasy*(*ā*) *bhisamaya udapādi• bhave sati jāti*(*r*) *bha*(*vati bhavapratya*)$_{6}$*yā ca p*(*u*) *na*(41.6) r jāti[9]

W5 ^{W}ta$_{7}$syaitad abhavat $_{8}$kasmiṃ[10] nu sati bhavo bha*vati kiṃpratyayaś*[11] *c*(*a*) *punar bhavaḥ tasya yoniśo manasikurvata*[12] *evaṃ yath*(*ābhūtasyābhisama*)$_{9}$*ya u*$_{10}$*dapā*(42.1) d*i*•[13] upādāne sati bhavo bhavati upā*dā*$_{11}$napratyaya*ś ca punar bhavaḥ*

---

[1] MS 160.4: *alabdhanirvṛti[ḥ]* / /. Cf. SWTF s.v. *a-labdha-nirvṛti.*

[2] This sūtra preserves a dependent origination formula that has a tenfold origination (*pravṛtti*) process and a twelvefold extinction (*nivṛtti*) process which is the same as the *Nagaropamasūtra* from the *Saṃyuktāgama* which has the following parallel texts and Chinese translations: NagSū, PravrV(3), Johnston (1938), 雜阿含經 *Tsa a-han ching* Sūtra No. 287 (T 99), 貝多樹下思惟十二因緣經 *Pei-to-shu-hsia ssu-wei shih-erh yin-yüan ching* (T 713), 緣起聖道經 *Yüan-ch'i sheng-tao ching* (T 714) and 舊城喻經 *Chiu-ch'eng yü ching* (T 715). MAV I restored the highly fragmented manuscripts to a tenfold *pravṛtti* and a tenfold *nivṛtti.* Subsequently another manuscript of the text was published (SHT II 685) that provided evidence for the proper exposition of the formula. This has been discussed by Fukita (1982), p. 26-43. The following restored text of this chapter is based mainly on NagSū and is compared with another recension, namely, the *Nagaropamasūtra* quoted in Pravr(3) discovered at Gilgit. Although the important variants in these texts are noted, for the detailed variations between MSS, see both editions.

[3] Parallels: NagSū I.2–15; PravrV(3), pp. 258.1–259.6; Johnston (1938), pp. 550.34–551.24; T 99 vol. 2, p. 80b.26–c.6; T 713, vol. 16, p. 826b.7–c.14; T 714, vol. 16, pp. 827c.1–828a.9; T 715, vol. 16, p. 829a.7–b.21.

[4] Cf. MAV II 'Berichtigungen' on p. 198. NagSū: *rahasiga(tasya)*; PravrV(3): *rahogatasya.*

[5] MS 41.2: *patāyaṃ.*

[6] PravrV(3) adds *iti* at the end of each paragraph. von Simson noticed that the Sarvāstivādins avoided the frequent use of the particle *iti*, whereas the so-called Mūlasarvāstivādins continued this usage common to Pāli. See v. Simson (1985), p. 83, and also Dietz (1993), pp. 98-99.

[7] For *jātiḥ*. MS 109.3: *jātiḥ*. Cf. BHSG § 10.16.

[8] MS 224.1: *manas[i]kurvataḥ.*

Base MS SHT 399: MS 41.1 – 42.1

Other MSS of Recension I

1 160.4 sayati vīryam alabdhanirvṛti[ḥ] | | ○ atha [v]i + + + + + + .. [s]y[ai] .. + + + ///
2 160.5 pād[i] k[ṛ] ..ṃ + + ..ṃ loka [ā] + + ○ + + + + + + + + + + + + + + + + ///
3 109.2 /// + + + + + + + + + + + + + .. sy[ābh]. .. ///
4 109.3 /// .. .. + + ○ + + .. [pu]nar jātiḥ .. ///
5 224.1 /// [ta]sya yoniśo manas[i]kurvataḥ eva[ṃ] yath. + tasy. bhisamaya udap[ā]di bhav[e] sat[i] j[ā]ti bha .. ..
6 109.4 /// + yā [ca p]. nar jā .. + + ○ + + .. vat kasmi[n].. ///
7 224.2 /// .. tad abhavat kasmin nu sati bhavo [bha]vati .iṃ + [t]yayā ca punar bhavaḥ tasya yoniśo manasikurvata e
8 161.1 [k]. sm. nu sati bhav[o] bhavati kiṃpratyaya[ś] c. [pu]nar bhavaḥ ta[s]y. y[o]niśo manasikurvataḥ eva[ṃ] ya[th]. ///
9 224.3 /// ○ ya udapādi upādāne sati bhavo bha[va]ti upādānapratyayaś ca punar bhavaḥ tasyaitad abha[va]
10 109.5 /// + dapādi u[p]ā .. + + ○ + + + vati u[pā] + ///
11 161.2 nap[r]a[t]yayaś ca punar [bha] ..[ḥ tasy]ai .. d a[bh]avat kas[m]in nu sati upādānaṃ bhavati kiṃpraty. yaṃ ca puna .u ///

---

9 See above note 7.

10 MS 109.4: *kasmi[n]*, MS 224.2: *kasmin.*

11 MS 224.2: *(k)iṃ(pra)[t]yayā.*

12 MS 161.1: *manasikurvataḥ.*

13 MS 224.3 omits •.

^{W}9b.6 ^{W}*tasyaitad abhavat kasmiṃ nu sati upādānaṃ bha*$_{1}$*vati kiṃpratyayaṃ ca punar upādān*(*a*)*ṃ* $_{2}$*tas*(*ya*) *yoni*(42.2)*śo* manasikurvata[1] evaṃ yathābhūtasyābhisa$_{3}$maya *udapādi• tṛ*(*ṣ*)*ṇ*(*āyāṃ sa*)*tyām u*$_{4}$*pādā*(*na*)*ṃ bhavati tṛṣṇāpratyayaṃ ca p*(*u*)*nar upādānaṃ*

^{W}7 ^{W}*tasyaitad abhavat* $_{5}$*kasm*(*i*)*ṃ* (42.3) nu sati tṛṣṇā bhavati kiṃpratyayā ca punas *tṛ*(*ṣ*)*ṇ*(*ā tasya yo*)$_{6}$*niś*$_{7}$*o manasikurvata*[2] *evaṃ yathābh*(*ū*)*tas*(*y*)*ā*(*bhisamaya u*)*dapādi*(•) *vedanāyāṃ saty*(*ā*)*ṃ* (*tṛ*)$_{8}$*ṣṇā* (42.4) bhavati vedanāpratyayā ca punas tṛṣṇā

^{W}8 ^{W}$_{9}$ta*syaitad abhavat ka*$_{10}$*sm*(*i*)*ṃ nu sa*(*ti vedanā bhava*)*ti* (*ki*)*ṃ*(*p*)*r*(*a*)*ty*(*a*)*y*(*ā*) *ca punar vedan*(*ā*) *tasya yo*(*ni*)*ś*(*o*) *man*(*asiku*)(42.5)rvata evaṃ $_{11}$yathābhūtasyābhi$_{12}$sa*m*aya udap*ā*d*i• sparśe sati ved*(*a*)*nā bh*(*avati s*)*parśapratyayā ca punar vedanā•*

^{W}9 ^{W}*tasyaitad abhavat ka*(*smiṃ nu sa*$_{13}$*ti*) *sparśo* $_{14}$*bhava*(*ti*) $_{15}$*kiṃpra*(42.6)*tyaya*ś ca puna[3] sparśaḥ tasya yo*n*(*i*)*śo* mana*sikurvata*[4] *evaṃ yathābhūtasyābhisamaya* (*udapādi• ṣaḍāyatane sa*)$_{16}$*ti sparśo bha*$_{17}$*vati ṣaḍāyatanapratya*(43.1)yaś ca puna[5] sparśaḥ

^{W}10 ^{W}tasyaita*d a*bhavat kasmiṃ *nu sati ṣaḍā*yatanaṃ (*bhavati kiṃpratyayaṃ ca*) pu$_{18}$*naḥ ṣaḍāyatanaṃ tasya yoni*$_{19}$*śo man*(*a*)*s*(*i*)*ku*$_{20}$(*rva*)*ta*[6] *evaṃ yathābhūtasyā*(43.2)bhisamaya udapādi•[7] nāmarūpe sati ṣaḍāyatanaṃ bha$_{21}$vati nā*ma*-*rūpapra*tyaya*ṃ* ca pu*naḥ ṣaḍā*(*yatana*)*ṃ*

^{W}11 ^{W}*ta*$_{22}$*syaitad abhavat kasmiṃ nu sa*$_{23}$*ti nāmarūpaṃ bhavati kiṃ*(43.3)-pratyayaṃ ca punar nāmarūpaṃ tasya yoniśo manas(*i*)ku(*rvata e*)vaṃ yathā(*bhū*)t(*asyābhisama*)ya u$_{24}$(*dapād*)*i• vij*(*ñ*)*ā*(*n*)*e s*(*at*)*i* (*nāma*)$_{25}$*rūpaṃ* (*bhavati*) *vi*(*jñā*)(43.4)napratyayaṃ ca punar nāmarūpaṃ

^{W}12 ^{W}tasyaitad abhavat ka(*s*)miṃ (*nu*) sati vijñānaṃ bh(*a*)vati kiṃpratya(*ya*)ṃ ca puna(*r vij*)ñ(*ā*$_{26}$*nam*) *tasya y*(*o*)*n*(*i*)*ś*(*o*) *m*(*a*)*n*(*asikurva*)$_{27}$*ta*[8] *ev*(*aṃ*) (43.5) yathābhūtasyābhisamaya udapādi• nāmarū(*p*)e sati vijñānaṃ bha(*vati*) nāmarūpapratyayañ (*c*)a punar vijñā(*n*)aṃ[9]

---

[1] MS 224.4: *manasikurvataḥ.*

[2] MS 161.4: *manasikurvataḥ*, MS 224.6: *[ma} (na)[s]i(kurvata)[ḥ].*

[3] For *punaḥ*. MS 76.4: *p(u)naḥ*, MS 225.3: *punaḥ.*

[4] MS 225.3: *manasikurvataḥ.*

[5] For *punaḥ*. MS 225.4: *punaḥ*

[6] MS 110.2: *(manasikurva)taḥ*, MS 225.5: *(manasikurvata)ḥ.*

[7] MS 225.5 omits •.

[8] MS 110.5: *(manasikurva)taḥ.*

[9] PravrV(3) omits this paragraph. Among the Sarvāstivādins there are two recensions of the dependent origination formula of the so-called Nagaropamasūtra type (cf. p. 126, note 2). In the tenfold *pravṛtti*, one transmits a line that asserts the mutual dependence of *nāmarūpa* and *vijñāna*, and the other does not. Our MS and NagSū as well as the Chinese translations T 713 and 715

Base MS SHT 399: MS 42.2 – 43.5

Other MSS of Recension I

1	224.4	/// ○ vati kiṃpratyayaṃ ca punar upādā[n].ṃ .. .. [y]oniśo manasikurvataḥ evaṃ yathābhūtasyābhi[sa]ma
2	109.6	/// + + ta[s].. .[o] + + + + + + + + + + + + .[ū] .. [sy]ā[bh]. ///
3	161.3	maya uda[p]ādi tṛ .[ṇ]. .. .. ty[ā]m upādā ..[ṃ bha]vati [t]ṛṣṇāpratyayaṃ ca p. nar upādānaṃ ta[s]y[aita] .. ///
4	224.5	/// [p]ādanaṃ bhavati t[ṛ]ṣṇāpratyayaṃ [ca] + + + + + naṃ tasyaitad abhavat kasm. n nu sati [tṛ]ṣṇā [bh]avati kiṃpra
5	76.1	/// + + [k]. + + ... bhava .. .. pr. [t]ya .. ca pun. [s tṛ] .[ṇ]. +
6	161.4	niśo manasikurvataḥ evaṃ ya[th]ā[bh]. ○ tas.ā .. + + + + + .ā .i ve[d]. + + + ///
7	224.6	///.[o ma] .. [s]i .. + ..[ḥ] evaṃ [ya] .[ā] .. + + + .. + ... dapādi vedanāyāṃ sat[y].[ṃ] .. .ā bha[v]. .i +
8	76.2	/// + [ṣṇ]ā .. ..t[y]a[yā] ca .. .. . t[ṛ]ṣṇā ta⟨⟨[syai](ta)⟩⟩d abhavat.a ..
9	225.1	/// .. [s]y[ait]a[d] a[bh]. .. + [k]. [s]m. n nu sa .. .. + + + + + ..[ṃ] .[r]. ty. [y]. [c]a puna[r] v[e]dan. tasya [yo] .. [ś]. ma[n]. ..
10	161.5	[s].. .. .. .. + + + + .. ti .. + + ○ + + + + + + + + + + + + + + + ///
11	76.3	/// + .. [thābhūt]. .. .. [sa]maya uda .. .. .p. r[ś]e sati v. [d]. [nā bh].
12	225.2	/// .. maya udapādi sparśe sati v[e] .. + + + + .parśapratyayā ca punar vedanā• tasyaitad abhavat ka
13	110.1	/// .. sparś[o bha] + + ///
14	76.4	/// + .. va .. + .[r]. .[y]. [y]aś ca p. naḥ s[p]a[rś]. .. [sya y]. [n]. .[o] manasiku
15	225.3	/// ○ kiṃpratyayaś ca punaḥ [sp]ar[ś]aḥ ta[sy]. .. .. [śo] manasikurvataḥ evaṃ yathābhūtasyābhisamaya
16	225.4	/// ○ ti sparśo bhavati ṣaḍā[y]a[t]anapra[tya] .. .. [pu]naḥ sparśaḥ tasyaitad abhavat kasmin nu sati ṣa[ḍ]ā
17	76.5	/// + [v]ati ṣ. [ḍ]. .. [t]. .. pra[t]yayaś [c]a + + spa .. tasyaitad abha[va]
18	225.5	/// naḥ ṣaḍāyatanaṃ tasya yoni[ś]o .. ..[ḥ e]vaṃ yathābhūtasyābhisamaya udapādi nā
19	76.6	/// .. ma[n]. [s]. [k]u .. .. [eva](ṃ) [y]. .. + [t]asyā[bhisa]maya udapā ..
20	110.2	/// .. taḥ evaṃ [y]. + ///
21	225.6	/// .. ti nāmar[ū]pap[r]atyayaṃ ca punaḥ [ṣaḍā] .. .. ..[ṃ tasyai] .. d abhavat [k]. s[m]in n[u] sati nāmar[ū]paṃ [bhavat]i .[i]
22	76.7	/// [syai]tad a[bhav]a[t k]. .. + + + + + .. paṃ bhava[ti kiṃ] .[r]. .. ..ṃ ..
23	110.3	/// ○ ti + + ///
24	76.8	/// .. .. .[i v]i[j].ā .[e s]. .[i] + + + + + ... [vi] .. ..
25	110.4	/// ○ rū[pa]ṃ + ///
26	77.1	/// .. [tas]ya [y]. n. [ś]. m. [n]. + + + + .. [v]. .. [th]. [bhūt]. .. ..
27	110.5	/// ○ taḥ [e] + ///

preserve the former position, while PravrV(3) and Johnston (1938), as well as T 714 and 99, do not. Cf. Murakami (1973). This distinction had considerable impact on later Buddhist scholastics, particularly in the Yogācāra tradition. For a detailed discussion, see NagSū, pp. 26–30.

w9b.13 ^{W}ta$_{1}$sya $_{2}$vijñā*nāt* (*p*) ratyu(*dāvartate*) *m*(*ānasaṃ*) *nātaḥ* $_{3}$*pa*(43.6) rato
w14 vyativartate ^{W}yad uta nāmarūpapratyayaṃ vijñānaṃ[1] vijñānapra(*tya*) yaṃ nāmarūp(*a*) ṃ (*nā*) marū(*papra*) tyayaṃ $_{4}$ṣaḍā$_{5}$yata*naṃ* *ṣaḍā*yata*na-pratyay*(*a*) *ḥ sp*(*a*) *rśaḥ sparśa*(44.1) pratyayā veda$_{6}$nā vedanāpratyayā tṛṣṇā tṛṣṇāpratyayam upādānam u(*p*) ā(*dā*) napratyayo bh(*avaḥ bha*)$_{7}$va$_{8}$p*ratyayā* j*ā*ti[2] jātipratyayaṃ *jarā*maraṇaṃ *śokaparidevaduḥkhad*(*aurma*)-
w15 (44.2) nasyopāyāsā[3] saṃ$_{9}$bhavaṃty ^{W}evam asya keval(*a*) sya mahato duḥkhaska(*ndha*)$_{10}$*s*ya samudayo bhavati•

[The Nivṛtti Process][4]

w9c.1 ^{W}$_{11}$tasyaitad abhavat kasmi(*ṃ*) *nv*[5] *asati jarāmaraṇaṃ na bhavati kasya ni*(44.3) rodhāj jarāmaraṇanirodhaḥ tasya $_{12}$yoniśo manasikurva(*ta e*)$_{13}$vaṃ yathābhūta(*s*) yābhisamaya uda$_{14}$pādi•[6] jātyām *asat*yāṃ *jarāmaraṇaṃ na bha*(*va*) *ti jātini*(44.4) rodhāj jarāmaraṇanirodhaḥ[7]

w2 ^{W}tasyaitad abhava$_{15}$t kasmiṃ nv asati (*jātir*) $_{16}$*n*(*a*) bhavati ka(*sya*) *n*(*i*) *ro-dhāj jāti*nirodhaḥ (*ta*) *sya* $_{17}$*yoniśo manasikurvata*[8] *evaṃ yathābhūta-*(44.5) syābhisamaya udapādi• bhave[9] asati jāti$_{18}$r na bhavati bhavaniro(*dhā*$_{19}$*j jātiniro*) dhaḥ

w3 ^{W}tasyai*tad abh*(*a*) *va*(*t ka*) *s*(*m*) *i*(*ṃ nv a*) *sati bhavo* (*na*) $_{20}$*bhava*(*ti*) *kasya nirodhād bha*(*va*) *nirodhaḥ ta*(44.6) sya yoniśo manasikurvat*a*[10] evaṃ yathā$_{21}$bhūtasyābhisamaya u(*dapādi• upādāne 'sati bhavo na bhavati upādānanirodhād bha*)$_{22}$*vani*(*ro*) *dhaḥ*

w4 ^{W}*tasyaitad* (*abhava*) *t kasmi*(*ṃ*) *nv*[11] *asati upād*(*ā*) *naṃ na bhavati kasya niro*$_{23}$*dhād upādānanirodh*(*aḥ tasya yoniśo manasikurvata evaṃ yathābhūtasyābhisamaya uda*)$_{24}$*pādi*(•) *tṛṣṇāyā*(*m a*) *satyām upādāna*(*ṃ*) *na bhav*(*at*) *i* (*tṛṣṇānirodhād up*) *ādā*(*na*) *ni*(*rodhaḥ*)

w5 ^{W}$_{25}$(*ta*) *syaitad a*(*bhavat kasmiṃ nv asati tṛṣṇā na bhavati kasya nirodhāt tṛṣṇānirodhaḥ* $_{26}$*tasya*) yo(*niśo manasiku*) *r*(*vata e*) *vaṃ* (*yathābhūtasyābhisamaya udapādi• vedanāyām asatyāṃ tṛṣṇā na bhavati vedanānirodhāt tṛṣṇānirodhaḥ*)

---

1 PravrV(3), as well as T 714 and 99, omits *nāmarūpapratyayaṃ vijñānaṃ*. See p. 128, note 9.

2 For *jātir*. Cf. BHSG §10.15. MS 77.4: *(jā)[t](i)ḥ*.

3 For °*daurmanasyopāyāsāḥ*. Cf. BHSG §8.78. MS 162.6: °*nasy[o]pā[y]ā(s)āḥ*.

4 Parallels: NagSū I.16–27; PravrV(3), pp. 259.7–260.17; Johnston (1938), pp. 551.24–553.27; T 99, vol. 2, p. 80c.6–17; T 713, vol. 16, pp. 826c.14–827a.21; T 714, vol. 16, p. 828a.10–b.20; T 715, vol. 16, pp. 829b.21-830a.7.

5 MS 44.4 in following paragraph keeps *kasmiṃ nv*. n=nv nowhere occurs in SHT MSS. MS 77.5: *[k]a[smi] (n)[v]*, MS 162.7: *ka[sm]i nv*.

6 MS 162.8 omits •.

7 PravrV(3) adds *iti* at the end of each paragraph. See p. 126, note 6.

8 MS 163.1: °*kurvataḥ*.

9 Hiatus for *-e '-*. Cf. BHSG §4.55.

Base MS SHT 399: MS 43.5 – 44.6

Other MSS of Recension I

1	77.2	/// .[y]. vi[jñ]. n[ā]t.ra[tyu] .. .. .. + + + + n[ā]taḥ parato v[y]a[t]. .. .[t]. [te] +
2	162.4	.. .[ñ]. .. .r. + + + + + m. .. + ○ + + + + + + + + + + + + + + + ///
3	110.6	/// + [p]arato vyati + ///
4	162.5	ṣaḍāyatanaṃ ṣaḍāyatanapra[ty]. + ○ ḥ [sp]. + + + + + + + + + + + + + ///
5	77.3	/// [y]a[ta]na(m) .. [ḍ]. [ya] .. na[pr]atya[y]. .. rśaḥ sparśa[pr]a[t].ayā veda[n]ā ..
6	110.7	/// + .. [v]edanāpra .. ///
7	162.6	vap[r]a[ty]ayā jāti jātip[r]at[y]ayaṃ jarāmara[ṇ].(ṃ) śokaparidevaduḥkhad. .. nasy[o]pā[y]ā .āḥ sa(m)[bh]. ///
8	77.4	/// + .. tyayā .. [t].ḥ [jāti]pratyayaṃ j. .. [m]. raṇaṃ .[o]kaparidevadu[ḥ]
9	111.1	/// + .. [v].[ṃ]ty evam a .. ///
10	77.5	/// + [s] .. [sa] .. .. .. [bhav]ati• [ta]syaita[d]. .. [vat k]a[smi] .[v]. [sat]i jarā
11	162.7	.. .. ta[d] a[bh]avat ka[sm]i nv a .. ti jarāma[r]aṇaṃ na bhavati kasya nirodhāj jarāma .. [ṇa]n[ir]o .. .. ///
12	111.2	/// + [yo]niśo ma[n]. ///
13	77.6	/// + + ...[ābh]. .. .. [bhi]samaya u[d]. .ā .. [jā]tyām asatyāṃ ja ..
14	162.8	[p]ādi j[ā]ty[ām as]atyāṃ jarāmaraṇan na [bh]a .. ti jātinirodhāj ja .. [m]araṇanirodhaḥ tasyaita[d]. ///
15	111.3	/// ○ t kas.i + ///
16	77.7	/// + + [n]. .. .. .i .. .. [n]. [rodh]āj jātini .. .. .. sya yoniśo mana ..
17	163.1	.. .. [ś]. [m]. .. s[i]kurvataḥ evaṃ yathābhūtasyābhisamaya [u]dapādi bhave asati jātir na [bh]. ///
18	111.4	/// ○ r na .. + ///
19	77.8	/// + + + .. + + ...[aitad abh]. [va] .. [s].[i] .. [sat]i [bh]a[v]o
20	163.2	[bh]a[v]a .. kasya nirodhā[d bh]a .. [n]irodhaḥ ta[sya] yo[ni]śo manasikurvataḥ evaṃ ya[th]. .. .. [s]yābhisa ///
21	111.5	/// ○ [bhū] + + ///
22	163.3	vani .. dhaḥ tasy[ai]ta[d]. .. .. [t] ka[sm]i nv asa[ti u]pād. naṃ na bhavati kasya nirodhād u .. .. nanirodh. ///
23	111.6	/// .. d upādā[na] + + ///
24	163.4	pādi t[ṛ]ṣṇāyā .. [sa]tyām upādā[na](ṃ) na ○ bha[v]. .[i] + + + + + + .ā[d]ā .. [n]i .. + + ///
25	111.7	/// .. syaitad a .. + ///
26	163.5	.. + [yo] .. + + + + + r .. + + [va]ṃ ○ + + + + + + + + + + + + + + + ///

---

10 MS 163.2: °*kurvataḥ*.

11 MS 163.3: *ka[sm]i nv*.

W9c.6 [W](*tasyaitad abhavat kasmiṃ nv asati vedanā na bhavati kasya nirodhād vedanānirodhaḥ tasya yoniśo manasikurvata evaṃ yathābhūtasyābhisamaya udapādi• sparśe 'sati vedanā na bhavati sparśanirodhād vedanānirodhaḥ*)

W7 [W](*tasyaitad abhavat kasmiṃ nv asati sparśo na bhavati kasya nirodhāt sparśanirodhaḥ tasya yoniśo manasikurvata evaṃ yathābhūtasyābhisamaya udapādi• ṣaḍāyatane 'sati sparśo na bhavati ṣaḍāyatananirodhāt sparśanirodhaḥ*)

W8 [W](*tasyaitad abhavat kasmiṃ nv asati ṣaḍāyatanaṃ na bhavati kasya nirodhāt ṣaḍāyatananirodhaḥ tasya yoniśo manasikurvata evaṃ yathābhūtasyābhisamaya udapādi• nāmarūpe 'sati ṣaḍāyatanaṃ na bhavati nāmarūpanirodhāt ṣaḍāyatananirodhaḥ*)

W9 [W](*tasyaitad abhavat kasmiṃ nv asati nāmarūpaṃ na bhavati kasya nirodhān nāmarūpanirodhaḥ tasya yoniśo manasikurvata evaṃ yathābhūtasyābhisamaya udapādi• vijñāne 'sati nāmarūpaṃ na bhavati vijñānanirodhān nāmarūpanirodhaḥ*)

W10 [W](*tasyaitad abhavat kasmiṃ nv asati vijñānaṃ na bhavati kasya nirodhād vijñānanirodhaḥ tasya yoniśo manasikurvata evaṃ yathābhūtasyābhisamaya udapādi•* [1]*saṃskāreṣv asatsu vijñānaṃ na bhavati saṃskārani*)$_{1}$*ro*(*dhā*)*d vijñān*(*a*)*n*(*i*)*r*(*o*)*dhaḥ*

W11 [W][2]*tasyaitad* (*a*)*bh*(*a*)*vat ka*(*smiṃ nv asati saṃskārā na bha*)*v*(*anti kasya nirodhāt saṃskāranirodhaḥ tasya yoniśo manasikurvata evaṃ yathā*)$_{2}$*bhūtasyābhisamaya udapādi*(•) *avidy*(*ā*)*yām asa*(*t*)*y*(*ā*)*ṃ sa*(*ṃ*)*skārā na* (*bhavaṃ*)*ti avidy*(*ā*)*ni*(*rodh*)*āt sa*(*ṃskāranirodhaḥ*

W12 *iti avidyānirodhāt saṃskāranirodhaḥ*[3] *saṃskāraniro*)[W](45.1) dh(*ā*)d vijñā$_{3}$nanirodho:[4] vijñānanirodhān nāmarūpanirodho:[5] nāmarūpanirodhāt ṣaḍāyatananirodhaḥ ṣaḍāyatanan(*iro*)dhāt sparśaniro(*dhaḥ*) sp(*ar*)ś(*ani*)rodhād ve(*da*)nāniro(*dho:*[6] *ve*)(45.2) da$_{4}$nānirodhāt tṛṣṇānirodhaḥ

---

[1] MAV II restores this paragraph as part of a tenfold extinction (*nivṛtti*) process which is the same as the Pāli version. Thus: *nāmarūpe kho asati viññāṇaṃ na hoti | nāmarūpanirodhā viññāṇanirodho ti |*. See p. 126, note 2.

[2] MAV II does not restore this paragraph. See p. 126, note 2.

[3] This restoration is tentative, since there is no extant MS of MAV. Two *Nagaropamasūtra* MSS, P.S.Bleu 67(1)v.2 and SHT 420 folio 7r.3 (NidSa MS 109), have *iti avidyānirodhāt saṃskāranirodhaḥ* after the preceding paragraph. The number of lost akṣaras on MS 164.6, which is an alternate MS in our restoration, would require such a refrain here. If *iti* is added to the end of the preceding paragraph, it suggests these MSS may preserve another recension as von Simson noted. However two *Nagaropamasūtra* MSS do not add *iti* to the end of the other paragraphs. Furthermore, neither NagSū MS 123r.6, the Chinese translations nor PravrV(3) have this refrain regardless of the recensions mentioned on p. 128, note 9. In PravrV(3), the editors emended *⟨yad uta avidyānirodhāt saṃskāranirodhaḥ⟩* as the omitted akṣaras based on the Tibetan translation *'di lta ste ma rig pa 'gags pas 'du byed rnams 'gag*. (D ('Dul ba) ka, 111a.2; Q vol. 41, p. 46.1.2).

Base MS SHT 399: MS 45.1 – 45.2

Other MSS of Recension I

1 164.5 ro .. [d vi]jñā[n]. [n]. [r]. [dha]ḥ tasyaita[d]. [bh]. va ◯ t ka + + + + + + + + .. [v]. + + ///

2 164.6 bhūtasyābhisamaya udapādi avidy. y[ām a]sa .[y].ṃ sa(ṃ)skārā [na] .. .. ti avid[y]. [n]i .. .[ā]t sa(ṃ) .. ///

3 164.7 nani[ro]dhaḥ vijñāna[ni] .. dh. [n nā]marūpanirodhaḥ nāmarūpanirodhāt ṣaḍāya[tanani]rodha[ḥ] ṣa ///

4 164.8 nān[i]rodhāt tṛṣṇānirodhaḥ tṛṣṇāniro[dhād] u[pādā]nanirodha[ḥ u]pādānanirodhā .. vanirodhaḥ .. ///

[4] In this MS this visarga is used as punctuation and seems to indicate a semantic break in spite of the sandhi functioning between the last final and the first capital of the two phrases. We are able to find a similar usage of visarga in MS 67.2–3. See p. 106, note 17. MS 164.7: *°ni[ro]dhaḥ*.

[5] Also see above note 4. MS 164.7: *[nā]marūpanirodhaḥ*.

[6] See above note 4.

tṛṣṇānirodhād upādānanirodhaḥ[1] upādānanirodhād bhavanirodho:[2] bhavanirodhāj jātinirodho:[3] jātinirodhāj jarāmaraṇanirodhaḥ śoka(*pa*)$_1$ri(45.3)-
W 9c.13 devaduḥkhadaurmanasyopāyāsā nirudhyaṃty[4] Wevam asya kevalasya mahato
W 14 duḥkhaskandhasya nirodho bhavati iyam atra dharmatā Wtasmād ida(*m u*)cya(*t*)e | |

(45.4) imāṃ kathāṃ pari$_2$ṣadi[5] vartamānāṃ
mahānuśaṃsāṃ vadata śṛṇudhvam*[6]
yā bodhisat*va*sya babhūva pūrve
dharmeṣv avekṣā ananuśruteṣu 1

W 15 W(*ra*) ho(*gatasya*) ◡ ◡ (45.5) tasya dhyāyato[7]
Vipaśyino 'bhūn ma$_3$nasābhicintitam*
kutonidānaṃ maraṇaṃ jarā ca
saṃbhavati[8] *nā*nāvividhaṃ ca duḥkham* 2

W 16 Wtasyaikam ekāgramanasya dhyā(*yato*)[9]
◡̲ — ◡ — (45.6) ry. m (*u*) dapādi jñānam*[10]
jāti$_4$nid*ānaṃ maraṇ*aṃ jarā ca
saṃbhavati[11] nānāvividhaṃ ca duḥkham* 3

W 17 Wjātir athaiṣā(*pi*)[12] k(*u*) tonidā(*n*) ā
(*k*) imprat(*yayā kaḥ punar asya h*) e(*tuḥ*)
(*bhavanidā*) (46.1) n(*ā*) bhava$_5$mūlikā ca
jātir bha(*va*) pratyayatāṃ pratītya 4

W 18 Wupādadānaḥ punas[13] tatra tatra
punarbhavaṃ v. ◡ ◡ — pr(*atī*) t(*ya* /)
◡̲ — ◡ — — ◡ ◡ — ◡ — ◡̲
◡̲ — (*upādā*) (46.2) nam idaṃ pratītya 5

---

1 Possibly read *upādānanirodha:* here. See p. 132, note 4. MS 164.8: *u[pādā]nanirodha[ḥ]*.

2 See p. 132, note 4. MS 164.8: *(bha)vanirodhaḥ*.

3 Idem.

4 MAV II: *nirudhyante*. MS 165.1: *nirdhyan[ty]*, the *Nagaropamasūtra* MSS, P.S.Bleu 67(2)r.1: *(nir)udhy(aṃ)ty*, PravrV(3): *nirdhyaṃty*. Cf. BHSG § 37.13.

5 Metrically read — ◡ ◡.

6 Metrical considerations suggest *śruṇudhvam*. Cf. BHSG § 3.96.

7 Here as the preceding short vowel is a metrically light syllable, the double consonant *dhy* should be read prosodically as a single consonant. Cf. GPRG § 2.73.

8 Metrically read *saṃbhoti*. Cf. Brough (1954), p. 364.

9 See above note 7.

10 Here as the preceding short vowel is a metrically light syllable, the double consonant *jñ* should be read prosodically as a single consonant. Cf. GPRG § 2.54, BHSG § 2.15.

11 See above note 8.

12 Metrical considerations suggest *atha eṣāpi*. Cf. BHSG § 4.55.

13 Metrically read *puna*.

Base MS SHT 399: MS 45.2 – 46.2

Other MSS of Recension I

1 165.1 [r] . d. vaduḥkha .. rmanasyopāyās[ā] nirudhyan[ty] evam asya ke[valas].[a] mahato du + s[k]andhasya ni .. ///

2 165.2 ṣadi [va]rtamānāṃ mahā .. [śaṃ] ..ṃ [vadata ś]ṛṇu[dhva]m* yā bodhisatvasya babhūva [pūr].. .. r[m]eṣv avekṣā ///

3 165.3 nasā .. cintitam* .u[t]. [ni]dānaṃ maraṇa[ṃ] ja[r]ā ca saṃbhavati nā .. vividhaṃ [ca] .. ..m* 2 ta ..[ai] ///

4 165.4 nidānaṃ maraṇaṃ jarā ca saṃbhavati nā ○ nāvi[v]i + + + +[* 3] jā[ti]r a .. + + ///

5 165.5 [m]. [likā] + .[ā] .[ir] + + [pr]. tya [y]. + [ṃ p] + + ○ ///

[W]9c.19 [W]prabhūtabhakṣasya hi pāvakasya
samīritaṃ vāyuvaśād yathārci[1]•
evam[2] upādā(*na*)m idaṃ hi bhavati[3]
tṛṣṇānidānaṃ jval(*a*)ti yathā(*rciḥ*) 6

[W]20 [W]((*tṛṣṇā puna*) (46.3)r[4] vedayitaṃ pratītya
utpadyate jālinī duḥkhamūlikā•
viṣakti(*kā*) saritā sīvanī ca
sukhena duḥkhena ca saṃprayuktā 7

[W]21 [W]sparśas tath(*aivāyatanaṃ*) (46.4) pratītya
utpadyate vedayitaṃ narāṇām*
sātā asātā atha vāpy upekṣā
tisra imā vedanā[5] sparśasaṃbhavā[6] 8

[W]22 [W]sparśas tathaivāyat(*a*)naṃ (*p*)r(*at*)ī(46.5)tya
utpadyate so 'pi hitasya hetuḥ
cakṣuś ca śrotraṃ[7] ca tathaiva ghrāṇaṃ
jihvā ca kāyaś ca manaś ca ṣaṣṭham* 9

[W]23 [W]idaṃ hi ṣaḍāyatanaṃ sahe(*tu*)kam
utpadyate nām(*a*)rū(46.6)paṃ pratītya•
riktaṃ ca tucchañ ca asārakañ ca
anāśvāsikaṃ vipariṇāmadharmam* 10

[W]24 [W]nāma ca (*r*)ūpaṃ ca kutoni(*dā*)naṃ
kiṃpratyayaṃ (*ka*)ḥ p(*u*)nar (*a*)sya hetuḥ
it(*y*) e(*ta*)(47.1)m artha(*ṃ*) paricintayāno[8]
dadarśa vijñānanidānam eva 11

[W]25 [W]vijñānam eta(*c*) c(*a*) kut(*o*)nidāna(*ṃ*)
ki(*ṃ*)p(*r*)atyayaṃ kaḥ punar asya hetuḥ
ity etam artha(*ṃ*) pravaṇe vicintya
dada(47.2)rśa saṃskāranidānam eva 12

[W]26 [W]kṛtsnaṃ ca saṃskāragataṃ ya$_{1}$d etat
kiṃpratyayaṃ kaḥ punar asya hetuḥ
ity etam arthaṃ bhagavāṃ Vipaśyī
dadarśa ajñānanidānam eva 13

---

1 For *yathārciḥ*.
2 Metrical considerations suggest *evaṃ*; interpreting a final anusvāra before the vowel would make the syllable closed and prosodically long as required by metre. Cf. BHSG §2.69.
3 Metrically read *bhoti*.
4 MAV II restores *(tṛṣṇotpatti)r*.
5 For *vedanāḥ*.
6 For *sparśasaṃbhavāḥ*.

Base MS SHT 399: MS 46.2 – 47.2

Other MSS of Recension I

1 166.4 + .. [t]. [t k]. .. .. + .. pu .. + + + ◯ + + + + + + + + + + + + + + + ///

[7] Here as the preceding short vowel is a metrically light syllable, the double consonant *śr* should be read prosodically as a single consonant. Cf. GPRG § 2.96.

[8] For *paricintayamāno*. Cf. BHSG § 34.4 ff.

W9c.27 W(47.3) evam[1] idaṃ bhavati[2] sahetukaṃ bhṛśaṃ
sapra$_1$tyayam[3] asti nidānam asya•
tasmād duḥkhe vipariṇāmadharme
jñātvā pipāsāṃ vinayanti paṇḍitā[4] 14

W28 Wta(47.4) d idaṃ hi devair na kṛtaṃ na mānuṣair
na ceśvarai$_2$r nirmitaṃ nābhivādyaiḥ
pratyeti vid*v*āṃ kuśalasmṛtaś ca
duḥkhasya jñātvā[5] prabhavaṃ śamaṃ ca 15

W29 Wajñānam eta(47.5) c ca yadā nirudhyate
ime 'pi saṃskāras[6] ta$_3$dā na santi•
$_4$ime 'pi saṃskāra[7] yadā na santi
ida*ṃ* ca vijñānam atho nirudhyate 16

W30 Wvijñānam etac ca yadā nirudhyate
nāma[8] (47.6) ca rūpaṃ ca tato ni$_5$rudhyate•
nāma[9] ca rū$_6$paṃ ca yadā a$_7$śeṣaṃ
nirudhyate nāyatanāni santi 17

W31 Wimāni ced āyatanāny aśeṣaṃ
yadā nirudhyaṃti na santi sparśā[10]$_8$•[11]
sparśe(48.1) ṣv asatsu na bhavaṃti vedanā
avedayānasya[12] na $_9$saṃti tṛṣṇā[13] 18

W32 Wtṛṣṇā$_{10}$nirodh*ā*n n*o*pādadāti[14]
anupādadānasya bhavā na santi•
bhavasya cā$_{11}$dhyastagamān nirodhāj
jātiḥ ka(48.2) dācin na kathaṃcid asti 19

---

[1] Metrical considerations suggest *evaṃ;* interpreting a final anusvāra before the vowel would make the syllable closed and prosodically long as required by metre. Cf. BHSG §2.69.

[2] Metrically read *bhoti*. Cf. Brough (1954), p. 364.

[3] Metrical considerations suggest *sapratyayaṃ*, see above note 1.

[4] For *paṇḍitāḥ*.

[5] Here as the preceding short vowel is a metrically light syllable, the double consonant *jñ* should be read prosodically as a single consonant. Cf. GPRG §2.54, BHSG §2.15.

[6] Grammatically emend to *saṃskārās*, but metrically the final syllable should be read light as *saṃskāra*. Cf. BHSG §8.79.

[7] MS 166.7: *saṃskār[ā]*. Metrically the final syllable should be read light. Cf. BHSG §8.79.

[8] Metrically read *nāmaṃ*. Cf. BHSG §17.10.

[9] Idem.

[10] Here as the preceding short vowel is a metrically light syllable, the double consonant *sp* should be read prosodically as a single consonant. Cf. GPRG §2.111, BHSG §2.12.

[11] MS 88.4: *(sparśā)[ḥ]*.

[12] For *avedayamānasya*. Cf. BHSG §34.4 ff.

[13] For *tṛṣṇāḥ*.

[14] Metrically read *na upādadāti*.

Base MS SHT 399: MS 47.3 – 48.2

Other MSS of Recension I

1	166.5	tyayam asti [ni]d[ā]nam asya• tas.. d duḥ ○ khe [v]. + + + + + + jñ. .. p. .. + + ///
2	166.6	r nirmitaṃ nābhivādy[ai] .. .. .. ti vidvāṃ ku .. [l]. [s]mṛtaś ca duḥkhasya jñ. tvā prabhavaṃ [śamaṃ] ca 15 ///
3	88.2	/// .. na santi• ime ///
4	166.7	ime pi saṃskār[ā yadā] na santi idaṃ [c]a vijñ. nam atho nirudh[y]ate 16 [vijñ]. .. m etac ca ya .. ///
5	88.3	/// + rudh[y]. te• nāma + ///
6	199.1	///.. ca ya ...
7	166.8	śeṣaṃ niru .. [t]e nāyatanāni saṃti 17 imāni [ce]d ā .. [ta]n[ā] .. [ś]e .. .. dā nirudhya .. ///
8	88.4	/// [ḥ] sparśeṣv asats. + ///
9	167.1	.. [t]. tṛṣṇ[ā 1]8 tṛṣṇānirodhān nopādadāti anupāda[d]ā[n]a[sy]a bha[vā n]a saṃti• bhavasya c[ā] + ///
10	199.2	///[niro]dhā[n no] .. [da] .. .. pā[da]dānasya bhavā .. .. .. [bhava]
11	88.5	/// + + dhyas[t]agam[ā] + ///

^{W}9c.33 ^{W}jāter nirodhān ma$_{1}$raṇaṃ jarā ca
śokaś ca duḥkhaṃ paridevi$_{2}$taṃ ca•[1]
sarvasya cādhyastagamo nirodhaś
cakṣu$_{3}$ṣmatā evam idaṃ nibuddham* 20

^{W}34 ^{W}gaṃbhīra(48.3)m etaṃ nipuṇaṃ sudurdṛśaṃ
pratītyasamutpāda$_{4}$m[2] a$_{5}$vaiti śāstā•[3]
asmiṃ satīdaṃ hi sadā pravartate
asa$_{6}$ti ca tasmiṃ hi sadā na bhavati[4] 21

^{W}35 ^{W}yadā pra(48.4)jānāti yatonidānaṃ[5]
yāṃ pratyayān āyatanāni sa$_{7}$nti•
na tasya $_{8}$bhūya ito bahirdhā
paryeṣaṇā bhavati[6] svayaṃ vidi$_{9}$tvā 22

^{W}36 ^{W}yadā ca $_{10}$taṃ paśya(48.5)ty[7] ātmanaiva
na nāma bhavati pariva(*r*)takaḥ saḥ
prahāya $_{11}$moham[8] udapādi $_{12}$jñānaṃ[9]
duḥkhasya jñātvā[10] prabhavaṃ śamaṃ ca 23

^{W}37 ^{W}ci$_{13}$ttaṃ yadā caitasikāś ca dharmā
anityatas suvi(48.6)ditā bhavanti•
hīnaṃ praṇītaṃ ca $_{14}$yad asti rūpaṃ
samyagd*ṛ*śo vetti pralopadharmam*[11] 24

^{W}38 ^{W}ya$_{15}$m āha duḥ$_{16}$khopanayaṃ[12] sukhāvahaṃ
mārgaṃ śivaṃ yātum ananyaneya(*m*)*
.ai — ◡ — — ◡ ◡ — ◡ — ◡ ◡̲
◡̲ — ◡ — — ◡ ◡ — ◡ — ◡̲ (*/ / 2*)$_{17}$5

---

[1] MS 167.2 omits •.

[2] Here as the preceding short vowel is a metrically light syllable, the double consonant *tp* in the compounds containing the prefix *ud-* should be read prosodically as a single consonant. Cf. BHSG §2.88.

[3] MS 167.3 omits •.

[4] Metrically read — ◡.

[5] MAV II: *yato nidānaṃ*. Cf. BHSD s.v. *nidāna*.

[6] Metrically read — ◡, and following double consonant *sv* should be read prosodically as a single consonant.

[7] Metrically read *paśyati*. Cf. BHSG §4.55.

[8] Metrical considerations suggest *mohaṃ;* interpreting a final anusvāra before the vowel would make the syllable closed and prosodically long as required by metre. Cf. BHSG §2.69.

[9] Here as the preceding short vowel is a metrically light syllable, the double consonant *jñ* should be read prosodically as a single consonant. Cf. GPRG §2.54, BHSG §2.15.

[10] Idem.

Base MS SHT 399: MS 48.2 – 48.6

Other MSS of Recension I

1	167.2	raṇaṃ jarā ca [ś]oka[ś ca du]ḥkhaṃ paridevitaṃ ca [s]arvasya cādhyastaga[mo] nirodhaś ca[k].. ṣmatā eva[m i] ///
2	199.3	///.. [ñ] ca • sa[rva]s[ya cādhya] .. .. [mo niro] .. .. [daṃ] ni
3	88.6	/// + + [ṣma] .. + + + ///
4	121.1	/// .. .. [s]tā• asm[i]ṃ [s]. t. + [h]. [sa] + [p]rava[rt]. t[e] asat. ca [ta]smi[ṃ] hi sa[d]. + + + + + .. [y]. .. pra[jā] ///
5	167.3	vaiti śāstā asmiṃ sa .. .. .. sadā pra[v]artat[e] asati ca tasmiṃ hi [sa]dā na .. .. ti 21 yad[ā] ///
6	199.4	///.. .. .. .i [h]i sa .. .. ti 21 .. .. [to]ni
7	121.2	/// .. [na] tasya bhūya i[t]o bahi .ā .. .[eṣaṇ]. .. va[t]i s.ayaṃ viditvā 2[2] yadā [ca t].ṃ paśya .[y] ātma .[ai] ///
8	167.4	[bhū]ya i[t]o .. hirdhā pary[e]ṣaṇā bha ○ vati [s].. ..[ṃ] + + .. [2]2 ya[d]ā [ca] ..ṃ .. + ///
9	89.2	/// + tvā 22 [ya]d. + ///
10	199.5	///.. .. ..ḥ prahā
11	121.3	/// ○ mo .. m. da .. [d]. jñānaṃ [d]. + + + + .. bhavaṃ śa[maṃ ca 2]3 [c]i[tt]aṃ .. .. [caita]sikāś ca [dha]rmā [a] + ///
12	167.5	.. ..[ā] .. .. bhavaṃ śa[ma]ṃ ○ .. + + + + + + + + .ā + + + + ///
13	89.3	/// tta[ṃ] yadā .ai[tas]i ///
14	121.4	/// ○ .. [d ast]. [rū] + .. + .[ṛ] + + + + + + + + [24] + + ... khāvahaṃ mārgaṃ .. + ///
	199.6	///+ + + + ... sthirū .. .. [m]y. [gd]ṛ[śo] vetti [pra]lopadharmam* 2(4)
15	167.6	+ .[ā] + ///
16	89.4	/// kh[op]anayaṃ [s]u ///
17	199.7	///+ + + + .[5]yā [vā] a[ko]pyā atulā anaṃgaṇā • vi[r].

[11] Here as the preceding short vowel is a metrically light syllable, the double consonant *pr* should be read prosodically as a single consonant. Cf. GPRG §2.76, BHSG §2.10.

[12] MAV II: *duḥkhāpanayaṃ*. Cf. MAV II, p. 128, note 9.

yā vā akopyā atu$_1$*lā anaṅga*(49.1)*ṇā*[1]
virā ⏑ — — ⏑ ⏑ — ⏑ — ⏑ ⏓ (*I*)
⏓ kaḥ sa — — ⏑ ⏑ — ⏑ — ⏑ ⏓
⏓ — ⏑ — — ⏑ ⏑ — ⏑ — ⏑ ⏓ (*26*)

⏓ — ⏑ — — ⏑ ⏑ — ⏑ — ⏑ ⏓
⏓ — ⏑ — — ⏑ ⏑ — (49.2) ku$_2$leṣu(•)
vāl*am iva tiro vitatakṣur*eṇa
prati ⏑ — — ⏑ ⏑ — ⏑ — ⏓ (*27*)

⏓ — ⏑ — — ⏑ ⏑ — ⏑ — ⏓
⏓ — ⏑ — (49.3) — vigatāsya saṃjñā•
nā(*n*) ān ⏑ — — ⏑ ⏑ — ⏑ — ṣe
sa rāṣṭṛ — — ⏑ ⏑ — ⏑ — ⏓$_3$(*2*) *8 I I*

5. The Four Noble Truths

W 9d.1, 2 W[2]*tatredānīṃ Vipaśyī bodhisa*(*t*)*vo jarāmaraṇa*(*m* W*a*) (49.4) (*dr*) ākṣīj jarāmaraṇasa(*mudayaṃ jarāmaraṇani*) rodhaṃ jarā(*maraṇanirodhagāminīṃ*[3] *pratipadam adrākṣīt** $_4$*evaṃ jātiṃ bha*) *va*(*m upādānaṃ tṛ*$_5$*ṣṇāṃ*) *vedanāṃ sparśaṃ ṣaḍāyata*(49.5) *naṃ*[4] nāmarūpaṃ vi$_6$*jñānaṃ*[5] *saṃskārā*(*n a*) *drākṣīt**[6] sa(*ṃ*) skārasamu(*da*)*yaṃ* $_7$*saṃskāranirodhaṃ saṃskāra*(*nirodhagāmi*) *n*(*ī*) *ṃ*
W 3 *pratipa*(*dam* W*a*) *drākṣīt**[7]

rūpam adrākṣīd[8] *rū*$_8$*pasamudayaṃ rū*(49.6) *paniro*(*dhaṃ*) *rūpan*$_9$*i*(*r*) *odhagāminīṃ* pratipadam *adrā*$_{10}$*kṣīt**[9] *vedanāṃ saṃjñāṃ saṃskārāṃ*[10] *vijñā*(*nam a*) *drākṣīt**[11] *vijñānasamudayaṃ vijñānanirodhaṃ vijñ*(*ānanirodhagāminīṃ pratipa*) (50.1) d(*a*)$_{11}$m (*a*) *drākṣīt**[12]

W 4 W*jñānaṃ* $_{12}$*cāsya da*$_{13}$*rśanaṃ* cotpannaṃ[13] *saṃ*$_{14}$*bodha*pakṣikeṣ(*u*)[14] *dharmeṣu k*(*ṣ*) *īṇā me jātir uṣitaṃ brahmacaryaṃ kṛta*(*ṃ*)[15] *ka*(*ra*) *ṇī*(*yaṃ*) *nāpa*(*ram asmād bhavaṃ prajānāmy a*) (50.2) (*n*) u(*tta*) rāṃ (*sa*) my(*a*$_{15}$*ksaṃ*) *bodhim abhi*(*saṃ*)-
W 5 *bu*$_{16}$*ddho* $_{17}$*'smīty* adhyajñāsīd *iyam atra dharmatā* W*tasmād idam ucyate I I*

[1] MS 199.7: *anaṃgaṇa•*, MS 89.5: *a[n](a)[ṅg](a)[ṇa]•*.
[2] MAV II does not restore 9d.1. Parallels: NagSū I.36–37; PravrV(3), pp. 260.39–261.3; T 99, vol. 2, p. 80b.26–c.6; T 713, vol. 16, p. 826b.7–c.14; T 714, vol. 16, pp. 827c.1–828a.9; T 715, vol. 16, p. 829a.7–b.21.
[3] PravrV(3) adds *ca*.
[4] MS 122.3: *(ṣa)[ḍaya]tana[ṃ]*.
[5] MS 122.3: *vijñā[nam]**, MS 123.1: (vi)[jñ](ā)na[ṃ], MS 200.3: [v]ijñā[nam].
[6] MS 123.1: *[a]drākṣīt**.
[7] MS 122.4: *(a)[d]rākṣīt**.
[8] MS 122.4: *adr[ā]kṣīd*.
[9] MS 122.5: *(a)d[rākṣī]t**, MS 123.2: *adr[ākṣī]t[*]*.
[10] MS 122.5: *saṃsk[ā]rā[ṃ]*, MS 123.2: *saṃskārāṃ*.
[11] MS 122.5: *(a)d[rākṣī]t**.

Base MS SHT 399: MS 49.1 – 50.2

Other MSS of Recension I

1	89.5	/// [lā] a[n]. [ṅg]. [ṇa]• [v]i ///
2	200.1	///+ + + + [l]. ṣu vālam iva t[i]r[o] vitatakṣureṇa prat[i] .. +
3	200.2	///+ + + + .. [8] I I tatredānīṃ vi[pa]śyī bodhi[sa] .[o jarā]mara[ṇa]
4	122.3	/// ◯ .. .. .. + + [va] .. + + + + + + + + + .. + + [ḍaya]tana[ṃ] .. [ma]rūpaṃ vijñā[nam]* + ///
5	200.3	///+ + + + + + vedanāṃ sparśaṃ ṣa .. .. .. [naṃ] .. .. [v]ijñā[naṃ]
6	123.1	/// + [jñ]. na[ṃ saṃ]skār. [n a]drākṣīt* [sa] .. + .. [mu] .. [yaṃ saṃ]skāranirodhaṃ
7	122.4	/// ◯ saṃ[skārani] .[o]dha(ṃ) saṃskā[ra] + + + + .. n.[ṃ] prati[pa] .. .. [d]rākṣīt* rūpam adr[ā]kṣīd rūpasamu .. ///
8	200.4	///.. .. mudayaṃ rūpa .. .. .. [rūpani] .. .. [pada]
9	123.2	/// .[o]dhag[ā]minīṃ pratipadam adr[ākṣī]t[* v]eda[nāṃ] sa[ṃ]jñāṃ saṃskārāṃ vijñā
10	122.5	/// .. [t]* vedanāṃ saṃjñāṃ saṃsk[ā]rā[ṃ v]. [jñ]. .. .. d[rākṣī]t* vijñānasamudayaṃ vijñāna[n]irodhaṃ [vijñ]. .. .. .. ///
11	200.5	///.. drākṣīj jñānaṃ cāsya .. .. naṃ cotpaṃnnaṃ sa[ṃ] .. ..
12	123.3	/// .. [sy]a darśa[naṃ c]āsyo[tpa]nnaṃ saṃ[bo]dha[pa]kṣikeṣ. dhar.eṣu [k].ī .[ā] m[e]
13	122.6	/// .. .. [n]naṃ bodhapak.ike + + .. [e] .. .. ṇā [me] .. tir uṣitaṃ bra[h]macaryaṃ [k]. + + + ... [n]āpa ///
14	168.5	[bodh]. .. kṣike .. .. [r]m[e] .. .. .. [me jā]ti ◯ r [uṣi] + + + + + .[ṛta] ka .. [ṇī] .. + ///
15	123.4	/// .. [bo]dhim abhi .. buddho s[m]ī[t] .. + + + + + + + + + .. tā ta
16	168.6	[ddh]. [smī] .[y]. [dhya]j[ñ]ā .. .[iya]m atra dharmatā tasmād [i]dam ucyate I I [rū]paṃ ca saṃ ..[ṃ] ca tathaiva vedanāṃ saṃ ///
17	200.6	///smīty adhyajñāsīd iya .. .. .. rmatā tasmād ida[m u] .. ..

[12] MS 200.5: *(a)[dr]ākṣīj*.
[13] MS 123.3: *[c]āsyo[tpa]nnaṃ*, MS 200.5: *[c]o[t]paṃna(ṃ)*.
[14] MS 122.6: *bodhapak(ṣ)ike(ṣu)*.
[15] MS 168.5: *(k)[ṛta]*.

rūpaṃ ca saṃ(jñā)ṃ ca tathaiva vedanāṃ
saṃ(skāraṃ vijñā) (50.3) (*na*)m anityam adhya ⏓ (*I*)
na e ⏑ — — ⏑ ⏑ — ⏑ — ⏑ $_{1}$tis
tatrai$_{2}$va *saṃprāptava(n āsrava) kṣaya*$_{3}$*m**[1] (*1*)
picur yathā mārutavegapreritaṃ[2]
diśo diśaṃ ga(cchat) i (pre) rya(50.4) *māṇ(aḥ)*
tathaiva mārasya balaṃ su — ⏑ ⏓
⏓ — ⏑ — s tūlapicu ⏑ — ⏓ $_{4}$*2 I I*[3]

6. The Two Questions

W 9e.1 W$_{5}$*acirābhisaṃbuddhasya Vip(aś) y(i) naḥ samyaksaṃbuddhasya (dv) au vi(tark) au*
bahulaṃ samudācā(riṣṭām naiṣkramyavi) (50.5) (*ta*) rkaś ca pravi(*ve*) k(*avitarkaś*
W 2 *ca*[4] *iyam a*) tra dharmatā W(*tasmād ida*)$_{6}$*m ucyat*(*e*) $_{7}$I I

tathāgatasyāpratituly. — ⏓
⏓ — ⏑ — — ⏑ ⏑ — ⏑ — *l.* (*I*)
babhū(*va*) — — ⏑ ⏑ — (50.6) katā ⏑ ⏓
⏓ — ⏑ — — ⏑ ⏑ — ⏑ (*tā*) yinaḥ 1
W 3 W⏓ — ⏑ — (*dha*)$_{8}$*rmavaśimān aśeṣo*
$_{9}$*viś*(*v*) *ottaras tṛṣṇā*(51.1) *kṣayād*[5] virakt*a*(*ḥ*)[6]
vi(*m*) u*kt*(*a*) *c*itt*o hy* (*a*) khilo anāsr*a*v(*o*)
vy(*a*) — ⏑ — — ⏑ ⏑ — ⏑ — ⏑ ⏓ (*2 I I*)

7. The Resolution to Preach

W 10a.1, 2 W(*atha Vipaśyinaḥ samyaksaṃbuddha*)$_{10}$*syaitad abhava*$_{11}$*t* W*kasya nv ahaṃ*
Bandhu(51.2) *ma*tyāṃ rājadhān*y*āṃ prathama*to* dharman deśayeyam
W 3, 4 Watha Vipaś(*y*) i(*naḥ samyaksaṃbuddhasyaitad abhavat* W*yanv ahaṃ Khaṇḍasya*
ca rājakumāra)$_{12}$*sya Tiṣyasya ca purohita*$_{13}$*putrasya* (51.3) prathamato dharman
W 5 de(*śa*) yeyam iyam atra dharmatā W(*tasmād idam ucyate I I*)

---

1 MS 168.7: *kṣaya[m*].*

2 Here as the preceding short vowel is a metrically light syllable, the double consonant *pr* should be read prosodically as a single consonant. Cf. GPRG §2.76, BHSG §2.10.

3 MAV II does not restore the verses.

4 Cf. SHT (V) 1103R1, (VIII) 1103: *yuṣmākam api bhikṣavo dvau vitarkkau bahulaṃ samudācareta naiṣkramyavita(r)[kk](aś cāvyā)*(R2)*(vaddhyavitarkkaś ca)*, Uv 21.16b *dvau vai vitarkau bahulaṃ samudācarete I*.

5 MS 169.2: *[tr]ṣṇakṣa°*, in this case, the preceding short vowel is a metrically light syllable, the double consonant *kṣ* should be read prosodically as a single consonant. Cf. GPRG §2.41, BHSG §2.25. However, MS 124.3: *tṛṣ[ṇ]ākṣa°*.

6 MS 124.3: *virakta•*.

Base MS SHT 399: MS 50.3 – 51.3

Other MSS of Recension I

1 123.5 /// [t]. s tatraiva saṃprāptava + + + + + + + + + + + + + + +
2 168.7 .. saṃpr. .. .. kṣaya[m*] .. cur yathā mārutavega .[rer]ita[ṃ] diśo d[iśaṃ] ga .. .[i] .. [rya]m[āṇ]. ///
3 200.7 ///[m*] pi[cu] .. thā [m]ā[r]. + .. [g]. preritaṃ [diśo] di[śaṃ] .. ..
4 168.8 [2] | | [acir]. .. [sa]ṃb. .. sya vi[p]. .[y]. [naḥ] samyaksaṃbuddhasya .au [v]i .. .. [au] bahulaṃ [sa]mudācā .. ///
5 124.1 /// .. cirābhisaṃbuddhasya + + + + + + + + + + + + + +
6 169.1 [m] ucyat. | | tath[āg]. + [s]y. pratitu[ly]. + + + + + + + + + + + + + ///
7 124.2 /// .. tathāgatas[y]āp[r]atituly. .. + + + + + + + + + + + l. babhū
8 169.2 rmavaśimān aśeṣo vi[ś].[ottaras tṛ]ṣṇakṣa[y]. + + + + + + + + + + + ///
9 124.3 /// viś.ottaras tṛṣ[ṇ]ākṣayād virakta• vi .. [kt]. citt[o] hy. khilo [a] .. sra
10 169.3 syaitad abhavat kasya nv a[haṃ ban]dhumatyāṃ [rā] + + + + + + + + + + + ///
11 124.4 /// [t k]. sya nv ahaṃ bandhumatyāṃ rājādhānyāṃ pra[thama]to dharman deśayeyaṃ
12 169.4 sya tiṣyasya ca purohitaputrasya ○ + + + + + + ///
13 124.5 /// [p]utrasya pra[thama]to dharma .e + + [yaṃ] iyam atra dharmatā

[1](*śaile yathā parvatamūrdhani sthito*)
(*ya*)$_{1}$*dvāṃ hi*[2] *paśyej janatāṃ samantāt**[3]
tath(*ā hy a*) (51.4) s(*au*) dharmam(*a*)yaṃ (*s*)um(*e*)dha[4]
prāsādam āruhya samanta(*cakṣuḥ*)
(*śokā*$_{2}$*bhi*) bhū(*tāṃ janatām aśoko*)
(*'drākṣīd imāṃ jātija*)$_{3}$*rābhibhūtām** / /[5]

8. The Buddha Goes to Bandhumatī

W 10b.1 [W]*atha Vipaśyī samy*(*aksaṃbuddho bo*) (51.5) dhimūlaṃ[6] yath*ā*bhiramyaṃ (*v*) ihṛtya yena Bandhuma$_{4}$tī rājadhān*ī te*(*na caryāṃ p*) *r*(*akrāntaḥ Vipaśyī samyaksaṃbuddho Ba*)$_{5}$*ndhumatī*(*ṃ rājadhān*) *īm* (*anu*) *prāptaḥ i*(*yam atra*
W 2 *dharmatā* [W]*ta*) (51.6) (*sm*) ād *idam* ucyate | |

siṃho $_{6}$yath*ā* par*v*atakuṃja*vā*sī[7]
viś — ∪ — — ∪ ∪ — ∪ — ⏓ (/)
⏓ — ∪ — — ∪ ∪ $_{7}$*mo* ∪ — ⏓
⏓ (*bandhuma*) *tyāṃ* ∪ ∪ — ∪ — ⏓ (/ /)

9. The First Sermon to the Two Principal Disciples

W 10c.1 [W](*a*)$_{8}$*th*(*a Vi*) (52.1) paśyī $_{9}$samyaksaṃbuddho dāvapālaṃ p(*ur*) u(*ṣa*) m (*ā*) m(*ant*) r(*aya*) ti

W 2 [W]e(*hi tvaṃ bho dāvapāla yena Khaṇḍaś ca rāja*$_{10}$*ku*) *māras Ti*$_{11}$*ṣyaś c*(*a*) *pu*(*rohitaputras teno*) *pasa*(*ṃk*) *r*(*āma upe*$_{12}$*t*) *y*(*a*) (52.2) Khaṇḍañ ca rājakumāraṃ Tiṣyañ ca
W 3 purohitaputram ev(*aṃ vada* [W]$_{13}$*Vi*) *paśyī y*(*u*) *v*(*ā*) *ṃ* (*samyaksaṃbuddho āgataḥ sa vāṃ draṣṭukāmaḥ*)

W 4 [W](*evaṃ bhadanteti sa dā*)$_{14}$*vapāl*(*o pur*) *u*(*ṣo Vipa*) *śy*(*i*) (52.3) naḥ samyaksaṃbudhasya pratiśrutya $_{15}$yena Khaṇ*ḍa*(*ś ca rājakumāras Tiṣyaś ca purohitaputras tenopajagāma upetya Khaṇḍaṃ ca rājakumāraṃ Ti*)$_{16}$*ṣya*(52.4) ñ ca purohita$_{17}$putram idam avocat*

W 5 [W]Vipaś(*y*) ī y(*uvāṃ sa*)$_{18}$*myaksaṃbud*(*dho*) *ā*(*gataḥ sa vāṃ draṣṭukāmaḥ*)

W 6 [W](*atha khalu Khaṇḍaś ca rājakumāras Tiṣyaś ca purohi*) (52.5) taputra$_{19}$s tasya puru$_{20}$ṣasya pratiśrutya yena Vi*paś*yī *samya*(*ksaṃbuddhas tenopajagmatuḥ upetya Vipaśyinaḥ samyaksaṃbuddhasya pādau śirasā va*)$_{21}$*nditvā ekāṃte*[8] (52.6) *nya*ṣ*ī*datām

---

1 Parallels: Uv 21.18, Itiv 38.3, SN I, p. 137.25ff., Vin I, p. 5.33 ff.

2 MS 169.4/5: + *dvāṃ hi.* Cf. Uv 21.18: *yathaiva*, SN I, p. 137.26: *yathā pi*, Vin I, p. 5.33: *yathāpi*.

3 MS 169.5: *sa[ma]ntāt**.

4 For *(s)um(e)dhāḥ*. Cf. Uv 21.18: *sumedhāḥ*.

5 MS 169.6: *rābhibhūtām* / /*.

Base MS SHT 399: MS 51.4 – 52.6

Other MSS of Recension I

1	169.5	dvāṃ hi paśyej [j]anatāṃ sa[ma]ntāt* tath. ○ + + + + + + + ///
2	201.u	/// .. [bh]ū + + + + + + + + ///
3	169.6	rābhibhūtām* I I a[tha] v[i]paśyī sam[y]. + + + + + + + + .. [thā]bhira .. ///
4	201.v	/// + [tī] r[ā] .. [dh]. nī [te] + + + .r. ///
5	169.7	ndhumatī + ...[īm]. .. prāpta[ḥ i] + + + + + + + + + d idam ucya .e + ///
6	201.w	/// + .. thā [p]arvatakuñjavā ///
7	169.8	.. mo .. + + + + + + + ... tyāṃ .. + + + + + + + + + + [śy]ī samyak[s]amb[ud]. ///
8	185.v	/// + + + [th]. + ///
9	201.x	/// + .. [my]ak[s]aṃb[u]d[dh]o dāvap[ā] ///
10	185.w	/// .. māras tiṣya ///
11	170.1	.[y]. [ś] c. [pu] + + + + + ... [pasa](ṃ) .[r]. + + + + + + + + [ja]kumāra[ṃ t]. ṣ[y]a ///
12	201.y	/// + + .[y]. [kh]. .. [ñ c]a [rā] .. .. ///
13	185.x	/// .. paśyī [y]. [v].ṃ ///
14	170.2	vapāl. + .[u] .. .. .. śy. naḥ [s]. [m]ya + + + + + + + + + yena khaṇḍ. + ///
15	233.a	/// .. na kha[ṇ]ḍa .. ///
16	170.3	ṣyaṃ ca pu[r]ohita[p]. .[r]. m. dam avocat* .. + + + + + + + + +[ṃ]b[u]d.. ā .. ///
17	202.1	/// + + + .[u] + + + + + + + + ///
18	233.b	/// +[m]yak[s]aṃ[b]. + ///
19	202.2	/// + + s tasya puru .. [s]y. .[r]. ///
20	170.4	ṣasya pratiśrutya yena vi[p]aśyī sam[y]a ○ + + + + + + + + ///
21	202.3	/// + n[d]itvā ekāṃte nyaṣīda[t]. ///

---

[6] MAV II corrects *bodhimūle*. Cf.ibid. p.149, note 5.

[7] MS 201.w: *parvatakuñjavā (sī)*.

[8] MS 202.3: *°n[d]itvā ekāṃte*.

^{W}10c.7 ^{W}e$_{1}$*kāntaniṣaṇṇ*au Khaṇḍañ ca rāj*a*kumāraṃ (*Tiṣyaṃ ca purohitaputraṃ Vipaśyī samyaksaṃbuddhas tri*)$_{2}$*bhiḥ prāti*$_{3}$*hāryair avavadati*[1] *ṛddhi*(53.1) pr(*ā*) t(*i-hāryeṇādeśanāprā*)$_{4}$tihāryeṇa[2] ānuśāsanāprātihāryeṇa

^{W}8 ^{W}tau tribh(*i*) ḥ prāti$_{5}$*hāryaiḥ samya*(*g ava*)$_{6}$*vadyamānau* (*samyag anuśiṣyamāṇau tatraiva saṃ*) (53.2) pr(*ā*) ptavantāv ā(*s*) r(*avakṣayam iyam atra*) $_{7}$dharmatā

^{W}9 ^{W}tasmād idam ucyate | |

saṃbodhilabdhas tad upā$_{8}$gama(*j jinaḥ*)
⏓ — ⏑ — — ⏑ ⏑ — ⏑ — ⏑ ⏓ (/)
⏓ — ⏑ — — (53.3) m amṛtaṃ prakāśitaṃ
(*p*) r(*avarti*) taṃ bhagavatā dharmaca$_{9}$kram* (*1*)

tau KhaṇḍaTiṣyau sugatasya *śrā*(*vak*) *au*[3]
⏓ — ⏑ — — ⏑ ⏑ — ⏑ — ⏑ ⏓ (/)
⏓ — ⏑ — — (53.4) prativìdhyatus tadā
ta(*t*) rai(*va*) prāptavantāv āsravakṣayam* 2 | |

10. Another Eighty-thousand People of Bandhumatī Renounce the World

^{W}10d.1, 2 ^{W}aśrauṣur $_{10}$B*andhum*(*atyā*) ṃ (*rājadhānyām aśī*) *ti*(*p*) *r*(*āṇasahasrāṇi* ^{W}*Khaṇḍaś*) *c*(*a*) *rājakum*(*ā*) *r*(*a*) (53.5) s Tiṣyaś ca purohitapu(*traḥ keśaśmaśrūṇy a*) vatārya kāṣāyāṇi vastrāṇy āchā(*dya*[4] *samyag eva śra*)$_{11}$*ddhayā ag*(*ā*) *rād*[5] (*a*) *nagārikāṃ pravraj*(*itau*)

^{W}3 ^{W}(*śru*$_{12}$*tvā*) *c*(*a*) *punar* (*eṣā*) *m e*(53.6) tad abhavan na batāvaro (*dharmo bhaviṣyati nā*) varaṃ dharmākhyānaṃ yatredānīṃ Khaṇḍaś (*ca rājakumāras Tiṣya*)$_{13}$*ś ca purohitaputras ta*(*thā*) *sukumā*$_{14}$*rau* (*ta*) *thā s*(*ukhaiṣi*) (54.1) ṇau keśaśmaśrūṇy avatār(*ya kāṣāyāṇi vastrā*) ṇy āchādya[6] samyag eva śraddhayā[7] agār(*ād anagārikāṃ pravrajitau*)

^{W}4 ^{W}(*śru*)$_{15}$*tvā ca punas te 'pi keśaśmaśrūṇy avatā*(*rya kāṣāyāṇi*) (54.2) vastrāṇy āchādya[8] samyag e(*va śraddhayāgārā*) d (*a*) nagārikāṃ pravrajitā iyam atra

^{W}5 (*dharmatā* ^{W}*ta*)$_{16}$*smād idam ucyate* | |

---

1 MS 202.4: *avavadati*.
2 Hiatus for - *ā* -. Cf. BHSG §4.55.
3 Here as the preceding short vowel is a metrically light syllable, the double consonant *śr* should be read prosodically as a single consonant. Cf. GPRG §2.96.
4 For *ācchādya*.
5 MS 171.2: °*ddhayā a[g](ā)rā[d]*.
6 See above note 4.
7 See above note 2.
8 See above note 4.

Base MS SHT 399: MS 52.6 – 54.2

Other MSS of Recension I

1 170.5 kāntaniṣaṇṇau khaṇḍaṃ ca rājak[u]māraṃ ◯ + + + + + + + ///

2 186.3 /// [bhi]ḥ prāt[i]h[ā] + ///

3 202.4 /// .[ā]ry[ai]r avavadati ṛddhi .[r]. + ///

4 170.6 tihāryeṇa ā[nu]śāsa .. [prātih]āryeṇa + + + + + + + + + + + ///

5 186.4 /// + [h]āryaiḥ samya ///

6 202.5 /// + [v]adyamānau + + + + .. + ///

7 170.7 dharmatā tasmād i .am u[cya] .. [| |] ..[ṃb]odhila + + + + + + + + + + + + ///

8 202.6 /// [g]. ma .[i] + + + + + + + + ///

9 170.8 [k]..m* tau khaṇḍati .au .. gatasya śrā .. .[au] + + + + + + + + + + + + ///

10 171.1 .. ndhu[m]. + + + + ... ti. r. + + + + + + + + .c. rājakum. [r]. ///

11 171.2 ddhayā a[g]. rā[d]. na[gā]rikāṃ pravraj. .. + + + + + + + m etad abhav. + ///

12 234.a /// .. c. punar. ///

13 171.3 ś ca purohitaputras ta .. s[u]kumārau .. + + + + + + + [ś]. .. ṇy a ///

14 234.b /// .[au] .. thā [s]. .. ///

15 171.4 tvā ca punas te pi keśaśmaśrūṇy avatā ◯ + + + + + + + ///

16 171.5 smād idam ucyate | | āś[ca]ryar[ū]paṃ prati ◯ + + + + + + + ///

āścaryarūpaṃ prati(bhāti me tad)
(*yāvat susaṃve*) (54.3) jakāḥ śuddhasatvā[1]•
śrutvā (*hi pra*) vrajitau KhaṇḍaTiṣyau
pravrajyāṃ tatra samup(*ā*) g(*atāś ca*) $_1$ / /[2]

11. The Display of the Three Attainments

W 10e.1 W*athāśītir bhikṣusahasrāṇi yena* (*Vipaśyī samyaksaṃbuddhas*) (54.4) (*te*) nopajagmur upetya (*Vipaśyi*) naḥ samyaksaṃbuddhasya pādau śirasā vanditvā[3]
W 2 ekānte (*nyaṣīdan* W*ekānta*) $_2$ *niṣaṇṇāny aśītir bhikṣu*(*sa*) *hasrāṇi Khaṇ*(*ḍo*) (54.5) (*rā*) jak(*u*) māra ṛ(*ddhiprātihāryeṇāvava*) dati Tiṣyaḥ purohitaputra ādeśanāprātihāryeṇā(*vavadati Vipaśyī samyaksaṃ*) $_3$ *b*(*u*) *d*(*dh*) *a ānuśāsa*(*nā*)-*p*(*r*) *ātihāryeṇā*(*vavada*) (54.6) ti

W 3 Wte (*tribhiḥ prātihāryaiḥ sa*) myag avavadyamānāḥ samyag anuśiṣyamānās[4]
W 4 tatraiva saṃ(*p*) r(*āptavanta āsravakṣayam iyam atra dharma*) $_4$ *tā* W*t*(*a*) *sm*(*ā*) *d* (*i*) *d*(*a*) *m ucy*(*ate*) / /

Kh(*a*) *ṇḍ*(*a*) *ś c*(*a*) — — ◡ ◡ — ◡ — ◡ ⏑̲
⏑̲ — ◡ — — ◡ ◡ — ◡ — ◡ ⏑̲ (/)
⏑̲ — ◡ — — ◡ ◡ — ◡ — ◡ ⏑̲
⏑̲ — ◡ — — ◡ ◡ — ◡ — ◡ ⏑̲ (/ /)

12. Return of the First Eighty-thousand Renunciants of Bandhumatī[5]

(*a*) $_5$ *śrauṣus tāni pūrvakāṇy aśītir bhikṣusaha*(*s*) *r*(*āṇi Vipaśyī samyaksaṃbuddho 'nuttarāṃ samyaksaṃbodhim abhisaṃbuddho deśayati Bandhumatyāṃ rājadhānyāṃ dharmam*)

(*śru*) $_6$ *tvā ca pu*(*nas te 'pi yena Bandhuma*) $_7$ *tī rājadhānī tena caryāṃ prakrāntā iya*(*m atra dharmatā tasmād idam ucyate* / /)

⏑̲ — ◡ — — ◡ ◡ — ◡ — ◡ ⏑̲
⏑̲ — ◡ — $_8$— *hi yath.* ◡ — ◡ ⏑̲ (/)

---

[1] For *śuddhasatvāḥ*.
[2] MS 171.6: *1 / /*.
[3] Hiatus for *-ai-*. Cf. BHSG §4.55.
[4] For *anuśiṣyamāṇās*.
[5] Comparing the MAV II with the MSS, the transmission is intact up to 10e.3 or SHT 399, folio 1(45), but is missing the portion up to 11.27 or folio 1(51). Waldschmidt attempted to supplement the missing portion after 10e.3 with the SHT 602, which has only one folio the content of which relates the establishment of the saṃgha. In MAV II, his use of continuous numbering (that is, 10e.3 followed by 10f) disguises the fact that between these two MSS (that is, between 10e.3 of SHT 399 and 10f of SHT 602) there is a sizable lacuna, with no way of knowing how the account continues or how much of the story is missing. Fortunately, there is another fragmentary MS, SHT 685, that he could not consult in his edition, which we can refer to.

Base MS SHT 399: MS 54.3 – 54.6

Other MSS of Recension I

1	171.6	1 I I athāśītir bhikṣusa[hasrā]ṇi yena .. + + + + + + + + + + ///
2	171.7	niṣaṇṇāny aśītir bhikṣu .. [ha]srāṇi kha[ṇ]. + + + + + + + + + + ///
3	171.8	[b]. d.a [ā]n[u]śāsa .. [p].[āti]hāryeṇ[ā] + + + + + + + + + + + + ///
4	172.1	[tā] t. [s]m. d. [d]. [m] u[c]y. .. I I kh. ṇḍ. [ś c]. + + + + + + + + + + + + ///
5	172.2	śrauṣus tāni pūrvakāṇy aśītir bhi[k]ṣusaha .[r]. + + + + + + + + + + ///
6	240.v	/// t[v]ā ca pu .. + + .. ///
7	172.3	tī rājadhānī tena caryāṃ [p]rak[r]ā[n]tā iya + + + + + + + + + + ///
8	240.w	/// + .. [hi yatha] ///

⏓ — ⏑ — — ⏑ $_{1}$m asārasaṃjñina
upāgatā Bandhumatyāṃ[1] *⏑ — ⏑ ⏓ (/ /)*

13. The Display of the Three Attainments to the Eighty-thousand Renunciants

(athāśītir bhikṣusahasrāṇi yena Vipaśyī $_{2}$sam)yaksaṃbuddha(s tenopajagamuḥ upetya Vipaśyinaḥ) $_{3}$samyaksaṃbuddhasya pādau śirasā van(d)i(tvaikānte nyaṣīdan ekāntaniṣaṇṇāny aśītir bhikṣusahasrāṇi Vipaśyī) $_{4}$samyaksaṃb(uddhas tribhiḥ prātihāryair avava)$_{5}$dati[2] *ṛddhiprātihāryeṇādeśanāprā(tihāryeṇānuśāsa)n(ā)prāti(hāryeṇa)*

(te tribhiḥ prātihāryaiḥ samyag ava$_{6}$va)dyamānāḥ (samyag anuśiṣyamāṇās tatraiva saṃ)$_{7}$prāptāsravak(ṣa)yam[3] *iyam atr(a dharmatā tasmād idam u)cyate / /*

s ⏓ — ⏑ — — ⏑ ⏑ — ⏑ — ⏑ ⏓$_{8}$[4]
⏓ — ⏑ — — ⏑ ⏑ — ⏑ — ⏑ ⏓ (/)
⏓ — ⏑ — — ⏑ ⏑ $_{9}$pākaḥ — ⏑ ⏓
⏓ — ṇa $_{10}$bhavanaśrit.— ⏑ — ⏑ ⏓ (/ /)

14. Six More Years of Peregrination

W 10f.1 *W(tena) khalu samaye$_{11}$n(a) Bandhumatyā(ṃ)*[5] *rājadhāny(ā)ṃ (mahān bhikṣusaṃghaḥ) $_{12}$prativasati (yad uta dvāṣaṣṭabhikṣuśatasa$_{13}$ha)sr(ā)ṇ(i)*[6]

W 2, 3 *Wath(a Vipa)śy(i)naḥ (sa)myaksa(ṃbuddhasyaitad a)$_{14}$bha(va)d*[7] *Wetarhi Bandhumatīṃ rā(jadhānīṃ niḥśṛtya ma$_{15}$hān) bhikṣusaṃgh(aḥ prativasati yad uta*
W 4 *dvāṣaṣṭabhikṣuśatasahasrāṇi)*[8] *W$_{16}$yanv ahaṃ śrāvakān udyojaye(ya)m (cara)ta bhik(ṣa)$_{17}$vaś caryāṃ bahujanahit(āya ba)$_{18}$hujanasukh(āya lokānukampāyārthāya*
W 5 *hitāya sukhāya devamanuṣyāṇām Wapi tu) $_{19}$ṣaṇṇāṃ yūyaṃ varṣāṇām a(tyayād Ba)ndhumatīṃ $_{20}$rājadhānīm*[9] *āgaccha$_{21}$ta prāti(m)o(kṣasūtr)o(ddeśaṃ śrotum)*

(atha devatāḥ Śuddhāvāse sthitās tasya cetasā cittam ājñāya bhagavantam avocan)[10]

---

[1] Here as the preceding short vowel is a metrically light syllable, the double consonant *ty* should be read prosodically as a single consonant.

[2] MS 172.6: *(avava)dati.*

[3] MS 172.7: *(saṃ)prāptāsravak(ṣa)[yam*].*

[4] MS 125.1 should be placed in this missing verse.

[5] MS 125.2: *bandhumatyā.*

[6] This restoration *dvāṣaṣṭabhikṣuśatasahasrāṇi* is tentative since there is no extant text. See p. 40, note 6.

[7] MS 125.3: *(a)bhad.*

[8] See above note 6.

[9] MS 125.5: *[r]ājadhānīṃ.*

[10] This restoration is tentative since there is no extant text. Pāli 3.23 (DN II, p. 46): *Atha kho bhikkhave aññataro Mahā-brahmā Vipassissa bhagavato arahato sammā-sambuddhassa cetasā ceto-*

Base MS SHT 399: lost

Other MSS of Recension I

1 172.4 m asārasaṃjñina upāgatā bandhumatyāṃ ◯ + + + + + + + ///

2 240.x /// + .. .[y](a)ksaṃbu[d]dha .. ///

3 172.5 samyaksaṃb[u]ddhasya pādau śirasā va[n].i ◯ + + + + + + + ///

4 240.y /// + + samyaksaṃ[b]. + ///

5 172.6 dati ṛddhiprātihāryeṇādeśanā[prā] + + + + + + + [n]. pr[ā]ti .. ///

6 240.z /// + .. [dya]mān[āḥ] .. + ///

7 172.7 prāptāsravak.. [yam*] iyam a[tr]. + + + + + + + + cyate | | [s]. + ///

8 125.1 /// [ś]. [d]u r. [k]. [ṣ]u g. [ṇ]. [dh]. [r]. .. ///

9 172.8 [pākaḥ] .. + + + .. [ṇa] bhava + + + + + .. [kh]alu sama[ye] ///

10 241.1 /// + + bhava[naśrit]. ///

11 125.2 /// [n]. bandhumatyā rājadhān[y].ṃ ///

12 241.2 /// + + p[r]ativasa[t]i ///

13 173.1 .. sr. ṇ. ath. + .. [ś]y. naḥ .. [my]aksa(ṃ) .. .. + ///

14 125.3 /// bha⟨va⟩d etarhi bandhumatīṃ rā + ///

15 241.3 /// + + .. bhikṣusaṃ[gh]. ///

16 173.2 yanv ahaṃ śrāvakān udyoja[y]e + [ṃ] .. .. ta bhi[k] .. ///

17 125.4 /// [va]ś caryāṃ bahujanahi[t]. + ///

18 241.4 /// + + hujanasu[kh]. ///

19 173.3 ṣaṇṇāṃ yūyaṃ varṣāṇām a .. + + ndhumatīṃ + ///

20 125.5 /// [r]ājadhāniṃ āgacchata prā[t]i + ///

21 241.5 /// [ta prāti] .o .. .. .o ///

---

parivitakkam aññāya, seyyathā pi nāma balavā puriso sammiñjitaṃ vā bāhaṃ pasāreyya, pasāritaṃ vā bāhaṃ sammiñjeyya, evam eva Brahma-loke antarahito Vipassissa bhagavato arahato sammā-sambuddhassa purato pātur ahosi. Atha kho so bhikkhave Mahābrahmā ekaṃsaṃ uttarāsaṅgaṃ karitvā yena Vipassī bhagavā arahaṃ sammā-sambuddho ten' añjalim panāmetvā Vipassiṃ bhagavantaṃ arahantaṃ sammā-sambuddhaṃ etad avoca. 大本經 *Ta-pen ching* (T 1, vol. 1, p. 10a.3–5): 時首陀會天知如来心 譬如力士屈伸臂頃 從彼天沒忽然至此 於世尊前頭面禮足却 住一面須臾白佛言. However, from the number of lost akṣaras in MS 173.3, it would be impossible for our text to have contained such a long passage. 毘婆尸佛經 *P'i-p'o-shin-fo ching* (T 1, vol. 1, p. 157c.16–17): 作是念時 於虛空中有一天子 知佛心念告毘婆尸佛言. Noting that the name of the deity differs in all of these texts, it seems most likely that our text had *devatāḥ Suddhāvāse sthitāḥ* from the appearance of the word *sthitā* in MS 174.5.

(e)$_{1}$tarhi Bandhumatīṃ rājadhānīn niḥśṛtya (mahān bhikṣusaṃghaḥ pra)$_{2}$tiva(sat) i yad uta (dvāṣaṣṭabhikṣuśatasahasrāṇi[1] *bhagavān śrāvakān udyojayet aham api) $_{3}$tathā kariṣyāmi yathā bhikṣavaḥ ṣaṇṇāṃ (varṣāṇām atyayād Bandhumatīṃ rājadhānīm āgamiṣyanti $_{4}$p)r(ātimokṣas)ūtr(oddeśaṃ śrotum)*

W 10f.6 ^{W}*(atha Vipaśyī samyaksaṃbuddhaḥ) $_{5}$śrāvakā(n ā)maṃtrayati*[2]

W 8 ^{W}*carata bhikṣava(ś caryāṃ bahujanahi)tāy(a ba)huj(anasukhāya lo)$_{6}$kānu-*
W 9 *kampāyārthā(ya*[3] *hitāya sukhāya devamanuṣyāṇām* ^{W}*api tu ṣaṇṇāṃ) $_{7}$yūyaṃ varṣā(ṇ)ā(m a)tyayād Bandhumatīṃ*[4] *rā(jadhānīm āgacchata prāti)mokṣasūtroddeśaṃ $_{8}$śrotum*

W 10 ^{W}*evaṃ bhadaṃta iti*[5] *(bhikṣavo Vipaśyinaḥ samyaksaṃbuddhasya pratiśrutya*
W 11 *janapa$_{9}$da)c(a)ryāṃ p(rakrāntāḥ i)yam at(ra) dharma(tā* ^{W}*tasmād idam ucyate) | |*

yaḥ $_{10}$sārthavāhaḥ sumahāj. — ⏑ ⏓
⏓ — ⏑ — — ⏑ ⏑ — ⏑ — ⏑ ⏓ (|)
⏓ — ⏑ — — ⏑ ⏑ — ⏑ — ⏑ ⏓
⏓ — ⏑ — — ⏑ ⏑ — ⏑ — ⏑ ⏓ (*1*)

⏓ — ⏑ — — ⏑ ⏑ — ⏑ — ⏑ ⏓
$_{11}$⏓ *reṇa śiṣyāsaṅgāt pramu*— ⏑ ⏓ (|)
⏓ — ⏑ — — ⏑ ⏑ — ⏑ — ⏑ ⏓
⏓ — ⏑ — — ⏑ ⏑$_{12}$*tā diśo di(śam 2 | |)*

15. The Deities Announce the Years of Peregrination Remaining

W 10g. ^{W}*(ni)rgate*[7] *ekasmin varṣe d(evatā āro)ca$_{13}$yaṃti nirgataṃ bhadaṃtā(ḥ)*[8] *ṣaṇ(ṇā)ṃ (varṣāṇāṃ ekaṃ varṣam pañcanāṃ varṣāṇām atyayād bhavadbhir Bandhumātīṃ) $_{14}$rājadhānīṃ gantavyaṃ*[9] *prātimokṣasūtroddeśaṃ śro(tum)*

(nirgatayor dvayor varṣayor[10] *devatā ārocayanti nirgate bhadantāś ṣaṇṇāṃ varṣāṇāṃ dve varṣe caturṇāṃ varṣāṇām atyayād) $_{15}$bhavadbhi(r Ba)ndhumatīṃ rājadhānīṃ gaṃtavya(ṃ*[10] *prātimokṣasūtroddeśaṃ śrotum)*

(nirgateṣu triṣu varṣeṣu yāvan nirgateṣu ṣaṭsu varṣeṣu devatāḥ Śuddhāvāse) $_{16}$sthitā bhikṣugaṇaṃ vadanti varṣāṇi ṣaṣṭhā(ni nirgatāni bhavadbhir Bandhumatīṃ rājadhānīṃ gantavyaṃ prātimokṣasūtroddeśaṃ śrotum)

---

[1] This restoration *dvāṣaṣṭabhikṣuśatasahasrāṇi* is tentative since there is no extant text. See p. 40, note 6.
[2] MS 173.6: *(ā)maṃtrayate.*
[3] MS 126.2: *(lo)[kā]nukampāya arthā°.*
[4] MS 173.7: *bandhu[m]at[īn].*
[5] MS 126.3: *bhadaṃta i[t]i.*

Base MS SHT 399: lost

Other MSS of Recension I

1 173.4 tarhi bandhumatīṃ rājadhānīn ni[ḥśṛ]tya ○ ///
2 125.6 /// + ti[v]a .. .i yad uta .. + + ///
3 173.5 tathā kariṣyā[mi] yathā bhikṣavaḥ ṣaṃṇāṃ ○ ///
4 126.1 /// + .[r]. + + + .ū[tr]. + + + ///
5 173.6 śrāvak[ā] .. maṃtrayate ca[ra]ta bhikṣava .. + /// .. *tā[y]. .. hu[j].* + ///[1]
6 126.2 /// + [kā]nukampāya arthā .. ///
7 173.7 yūyaṃ [v]arṣā .ā .. [tya]yād bandhu[m]at[īn rā] .. + /// *mokṣasūtro[dde]śaṃ śro* ///[2]
8 126.3 /// .. tum evaṃ bhadaṃta i[t]i + ///
9 173.8 .. [c]. ryāṃ p.. .. + + [yam at].. [dha]rma .. + + /// .. *yaḥ sārthavā* .. + + ///[3]
10 126.4 /// + sārthavāhaḥ sumahā[j]. + ///
11 126.5 /// .. re[ṇ]a [ś]iṣyāsaṅgāt pram[u] + ///
12 174.2 tā diśo di + + + .. rgate ekasmiṃ varṣe [d]. /// + *[ca]yaṃti nir[ga]taṃ bha* .. ///[4]
13 126.6 /// .. ti nirgataṃ bhadaṃtā• ṣa[ṇ].[ṃ] ///
14 174.3 rājadhānīṃ gantavya prātimokṣasūtroddeśaṃ [śro] /// /// *[te dve] (va) [rṣāṇi]* .. .. ///[5]
15 174.4 bhavadbhi .. ndhumatīṃ rājadhānīṃ gaṃtavya ○ ///
16 174.5 sthitā bhikṣugaṇaṃ vadanti varṣāṇi ṣaṣṭhā ○ ///

---

7 Hiatus for - *a e* -. Cf. BHSG §4.55. MS 174.2: *(ni)rgate.*

8 MS 126.6: *bhadaṃtā•.*

9 MS 174.3: *gantavya.*

10 MS 174.3: *[te dve] (va)[rṣāṇi].*

11 MS 174.4: *gaṃtavya.*

1 For the italicized portion no facsimile is given in SHT (II) Tafel 162.

2 Idem.

3 Idem.

4 Idem.

5 Idem.

(atha te bhikṣava ekatya svānubhā)$_{1}$*vena ekatya*[1] *devatānubhāve(na) tata eva ā(jagmur*[2] *Bandhumatīṃ rājadhānīm iyam atra dharmatā tasmād idam ucyate | |)*

⏓ — ⏑ — — ⏑ ⏑ — ⏑ — ⏑ ⏓
⏓ — ⏑ — — ⏑$_{2}$*ṛṣiṃ praveditām*[3] *(*)*
śikṣāṃ śrotu — ⏑ *ta bhikṣa(vaḥ)* ⏑ ⏓
⏓ — ⏑ — — ⏑ ⏑ — ⏑ — ⏑ ⏓ *(1)*

⏓ — ⏑ — — ⏑ ⏑ — ⏑ — ⏑ ⏓
⏓ — ⏑ — — ⏑ ⏑ — ⏑ — ⏑ ⏓ *(|)*
$_{3}$*nāgā yathā* — ⏑ *t(ṛ)ṣābhitaptāḥ*
s(a)ṃ— ⏑ — — ⏑ ⏑ — ⏑ — ⏓ *(2 | |)*

16. The Recitation of the Pratimokṣasūtra

(yadopajagmur dvāṣaṣṭabhikṣuśatasahasrā)$_{4}$*ṇ(i)*[4] *B(a)ndhum(a)tyāṃ tadā*
W 10h.1 *ni(r)m(āṇaratīnāṃ devatānām evam abhavat* W*Vipaśyī sa*$_{5}$*m)y(a)ksa(ṃ)-buddhas tasya (d)vāṣaṣṭasya bhikṣuś(a)t(asahasrāṇāṃ pura*$_{6}$*taḥ) paryaṃge*[5] *paryaṃgena*[6] *niṣī(d)e(t niṣadya Vipaśyī samyaksaṃbuddhaḥ prātimokṣa-sūtroddeśam ud)*$_{7}$*diśe(t)*[7]

evam eva Vipaśyī samyaksaṃbuddhas tas(ya dvāṣaṣṭasya bhikṣuśatasahasrāṇāṃ purataḥ paryaṅke paryaṅkena nya)$_{8}$*ṣīdan niṣadya Vipaśyī (samyaksaṃbuddhaḥ prātimokṣasūtroddeśam uddiśati)*$_{9}$ *| |*

W 2 W*kṣāṃtiḥ paramaṃ tapas titīkṣā*
nirvāṇaṃ pa(ramaṃ vadanti buddhāḥ)
(na hi pravrajitaḥ paropatāpī)
(śramaṇo bha)$_{10}$*vati parāṃ*[8] *viheṭhay(ānaḥ | |)*[9]

(iyam atra dharmatā tasmād idam ucyate | |)

$_{11}$*Vipaśyi śikṣāpadasūtram uktavān*[10]
⏓ — ⏑ — — ⏑ ⏑ — ⏑ — ⏓ *(|)*
⏓ — ⏑ — — ⏑ ⏑ — ⏑ — ⏑ ⏓
⏓ — ⏑ — — ⏑ ⏑ — ⏑$_{12}$*.iddhaḥ | |*

---

1 MS 174.6: °*vena ekatya.*
2 MS 174.6: *eva [ā]*°.
3 MS 174.7: *prave[d]itāṃ.*
4 MS 112.2: °*(śatasahasrā) [n](i).*
5 MS 112.3: *paryaṃge.*
6 MS 112.3: *paryaṃge[na].*
7 MS 175.2: °*deśe•.*
8 MS 112.5: *parāṃ.*
9 Metre: *Anupacchandasika.* Parallels: PrMoSū Schlußverse 1; Uv 26.2.
10 MS 175.4: *uk[t]avān*.*

Base MS SHT 399: lost

Other MSS of Recension I

1	174.6	vena ekatya devatānubhā[v]e .. [t]ata eva [ā] ///
2	174.7	ṛṣiṃ prave[d]itāṃ śikṣāṃ śrotu(ṃ) .. .. [ta] bhikṣa ///
3	174.8	[n]āgā yathā .. .. t. ṣābhitaptāḥ [s].ṃ + + ///
4	112.2	/// + [n]. [b]. [n]dhu[m]. tyāṃ tadā ni .[m]. ///
5	175.1	.y. ksa(ṃ)buddhas tas[y]a .[vā]ṣaṣṭasya bhik[ṣu ś]. [t]. + ///
6	112.3	/// .. paryaṃge paryaṃge[na n]i[ṣ]ī .e ///
7	175.2	deśe• evam eva vipaśyī sa[myaksaṃ]buddhas ta[s].. ///
8	112.4	/// [ṣī]dan niṣadya vipaśyī .. + ///
9	175.3	I I kṣāṃtiḥ paramaṃ tapas tit[ī]kṣā [nirv]āṇaṃ pa .. + ///
10	112.5	/// + [va]ti parāṃ viheṭha[y]. + ///[1]
11	175.4	vipaśyi śikṣā[p]adasūtram uk[t]avān* ○ ///
12	112.6	/// + + + .i .id[dha]ḥ I I + ..ṃ .. + ///

---

[1] SHT (VII) 177, a3 + m3, V e: *viheṭha[yā] + ///.*

III. How Did the Devatā Preach ?

(*katha*)*ṃ* (*devatā*) $_{1}$*ārocayaṃti*

[Visiting Śuddhāvāsa Heaven][1]

^{W}11.1. 2 ^{W}*tasya me etad abhavad a* + $_{2}$*na gatapūrvo vā*

tasya me etad abhavan nā(*ham*) + + + + + + + + + + *ti* + $_{3}$*sthāpayi*(*tvā*) + +[2] *Śuddhāvāsān devāṃ* + + + + + + + (*v*) *iṣyetāhaṃ lo* + (*yanv ahaṃ devān Śuddhāvāsān darśanā*$_{4}$*y*) *o*(*pasaṃkrameyam**)[3]

[Abṛha Heaven]

^{W}3 ^{W}(*so*) *'h*(*a*)*ṃ* (*tadya*)*thā ba*(*lavān puruṣaḥ saṃmiñjita*)*ṃ vā bāhuṃ prasā*(*rayet prasāritaṃ vā saṃmiñjayed evam evāhaṃ Jambudvīpe 'ntarhito 'bṛhe devani*) $_{5}$*kāye* $_{6}$*pratyasthām**[4]

^{W}4 ^{W}*a*(*darśann A*)*bṛhakāy*(*ikā devatā māṃ dūrata e*)*va dṛṣṭvā ca puna*(*r evam āhuḥ ehi bhagavaṃ svāgataṃ bhadanta kuto bhagavāṃś ciracira*)[5] $_{7}$*sy*(*a*) *paryāyam akā*$_{8}$*rṣīd ihā*(*ga*)*m*(*a*)*nāya niṣīdatu bha*(*gavān prajñapta evāsane*)

nyaṣīdam ahaṃ (*p*)*r*(*ajñapta evāsane*)

^{W}5 ^{W}(*athābṛhakāyikā devatā mama pā*) $_{9}$*dau śirasā vanditvā ekā*$_{10}$*nte*[6] *nyaṣīdann*[7]

^{W}6 ^{W}*ekāntaniṣaṇṇā Abṛha*(*kāyikā devatā ahaṃ dhā*)*rmyā katha*(*yā saṃdarśayāmi samādāpayāmi samuttejayāmi saṃpraharṣayāmi*)

(*a*)$_{11}$*thaikat*(*y*)*ā* $_{12}$*Abṛhakāyikā devatā utthāyā*(*sanād ekāṃsam uttarāsaṅgaṃ kṛtvā yenā*$_{13}$*haṃ*) *tenā*(*ṃ*)*jal*(*iṃ*) *praṇ*(*amya māṃ idam avocan*)

---

[1] MAV II does not restore 11.1 and 2. 大本經 *Ta-pen ching* (T 1, vol. 1, p. 10b.9–12): 我自思念昔一時於羅閱城耆闍崛山 時生是念 我所生處 無所不遍 唯除首陀會天 設生彼天則不還此; 毘婆尸佛經 *P'i-p'o-shin-fo ching* (T 3, vol. 1, p. 158b.5–10): 我於一時在王舍城七葉巖邊住止淨室 而忽思惟 過去毘婆尸佛說毘奈耶藏時 恐有諸天不来聽受大僊戒者 今往諸天問諸梵衆; Pāli 3.29 (DN.II, p. 50): *Ekam idāhaṃ bhikkhave samayaṃ Ukkaṭṭhāyaṃ viharāmi subhaga-vane sāla-rāja-mūle. Tassa mayhaṃ bhikkhave rahogatassa paṭisallīnassa evaṃ cetaso parivitakko udapādi: "Na kho so sattāvāso sulabha-rūpo yo mayā anajjhāvuttha-pubbo iminā dīghena addhunā aññatra Suddhāvāsehi devehi...."*

[2] Possibly *eva* for these two lost akśara. 大本經 *Ta-pen ching* (T 1, vol. 1, p. 10b.10–11): 唯除首陀會天.

[3] Restored on the basis of p. 160.13. below. Pāli 3.29 (DN.II, p. 50): *Yan nūnāhaṃ yena Suddhāvāsā devā ten' upasamkameyyan ti.*

[4] MS 113.2: *pratyasthām**.

[5] Restored on the basis of p. 160.20.

[6] MS 113.4: *vandit[v]ā [ekā]ṃ[te]*.

[7] MS 176.3: *nyaṣīdann*.

Base MS SHT 399: lost

Other MSS of Recension I

1	175.5	ārocayaṃti [t]asya me etad abhavad a ○ ///
2	175.6	na gatapūrvo vā tasya [me] etad abhavan nā .. + + + + + + + + ... t[i] .. ///
3	175.7	sthāpay[i] + ... [śu]ddhāvāsān devāṃ .. + + + + + + + .iṣy[e]tāhaṃ lo ///
4	175.8	.o .. .. + + + + [h].ṃ .. .. [thā ba] .. + + + + + + + ..ṃ vā bāhuṃ p[r]a[s]ā ///
5	113.2	/// + [k]āye pratyasthām* [a] + ///
6	176.1	.. .. [th]. + + + + bṛhakā[y]. + + + + + + + + .. va d[r]ṣṭv[ā] ca puna + + ///
7	113.3	/// [s]y. paryāyam akārṣī[d] . ///
8	176.2	rṣīd i[h]ā + [m]. nāya niṣīdatu bha .. + + + + + + + + [n]yaṣīdam ahaṃ .[r]. ///
9	113.4	/// [dau] śirasā vandit[v]ā [ekā]ṃ[te] ///
10	176.3	nte nyaṣīdann ekāntani[ṣ]aṇṇā abṛha .. + + + + + + + .. r[my]ā katha .. ///
11	113.5	/// [thaikat].[ā a]bṛhakā[yi] ///
12	176.4	abṛhakā[yik]ā de[v]at[ā] utthāyā ○ + + + + + + + + ///
13	197.1	/// + + .. t. nā(ṃ)ja[l]. pr. [ṇ]. + + ///

^{W}11.7 ^{W}*(vayaṃ bhadanta)* $_{1}$*Vipa*$_{2}$*śyinaḥ samyaksaṃbuddhasya śrāvakā (Vipaśyinaḥ samyaksaṃbuddhasyāntike brahmacaryaṃ caritve)*$_{3}$*hopapannā(ḥ)*[1] *vayaṃ Śi(khinaḥ vayaṃ Viśvabhujaḥ)* $_{4}$*vayaṃ Krakasundasya vayaṃ Kanakamune(ḥ vayaṃ Kāśyapasya vayaṃ bhagavataḥ śrāvakā)* $_{5}$*bhagavato 'ntike brahmaca(ryaṃ caritvehopapannāḥ)*

[From Atapa Heaven to Sudarśana Heaven]

^{W}8 ^{W}*(so) ('ha)*$_{6}$*m Abṛhakāyikā devatā*[2] *(dhā)rmyā kathayā (saṃdarśayitvā samādāpayitvā)* $_{7}$*sa*$_{8}$*muttejayitvā saṃpra(harṣayitvā tadrūpaṃ samādhiṃ samāpanno yathā samāhi*$_{9}$*t)e citte Ab(ṛ)hakāyikābhir*[3] *devatā(bh)i(ḥ sārdham A*$_{10}$*bṛhe)* $_{11}$*d(e)vanikāye 'ntarhito*[4] *('tape devanikāye yāvat Sudarśane devanikāye pratyasthām pūrvavad yā)*$_{12}$*v(a)d*[5]

[Akaniṣṭha Heaven]

^{W}9 ^{W}[6]*y(a)nv*[7] *ahaṃ devān apy Akaniṣṭhakā*$_{13}$*yikāṃ*[8] *darśanā*$_{14}$*yopasaṃkrameyam*[9]

so 'haṃ t(adyathā balavān puruṣaḥ saṃmiñjitaṃ vā bāhuṃ prasārayet prasāritaṃ vā saṃmiñja)$_{15}$*ye*$_{16}$*d evam evāham Abṛhakāyikābhir de(va*$_{17}$*t)ābhiḥ sār(dha)m Atapak(āyikābhir devatābhiḥ sārdhaṃ Sudṛśakāyikābhir devatābhiḥ sārdhaṃ)* $_{18}$*Sudarśanakāyi*$_{19}$*kābhir devatābhiḥ sārdhaṃ Sudarśane de(vanikā*$_{20}$*ye) 'ntarh(i)to*[10] *'kaniṣṭhe (devanikāye*[11] *pratyasthām)*

^{W}10 ^{W}*(adarśann Akaniṣṭhakā)*$_{21}$*yikā devatā māṃ dūra(ta eva dṛṣṭvā)* $_{22}$*ca punar evam āhuḥ ehi bhagavaṃ svā(gataṃ bha)*$_{23}$*da(n)ta*[12] *kuto bhagavāṃ (ciracirasya)*[13] $_{24}$*paryāya(m akār)ṣ(īd i)h(ā)g(a)m(a*$_{25}$*nāya) niṣīd(a)tu bh(a)gavāṃ prajñ(a)pt(a) evās(a)n(e)*

ny(a)$_{26}$*sīdam ahaṃ prajñapta evāsane*

^{W}11 ^{W}*athākani*$_{27}$*ṣṭhakāyikā devatā mam(a pādau śira)*$_{28}$*sā va*$_{29}$*nditvā ekāṃte*[14] *nyaṣīdann*[15]

---

1 MS 197.2: °*h[o]papannā*.
2 MS 176.7: *abṛhakāyikāṃ devatāṃ*. BHSG §9.99.
3 MS 176.8: *[ab](ṛ)ha[k]āyikābhir*.
4 MS 197.5: *ntarhitaḥ*.
5 MS 177.1: *(yā)[v](a)d*.
6 MAV II does not restore 11.9.
7 MS 177.1: *y(a)nv*.
8 MS 177.1: *akaniṣ[ṭh]ak[āy]ik(ā)[ṃ]*, MS 221.v: °*[y]ikāṃ*.
9 MS 197.6: °*krameyaṃ*.
10 MS 198.1: *[ntarh](i)taḥ*.
11 MS 198.1: *[akan]iṣṭha[d](evanikāye)*.
12 MS 198.2: *(bha)[d]a(ṃ)te*. BHSG §8.28.
13 MS 198.2 omits *ciracirasya*.
14 MS 78.2: *vanditvā ekāṃte*, MS 222.1: *(van)[d](it)v[ā e]k[ā](nte)*.
15 MS 78.2: *nyaṣīdann*, MS 222.1: *(nyaṣī)d(a)n[n]*.

Base MS SHT 399: lost

Other MSS of Recension I

1	113.6	/// + + + + [vi]paśyinaḥ + ///
2	176.5	śyinaḥ samyaksaṃbuddhasya śrāvakā ○ + + + + + + + + ///
3	197.2	/// + + h[o]papannā vayaṃ śi[kh]. ///
4	176.6	vayaṃ krakasundasya ○ vayaṃ kanakamun[e] + + + + + + + + + + + ///
5	197.3	/// + + bhagava[t]o ntike brahmaca ///
6	176.7	m abṛhakāyikāṃ devatāṃ .. rmyā kathayā + + + + + + + + + + + ///
7	197.4	/// + [sa]mu[t]t[e]jayitvā saṃpra .. ///
8	221.t	/// + + + + + [mu]tt. [j]. [y]. .[v]. + ///
9	176.8	.e citte [ab]. ha[k]āyikābhir d[e]va[t]ā .i + + + + + + + + + + + + ///
10	221.u	/// + + .. + [d]. [v]. nikāye [nt]. + ///
11	197.5	/// [d]. vanikāye ntarhitaḥ [a] + ///
12	177.1	[v]. d y. nv ahaṃ devān apy akaniṣ[ṭh]ak[āy]ik.[ṃ d]. + + + + + + + + + + + + ///
13	221.v	/// + + yikāṃ darśanāyopa + ///
14	197.6	/// yopasaṃkrameyaṃ so haṃ [t]. + ///
15	177.2	ye[d] evam evāham abṛ[h]. [k]. [y]ik[ā]bhir [d]e + + + + + + + + + + + ///
16	221.w	/// .. vam evāham abṛhak[ā] + ///
17	197.7	/// .[ābh]iḥ sā[r].. m atapa[k]. + + ///
18	221.x	/// sudarśanakāyikābhir [d]e + ///
19	177.3	kābhir devatābhiḥ sārdhaṃ suda[r]śane de .. + + + + + + + + + + + + ///
20	198.1	/// .. [nt].[rh]. taḥ [akan]iṣṭha [d]. + + ///
21	221.y	/// [y]ikā devatā māṃ dūra + + ///
22	177.4	ca punar evam āhuḥ ehi bhagavaṃ svā ○ + + + + + + + + ///
23	198.2	/// [d]a(ṃ)te kuto bhagavāṃ paryā[ya] + ///
24	78.1	+ + ⟨⟨.. ryāya⟩⟩ .. .. [ṣ]. .. [h]. [g]. [m]. .. .. [n]. .. .. [tu bh]. [g]. vā prajñ. pt. [e]vās. n. [n]y. [ṣ]. d. m. h. prajñapta evā[s]. n. ath[ā]kan. ṣṭhakāy. kā d. vat. [m]. [m]. .. + + +
25	221.z	/// + ... [n]i[ṣ]ī[d]. + + [g].vāṃ [p]. ///
26	177.5	ṣīdam ahaṃ prajñapta evāsane athā ○ + + + + + + + + ///
27	198.3	/// + ṣṭhak[ā]yikā devatā [ma] .. + ///
28	78.2	s[ā] vanditvā ekāṃte nyaṣīdann ekāṃtaniṣaṇṇā akaniṣṭhakāyikā devatā ahaṃ dhārmyā kathayā saṃdarśayāmi samādāpayāmi samuttejayāmi sa[ṃ]pra[ha]
29	222.1	/// .[d]. .v[ā] ek[ā] + + .. d. n[n]. .. ///

W 11.12 *W ekāṃtaniṣaṇṇā Akaniṣṭhakāyikā $_{1}$devatā*[1] *ahaṃ dhārmyā kathayā saṃ$_{2}$darśayāmi samādāpayāmi samutteja$_{3}$yāmi saṃpraha(r)ṣa$_{4}$yāmi*[2]

athaikatyā Akaniṣṭhakāyikā devatā utthāyāsanād ekāṃ$_{5}$sam u$_{6}$ttarāsaṅgaṃ kṛtvā yenāhaṃ tenāṃja$_{7}$liṃ pra$_{8}$ṇamya[3] *mām idam avocan**[4]

W 13 *W vayaṃ bhadan(ta) $_{9}$Vipaśyinaḥ samyaksaṃbuddhasya śrāvakā Vipaśyinaḥ samyaksaṃbuddhasyā$_{10}$ntike brahmacaryaṃ*[5] *caritvā $_{11}$ihopapannāḥ*[6] *vayaṃ Śikhinaḥ vayaṃ Vi(śva)$_{12}$bhujaḥ va$_{13}$yaṃ Krakasundasya*[7] *vayaṃ Kanakamuneḥ*[8] *vayaṃ Kāśyapasya vayaṃ bhagava$_{14}$taḥ $_{15}$śrāvakā bhagavato 'ntike brahmacaryaṃ caritvehopapa(n)$_{16}$nāḥ*[9]

[Return to Jambudvīpa]

W 14 *W so 'ham Akan(i)ṣṭhakāyikā devatā dhārmyā*[10] *ka$_{17}$thayā saṃdarśayi$_{18}$tvā*[11] *samādāpayitvā samu$_{19}$ttejayitvā saṃpraharṣayitvā tadrūpaṃ samādhiṃ*[12] *samāpa$_{20}$nno yathā samāhite (ci)tte Ak(a)niṣṭhe*[13] *devanikāye aṃta$_{21}$rhito*[14] *Jambudvīpe pratyasthām**[15]

W 15, 16 *W evaṃ devatā āro$_{22}$cayaṃti*[16] *iyam atra dharmatā* *W tasmād idam ucyate* | |

(ba)$_{23}$la(vā)n y(a)thā naro ⏑ — ⏑ — ⏓
(pra)sā(r)i(taṃ) vā (par)isaṃhare$_{24}$ta (•)[17]
ta(th)aiv(a) ś(ū)ro d(v)ipadott(a)mo (mu)ni(r)
*(Abṛ)$_{25}$hāṃs tadā devagaṇān upāgamat**[18] (*1*)

W 17 *W yā* — ⏑ — — ⏑ ⏑ — ⏑ — ⏑ ⏓
⏓ — ⏑ — — ⏑ ⏑ — ⏑ — ⏑ ⏓ (/)

---

1 MS 177.6: *devatāṃ*.
2 MS 78.2-3: *sa[ṃ]pra[ha]yāmi*.
3 MS 78.3: *praṇāmya*.
4 MS 70.1, 78.3, 177.7, 222.3: *avocan**.
5 MS 78.4: *brāhma(ca)ryaṃ*.
6 MS 78.4: *caritvā ihopapaṃnāḥ*, MS 222.4: *[i]hopapannā*.
7 MS 78.5: *kra[kas]undasya:*.
8 MS 78.5: *kanakamuner*.
9 MS 78.5-6: *carit[v]ā iho[papa](ṃ)nāḥ*.
10 MS 78.6: *dharmyā*.
11 MS 70.3: *saṃnda(r)śayit[v]ā*.
12 MS 78.6 adds *samādhiṃ*.
13 MS 78.7: *[ak](a)niṣṭhe*.
14 MS 78.7: *aṃtarhito*.
15 MS 70.4: *(pratyas)th(ā)m**, MS 78.7: *pratyasthām**.
16 MS 78.7: *ārocayati*, MS 178.3: *(āro)cayaṃ[t]i*.
17 MS 70.4-5: *(parisaṃhare)ta:*, MS 78.8: *(par)i[saṃhar]e(ta)[•]*.
18 MS 178.4: *upāgamat**.

Base MS SHT 399: lost

Other MSS of Recension I

1	177.6	devatāṃ + ..ṃ dhārmyā kathayā saṃda[rśa] + + + + + + + + [s]. muttej. + ///
2	198.4	/// + .. rśa[yāmi] samādāpa[yā] + ///
3	222.2	/// yāmi saṃpraha .ṣayā .i + ///
4	78.3	yāmi athaikatyā akaniṣṭhakāyikā [d]evatā utthāyāsanād ekāṃsam uttarāsaṃgaṃ kṛtvā yen[ā] ..[ṃ] .[en]āṃjaliṃ praṇāmya māṃ idam avocan* vayaṃ bhadaṃ ..
5	177.7	sam. [t]. + + + + ..ā yenāhaṃ tenāṃ + + + + + + + .. m avocan* .. [y].ṃ ///
6	198.5	/// + .. [rāsaṃ]gaṃ [k]ṛ[t]v[ā] [y].[nā] ..[ṃ] ///
7	70.1	+ + [li](ṃ) praṇam[y]a māṃ idam avocan* vayaṃ ///
8	222.3	/// ṇamya māṃ idam avocan* + ///
9	78.4	vipaśyinaḥ sam[y]aksaṃ[b]uddhasya ○ śrāvakā vipaśyinaḥ samyaksaṃbuddhasyāntike brāhma .. ryaṃ caritvā ihopapaṃnāḥ vayaṃ śikhinaḥ vayaṃ v[i] +
10	198.6	/// + + [n]t. [k]e [bra]hmaca[ry]aṃ .. + + ///
11	222.4	/// [i]hopapannā va[yaṃ] śi .. ///
12	78.5	bhujaḥ vayaṃ kra[kas]undasya: va ○ yaṃ kanakamuner vayaṃ kāśyapasya vayaṃ bhagavata[ḥ ś]rāvakā bhagavato ntike brahmacaryaṃ carit[v]ā iho[papa](ṃ)
13	70.2	+ .. .. .. sundasya [v]ayaṃ kanakamu ///
14	198.7	/// + + + [t].[ḥ ś]. [v]. .. .. .. + + ///
15	222.5	/// + + śrāvakā bhagavato + ///
16	78.6	nāḥ so ham a[kan]. ṣṭhakāyikā devatā dharmyā kathayā saṃdarśayitvā samā[d]. payitvā samuttejayitvā saṃpraharṣayitvā tadrūpaṃ {samādhiṃ} samādhiṃ samā[pa]
17	70.3	+ + .. [y]ā saṃnda .śayit[v]ā .. ○ ///
18	222.6	/// + + .. [sam]ā[d]āpayitvā + ///
19	178.2	.. [j]. [y]. [tv]. + + + ... tvā tadrūpaṃ [s]. + + + + + + + .. samāhi[t]e .. ///
20	78.7	nno yathā samā[h]i .. .. tte [ak]. niṣṭhe devanikāye aṃtarhito jaṃbudvīpe pratyasthāṃ* evaṃ devatā ārocayati iyam atra dharmatā tasmād idam ucyate +
21	70.4	rhi + + + + + + + .th.m* [e] .. ○ ///
	222.7	/// + + + + + rhi[t]o jaṃ .. + ///
22	178.3	cayaṃ[t]i .. yam atra dharmatā tasmā[d] i + + + + + + + + [n y]. thā naro + ///
23	78.8	+ [la] .. .. .[ā] .. .. [s]ā .i .. vā .. .i[saṃhar]e .. [•] .. .[aiv]. [ś]. [r]o [d].ipa[d]o .. .o .. [n]i .. .āṃ .. .. .e .. .. [ṇ]ā .. [p]ā .. + + + + +
24	70.5	ta: ta + + + + + + .o[tt]. mo .. + + ///
25	178.4	hāṃs tadā d[e]vagaṇān upāgamat* yā ○ + + + + + + + + ///

⏓ — ⏑ — — ⏑ ⏑ — ⏑ — ⏑ ⏓
(Atapāṃ)$_1$*s ta*$_2$*dā devagaṇān upāgamat* 2*
W 11.18 [W]*vārī ya(thā)* — ⏑ ⏑ — ⏑ — $_3$*sthitaṃ*
vi(va)rtate na ⏑ *ca tena lipyate•*
tathaiva śūr(o dvi)padottamo muniḥ
Sudṛśāṃs tadā de$_4$*vagaṇān upāgamat* 3*
W 19 [W]*Abṛhai*$_5$*ś ca sārdham Atapaiś ca sārdhaṃ*[1]
par(ivā)$_6$*ritaḥ Sudṛśadevatābhiḥ*
anaṃtavarṇo hi śriyā[2] *jvalaṃtaṃ*
Sudarśanān[3] *devagaṇān upāgamat* 4*
W 20 [W]$_7$*Śuddhādhivāsair anugamyamāna(ḥ)*[4]
parivārito devatānāṃ $_8$*saha*$_9$*sraiḥ*
anaṃtavarṇaḥ śatapuṇyalakṣaṇaḥ
Akaniṣṭhabhūmiṃ samupāgato jinaḥ 5
W 21 [W]*dharmadṛśo*[5] *dha*$_{10}$*rmaniyāmakovidā*[6]
Vipaśyino buddhavarasya śr(ā)$_{11}$*vakāḥ*[7]
tathāga(taṃ) prā(ṃ)jalayo 'bhyupāga$_{12}$*tā*
vyabhre[8] *dine yathaiva sūryam udgatam* 6*
W 22 [W]*buddh(a)sya Śikhinaḥ*[9] *sametya* $_{13}$*śrāvakā*[10]
ājñātadharmāḥ svayam ā$_{14}$*gatāḥ phale(•)*
tathāgataṃ prāṃjalayo 'bhyupāgatās
tripañ$_{15}$*carātrābhyuditam iva*[11] *candram* 7*
W 23 [W]*te Viśvabhu(j)* — ⏑ ⏑ *masya śrāvakāḥ*[12]
prahāya pañ$_{16}$*cāvaraṇāni ce*$_{17}$*tasaḥ*
tathāgataṃ prāṃjalayo[13] *'bhyupāgatā*
niśi jvalaṃtaṃ pravana[14] *iva pāvaka*$_{18}$*m* 8*

---

[1] MAV II incorrectly places MS 71.1 here instead of after *Abṛhai.*

[2] Here as the preceding short vowel is a metrically light syllable, the double consonant *śr* should be read prosodically as a single consonant. Cf. GPRG §2.96.

[3] MS 79.3: *sudarśanaṃ.*

[4] MS 79.3: *anugamyamāna.*

[5] Metrical considerations suggest *dharmadriśo.* Cf. v. Hinüber, Mittelindisch §126.

[6] MS 79.4: *dharmāniyāmakovidā.*

[7] See above note 2.

[8] MS 79.5: *vyābhre.*

[9] Metrical considerations suggest *Śikhinasya* and ⏑⏑ — ⏑. Cf. BHSG §17.31.

[10] See above note 2.

[11] MS 71.4: *°ditaiva.* MAV I, p. 38 note 18.

[12] See above note 2.

[13] MS 79.7: *prā(ṃ)jalayo,* MS 179.2: *prāṃjala[yo].*

[14] For *pravaṇa.*

Base MS SHT 399: lost

Other MSS of Recension I

1	70.6	s tadā deva + + + + + + + + + + ///
2	178.5	dā devagaṇān upāgamat* 2 vārī ya ◯ + + + + + + + + ///
3	79.2	sthitaṃ vi .. rtate na .. [ca te]na [li]pyate• tathaiva śūr. .. padottamo muniḥ s[u]dṛśāṃs tadā devagaṇān upāgamat* 3 abṛhaiś ca sārdham atapaiś ca sā .[dh].(ṃ) par. ..
4	178.6	vagaṇān upāgamat* 3 a[b]ṛhaiś ca sārdha .. + + + + + + + + + + + ///
5	71.1	ś ca sārdham a + + + + + + + + + + ///
6	79.3	ritaḥ sudṛśa[dev]. [t]ābhiḥ anaṃtavarṇo h[i] śriyā jva[laṃt]aṃ sudarśanaṃ deva[ga]ṇān upāgamat* 4 [śu]ddhādhivāsair anugamyamāna parivāri[to] devatānāṃ sa ..
7	178.7	śuddhādhivāsair anugamyamā .. [pa]rivārit[o] + + + + + + + + + + ///
8	71.2	saha + + + + + + .. tapu .. + + ///
9	79.4	sraiḥ anaṃtavarṇa[ḥ śa]tapuṇyala ◯ kṣaṇaḥ aka[ni]ṣṭhabhūmiṃ sa[mu]pāga[t]o jinaḥ 5 dharmad[ṛ]śo dharmāniyāmakovidā vipaśyino buddhavaras[y]a [śr].
10	178.8	r .. .[i]yāmakovidā vipaśyin[o] buddhava[r]. .. + + + + + + + + + + ///
11	79.5	vakāḥ [t]athā[g]a ..(ṃ) [p]rā(ṃ)[j]alayo bhyu ◯ pāgatā vyābhre dine yathaiva sūryam udgatam* 6 bu[ddh]. sya śikhinaḥ sametya śrāvakā ājñātadharmāḥ [s]vaya ..
12	71.3	tā .. + + + + + .. [s]ūrya[m u] ◯ ///
13	179.1	.. vakā ājñātadharm.ḥ svayam āgatāḥ [ph]. .. + + + + + + + + ///
14	79.6	gatāḥ phale tathāgataṃ prāṃjalayo [bh]yu[p]āgatās tripaṃcarātrābhyuditam iva candram* 7 te viśva[bh]u .. + .. masya śrāvakāḥ prahāya paṃcāvaraṇāni [ce]
15	71.4	[c]. + + .. ditaiva candram* .. ◯ ///
16	179.2	cāvaraṇāni cetasaḥ [ta]thāga[ta](ṃ) prāṃjala[yo] + + + + + + + + ///
17	79.7	tasaḥ tathāgataṃ prā⟨ṃ⟩jalayo bhyupāga[tā] niśi jvalaṃtaṃ pravana[1] iva pāvakam* 8 te vītarāgā(ḥ) [k]r. kasunda{{sya}} śrāvakāḥ kāmeṣu chandaṃ pratighaṃ vi +
18	71.5	+ [m*] .. [t]e vitarāgāḥ krakasundaśrāva .. ///

[1] MAV I: *pravaṇa*.

W11.24 [W]*te vītarāgāḥ*[1] *Krakasundaśrāvakāḥ*[2]
kāmeṣu cchandaṃ[3] *pratighaṃ vi*$_{1}$*nodya*•
$_{2}$*tathāgataṃ prāṃjalayo*[4] *'bhyupāgatāḥ*
(Śa)ṃkaraṃ bhūtapatim iva devatā(ḥ 9)
W25 [W]*jinas(ya) te Kanakam(u)ne(s tu) śrāva*$_{3}$*kā*[5]
$_{4}$*bhāvyeha mārgam*[6] *amṛtopalabdhaye* (•)
(tathā)$_{5}$*gataṃ prāṃjalayo 'bhyupāgatā*
$_{6}$*yaśasvinaṃ*[7] *vaiśravaṇam*[8] *i* — ⏑ ⏓ *(10)*
W26 [W]⏓ — ⏑ — — ⏑ ⏑ — ⏑ — ⏑ ⏓
$_{7}$*an*— ⏑ — — ⏑ *(ba) huhetucint(a) kāḥ*[9]
$_{8}$*tathāgataṃ prāṃjalayo 'bhyupāgatā(ḥ)*[10]
⏓ — ⏑ — — ⏑ ⏑ — ⏑ — ⏑ ⏓ $_{9}$*m* 11*
W27 [W]*tathāgato*[11] *vyupaśa* ⏑ — ⏑ — $_{10}$⏑ *do*
(55.1) *devāṃ* gat*o varavi*pul*ardhi*$_{11}$*yuktaḥ*
athāgatā dṛḍhasthirabandha(n) — ⏓
⏓ — ⏑ — — ⏑ ⏑ *(ś) rāva(k)* ā vayam* 12
W28 [W]āvā$_{12}$*saśreṣṭhā*[12] *kha*$_{13}$*lu pañca ete*
śuddhair ihādhyuṣi(55.2) tās tatvadarśibhiḥ
vi$_{14}$śuddhaśīlaṃ *sama* — *(up) āgatā*
jinam[13] *an(a)* — ⏑ ⏑ — ⏑ — *vayam*(13)*
W29 [W]*(e)* ṣo hi saptānyatamo vinā*(ya)* ka*(ḥ)*
$_{15}$*oghaṃjahaḥ*[14] *kāmabha*(55.3) veṣv asaktaḥ

---

[1] MS 71.5: *vitarāgāḥ*.

[2] MS 79.7: *[k]r(a)kasunda{{sya}} śrāvakāḥ*. Here as the preceding short vowel is a metrically light syllable, the double consonant *śr* should be read prosodically as a single consonant. Cf. GPRG §2.96.

[3] MS 79.7: *chandaṃ*. Metrical considerations suggest *cch* and the preceding short vowel is a metrically light syllable.

[4] MS 79.8: *[p](r)āṃ(ja)la[y]o*, MS 179.3: *prāṃjala[yo]*.

[5] See above note 2.

[6] Metrical considerations suggest *mārgaṃ;* interpreting a final anusvāra before the vowel would make the syllable closed and prosodically long as required by metre. Cf. BHSG §2.69.

[7] MS 228.1: *yaśāsvinaṃ*.

[8] See above note 6.

[9] See SWTF s.v. *cintaka*.

[10] MS 179.5: *bhyupāgatā*•.

[11] MS 228.2: *tathagato*.

[12] See above note 2.

[13] Metrical considerations suggest *jinaṃ;* interpreting a final anusvāra before the vowel would make the syllable closed and prosodically long as required by metre. Cf. BHSG §2.69.

[14] MS 228.4: *[o]ghaṃjahā*•. This MS appears to have a *śloka*.

Base MS SHT 399: MS 55.1 – 55.3

Other MSS of Recension I

1	179.3	nodya• tathāgataṃ prāṃjala[yo] bhyu[pā]gatāḥ .. + + + + + + + + ///
2	79.8	+ .. .ā .. .. [p].āṃ .. la[y]o [bh]. [p]ā[g]. .. .. ..ṃ[kara]ṃ bhūtapatim iva [d]e[v]atā .. jinas.. te [ka]na[ka]m. ne .. ś[r]āva[k]ā bh. .e[ha] mārgam am. [t]o[pala] + + + +
3	71.6	+ .. [bhā]vyeha mārgam amṛtopalabdha[y]e ///
4	223.1	/// + + + + + + + + + + [bh]. [vy]. + + + + [m]ṛ .. + + + + + + + ///
5	179.4	gataṃ prāṃjalayo bhyupāgatā yaśas[v]i ○ + + + + + ///
6	228.1	yaśāsvinaṃ vaiśravaṇa[m] i ///
7	223.2	/// + + + a[n]. .. + + + hu hetu c[in]t.kāḥ tath. [g]. .. + + + + + + ///
8	179.5	tathāgataṃ prāṃjalayo bhyupāgatā• ○ + + + + + ///
9	228.2	m* 11 tathagato vyupaśa ///
10	223.3	/// + + .. do devāṃ gato varavipulardhiyuktaḥ athāgatā dṛḍh. .th. + ///
11	179.6	yuktaḥ [a] .. [g]atā dṛḍhasth[i]r abandha .. + + + + + + + + .. .*[rā]va* .. [1] ///
12	228.3	sa śreṣṭhā [kh]alu pañca e .. ///
13	223.4	/// + .. pañca ete śuddhair ihādhyu[ṣ]itās tatvadarśibhiḥ viśuddhaśīlaṃ sa[m]. ///
14	179.7	.. .. ś[ī] + + + + + .[ā]gatā jinam an. + + + + + + *[va]yam** .. [2] ///
15	223.5	/// + oghaṃ jahaḥ kāmabhaveṣv asaktaḥ evaṃ hi devā akani[ṣ].. .. + ///
	228.4	[o]ghaṃjahā• kāma[bh]. + + ///

evaṃ h*i* devā Aka*niṣ*(*ṭhakāyikāḥ*)
⏑̲ — ⏑ — — ⏑ ⏑ — ⏑ — ⏑̲ (*14*)
W11.30 ^{W}aratira(*ti*) saho hi bhikṣur e(*vam*)[1]
⏑⏑̲ — — $_{1}$*śayanāsa*(55.4) naṃ $_{2}$bhajeta·
ta*tra ca* vihared[2] i*hāpramatto*
bhava — — ⏑ ⏑ — ⏑ — ⏑ — — (*15*||)

[1] Metre: *Aupacchandasika*. Parallel: Uv 32.82.
[2] MS 228.5: *ten[ai]va vihā* .. + ///.

Base MS SHT 399: MS 55.3 – 55.4

Other MSS of Recension I

1 223.6 /// śayanāsanaṃ bhajeta• tatra ca vihared ihāpramat[to] bhava + + + ///
2 228.5 bhajeta• ten[ai]va vihā .. + ///

List of All Known Manuscripts in Northern Turkestan

Below is a complete list of all extant manuscript fragments of the MAV which have been identified by the time of the publication of this study.[1] Based on the present editor's understanding of the available material, the MSS are divided into six sections. Waldschmidt numbered a total of 180 folio sides of the MAV. The first 132 of these formed the basis of his Das Mahāvadānasūtra I and II published in 1951–1953, and are listed here in section one. In 1968, he then published SHT II, which contained transcriptions of SHT 685. These sides he numbered as MSS 133–180. They are listed below in section two. For the folios that have been identified after Waldschmidt, I have continued his numbering sequence up through section four. Section three begins this new material and is divided into four parts. Part one lists the MAV folios from the Turfan MS collection in Berlin, divided into published and unpublished material. Part two contains material from the Hoernle collection in the British Museum, all unpublished. Parts three and four are the MSS from the Pelliot and St. Petersburg collections, also divided into published and unpublished material. Section four contains small fragments from the Turfan collection in Berlin that have only recently been identified as MAV material, bringing the total number of folio sides to 241. If and when further discoveries are made, they should be added to this section. Section five lists the MSS which were mistakenly identified as MAV by Waldschmidt and are actually parallel passages from other texts. Section six contains those folios of the MAV whose content differs so significantly from the base SHT 399 that I have labelled them Recension II. A final note: some MSS numbers appear in italics, which indicates a cross reference to another fragment. In these cases, an explanation is provided on the same line.

[1] The munuscript M. 146 in TTT VIII, which contains parallel passages with the MAV, is not included in this study. This manuscript is written bilingually, with corresponding Turkish words interspersed between individual words or phrases of the Sanskrit. From what remains, we cannot identify which recension lineage it belongs to.

Manuscripts Used in Waldschmidt's Edition

Serial No.	SHT No.	Folio	Lü No.	Facsmile Edition		Transliteration
1	399	113V	S 360	FakSHT	IXa	MAV I p. 12
2	399	113R	S 360	FakSHT	IXb	MAV I p. 12
3	399	114V	S 360	FakSHT	IXc	MAV I p. 13
4	399	114R	S 360	FakSHT	IXd	MAV I p. 14
5	399	115V	S 360	FakSHT	Xa	MAV I p. 14
6	399	115R	S 360	FakSHT	Xb	MAV I p. 14
7	399	117V	S 360	FakSHT	Xc	MAV I p. 15
8	399	117R	S 360	FakSHT	Xd	MAV I p. 15
9	399	118V	S 360	FakSHT	XIa	MAV I pp. 15-16
10	399	118R	S 360	FakSHT	XIb	MAV I p. 16
11	399	119V	S 360	FakSHT	XIc	MAV I pp. 16-17
12	399	119R	S 360	FakSHT	XId	MAV I p. 17
13	399	120V	S 360	FakSHT	XIIa	MAV I p. 17
14	399	120R	S 360	FakSHT	XIIb	MAV I p. 18
15	399	121V	S 360	FakSHT	XIIc	MAV I p. 18
16	399	121R	S 360	FakSHT	XIId	MAV I pp. 18-19
17	399	122V	S 360	FakSHT	XIIIa	MAV I p. 19[1]
18	399	122R	S 360	FakSHT	XIIb	MAV I p. 19
19	399	123V	S 360	SHT II	Tafel 55	MAV I p. 19
20	399	123R	S 360	SHT II	Tafel 55	MAV I p. 20
21 +238[2]	399	126V	S 360	FakSHT +FakSHT	XIIIc LId	MAV I p. 20 FakSHT p. 29
22 +239[2]	399	126R	S 360	FakSHT +FakSHT	XIIId LIc	MAV I p. 20 FakSHT p. 29
23	399	127V	S 360	FakSHT	XIVa	MAV I p. 20
24	399	127R	S 360	FakSHT	XIVb	MAV I p. 21
25	399	129V	S 360	FakSHT	XIVc	MAV I p. 21
26	399	129R	S 360	FakSHT	XIVd	MAV I pp. 21-22
27	399	131V	S 360	SHT II	Tafel 55	MAV I p. 22
28	399	131R	S 360	SHT II	Tafel 55	MAV I p. 22
29	399	132V	S 360	SHT II	Tafel 56	MAV I p. 22
30	399	132R	S 360	SHT II	Tafel 56	MAV I p. 23
31	399	133V	S 360	FakSHT	XVa	MAV I p. 23
32	399	133R	S 360	FakSHT	XVb	MAV I p. 24
33	399	134V	S 360	FakSHT	XVc	MAV I p. 24
34	399	134R	S 360	FakSHT	XVd	MAV I pp. 24-25

[1] SHT (VII) 399 corrects reading of the line 5. Again SHT (VIII) 399 corrects mistype of it.
[2] Identification and corrected readings by S. Dietz. Cf. SHT (IX) 399 (as-yet-unissued).

Serial No.	SHT No.	Folio	Lü No.	Facsmile Edition		Transliteration
35	399	135V	S 360	SHT II	Tafel 56	MAV I p. 25
36	399	135R	S 360	SHT II	Tafel 56	MAV I pp. 25–26
37	399	136V	S 360	SHT II	Tafel 56	MAV I p. 26
38	399	136R	S 360	SHT II	Tafel 56	MAV I pp. 26–27
39	399	137V	S 360	FakSHT	XVIa	MAV I p. 27
40	399	137R	S 360	FakSHT	XVIb	MAV I p. 27
41	399	138V	S 360	FakSHT	XVIc	MAV I p. 28
42	399	138R	S 360	FakSHT	XVId	MAV I p. 28
43	399	139V	S 360	FakSHT	XVIIa	MAV I p. 28
44	399	139R	S 360	FakSHT	XVIIb	MAV I p. 28
45	399	141V	S 360	FakSHT	XVIIc	MAV I p. 29
46	399	141R	S 360	FakSHT	XVIId	MAV I p. 29
47	399	142V	S 360	FakSHT	XVIIIa	MAV I pp. 29–30
48	399	142R	S 360	FakSHT	XVIIIb	MAV I p. 30
49	399	143V	S 360	FakSHT	XVIIIc	MAV I p. 30
50	399	143R	S 360	FakSHT	XVIIId	MAV I p. 31
51	399	144V	S 360	FakSHT	XIXa	MAV I p. 31[1]
52	399	144R	S 360	FakSHT	XIXb	MAV I p. 31
53	399	145V	S 360	FakSHT	XIXc	MAV I p. 31
54	399	145R	S 360	FakSHT	XIXd	MAV I pp. 31–32
55	399	151V	S 360	FakSHT	XXa	MAV I p. 32
56	9	122V	TM 361	FakSHT	LVa	MAV I p. 32
57	9	122R	TM 361	FakSHT	LVb	MAV I p. 33[2]
58	9	123V	TM 361	FakSHT	LVc	MAV I p. 33
59	9	123R	TM 361	FakSHT	LVIa	MAV I p. 33
60	9	124V	TM 361	FakSHT	LVIb	MAV I pp. 33–34
61	9	124R	TM 361	FakSHT	LVIc	MAV I p. 34
62	9	125V	TM 361	FakSHT	LVIIa	MAV I pp. 34–35
63	9	125R	TM 361	FakSHT	LVIIb	MAV I p. 35
64	9	126V	TM 361	FakSHT	LVIIc	MAV I pp. 35–36
65	9	126R	TM 361	FakSHT	LVIIIa	MAV I p. 36
66	9	127V	TM 361	FakSHT	LVIIIb	MAV I pp. 36–37
67	9	127R	TM 361	FakSHT	LVIIIc	MAV I p. 37
68	9	129V	TM 361	FakSHT	CLXXa	MAV I pp. 37–38
69	9	129R	TM 361	FakSHT	CLXXb	MAV I p. 38
70	9	14. V	TM 361	FakSHT	CXLIa	MAV I p. 38
71	9	14. R	TM 361	FakSHT	CXLIb	MAV I p. 38

[1] SHT (VIII) 399 corrects reading of the line 4.

[2] SHT (VIII) 9 corrects reading of the line 5.

Serial No.	SHT No.	Folio	Lü No.	Facsmile Edition		Transliteration
72	400	V	S 362	FakSHT	LXXIc	MAV I p. 39
73	400	R	S 362	FakSHT	LXXIIa	MAV I p. 39
74	400	V	S 362	FakSHT	LXXIIb	MAV I p. 39
75	400	R	S 362	FakSHT	LXXIIc	MAV I p. 39
76	400	V	S 362	FakSHT	LXXIIIa	MAV I p. 40
77	400	R	S 362	FakSHT	LXXIIIb	MAV I p. 40
78	400	122V	S 362	FakSHT	LXXIIIc	MAV I pp. 40-41
79	400	122R	S 362	FakSHT	LXXIVa	MAV I p. 41
79A	3	R	TM 363	FakSHT	LXXXVb	MAV I p. 39
80	3	V	TM 363	FakSHT	LXXXVc	MAV I pp. 41-42
81	3	R	TM 363	FakSHT	LXXXVIa	MAV I p. 42
82	498	V	S 364	SHT II +FakSHT	Tafel 66	MAV I p. 42[1] XCIIIc
83	498	R	S 364	SHT II +FakSHT	Tafel 66	MAV I p. 42[1] XCIVa
84	498	V	S 364	FakSHT	LXXXIXa	MAV I pp. 42–43
85	498	R	S 364	FakSHT	LXXXIXb	MAV I p. 43
86 +236[2]	498	V	S 364	FakSHT +FakSHT	LXXXIXc +XCIVbA14 XCIIIc	MAV I p. 43 SHT VI p. 214 FakSHT p. 32
87 +237[2]	498	R	S 364	FakSHT +FakSHT	XCa +XCIVcB14 XCIVa	MAV I p. 43 SHT VI p. 214 FakSHT p. 32
88	478	V	S 365	FakSHT	XCVc	MAV I p. 44
89	478	R	S 365	FakSHT	XCVIa	MAV I p. 44
90 +98 +191	177 177 2446	V	K 528[3] K 528 l2 X 1022	FakSHT	CXLIXc CXXXVIIc	MAV I p. 44 MAV I pp. 45–46 DĀ(U.H.) No. 112
91 +99 +192	177 177 2446	R	K 528[3] K 528 l2 X 1022	FakSHT	CXLIXd CXXXVIId	MAV I p. 44 MAV I p. 46 DĀ(U.H.) No. 112
92	*Manuscripts of MAV Recension II; see p. 180.*					
93	*Manuscripts of MAV Recension II; see p. 180.*					
94	*Manuscripts of MAV Recension II; see p. 180.*					
95	*Manuscripts of MAV Recension II; see p. 180.*					
96	177	V	K 528 n1	FakSHT	CXXXVIIc	MAV I p. 45
97	177	R	K 528 n1	FakSHT	CXXXVIId	MAV I p. 45
98	*Included in Serial No. 90.*					

[1] SHT (VII) 498 corrects the placement of left and right fragments and gives new transliteration.
[2] Identification and corrected readings by S. DIETZ. Cf. SHT (IX) 498 (as-yet-unissued).
[3] This fragment is numbered 371 in MAV I. Cf. SHT (I) 177, note 5.

Serial No.	SHT No.	Folio	Lü No.	Facsmile Edition	Transliteration
99	*Included in Serial No.91.*				
100	177	A(=R)	K 528 n3	FakSHT CXXXVIIc	MAV I p.46
101[1]	177	B(=V)	K 528 n3	FakSHT CXXXVIId	MAV I p.46
102	177	V	K 528 l4	FakSHT CXXXVIIc	MAV I p.46[2]
103	177	R	K 528 l4	FakSHT CXXXVIId	MAV I p.46
104	177	V	K 528 a4	FakSHT CXXXVIIc	MAV I pp.46–47
105	177	R	K 528 a4	FakSHT CXXXVIId	MAV I p.47
106	177	V	K 528 a2	FakSHT CXXXVIIIa	MAV I p.47
107	177	R	K 528 a2	FakSHT CXXXVIIIb	MAV I p.47
108	177	V	K 528 f2, h1	FakSHT CXXXVIIIa	MAV I p.47
109	177	R	K 528 f2, h1	FakSHT CXXXVIIIb	MAV I p.47
110	177	V	K 528 l1	FakSHT CXXXVIIIa	MAV I p.48
111	177	R	K 528 l1	FakSHT CXXXVIIIb	MAV I p.48
112	177	V	K 528 a3	FakSHT CXXXVIIIa	MAV I p.48[3]
+114	177		m3	CXXXVIIIa	MAV I p.48[3]
113	177	R	K 528 a3	FakSHT CXXXVIIIb	MAV I p.48[4]
+115	177		m3	CXXXVIIIb	MAV I p.48[4]
114	*Included in Serial No.112.*				
115	*Included in Serial No.113.*				
116	*Parallel Passages of Other Texts Mistakenly Identified as MAV; see p.180.*				
117	686	V	X 683	FakSHT CLXIVa	MAV I p.49
118	686	R	X 683	FakSHT CLXIVb	MAV I p.49
119	600	V	Sg 684	FakSHT CLXIVc	MAV I p.49
120	600	R	Sg 684	FakSHT CLXIVd	MAV I pp.49–50
121	412	V	S 462	FakSHT CLVIIc	MAV I p.50
122	412	R	S 492	FakSHT CLVIId	MAV I p.50
123	601	V	Sg 685	FakSHT CLXIVc	MAV I p.50
124	601	R	Sg 685	FakSHT CLXIVd	MAV I pp.50–51
125	602	V	M 686	FakSHT CLXIVc	MAV I p.51
126	602	R	M 686	FakSHT CLXIVd	MAV I p.51
127	*Parallel Passages of Other Texts Mistakenly Identified as MAV; see p.180.*				
128	*Parallel Passages of Other Texts Mistakenly Identified as MAV; see p.180.*				
129	*Parallel Passages of Other Texts Mistakenly Identified as MAV; see p.180.*				
130	*Parallel Passages of Other Texts Mistakenly Identified as MAV; see p.180.*				
131	*Parallel Passages of Other Texts Mistakenly Identified as MAV; see p.180.*				
132	*Parallel Passages of Other Texts Mistakenly Identified as MAV; see p.180.*				

[1] MAV MS.101 was not included in the 'Textbearbeitung' in MAV II. The placement A=R and B=V was corrected by the present author.

[2] SHT (VIII) 177 corrects reading of the line 2, 3, 7 .

[3] SHT (VII) 177 corrects reading of MAV I together with MAV No.114.

[4] SHT (VII) 177 corrects reading of MAV I together with MAV No.115.

Leaves of the Manuscript SHT 685

(The numbers were given to the leaves by Waldschmidt in SHT II, pp. 40-56)

Serial No.	SHT No.	Folio	Lü No.	Facsmile Edition		Transliteration
133	685	94V	X 679	SHT II	Tafel 153+164[1]	SHT II p. 40
134	685	94R	X 679	SHT II	Tafel 153+164	SHT II p. 41
135	685	95V	X 679	SHT II	Tafel 154+164[2]	SHT II p. 41
136	685	95R	X 679	SHT II	Tafel 154+164	SHT II pp. 41–42
137	685	96V	X 679	SHT II	Tafel 154	SHT II p. 42
138	685	96R	X 679	SHT II	Tafel 154	SHT II p. 42
139	685	97V	X 679	SHT II	Tafel 155	SHT II p. 43
140	685	97R	X 679	SHT II	Tafel 155	SHT II p. 43
141	685	98V	X 679	SHT II	Tafel 155	SHT II pp. 43–44
142	685	98R	X 679	SHT II	Tafel 155	SHT II p. 44
143	685	99V	X 679	SHT II	Tafel 156	SHT II p. 44
144	685	99R	X 679	SHT II	Tafel 156	SHT II p. 45
145	685	100V	X 679	SHT II	Tafel 156	SHT II p. 45
146	685	100R	X 679	SHT II	Tafel 156	SHT II pp. 45–46
147	685	102V	X 679	SHT II	Tafel 157	SHT II p. 46
148	685	102R	X 679	SHT II	Tafel 157	SHT II p. 46
149	685	103V	X 679	SHT II	Tafel 157	SHT II p. 46
150	685	103R	X 679	SHT II	Tafel 157	SHT II pp. 46–47
151	685	104V	X 679	SHT II	Tafel 157	SHT II p. 47
152	685	104R	X 679	SHT II	Tafel 157	SHT II p. 47
153	685	105V	X 679	SHT II	Tafel 157	SHT II p. 47
154	685	105R	X 679	SHT II	Tafel 157	SHT II pp. 47–48
155	685	106V	X 679	SHT II	Tafel 158	SHT II p. 48
156	685	106R	X 679	SHT II	Tafel 158	SHT II p. 48
157	685	108V	X 679	SHT II	Tafel 158	SHT II p. 48
158	685	108R	X 679	SHT II	Tafel 158	SHT II p. 48
159	685	109V	X 679	SHT II	Tafel 158	SHT II p. 49
160	685	109R	X 679	SHT II	Tafel 158	SHT II p. 49
161	685	110V	X 679	SHT II	Tafel 159	SHT II p. 49
162	685	110R	X 679	SHT II	Tafel 159	SHT II pp. 49–50
163	685	111V	X 679	SHT II	Tafel 159	SHT II p. 50
164	685	111R	X 679	SHT II	Tafel 159	SHT II p. 50

[1] In SHT (II) Tafel 164, the right side fragment of 5B is, in fact, the obverse while the corresponding fragment in 5A is the reverse.

[2] There are two mistakes with regard to fragment 4A of SHT (II) Tafel 164. First, the small fragment at the end of line c is to be placed at the end of line a (=135.5). Second, the left-side fragment in 5A properly belongs to the beginning of 4A, line c (=135.7).

Serial No.	SHT No.	Folio	Lü No.	Facsmile Edition		Transliteration
165	685	112V	X 679	SHT II	Tafel 160	SHT II p. 50
166	685	112R	X 679	SHT II	Tafel 160	SHT II p. 51
167	685	113V	X 679	SHT II	Tafel 160	SHT II p. 51
168	685	113R	X 679	SHT II	Tafel 160	SHT II p. 51
169	685	114V	X 679	SHT II	Tafel 161	SHT II pp. 51–52
170	685	114R	X 679	SHT II	Tafel 161	SHT II p. 52
171	685	115V	X 679	SHT II	Tafel 161	SHT II p. 52
172	685	115R	X 679	SHT II	Tafel 161	SHT II p. 52
173	685	116V	X 679	SHT II	Tafel 162[1]	SHT II p. 53
174	685	116R	X 679	SHT II	Tafel 162[2]	SHT II p. 53
175	685	117V	X 679	SHT II	Tafel 162, 163	SHT II p. 53
176	685	117R	X 679	SHT II	Tafel 162, 163	SHT II p. 54
177	685	118V	X 679	SHT II	Tafel 162, 163	SHT II p. 54
178	685	118R	X 679	SHT II	Tafel 162, 163	SHT II p. 54
179	685	119V	X 679	SHT II	Tafel 162, 164	SHT II pp. 54–55
180	685	119R	X 679	SHT II	Tafel 162, 164	SHT II p. 55

Additional Numbers of the Manuscripts

(The following numbers are new to this edition)

1. The Turfan Manuscript collection preserved in Berlin

a. Published

Serial No.	SHT No.	Folio	Lü No.	Facsmile Edition		Transliteration
181	916	V	K 764	SHT III	Tafel 64	SHT III p. 172
182	916	R	K 764	SHT III	Tafel 64	SHT III p. 172

b. Unpublished

Serial No.	SHT No.	Folio	"Vorläufige Nr."	DĀ(U.H.) No.
183	2032	V	X767	108
184	2032	R	X 767	108
185	2033	V	X 781	121
186	2033	R	X 781	121
187	2009	V	X 1695	122
188	2009	R	X 1695	122
189	2034	V	X 1304	110
190	2034	R	X 1304	110
191	*Included in Serial No. 90.*			
192	*Included in Serial No. 91.*			

[1] The second fragment belonging to V6-8 is not reproduced in the facsimile ed.
[2] The second fragment belonging to R1-3 is not reproduced in the facsimile ed.

Serial No.	SHT No.	Folio	Provisional No.	DĀ(U.H.) No.
193	2995	V	X 1925	117
194	2995	R	X 1925	117

2. Hoernle collection[1]

Serial No.	MS No.	Folio	DĀ(U.H.) No.
195	149/151	V	118
196	149/151	R	118
197	149/228	V	123
198	149/228	R	123
199	149/270	V	119
200	149/270	R	119
201	149/Add.62	V	120
202	149/Add.62	R	120
203	149/Add.153	V	113
204	149/Add.153	R	113
205	168	V	115
206	168	R	115
207	173	V	106
208	173	R	106
209	176	V	109
210	176	R	109
211	180	V	107
212	180	R	107
213	*Manuscripts of MAV Recension II; see p. 181.*		
214	*Manuscripts of MAV Recension II; see p. 181.*		

3. Pelliot collection

a. Published (Koutchéen Nouvelle Série)[2]

Serial No.	MS No.	Folio	Facsmile Edition	Transliteration
215	182 (A)	r	Facsmile V,a	p. 172
216	182 (A)	v	Facsmile V,b	p. 173

---

[1] These MSS were identified in J.-U. Hartmann and K. Wille, "Die nordturkistanischen Sanskrit-Handschriften der Sammlung Hoernle (Funde buddhistischer Sanskrit-Handschriften, II)," SWTF Beiheft 4 (1989), pp. 9-63.

[2] This MS was identified in W. Couvreur, "Nieuwe Fragmenten van het Catuṣpariṣat-, Mahāparinirvāṇa-, Mahāsudarśana- en Mahāvadānasūtra," Or.Gand IV (1967), pp. 167-173.

b. Unpublished (Sankrit MSS, bleu)[1]

Serial No.	MS No.	Folio	DĀ(U.H.) No.
217	296+298+297	V	116
218	296+298+297	R	116
219	345+344	V	114
220	345+344	R	114
221	350	V	124
222	350	R	124

4. St. Petersburg Collection

a. Published

Serial No.	MS No.	Folio	Facsmile Edition	Transliteration
223	SI B/14[2]	r	NFHSū p. 410 No. 132	p. 209

b. Unpublished

Serial No.	MS No.	Folio
224	SI Kol/2[3]	r
225	SI Kol/2[3]	v

Newly Identified Manuscripts

Serial No.	SHT No.	Folio	Lü No.	Facsmile Edition	Transliteration
226	177	V	K 528k3 +k7	FakSHT CXXXIXc CXLa	SHT VI p. 212
227	177	R	K 528k3 +k7	FakSHT CXXXIXb CXLb	SHT VI p. 212
228	1592	V	Sg 133		SHT VI p. 204[4]

---

[1] These MSS were identified in J.-U. HARTMANN and K. WILLE, "Die nordturkistanischen Sanskrit-Handschriften der Sammlung Pelliot (Funde buddhistischer Sanskrit-Handschriften, IV)," SWTF Beiheft 8 (1997), pp. 131-182.

[2] This MS was identified in G. M. BONGARD-LEVIN, M. I. VOROB'EVA-DESJATOVSKAJA, Novye fragmenty chinajanskich sutr. In: Pamjatniki indijskoj pis'mennosti iz central'noj azii. Vypusk 2. Izdanie tekstov, issledovanie, perevod i kommentarij, Moskau 1990 (BBu XXXIV), pp. 207-254.

[3] Identified by K. WILLE during his visit to the Institute of Oriental Studies in St. Petersburg in 1996. Paper MS; Pustaka-Format; 7.3 × 32.5 cm; 6 lines; Northan Turkestan Brāhmī type a. I would like to thank Profs. G. M. BONGARD-LEVIN and M. I. VOROB'EVA-DESJATOVSKAJA for their kindness to send me a copy of MS.

[4] Identified in SHT (VIII) 1592, p. 209. The reverse side is in Uighur Brāhmī according to D. MAUE (Giessen): "The reverse side contains 3 dating formulars. The first two are identical: *lu yïl üçünç ay ikinti ot* ('year of the dragon, 3rd month, 2 ot'). In the first line the first numeral is written in number, the second in words, in the second line vice versa. The third line reads: *yu[n]t (?) yïl altïnç ay 5 ot* ('year of the horse (?), 6th month, 5 ot'), the meaning of '*ot*' is not yet clear, the known connotation 'plant' and 'fire' do not fit, but there is no evidence for the meaning 'day' which would fit."

Serial No.	SHT No.	Folio	Lü No.	Facsmile Edition	Transliteration
229	165	(41) V	K459		SHT IV p. 207[1]
230	165	(41) R	K459		SHT IV p. 207[1]
231	*Manuscripts of MAV Recension II; see p. 181.*				
232	*Manuscripts of MAV Recension II; see p. 181.*				
233	168 y	V	K 484	FakSHT CXXIV	FakSHT p. 46[2]
234	168 y	R	K 484	FakSHT CXXIV	FakSHT p. 46[2]
235	498 (18)[3]	B	S 364	FakSHT XCIVc	FakSHT pp. 35–36
236	*Included in Serial No. 86.*				
237	*Included in Serial No. 87.*				
238	*Included in Serial No. 21.*				
239	*Included in Serial No. 22.*				
240	2172	V	S 369		SHT IX
241	2172	R	S 369		SHT IX

Parallel Passages of Other Texts Mistakenly Identified as MAV

Serial No.	SHT No.	Folio	Lü No.	Facsmile Edition	Transliteration
116	768	V	X 682	FakSHT CLXIIIc-d	SHT I p. 333
129 +127	603[4] +593	46V	M 687 M 665	FakSHT CLXVa FakSHT CLXIIIc	MAV I pp. 51–52 MAV I p. 51
130 +128	603[4] +593	46R	M 687 M 665	FakSHT CLXVb FakSHT CLXIIId	MAV I p. 52 MAV I p. 51
131	604	V	Sg 688	FakSHT CLXVa	MAV I p. 52
132	604	R	Sg 688	FakSHT CLXVb	MAV I p. 52

Manuscripts of MAV Recension II

Serial No.	SHT No.	Folio	Lü No.	Facsmile Edition	Transliteration
92	652 +g3	V	X 420 d	FakSHT Ca[5] FakSHT CII	MAV I p. 44 SHT VI p. 219
93	652 +g3	R	X 420 d	FakSHT Cb[6] FakSHT CII	MAV I p. 45 SHT VI p. 219
94	652	V	X 420 a	FakSHT CIa	SHT VII p. 260
95	652	R	X 420 a	FakSHT CIb	SHT VII p. 260

---

[1] SHT (VIII) 165, p. 169 identifies and corrects readings.
[2] Ibid.
[3] Identified by T. Fukita in SHT (IX) 498 (as-yet-unissued). The side A cannot be identified because of damage. Cf. FakSHT, p. 35, S 364 Fragment 18, A.
[4] SHT (I) 603 belongs on the left side of SHT (I) 593. Cf. SHT (VIII) 593, 603, p. 177.
[5] SHT (I) Tafel 14 also has a facsimile.
[6] SHT (I) Tafel 14 also has a facsimile.

Serial No.	SHT No.	Folio	Lü No.	Facsmile Edition	Transliteration
213	Hoernle 167	V			DĀ(U.H.) No.111
214	Hoernle 167	R			DĀ(U.H.) No.111
231	652	V	X 420 h4	FakSHT CIII	SHT VII p.261[1]
232	652	R	X 420 h4	FakSHT CIII	SHT VII p.261[1]

[1] This is a re-identification and corrected reading of SHT (VI) 652, p.219.

Index of Sanskrit Words*

a

aṃśa
in atīta°bhāvagata
in aṣṭa°
aṃśukāñcana 62.20
aṃsa 82.4; 88.18; 90.4, 8
aṃsa
in eka°
in citāntara°
akaṇṭaka 72.13
Akaniṣṭha 160.18; 162.13
Akaniṣṭhakāyika 160.13, 19, 24; 162.1, 3, 11; 168.1
Akaniṣṭhabhūmi 164.14
Akaniṣṭhavāsin 68.11
akhila 42.9; 72.13; 144.19
agārikā
in an°
agarucūrṇa 66.17
agāra 72.7, 15; 78.1; 100.14; 116.7; 118.1, 5; 122.5, 9, 11; 148.18, 24, 26
Agnidatta 46.23; 50.1
agra
in eka°mana
agrayuga 42.13, 15, 17, 20, 22, 24, 26
agraśrāvaka 44.12
agrya 42.13, 14, 15, 16, 18, 20, 22, 23, 25, 27; 44.1, 6, 7, 10; 86.17
aghoṣa 68.12
aṅka 70.11
aṅga
in ūrdhva°roman
in vara°rūpin
in an°
Aṅgiras 44.12
aṅguli
in dīrgha°
acira 144.10
ajñāna 138.9
ajñānanidāna 136.32
añjali 158.22; 162.4
Atapa 160.10; 164.2, 7
Atapakāyika 160.16
atas 130.1
atikrānta 88.5
atikrāntamānuṣa 32.7
atiga
in ogha°
atipāta
in prāṇa°
atīta 30.7, 9, 15; 32.1, 18, 19; 34.1, 2
atīta
in an°

* The following words are listed by page and line numbers. Case-forms used as adverbs are not listed.

atītāṃśabhāvagata 30.8, 15; 32.18; 34.1
atula 142.1
Atula 46.3, 9
atulya 86.18
atyaya 152.23; 154.3, 8, 26
atyartha 52.6; 62.4; 88.8
atra Frequent occurrence.
atha Frequent occurrence.
atho 138.12
adaṇḍa 72.13
adatta 60.7
adas Frequent occurrence.
adhas 78.5; 84.14
adhi-√jñā 142.27
adhyastagama 138.23; 140.3
adhyā-√vas 72.7, 14; 78.1
adhyuṣita 166.18
anagārikā 72.15; 76.13; 100.14; 116.8; 118.2, 5; 122.5, 9, 11; 148.18, 24, 26
anaṅgaṇa 142.1
anatīta 96.15, 16; 100.4, 6; 104.7, 8; 106.15, 16; 110.9, 10; 112.16; 114.1
ananuprāptasvakārtha 122.24
ananuśruta 134.9
anantavarṇa 164.9, 13
ananyathā 72.6; 78.1; 84.9
ananyaneya 140.22
anavanata 80.4
anavanatakāya 80.3
Anāthapiṇḍadārāma 30.4
anāvila 58.5; 66.3
anāśvāsika 136.20
anāsrava 144.19
anitya 140.18; 144.2
animiṣa 90.12; 120.6
anukampā
  in loka°
anugata
  in mahātmadeva°
anu-√gam 164.11
anuttara 124.3, 27; 142.26; 150.21
anutpīḍā 72.13
anupādadāna 138.22
anupra-√dā 100.15
anupra-√yam 70.5, 11; 102.2; 118.7, 11
anuprāpta 146.10
anuprāpta
  in an°svakārtha
anubhāva 68.5; 156.1
anubhāva
  in mahā°
  in sva°
anu-√bhū 52.10
anuveśma
  in anuveśma°
anuveśmānuveśma 114.17; 116.1, 13
anu-√vraj 122.16
anuśaṃsa
  in mahā°
anu-√śās 148.4; 150.12; 152.10
anuśiṣṭavat 94.10
anuśruta
  in an°
anūna
  in varṇa°
anūnaka 86.1
anūnavarṇa 88.6, 10, 15
Anopamā 46.22; 48.25
anta
  in eka°
  in eka°niṣaṇṇa
antaḥpura 96.17, 20; 100.6; 104.9, 12; 108.1; 110.11, 14; 114.2
antaḥpuramadhyagata 96.18, 21; 100.7, 9; 104.10, 13; 108.1, 3; 110.12, 15; 114.3, 4
antara 76.1

antarākathā 32.6, 13; 34.8
antarākathāsamudāhāra 30.6; 32.17
antarikṣa 66.2
antarīkṣa 64.18; 66.16
antarhita 158.12; 160.10, 17; 162.13
antika 160.2, 4; 162.6, 8
antyā
in cātur°
andhastama 52.8
andhākāratamisrā 52.8
anna 86.14
anya 52.12; 62.6; 96.10; 98.15; 116.2, 14; 124.10, 12
anya
in an°neya
anyatama
in anyatama°
in sapta°
anyatamānyatama 56.12; 62.15
anyatara
in anyatara°
anyatarānyatara 76.17
anyathā
in an°
anyonya 52.11
anvā-√vṛt 86.16
apara 142.25
api Frequent occurrence.
api
in yato~°
apratikūlabhāṣin 94.2
apratisama 86.18
apratīta 98.1, 5; 100.9; 104.14, 18; 108.3; 110.16; 112.1; 114.5
apramatta 168.5
aprāptāsravakṣaya 124.19, 20
apsaras 56.7
Abṛha 158.12; 160.9; 162.19; 164.7
Abṛhakāyika 158.14, 18, 19, 21; 160.7, 9, 15
abrahmacarya 60.5, 9
abhicintita 134.11
abhijāta 78.12; 80.7
abhijña
in evam°
abhitapta
in tṛṣā°
abhinir-√ji 72.14
abhinīlanetra 84.3; 86.5
Abhibhū 42.14; 44.2
abhibhūta
in śoka°
abhirata 98.9; 106.3; 112.5
abhiramya 146.8
abhi-√ruh 96.5
abhirūpa 88.4, 10; 120.5
abhivādya 138.6
abhiṣikta
in mūrdha°
abhisamaya 126.12, 15, 18; 128.3, 6, 11, 14, 19, 23, 27; 130.12, 16, 20, 24, 27; 132.2, 5, 8, 12, 16, 21
abhisaṃbuddha 124.3; 142.26; 144.10; 150.21
abhedyaparivāra 86.15
abhyatīta 34.21
abhyudita
in tripañcarātra°
abhyud-√yam 70.26
abhyupa-√gam 118.8
abhyupāgata 52.18; 164.17, 21, 25; 166.3, 7, 11
amanuṣya 54.10
amanorama 90.18
amṛta 148.9; 166.6
amrakṣita 56.11; 62.14
aratiratisaha 168.3
Aruṇa 46.18; 48.18, 21
Aruṇavatī 48.20
Aruṇāvatī 46.19
arci 136.2, 4
artha 34.25; 94.6; 96.18; 100.8;

104.10; 108.2; 110.12; 114.3; 124.1; 136.23, 27, 31; 152.22; 154.7
arthakaraṇa 94.6
arthacaryā 116.5, 17; 118.3
arthasaṃhita 34.12
ardha
in siṃhapūrva°kāya
ardhatrayodaśa 42.1
arpita 58.5, 7
arhat 72.16, 18
alaṃkāra
in sarva°
alaṃkṛta 70.10, 19
alabdanirvṛti 126.2
alpābādha 86.13
ava-√kram 52.6, 17
ava-√tṝ 72.14; 100.13; 116.7; 118.1, 4; 122.4, 8, 10; 148.17, 23, 25
avadāta 58.6; 74.10
avanata
in an°
avanata
in an°kāya
ava-√bhās 54.1; 74.18
avabhāsa 52.7, 10; 62.5
avara 122.6; 148.20, 21
ava-√vad 148.2, 4; 150.9, 10, 11, 12; 152.8, 10
ava-√stabh 96.7, 9; 98.12, 14
avidyā 132.21
avidyānirodha 132.22, 23
aviraḍa 86.2
aviraḍadanta 82.13
avekṣā 134.9
avedayāna 138.20
avyativṛtta 96.19; 98.1; 100.8, 10; 104.11, 14; 108.2, 4; 110.13, 16; 114.4, 5
aśastra 72.13
aśīti 38.2; 40.8, 10; 122.18, 20; 150.6, 8, 20; 152.5, 7
aśītiprāṇasahasra 122.3; 148.16
aśucikṛta 56.19
aśuciprākṛta 56.12; 62.15
aśeṣa 138.15, 17; 144.17
aśoka 146.5
Aśoka 44.14, 23
aśva 74.16; 80.7
aśvaratna 72.9
aṣṭāṃśa 58.4
√as 34.23; 44.26, 28; 46.12; 54.4; 56.8; 58.5; 62.11; 76.15; 122.23; 126.10, 14, 16, 17, 19; 128.1, 5, 9, 11, 13, 15, 17, 19, 21, 23, 25, 27; 130.10, 14, 16, 18, 20, 22, 26; 132.1, 3, 4, 6, 7, 9, 11, 13, 15, 17, 19; 138.2, 10, 11, 16, 18, 19; 20, 22, 24; 140.7, 8, 10, 19. 142.27
asakta 44.4; 166.22
asatya 130.12, 24, 28; 132.21
asama 86.18, 24
asaṃprāpta 88.5
asahyasannibha 54.3
asāta 136.11
asāraka 136.19
asārasaṃjñin 152.1
asi 62.14
asmad 32.15; 34.6, 9, 10; 36.9; 38.6, 20; 40.18; 42.26; 44.21; 46.7; 48.9; 64.9; 118.6; 122.13; 142.25; 150.1; 158.4, 6, 8; 160.1, 2, 3, 4; 162.5, 6, 7, 8; 166.16, 20
asvatantra 104.17
√ah 100.1, 4, 6; 106.11, 14, 16; 112.12, 15; 114.2; 140.21; 158.14; 160.20
aha
in sapta°jāta
a-√han 60.7

ā

ākīrṇa 122.24
ākīrṇabahujanamanuṣya 46.17; 48.12
ākhyāna
  in dharma°
āgata 146.21, 27; 164.20; 166.15
āgata
  in sv°
ā-√gam 124.4; 152.24; 154.4; 8; 156.2
āgamana 158.16; 160.21
ācchad (ā-√chad) 72.15; 100.13; 116.7; 118.1, 4; 122.4, 8, 11; 148.18, 23, 26
ājāneya 80.7
ājāneya
  in hasty°
ā-√jñā 152.26
ājñātadharma 164.20
ātura
  in jīrṇa°
ātman 140.13
ātman
  in bhāvita°
  in mahā°
  in mahā°devānugata
ā-√dā 60.7; 124.15
ādāna 60.4
ādika
  in saṃgha°
ādityabandhu 34.20
ādīptaśiras 124.13
ādeśanāprātihārya 148.3; 150.9; 152.8
ādhipatya 86.17
Ānanda 44.21, 24
ānuśāsanāprātihārya 148.3; 150.10; 152.9
āpanna 126.6
āptamanaska 98.9; 106.3; 112.5
ābādha 104.5; 106.13
ābādha
  in alpa°
ābharaṇa 118.6, 10
ābhā 52.9, 10, 11; 62.9
ā-√bhuj 124.17, 22
āmantraya 32.11; 94.19; 96.8; 98.8, 13; 102.10, 14; 106.2, 8; 108.14; 110.2; 112.4, 10; 114.15, 18; 146.17; 154.5
ā-√mud 114.11
ā-√mṛj 80.4
āyatana 136.9, 13; 138.16, 17; 140.10
āyatana
  in ṣaḍ°
  in ṣaḍ°nirodha
  in ṣaḍ°pratyaya
āyatapādapārṣṇi 78.8
āyuṣakṣaya
  in kṛtam°
āyuṣpramāṇa 38.2, 7
āyuṣmat 30.7; 32.17
āyus 50.19
ārakṣaka 54.9
ārāma
  in anāthapiṇḍada°
ā-√ruc 30.15; 32.24; 34.10, 25; 154.22, 25; 158.2; 162.15
ā-√ruh 146.4
āvarta
  in pradakṣiṇa°
āvaha
  in sukha°
āvāsaśreṣṭa 166.17
āvila
  in an°
āśa
  in prātar°

āścarya 30.7; 32.17
āścaryarūpa 122.13; 150.1
āśvāsika
in an°
āsaṅga
in uttara°
in śiṣya°
āsana 32.10; 158.16, 17, 21; 160.22, 23; 162.3
āsana
in vastraśayya°
in śayana°
āsrava 44.28; 46.12
āsrava
in an°
in saṃprāpta°kṣaya
āsravakṣaya 144.4; 148.5, 14; 150.13
āhata 88.8
āho (svid) 30.14; 32.24

i

itas 36.5, 6; 140.11
iti 30.11, 13; 32.3, 4, 21, 23; 34.4, 6; 68.11; 94.15; 96.1; 116.6, 10, 18; 118.4; 126.1; 132.23; 136.23, 27, 31; 142.27; 146.23; 154.10
idam Frequent occurrence.
idānīm 70.9; 88.18; 90.2, 4; 94.5; 96.4, 20; 104.12; 110.14; 118.15; 122.7; 142.14; 148.21
Indra 34.19
indra
in deva°
iva 52.18; 56.7; 62.14, 20; 88, 12; 94.9; 114.12; 124.13; 142.7; 164.22, 26; 166.4
√iṣ 124.13
iha 32.15; 44.7; 52.12, 13; 62.6; 66.13; 68.11; 90.17; 98.3; 104.16; 110.18; 118.7, 13; 158.16; 160.2, 5, 21; 162.6, 9; 166.6, 18; 168.5

ī

√īkṣ 58.12; 68.5
īśvara 138.6

u

uktavat 156.26
uccha 124.11
ucchaṅgacaraṇa 80.1
uta Frequent occurrence.
ut-√kram 54.3
uttama
in dvipada°
in nara°
in pariṇāyaka°
in pura°
uttara 126.8; 144.18
uttara
in viśva°
Uttara 42.17, 22; 44.8
Uttarā 46.21; 48.24
uttarāsaṅga 158.21; 162.3
utthā (ut-√sthā) 158.21; 162.2
ut-√pad 36.12; 48.22; 50.1, 5, 9; 62.8; 94.14; 124.18; 126.6, 12, 16, 19; 128.3, 7, 11, 15, 19, 23, 27; 130.12, 16, 20, 24, 28; 132.3, 6, 9, 13, 17, 21; 134.15; 136.6, 10, 14, 18; 140.15
utpanna 36.6, 7, 8; 142.24
utpala 66.16
utpāṇḍuka
in utpāṇḍu°
utpāṇḍūtpāṇḍuka 102.12; 104.1; 106.5, 8
utpādakośasthiti 68.17
utpīḍā
in an°

utsada 82.3; 84.22
utsada
in sapta°
utsuka 64.4
udakakārya 66.8
udagra 66.12
udapāna 66.7, 13; 68.18
udāra 52.7, 10; 62.5
udāhṛta 34.13
udgata 164.18
uddāna 50.18; 68.14; 120.4
ud-√diś 156.17, 20
uddeśa
in prātimokṣasūtra°
udyāna 98.10; 106.4; 112.6; 120.7
udyānabhūmi 94.18, 20; 96.5, 6; 98.9, 11; 102.9, 11; 106.3, 5; 108.13, 15; 112.5, 7; 114.14, 16
ud-√yuj 122.25; 124.6; 152.22; 154.2
udyojitā 124.8
udvartayitavya 70.5
ud-√vṛt 70.8
upagata 34.15
upagata
in divāvihāra°
upa-√gam 32.9; 96.2; 122.18; 124.16; 146.25, 29; 150.6; 152.5; 156.13
upa-√dṛś 72.4
upanaya
in duḥkha°
upanikṣipta 56.13; 88.8
upa-√pad 126.7
upapanna 52.11, 12, 13; 62.6; 86.21; 160.2, 5; 162.6, 9
upapanna
in tridaśa°
in sparśaguṇa°
upapannaka
in tridaśa°
upama
in tathā°
upamika
in tantra°
upa-√labh 166.6
upa-√lip 56.14
Upaśānta 44.16, 23
upasaṃhita 60.14, 19
upasaṃhita
in kāmaguṇa°
upasaṃ-√kram 114.17; 116.2, 14; 146.20; 158.9; 160.13
upa-√sthā 124.18
upasthāyaka 44.14, 16, 17, 18, 19, 20, 21; 50.20
upāgata 34.17; 120.2 152.2; 166.19;
upā-√gam 118.13; 148.7; 162.19; 164.2, 6, 10
upātivṛtta 98.6; 104.19; 112.2
upādadāna
in an°
upā-√dā 134.22; 138.21
upādāna 126.19; 128.1, 2, 3, 4; 130.5, 20, 22, 24; 134.25; 136.3; 142.16
upādānanirodha 130.21, 23, 25; 134.1
upādānapratyaya 126.19; 130.5
upādāya 82.20
upāyāsa
in śokaparidevaduḥkhadaurmanasya°
upe (upa-√i) 32.9; 96.2; 122.19; 124.16; 146.20, 25, 29; 150.7; 152.6
upekṣā 136.11
ubha 70.7; 80.4
ulkā 108.16
uṣita 142.25
uṣṇa 64.18
uṣṇīṣa 86.5
uṣṇīṣaśiras 84.5

ū

ūnaka
  in an°
ūrṇā 84.6; 86.6
ūrdhvāṅgaroman 80.12

ṛ

ṛju 42.10; 74.9; 124.17
ṛju
  in bṛhad°
  in bṛhad°gātra
ṛddha 46.16, 19; 48.11; 50.15
ṛddhiprātihārya 148.2; 150.9; 152.8
ṛddhimat 42.13, 16, 18, 20, 23, 25, 27
ṛdhi
  in varavipula°yukta
ṛṣi 156.5
ṛṣisannipāta 42.6

e

e (ā-√i) 84.15; 146.19; 158.15; 160.20
eka 30.3; 40.7, 9, 12, 14, 16, 17; 42.1, 13, 15, 18, 20, 22, 25, 27; 64.18; 82.4; 94.11; 134.14; 154.22, 23
eka
  in eka°
  in eka°roman
ekajāty. 38.25
ekatya 156.1; 158.21; 162.3
ekatriṃśattama 36.6
ekanavata 36.5
ekaśas
  in eka°
ekāṃsa 158.21; 162.3
ekākin 126.5
ekāgramana 134.14
ekānta 122.19; 146.30; 150.8; 152.7; 158.18; 160.24
ekāntaniṣaṇṇa 122.20; 148.1; 150.8; 152.7; 158.19; 162.1
ekaika 80.13
ekaikaroman 80.13
ekaikaśas 42.5
etad Frequent occurrence.
etarhi 32.13; 34.9; 36.9; 38.6, 20; 40.18; 42.26; 44.21; 46.8; 48.9; 152.20; 154.1
enad 58.3; 70.7, 11; 98.15; 100.2, 5; 106.10, 12, 15; 112.11, 13, 16
eva Frequent occurrence.
evaṃrūpa 30.6; 32.16; 72.8
evaṃvidha 76.15
evaṃvimukti 30.12; 32.3, 22; 34.5
evaṃvihārin 30.12; 32.4, 22; 34.5
evaṃśīla 30.10; 32.2, 21; 34.4
evaṃgotra 34.22
evaṃjātya 34.22
evaṃdharman 30.11; 32.3, 22; 34.5
evaṃnāma 34.22
evam Frequent occurrence.
evamabhijña 30.12; 32.3, 22; 34.5
evaṃprajña 30.11; 32.3, 22; 34.5
evaṃmahardhika 52.9
eṣin
  in sukha°

ai

aiṇeyajaṅgha 80.2

o

oghaṃjaha 166.22
oghātiga 44.4

k

kaṇṭaka
in a°
kaṇṭha
in kāṣāya°
katama 76.20
katham 36.2; 116.16; 158.2
~cid 138.24
kathā 32.13; 34.8, 12; 122.21; 134.6; 158.19; 160.7; 162.1, 11
kathā
in antarā°
in antarā°samudāhāra
kadā cid 138.24
Kanakamuni 36.9; 38.5, 20, 24; 40.15; 42.21; 44.7, 18; 46.6; 48.2; 50.6; 160.3; 162.7; 166.5
kapālapāṇi 114.17; 116.1, 13
Kapilavastu 48.11
Kapilāhvaya 50.16
kambala
in pāṇḍu°
kara
in prabhā°
in vaiyyāpatya°
karaṇa
in artha°
karaṇīya 142.25
Karīrikamaṇḍalavāṭa 30.5; 32.5, 8, 12, 15; 34.7
karuṇa 98.1, 5; 100.9; 104.14, 18; 108.3; 110.16; 112.1; 114.5
karpāsapicu 78.10
karmavipākaja 92.2
karmāra
in dakṣa°putraparimṛṣṭa
kalaviṅka
in valgu°bhāṣin
kalaviṅkamanojñabhāṣin 84.1; 92.11, 12, 14
kalpa 36.5, 6, 11; 38.28; 50.19
kalpa
in bhadra°
kalyāṇacaryā 116.6, 18; 118.4
kāñcana
in aṃśu°
kāñcanasaṃnibhatvaca 80.16
kāma 166.2
kāma
in draṣṭu°
in niryātu°
kāmaguṇa 100.15; 102.2, 6; 108.10; 118.7; 114.11; 118.12
kāmaguṇopasaṃhita 60.14, 19;
kāmabhava 44.4; 166.22
kāmahetu 60.17
kāya 80.4, 9, 10, 13; 82.1, 3; 84.12, 18, 22; 86.8, 10; 88.1; 96.8, 10; 98.13, 15; 124.17; 136.16
kāya
in anavanata°
in klānta°
in mahājana°
in śrānta°
in siṃhapūrvārdha°
kāyika
in akaniṣṭha°
in atapa°
in abṛha°
in sudarśana°
in sudṛśa°
kāruṇika 30.9; 32.1, 20; 34.3
kārya
in udaka°
kāla 44.27; 70.5, 6, 8, 9; 96.4
kāla
in samanantara°gata
kālagata 86.21
kāśa
in sa°

Kāśika 56.17; 62.18
Kāśikaratna 56.13, 14
Kāśyapa 36.9; 38.5, 20, 24; 40.17; 42.23; 44.10, 19; 46.7; 48.6; 50.10; 160.4; 162.8
kāṣāya 72.15; 100.13; 116.7; 118.1, 4; 122.4, 8, 10; 148.18, 23, 25
kāṣāyakaṇṭha 120.1
kāṣāyadhārin 118.16
kiṃcit 54.9; 64.8; 72.4; 98.9; 106.3; 112.5
kim Frequent occurrence.
kiṃpratyaya 126.10, 14, 17; 128.1, 5, 9, 13, 17, 21, 25; 134.19; 136.22, 26, 30
kila 96.19; 98.1, 6; 100.8, 10; 104.11, 14, 19; 108.2, 4; 110.13, 16; 112.2; 114.4, 5
kīrṇa
  in ā°
kīrtaya 84.11
kukṣi 52.6, 17; 54.3, 8; 56.11; 58.3, 15, 18; 60.3, 13; 62.3, 13, 22; 86.23
kukṣigata 56.18; 58.4, 11
kuñjara 74.11
kuṃjavāsin
  in parvata°
kuṇḍalajāta 80.14
kutas 158.15; 160.20
kutonidāna 134.12, 18; 136.21, 25
√kup 142.1
kubja 96.7, 9; 98.12, 14
kumāra 66.1; 68.1; 70.5, 21; 72.5, 17, 20; 76.20; 78.3, 7, 8, 9, 12; 80.1, 2, 3, 6, 9, 12, 13, 16; 82.1, 3, 6, 7, 8, 9, 11, 12, 13, 14, 15, 16, 18; 84.1, 3, 4, 5; 88.12; 90.15; 98.9, 11; 100.9, 13; 106.3, 5; 108.3; 112.5, 7; 114.4; 116.15, 17
kumāra
  in rāja°
  in su°
kumuda 66.16
kula 114.17; 116.2, 14; 142.6
kula
  in Śākya°
kuśala 44.27; 88.13
kuśalacaryā 116.6, 18; 118.3
kuśalasmṛta 138.7
kusumarasa 92.17
√kṛ 54.15; 66.8, 10, 19; 154.3; 158.16, 22; 160.21; 162.3
√kṛ
  in manasi°
Kṛkin 48.7, 8; 50.12
kṛchra 126.6
kṛta 138.5; 142.25
kṛta
  in alaṃ°
  in aśuci°
kṛtamāyuṣakṣaya 110.19
kṛtsna 136.29
kṛśa 102.12; 104.1, 17; 106.6, 9
kevala 130.7; 134.3
keśa 96.10; 98.15
keśaparyanta 82.20
keśaśmaśru 72.14; 100.13; 116.6, 18; 118.4; 122.4, 8, 10; 148.17, 23, 25
keśī
  in prakīrṇa°
kovida 44.26
kovida
  in dharmaniyāma°
kośasthiti
  in utpāda°
kośogata 56.11; 62.14; 80.6; 84.19
kośogatavastiguhya 80.6
Krakasunda 36.8, 16; 38.4, 13, 19; 40.14; 42.19; 44.6, 17; 46.5, 23; 50.2; 160.3; 162.7
Krakasundaśrāvaka 166.1
√krīḍ 56.7

klāntakāya 58.16
kṣatriya 38.18, 19, 20, 23, 29; 46.15, 18, 21; 48.10, 22; 62.23, 24; 64.1; 94.11
kṣaya
in aprāptāsrava°
in āsrava°
in tṛṣṇā°
in saṃprāptāsrava°
kṣānti 156.21
√kṣip 66.18
kṣipra 94.20; 96.1; 118.12
kṣiṇa 44.28; 46.12; 142.25
kṣura
in vitata°
kṣema 46.16; 48.11; 74.2
Kṣema 46.24; 48.1; 50.4
Kṣemakāra 44.15, 23
Kṣemāvatī 48.1; 50.4

kh

khaḍga
in niṣkṛṣṭaśastrāyudha°pāṇi
Khaṇḍa 42.12; 44.1; 144.24; 146.19, 20, 24, 25, 28; 148.1, 16, 21; 150.8, 15
KhaṇḍaTiṣya 148.11; 150.3
khalu Frequent occurrence.
khila
in a°

g

gaṇa
in deva°
in bhikṣu°
gaṇarājya 48.12
gata 98.9; 106.3; 112.5; 166.14
gata
in antaḥpuramadhya°
in kāla°
in kukṣi°
in rahasi°
in raho°
in samanantarakāla°
in saṃskāra°
gatapūrva 158.5
gati 72.6; 76.17, 21; 84.9
gantavya 154.24, 27, 30
gandha 70.9, 17; 108.8
gandhasparśa 74.21
√gam 88.6, 15; 96.8, 10, 17; 98.13, 15; 100.7; 104.9; 108.1, 17; 110.11; 114.2; 144.6
gama
in adhyasta°
gamana 76.8
gambhīra 94.6; 140.5
garbhamala 56.11; 62.14
gātra 84.24
gātra
in bṛhadṛju°
gāmin
in jarāmaraṇanirodha°
in rūpanirodha°
in vijñānanirodha°
in saṃskāranirodha°
guṇa
in kāma°
in kāma°upasaṃhita
in sparśa°upapanna
gupta
in deva°
guhya
in vasti°
gṛhapati 76.6
gṛhapatiratna 72.10
gṛhin 72.7
gotra 50.19
gotra
in evaṃ°

gopakṣman 84.4; 86.5
gopānasīvaṅka 96.9; 98.12, 14
gopānasīvaṅga 96.7
√grah 64.4; 70.11
grīvā 82.4

gh

ghoṣa
in a°
ghrāṇa 136.15

c

ca Frequent occurrence.
cakra 78.5; 84.14
cakra
in dharma°
cakraratna 72.9; 74.8
cakravartin 72.7, 23
cakṣuṣmat 58.6; 140.4
cakṣus 92.2, 5; 102.13; 104.2; 106.7, 10; 136.15
cakṣus
in samanta°
catur 36.8; 42.5; 54.9; 154.26
caturdiśa 54.12; 64.8
catuṣka 86.1
catvāriṃśat 38.5, 13; 40.15
catvāriṃśaddanta 82.10
candanacūrṇa 66.17
candra 164.22
candramasau
in sūryā°
√car 122.25; 124.6, 10; 152.22; 154.6; 160.2, 5; 162.6, 9
caraṇa
in ucchaṅga°
carya
in brahma°
in bhikṣā°
caryā 122.25; 124.6; 146.9; 150.23; 152.23; 154.6
caryā
in artha°
in kalyāṇa°
in kuśala°
in janapada°
in dharma°
cāturantyā 72.7
cāmara 64.10
cāruhāsin 76.1
cāla
in mahāpṛthivī°
citāntarāṃsa 82.6; 84.23
citta 124.18; 140.17; 152.26; 160.9; 162.13
citta
in vimukta°
cittanimitta 44.26
cid
in katham°
in kadā°
in kiṃ°
√cint 96.18; 100.8; 104.10; 108.2; 110.12; 114.3
cintaka
in bahuhetu°
cira 96.14; 100.3
cira
in a°
in cira°
ciracira 158.15; 160.20
cūrṇa
in agaru°
in candana°
in tagaru°
cetaḥparivitarka 126.6
cetas 126.5; 152.26; 164.24
cetas
in vyatīta°
in samatīta°

ced 138.17
caitasika 140.17
cailavikṣepa 66.18
cailavitāna 108.16; 110.3; 112.8, 10
√cyu 52.6; 54.8; 56.11; 58.3, 15; 60.3, 13; 126.7
cyuta 58.19

ch

chatra 64.10
chanda 166.2
chavi
in sūkṣma°
chinnapuṭa 30.8, 16; 32.19; 34.2
chinnavartman 30.8, 16; 32.19; 34.2

j

ja
in karmavipāka°
in manu°
in vipāka°
jaṅgha
in aiṇeya°
√jan 66.11; 70.12; 126.7
jana 90.6; 94.11
jana
in bahu°
in bahu°manuṣya
in bahu°sukha
in bahu°hita
janatā 54.1; 146.2, 5
janapadacaryā 124.8; 154.11
janayitrī 66.7
janetrī 86.21
janetrī
in bhagavaj°
Jambudvīpa 158.12; 162.13
jarā 96.19; 98.1, 6; 100.8, 10; 134.12, 16; 140.1
jarādharmatā 96.15, 16; 100.4, 5
jarādharman 96.15, 16; 100.4, 5
jarābhibhūta
in jāti°
jarāmaraṇa 124.24; 126.8, 10, 11, 12, 13; 130.6, 10, 12; 142.14
jarāmaraṇanirodha 130.11, 13; 134.2; 142.15
jarāmaraṇanirodhagāmin 142.15
jarāmaraṇasamudaya 142.14
jala
in rajo°
jāta 64.12; 66.1; 68.1; 72.20; 78.5; 80.13; 82.3; 84.14
jāta
in kuṇḍala°
in saptāha°
in sāṃprata°
in su°
in harṣa°
jāti 38.18, 19, 20, 21; 50.19; 64.9; 126.12, 14, 15, 16; 130.6, 12, 14, 16; 134.18, 21; 138.24; 140.1; 142.16, 25
jātijarābhibhūta 146.6
jātinidāna 134.16
jātinirodha 130.13, 15, 17; 134.2
jātipratyaya 126.12; 130.6
jātimat 58.4
jāty.
in eka°
jātya
in evaṃ°
jānapada 94.11
jānumaṇḍala 80.4; 84.18
jāṃbūnadamaya 88.7
jālin 78.12; 84.16; 136.6
jālinīpāṇipāda 78.12
jina 38.12; 42.4; 44.3; 48.17, 23; 50.6, 16; 148.7; 164.14; 166.5, 20
jihvā 82.18, 19; 136.16

jīrṇa 96.12, 13, 14; 100.1, 2, 3; 118.15, 18
jīrṇātura 98.4
jīva
in yāvaj°
jīvikā 124.11
jubhramala 56.12; 62.14
√jṝ 126.7
Jetavana 30.4
√jñā 34.21; 58.6; 138.4, 8; 140.16
jñāti 118.7
jñātika 118.11
jñāna 134.15; 140.15; 142.24
jñāna
in a°
in a°nidāna
jñānadarśana 30.10; 32.2, 20; 34.3
√jval 136.4; 164.9, 26

t

tagarucūrṇa 66.17
tatas 54.8; 60.3, 13; 70.15; 94.14; 102.6; 108.10; 124.22; 138.14; 156.1
tatra Frequent occurrence.
tatvadarśin 166.18
tathā Frequent occurrence.
tathāgata 30.15; 34.1; 72.16, 18; 144.13; 164.17, 21, 25; 166.3; 166.7, 11, 13
tathāvidha 86.16, 17
tathopama 52.17; 56.18; 58.11
tathya 72.17
tad Frequent occurrence.
tadā 60.16; 90.7; 114.10; 124.4, 12; 138.10; 148.13; 156.13; 162.19; 164.2, 6
tadyathā 56.13; 58.4; 72.9; 78.10, 12; 80.6; 88.7; 90.1, 13; 92.11; 158.11; 160.14
tadrūpa 160.8; 162.12
tanujihva
in prabhūta°
tantropamika 94.5
√tap 88.9
tapas 156.21
tamisrā
in andhākāra°
tamovṛta 54.2
tāyin 42.9; 144.16
tāvat 80.9, 10; 124.19, 20
titīkṣā 156.21
tiras 142.7
Tiṣya 42.12, 24; 44.1; 144.25; 146.19, 20, 24, 25, 28; 148.1, 17, 22; 150.9
Tiṣya
in Khaṇḍa°
TiṣyaBharadvājayuga 44.9
tu 152.24; 154.7; 166.5
tuccha 136.19
tula
in a°
tulya
in a°
Tuṣita 52.5; 54.7; 56.10; 58.2, 14; 60.2, 12
tuṣṭa 66.12
tūlapicu 78.10; 144.8
tṛṇa 124.15
tṛṇasaṃstaraka 124.16
tṛtīya 40.8, 10; 74.16
tṛpti 88.6, 15
tṛṣābhitapta 156.10
tṛṣṇā 128.3, 5, 6, 7, 8; 130.4, 24, 26, 28; 136.5; 138.20; 142.16
tṛṣṇākṣaya 144.18
tṛṣṇānidāna 136.4
tṛṣṇānirodha 130.25, 27, 28; 132.26; 134.1; 138.21
tṛṣṇāpratyaya 128.3; 130.5

toyāmbudhara 94.9
trayodaśa
in ardha°
tri 40.6, 9; 42.3; 136.12; 148.2, 4; 150.12; 152.8, 10; 154.28
triṃśat 38.5; 40.16; 86.7
triṃśat
in dvā°
triṃśattama
in eka°
tridaśa 34.19; 86.21
tridaśopapanna 88.1
tridaśopapannaka 90.13, 16
tripañcarātrābhyudita 164.22
tvac
in sūkṣma°
tvaca 82.1
tvaca
in kāñcanasaṃnibha°
tvad 32.11; 70.5; 76.15; 116.13, 14, 16; 118.3, 6; 124.2, 4; 146.19, 21, 22, 27; 152.24; 154.7

d

daṃṣṭra
in suśukla°
dakṣakarmāraputraparimṛṣṭa 88.7
dakṣiṇa 84.20
daṇḍa 96.7, 9; 98.12, 14
daṇḍa
in a°
daṇḍaka
in maṇi°
daṇḍapāṇi 98.4
datta
in a°
danta 86.1
in aviraḍa°
in catvāriṃśad°
in sama°
dama 116.5, 17
darśana 102.13; 104.2; 106.7, 10; 142.24; 158.9; 160.13
darśana
in jñāna°
darśin
in tatva°
in paramārtha°
daśa 86.1, 23
dahara 90.7; 114.10
√dā 70.14; 76.5; 102.6; 108.10
dāvapāla 146.17, 19, 23
dina 164.18
divā 92.3, 8
divāvihāra 34.15
divāvihāropagata 32.7
divya 32.7; 34.14, 16; 66.16, 17, 18; 88.5; 92.2, 6
√diś 48.17; 124.3; 144.23, 26; 150.21
diś 144.6; 154.20
diśa
in catur°
dīrghāṅguli 78.7; 84.15
dīrghāyus
in nānā°
duḥkha 124.24; 134.13, 17; 136.8; 138.3, 8; 140.2, 16
duḥkha
in śokaparideva°daurmana
duḥkhamūlikā 136.6
duḥkhaskandha 130.8; 134.4
duḥkhita 118.18
duḥkhopanaya 140.21
dundubhisvaranirghoṣa 84.1; 92.11, 13, 15
durvarṇa 102.12; 104.1; 106.6, 9
dus
in su°dṛśa
dūratas 158.14; 160.19
dṛḍhasthira 166.15
√dṛś 58.6; 76.18; 88.4, 10; 90.17,

18; 96.6, 8; 98.3, 11, 13; 102.11, 13; 104.16; 106.5, 7; 108.15; 110.1, 7, 8, 18; 112.7, 9, 14, 15; 114.16, 17; 118.15, 16, 18, 19; 136.24, 28, 32; 142.14, 16, 17, 19, 20, 21, 22, 23; 146.6; 158.14; 160.19
dṛś
 in dharma°
 in samyag°
dṛśa
 in sudur°
deva 34.24; 64.10, 15; 68.11; 72.17; 78.3, 7, 8, 9, 12; 80.1, 2, 3, 6, 9, 12, 13, 16, 17; 82.3, 6, 7, 8, 9, 10, 12, 13, 14, 15, 16, 18; 84.1, 3, 4, 5; 86.16; 90.13, 16; 96.1, 3, 4, 12, 14, 16; 98.11; 100.1, 2, 3, 5, 8; 104.3, 5, 6, 8; 106.5, 10, 12, 13, 15; 108.2; 110.5, 7, 8, 10; 112.7, 12, 13, 15; 114.1, 4; 116.3, 5, 8, 10; 138.5; 158.7, 8; 160.13; 166.14; 168.1
deva
 in mahātma°anugata
 in surapati°
devagaṇa 56.6; 162.19; 164.2, 6, 10
devagupta 56.5
devatā 30.15; 32.24; 34.10; 66.15; 68.18; 152.26; 154.22, 25, 28; 156.1, 14; 158.2, 14, 18, 19, 21; 160.7, 9, 15, 16, 17, 19, 24; 162.1, 3, 11, 15; 164.12; 166.4
devatā
 in sudṛśa°
devanikāya 52.6; 54.8; 56.10; 58.3, 14; 60.2, 12; 86.21; 88.2; 158.12; 160.10, 17, 18; 162.13
devaputra 54.9, 12
devamanuṣya 124.2; 152.24; 154.7
devendra 54.8
dehin
 in sarva°
daivapūja
 in sa°
daurmana
 in śokaparidevaduḥkha°
draṣṭukāma 146.22, 27
drumamūla 124.23
dvātriṃśat 72.5, 17; 76.20; 84.8; 86.9
dvāṣaṣṭa 156.15, 18
dvāṣaṣṭabhikṣuśatasahasra 40.7; 152.19, 22; 154.2; 156.13
dvi 40.12; 64.17; 66.2; 68.18; 72.6; 76.21; 82.3, 4; 84.9; 86.7; 144.10; 154.25, 26
dvitīya 40.7, 10, 13; 42.13, 16, 18, 20, 23, 25, 27; 74.12
dvipadottama 34.21; 66.4; 124.12; 162.18; 164.5

dh

Dhanavatī 46.24; 50.3
dhara
 in toyāmbu°
 in vasun°
dharma 48.17; 72.14; 74.2; 122.6; 124.4; 134.9; 140.17; 142.24; 144.23, 25; 148.20; 150.22
dharma
 in ājñāta°
 in pralopa°
 in maraṇa°
 in vipariṇāma°
 in vipāka°
 in vyādhi°
dharmacakra 148.10
dharmacaryā 116.6, 18; 118.3
dharmatā 34.10; 36.10; 38.8, 21; 42.2, 28; 44.22; 46.8; 48.13; 52.5, 13; 54.4, 7, 10; 56.8, 10, 15; 58.2, 7, 14, 17, 21; 60.2, 6, 10, 12, 14;

62.3, 6, 11, 13, 16, 22, 24; 64.7, 11, 17, 19; 66.6, 8, 15, 19; 70.4, 12; 72.3, 19; 84.10; 86.20, 22; 88.4, 10, 17; 90.5, 12, 13; 92.2, 4, 10, 15; 94.4, 7, 18; 98.2; 102.3, 9; 104.15; 108.6, 13; 110.17; 114.7, 14; 118.8, 17; 122.12; 124.9, 21; 134.4; 142.27; 144.12, 26; 146.11; 148.5, 27; 150.13, 24; 152.11; 154.11; 156.2, 25; 162.15
dharmatā
in jarā°
in maraṇa°
in vyādhi°
dharmadṛś 164.15
dharmadhātu 30.14; 32.24; 34.9, 20; 36.2
dharman
in evaṃ°
in jarā°
dharmaniyāmakovida 164.15
dharmamaya 146.3
dharmarājan 72.8
dharmavaśimat 144.17
dharmaśravaṇa 124.5, 7
dharmākhyāna 122.6; 148.21
dhātu
in dharma°
in śrotra°
dhātrī 70.4, 5, 7, 14; 120.5
dhānī
in rāja°
dhārā
in vāri°
dhārin
in kāṣāya°
in śarīrāntima°
dhārmika 72.8; 34.12
dhārmya 122.21; 158.19; 160.7; 162.1, 11
√dhṛ 58.16, 21; 64.10
√dhyai 98.1, 5; 100.9; 104.14, 18; 108.4; 110.16; 112.1; 114.5; 134.10, 14
dhruva 76.17
dhvaja
in panna°

n

na Frequent occurrence.
nagaravara 114.9
nagarī 46.16, 19, 22; 48.1, 5, 8, 10, 16, 20, 25; 50.15
Nandana 56.7; 114.12
nara 88.6, 14; 136.10; 162.16
narottama 56.18; 58.11
nāga 42.8; 66.10; 156.10
nānādīrghāyus 34.24
nānāraṅga 108.15; 110.3; 112.8, 10
nānāvividha 134.13, 17
nābhika
in sa°
nāman 44.14, 15, 16, 18, 19, 20; 46.2, 3, 4, 5, 6, 7, 14, 15, 16, 18, 19, 21, 22, 23, 24; 48.1, 3, 4, 5, 6, 7, 8, 10, 11; 50.13; 96.12, 13, 14; 100.1, 2, 3; 104.3, 4, 6; 106.11, 14; 110.5, 6, 8; 112.12, 13, 15; 116.3, 4, 8, 15, 16; 118.2; 136.21; 138.14, 15; 140.14
nāman
in evaṃ°a
in satya°
nāmarūpa 128.19, 21, 22, 23, 24, 27; 130.3; 132.9, 11, 13; 136.18; 142.17
nāmarūpanirodha 132.9, 12, 13, 24
nāmarūpapratyaya 128.19, 28; 130.2, 3
nārī 74.22; 88.6, 14; 108.17
niḥsṛtya 152.20; 154.1

niḥsaṃśaya 76.14
niḥsaraṇa 126.8
nikāya
in deva°
ni-√kūj 92.17
niketa
in bandhumatī°
nitya
in a°
nidāna 138.2
nidāna
in ajñāna°
in kuto°
in jāti°
in tṛṣṇā°
in bhava°
in yato°
in vijñāna°
in saṃskāra°
nipanna 62.23; 64.1
nipuṇa 140.5
nibaddhavatī 60.14
ni-√bandh 60.19; 102.13; 104.2; 106.7, 9
nibuddha 140.4
nibha
in śaṅkha°
nimitta
in citta°
nimittaprativedhin 44.27
ni-√miṣ 90.13
nimiṣa 90.15
nimiṣa
in a°
ni-√yā 74.8, 12, 16, 20; 76.2, 6, 10
niyāma
in dharma°kovida
nirāśiṣa 30.9; 32.1, 20; 34.3
nir-√īkṣ 88.6, 14
ni-√rudh 134.3; 138.9, 12, 13, 14, 16, 18
nirodha 130.11, 14, 19, 23, 26; 132.1, 4, 7, 11, 15, 20; 134.4; 138.23; 140.1, 3
nirodha
in avidyā°
in upādāna°
in jarāmaraṇa°
in jarāmaraṇa°gāmin
in jāti°
in tṛṣṇā°
in nāmarūpa°
in bhava°
in rūpa°
in rūpa°gāmin
in vijñāna°
in vijñāna°gāmin
in vedanā°
in ṣaḍāyatana°
in saṃskāra°
in saṃskāra°gāmin
in sparśa°
nirgata 154.22, 25, 28, 29
nirghoṣa
in dundubhisvara°
nirdhānta
in su°
nir-√nam 82.19
nirmala
in su°
nirmāṇarati 156.14
nirmita 88.12; 138.6
nir-√yā 94.20; 96.5, 6; 98.11; 102.11; 106.5; 108.15; 112.7; 114.16
niryātukāma 94.18; 102.9; 108.13; 114.14
nirvāṇa 156.22
nirvāṇaśāntatva 124.25
nir-√vṛt 74.14
nirvṛti 124.13
nivartana 76.8

√niś 164.26
ni-√śam 34.16
niṣaṇṇa 62.23; 64.1; 124.22
niṣaṇṇa
  in ekānta°
niṣka 88.13
niṣka
  in suvarṇa°
niṣkṛṣṭaśastrāyudhakhaḍgapāṇi 56.1
niṣkrānta 62.4, 14, 23
niṣkrāntavat 38.29
niṣṭhita 88.13
niṣprapañca 30.8, 16; 32.19; 34.2
ni-√sad 32.10, 11; 34.18; 70.11; 94.6; 122.20; 124.17; 146.30; 150.8; 152.7; 156.16, 19; 158.16, 17, 18; 160.21, 23, 24;
nis-√tṝ 94.6
√nī 108.17
nīla 58.5; 80.14
nu Frequent occurrence.
netra
  in abhinīla°
  in sahasra°
nemika
  in sa°
neya
  in ananya°
naimitta 72.4; 100.12; 108.6; 114.7
naiṣkramyavitarka 144.11
no 98.11; 102.12; 104.2; 106.5, 7, 9; 112.7
nyagrodhaparimaṇḍala 80.9

P

pakṣika
  in saṃbodha°
pakṣman
  in go°
pañca 60.3; 100.15; 102.1, 6; 108.10; 114.11; 154.23; 166.17
pañca
  in tri°rātrābhyudita
pañcama 50.19; 76.2
pañcaraṅgika 58.5
pañcāvaraṇa 164.24
paṇḍita 44.5; 56.19; 86.13; 94.4; 120.7; 138.4
pati
  in gṛha°
  in gṛha°ratna
  in bhūta°
  in sura°deva
patita 66.2
pada 64.7, 12
pada
  in jāna°
  in dvi°uttama
  in mantra°
  in vrata°
  in śikṣā°sūtra
  in sapta°
padma 66.16; 90.1, 9
pannadhvaja 42.10
para 156.24
para
  in a°
paratas 130.1
parama 156.21, 22
paramaśuci 56.17; 62.18
paramārthadarśin 42.7; 54.14
paraśatrumardin 48.21
parasainyapramardaka 72.12
parigṛhīta 64.8
paricintayāna 136.23
pariṇāyakaratna 72.10
pariṇāyakottama 76.9
pari-√dah 60.17
parideva
  in śoka°duḥkhadaurmana
paridevita 140.2

parinirvṛta 30.9; 32.1, 19; 34.2
paripūrṇa 58.3, 12; 86.1
paripūrṇa
in sarvākāra°
pari-√pṛ 38.7; 68.10
parimaṇḍala
in nyagrodha°
pari-√mṛj 80.4
parimṛṣṭa
in dakṣakarmāraputra°
parivartaka 140.14
parivāra
in abhedya°
parivārita 164.8, 12
parivitarka
in cetaḥ°
pari-√vṛt 90.1, 5, 8
pariṣad 134.6
parisaṃ-√hṛ 162.17
parihartavya 70.7
pari-√hṛ 70.9
paropatāpin 156.23
paryaṅka 124.19; 156.19
paryaṅga 124.17, 20, 22, 26; 156.15, 16
paryanta
in keśa°
in samudra°
paryāya 158.15; 160.21
paryeṣaṇa 140.12
parvatakuṃjavāsin 146.12
parvatamūrdhan 146.1
palita 98.4
√paś 58.4; 90.12, 15; 92.3, 7; 140.13; 146.2
paścima 64.9
pāṇi 70.7; 90.2
pāṇi
in kapāla°
in daṇḍa°
in niṣkṛṣṭaśastrāyudhakhaḍga°
in mṛdutaruṇa°pāda
pāṇipāda 78.10, 12
pāṇipāda
in jālinī°
pāṇḍu 104.17
pāṇḍukambala 88.8
pāda 78.5; 82.4; 84.14; 122.19; 146.30; 150.7; 152.6; 158.18; 160.24
pāda
in pāṇi°
in mṛdutaruṇapāṇi°
in supratiṣṭhita°
pādapārṣṇi 84.15
pādapārṣṇi
in āyata°
pāna 86.14
pāna
in madya°
pārṣṇi
in pāda°
pāla
in dāva°
pālita
in su°
pāvaka 136.1; 164.26
picu 144.5
picu
in karpāsa°
in tūla°
pitṛ 46.14, 17, 20, 23; 48.2, 6, 9, 15, 18, 23; 50.2, 6, 10, 13, 20; 70.10; 94.5; 102.5
pitṛ
in mātā°
pipāsā 138.4
pīta 58.5
puṭa
in chinna°
puṇḍarīka 66.16
puṇya
in śata°lakṣaṇa

putra 46.2, 3, 4, 5, 6, 7, 8, 11; 50.20; 72.11
putra
in dakṣakarmāra°parimṛṣṭa
in deva°
in purohita°
in bahu°
punar Frequent occurrence.
punarbhava 44.28; 46.12; 134.23
pura
in antaḥ°madhyagata
puratas 96.7, 10; 98.12, 14; 108.16, 17; 156.15, 19
purastāt 32.9; 66.7
puruṣa 58.6; 60.13, 18; 96.6, 9, 12, 14; 98.3, 11, 14; 100.1, 3; 102.11; 104.1, 3, 5; 106.6, 8, 11, 12; 110.5, 7, 8, 18; 112.12, 13, 15; 114.16; 116.1, 5, 13, 16; 118.3; 124.15; 146.17, 23, 28; 158.11; 160.14
puruṣa
in mahā°
purottama 114.9
purohita 46.24; 48.3, 7
purohitaputra 144.25; 146.19, 21, 24, 25, 28; 148.1, 17, 22; 150.9
puṣpa 66.18
pūrṇa 72.11
pūrva 34.12; 74.7; 134.8
pūrva
in gata°
in siṃha°ardhakāya
pūrvaka 150.20
pūrvavat 46.20, 22; 48.2, 5, 9; 62.5; 72.18; 78.1; 84.9; 102.10; 108.6, 14; 110.4; 112.8, 11; 114.7, 15; 124.7; 160.11
pṛthivī 62.8; 74.7; 86.11
pṛthivī
in mahā°
in mahā°cāla
pṛthu 54.2; 62.9
pṛṣṭhatas 110.1, 4; 112.9, 11
prakampita 62.8
prakāśita 42.6; 148.9
prakīrṇakeśī 108.17
pra-√kram 64.12
prakrānta 64.8; 124.9; 146.9; 150.23; 154.11
pragṛhīta 108.16
prajāta 62.24; 86.24
prajña
in evaṃ°
prajñapta 32.10; 158.16, 17; 160.21, 23
pra-√jñā 126.9; 140.9; 142.26
prajñā 94.5
prajñāvat 42.14, 16, 18, 21, 23, 25, 27
praṇi-√dhā 124.17
praṇīta 140.19
Pratāpana 46.5, 9
pratikūla
in a°bhāṣin
prati-√grah 70.7
pratigha 166.2
praticchad (prati-√chad) 82.19
pratini-√vṛt 96.17, 20; 100.6; 104.9, 12; 106.16; 110.11, 14; 114.2
pratipad 142.16, 19, 21, 23
prati-√bhā 122.13; 150.1
pratimukha 124.18
pratirūpa 122.23
prati-√vas 152.19, 21; 154.1
pratividdha 34.20
pratividdha
in su°
prati-√vidh 148.13
prativirata 60.4, 6
prativedhin
in nimitta°

prati-√śru 96.1; 116.10; 146.24, 29; 154.10
pratiṣṭhita
in saptāṅga°
in su°pāda
pratisaṃlīna 126.5
pratisama
in a°
parati-√sthā 158.13; 160.11, 18; 162.13
pratī (prati-√i) 134.21, 23, 25; 136.5, 9, 13, 18
pratīta
in a°
pratītyasamutpāda 140.6
pratyaya 140.10
pratyaya
in upādāna°
in kim°
in jāti°
in tṛṣṇā°
in nāmarūpa°
in bhava°
in vijñāna°
in vedanā°
in ṣaḍāyatana°
in sa°
in sparśa°
pratyayatā
in bhava°
pratyātma 30.10; 32.1, 20; 34.3
pratyudā-√vṛt 130.1
pratye (pratyā-√i) 138.7
prathama 74.8
prathamatas 144.23, 25
pradakṣiṇa 86.6
pradakṣiṇāvarta 80.14; 84.6
pradhāna 74.22
pra-√nam 158.22; 162.4
prapañca 30.9, 16; 32.19; 34.2
prapatita 64.18
pra-√pad 124.25
prabhava 138.8; 140.16
prabhākara 48.19; 50.14
Prabhāvatī 46.18; 48.19
prabhāsvara 56.16; 58.10; 62.17; 92.6
prabhūtatanujihva 82.18; 86.4
prabhūtatva 82.18
prabhūtabhakṣa 136.1
pramatta
in a°
pramardaka
in parasainya°
pramāṇa
in āyuṣ°
pramāda
in surāmaireyamadya°sthāna
pralopadharma 140.20
pravaṇa 136.27; 164.26
pravartita 148.10
pravāḍa
in śilā°
pra-√vip 96.7, 10; 98.12, 14
pravivekavitarka 144.11
pra-√vṛt 30.10; 32.2, 21; 34.4; 140.7
pravedita 156.5
pra-√vraj 72.15; 100.14
pravrajita 72.22; 116.3, 4, 8, 9, 11, 12, 15, 16; 118.2, 5, 16; 120.1; 122.5, 9, 11, 15; 124.10; 148.19, 24, 26; 150.3; 156.23
pravrajya 118.7, 13, 16; 120.2; 122.16; 150.4
prasārita 158.12; 160.14; 162.17
pra-√sṛ 158.11; 160.14
pra-√hā 118.7, 12; 140.15; 164.24
prākṛta
in aśuci°
prāñjali 164.17, 21, 25; 166.3, 7, 11
prāṇa 60.7

prāṇa
in aśīti°sahasra
prāṇātipāta 60.4
prātarāśa 74.13
prātimokṣasūtrauddeśa 152.24; 154.4, 9, 24, 27, 30; 156.16, 20
prātihārya 148.2, 4; 150.12; 152.8, 10
prātihārya
in ādeśanā°
in ānuśāsanā°
in ṛddhi°
prādurbhūta 66.7
prāpta
in anu°
in rasarasāgra°
prāptavat 148.14
prāpya 74.14
prāsāda 146.4
prāsādika 88.5
priya 88.17; 90.1, 3, 6; 102.5; 110.7; 112.14
prekṣ (pra-√īkṣ) 70.12, 22
prer (pra-√īr) 116.9, 11; 144.6
prerita
in mārutavega°
prokta 54.14

ph

phala 164.20

b

bata 30.10, 12; 32.2, 4, 21, 23; 34.4, 6; 122.6; 126.6; 148.20
bandhu
in āditya°
Bandhumat 46.14; 48.14; 70.10, 11; 94.6; 98.8; 100.11; 102.1, 5; 106.2; 108.5; 112.4; 114.6
Bandhumatī 48.16; 122.3; 124.4, 5; 144.23; 146.9, 10, 15; 148.16; 150.21, 23; 152.2, 17, 21, 25; 154.1, 3, 8, 23, 26, 29; 156.2, 13
Bandhumatīniketa 94.10
Bandhumāvatī 46.15
Bandhuvatī 46.15; 48.15
bala 144.7
balavat 158.11; 160.14; 162.16
bahirdhā 140.11
bahujana 102.13; 104.2; 106.7, 9
bahujanasukha 124.1; 152.23; 154.6
bahujanahita 124.1; 152.23; 154.6
bahuputra 86.13
bahula 144.11
bahuhetucintaka 166.10
bahūdaka 52.16
Bārāṇasī 48.8; 50.12
bāhu 158.11; 160.14
buddha 30.11, 12; 32.2, 4, 21, 23; 34.4, 6, 20; 42.5; 44.2, 7; 48.18; 86.12; 156.22; 164.19
buddhavara 48.14; 76.14; 164.16
bṛhadṛju 84.24
bṛhadṛjugātra 82.8
bodhi 124.27
bodhimaṇḍa 124.23
bodhimūla 124.16; 146.8
bodhisatva 52.5; 54.7; 56.10; 58.2, 14, 16; 60.2, 12; 62.3, 13, 22; 64.7, 17, 18; 66.6, 11, 15; 70.4; 72.3, 21; 86.20; 88.4, 9, 17; 90.3, 12; 92.2, 7, 10, 14; 94.4, 18; 96.1, 2, 3, 5, 6, 21; 102.1, 9, 11; 104.13; 108.13, 15; 110.15; 114.14, 16; 116.10, 12; 118.15; 122.4, 7, 18, 19, 20, 23; 124.2, 6, 8, 15; 126.5; 134.8; 142.14
brahmacarya 142.25; 160.2, 5; 162.6, 9
brahmacarya
in a°
Brahmadatta 48.6; 50.9

brahmasvara 84.1; 86.4
brāhmaṇa 38.19; 46.23; 48.3, 6; 50.1, 5, 9; 72.4; 100.11; 108.5; 114.6; 120.5

bh

bhakṣa
in prabhūta°
bhagavajjanetrī 88.2
bhagavat 30.3, 7, 11, 12, 14; 32.2, 4, 7, 11, 18, 21, 23, 24; 34.4, 6, 8; 44.10; 50.10; 136.31; 148.10; 152.26; 154.2; 158.15, 16; 160.4, 20, 21; 162.8
√bhaj 168.4
bhadanta 32.15; 34.6; 146.23; 154.10, 22, 25; 158.15; 160.1, 20; 162.5
bhadra 94.20; 96.2, 3, 5
bhadrakalpa 36.8
bhadrayuga 42.13, 15, 18, 20, 22, 25, 27
Bhadrika 44.18, 23
bhadrika 94.14
Bharadvāja 42.24
Bharadvāja
in Tiṣya°yuga
bhava 126.16, 17, 19; 130.16, 18, 20; 138.22, 23; 142.16, 26; 168.6
bhava
in kāma°
in punar°
bhavana 152.16
bhavanidāna 134.20
bhavanirodha 130.16, 19, 21; 134.1
bhavapratyaya 126.16; 130.5
bhavapratyayatā 134.21
bhavamūlika 134.20
bhāvagata
in atītāṃśa°
bhāvitātman 84.12; 86.8
√bhāṣ 60.8; 64.9, 13; 124.18
bhāṣin
in apratikūla°
in kalaviṅkamanojña°
in valgukalaviṅka°
√bhās 88.8
bhikṣa
in su°
bhikṣācarya 124.11
bhikṣu 30.5; 32.5, 11, 12, 15; 34.7, 9; 42.22, 26; 44.8, 11, 14, 15, 17, 18, 19, 20, 21, 25; 122.25; 124.6; 152.23; 154.3, 6, 10; 156.1, 6; 168.3
bhikṣu
in dvāṣaṣṭa°śatasahasra
in maṇḍalavāṭa°
bhikṣugaṇa 34.18; 154.29
bhikṣuśata 42.1
bhikṣuśatasahasra 40.7, 10; 156.15, 18
bhikṣusaṃgha 32.9; 152.19, 21; 154.1
bhikṣusahasra 40.8, 10, 11, 13, 15, 17, 18; 122.18, 20; 150.6, 8, 20; 152.5, 7
√bhid 124.19, 20, 26
bhiṣaṭka
in sumahā°
√bhuj 70.6, 8
Bhujiṣya 42.21; 44.8
√bhū 30.6, 11, 13; 32.3, 4, 17, 21, 23; 34.4, 6, 22; 38.3, 18, 19, 20, 21, 23; 40.6, 9, 12, 15, 16, 18; 42.13, 15, 17, 20, 22, 24; 44.15, 16, 17, 18, 19, 21, 24; 46.3, 4, 5, 6, 7, 10, 14, 15, 16, 17, 18, 19, 20, 21, 22, 23, 24; 48.1, 2, 3, 4, 5, 6, 7, 8, 9, 15, 18, 23; 50.2, 6, 10; 52.7, 8, 11, 12, 13; 58.16; 62.4, 5, 6, 23; 64.9; 72.5,

6, 7, 9, 11, 16, 18, 23; 76.14, 20, 21; 84.9, 15, 22; 86.6, 10, 12, 17; 88.18; 90.2, 4; 92.5, 10, 12, 14; 94.2, 4; 96.14; 100.3, 11, 12; 104.6; 106.13; 108.5; 114.6; 122.6, 23; 126.10, 12, 14, 16, 17, 18, 19, 20; 128.1, 3, 5, 7, 9, 11, 13, 15, 17, 19, 21, 24, 25, 27; 130.5, 8, 10, 13, 14, 16, 18, 20, 22, 25, 26, 28; 132.1, 3, 4, 6, 7, 9, 11, 13, 15, 17, 19, 22; 134.4, 8, 11; 136.3; 138.1, 19; 140.8, 12, 14, 18; 144.15, 22, 24; 148.20; 152.20; 154.23, 26, 29; 156.14, 24; 158.4, 6; 166.6

bhūta 100.12

bhūta

in prādur°

in yathā°

in vara°rakṣita

bhūtapati 166.4

bhūmi

in akaniṣṭha°

in udyāna°

bhūyas 94.15; 100.15; 102.1; 110.7; 112.14; 140.11

bhṛśa 74.12; 138.1

bheda 88.1

bhos 116.13, 16; 118.3; 146.19

bhrū 84.6; 86.6

m

maṇi 58.4, 7; 74.17

maṇi

in mahā°

maṇidaṇḍaka 64.10

maṇiratna 56.13, 14, 16; 62.17; 72.10; 76.3

maṇḍa

in bodhi°

maṇḍala 82.19

maṇḍala

in jānu°

maṇḍalavāṭa

in karīrika°

maṇḍalavāṭabhikṣu 34.13, 17

matta 92.17

mad Frequent occurrence.

madya

in surāmaireya°pramādasthāna

madyapāna 60.8

madhya 34.18, 19; 84.6; 86.6

madhya

in antaḥpura°gata

√man 96.4

mana

in ekāgra°

manas 60.17; 88.12; 134.11; 136.16

manasi-√kṛ 126.11, 15, 18; 128.2, 6, 10, 14, 18, 22, 26; 130.11, 15, 19, 23, 27; 132.2, 5, 8, 12, 16, 20

manaska

in āpta°

manāpa 86.15; 88.18; 90.2, 4, 6

manāpatā 120.5

manuja 86.16

manuṣya 54.10; 56.3; 104.17

manuṣya

in a°

in deva°

in bahujana°

manojña

in su°rūpa

manojñarūpa 70.10

manojñasvara 92.10, 12, 14

manorama 90.17

manorama

in a°

mantrapada 76.18

mandāraka 66.17

maya

in jāmbūnada°

maraṇa 110.12, 16; 112.2; 114.3, 5; 134.12, 16; 140.1
maraṇa
in jarā°
in jarā°nirodha
in jarā°nirodhagāmin
in jarā°samudaya
maraṇadharma 110.9, 10; 112.16; 114.1
maraṇadharmatā 110.9, 10; 112.16; 114.1
marīci
in sūrya°saṃnibha
martavya 96.14; 100.3; 104.6; 106.13
martya 86.17
mardin
in paraśatru°
mala
in garbha°
in jubhra°
in rudhira°
mahat 66.7; 76.5; 86.17; 90.6; 130.7; 134.3; 152.18, 21; 154.1
mahardhika
in evaṃ°
maharṣi 44.9; 50.13; 124.23
mahā
in su°abhiṣaṭka
mahājanakāya 88.17, 18; 90.1, 2, 3, 4; 108.17
mahātmadevānugata 54.13
mahātman 44.25; 46.11
mahānubhāva 52.9
mahānuśaṃsa 134.7
mahāpuruṣa 72.6; 76.21; 78.3, 6, 7, 8, 11, 13; 80.1, 2, 5, 8, 10, 12, 14, 16; 82.1, 4, 6, 7, 9, 10, 11, 12, 13, 14, 16, 17, 20; 84.2, 3, 4, 5, 7, 8
mahāpuruṣalakṣaṇa 72.5, 17; 76.20; 78.3, 6, 7, 9, 11, 13; 80.1, 3, 5, 8, 10, 12, 14, 17; 82.2, 4, 6, 8, 9, 10, 11, 12, 13, 15, 16, 17, 20; 84.2, 3, 4, 5, 7, 8
mahāpṛthivī 72.13
mahāpṛthivīcāla 52.7; 62.4
mahāmaṇi 58.9
Mahāmāyā 48.10; 50.14
mahāmuni 34.15; 84.11; 86.7
mahāsannipāta 40.6, 7, 8, 9, 10, 11, 12, 13, 15, 16, 18; 42.1
mā 54.9; 56.3; 100.11, 13; 108.5; 114.6
māṃjiṣṭha 58.6
mātāpitṛ 70.4; 72.3; 110.7, 8; 112.14
mātṛ 46.15, 18, 21, 24; 48.3, 7, 10, 15, 19, 24; 50.3, 7, 11, 14, 20; 52.6; 54.8, 9, 15; 56.4, 11; 58.3, 15; 60.3, 4, 13, 18; 62.3, 13, 22, 23; 66.6, 8; 86.20; 120.5
mātṛ
in vipaśyi°
mātrā 60.3; 100.15; 102.1
mānasa 60.13, 18; 130.1
mānuṣa 138.5
mānuṣa
in atikrānta°
mānuṣyaka 88.5
māra 144.7
mārutavegaprerita 144.5
mārutavegamūrcchita 52.16
mārga 140.22; 166.6
māsa 86.23
mīmāṃsikā 94.5
mukha 82.18, 19
muṇḍa 114.16; 116.1, 13
mudita 66.12
muni 34.23; 42.6; 52.17; 162.18; 164.5
mūrcchita
in mārutavega°
mūrdhan 86.5

mūrdhan
  in parvata°
mūrdhābhiṣikta 46.15, 18, 21; 48.10
mūla
  in druma°
  in bodhi°
mūlika
  in bhava°
  in duḥkha°
√mṛ 126.7
mṛta 110.5, 6, 8, 19; 112.12, 13, 15; 118.15, 19
mṛta
  in a°
mṛduka 78.10
mṛdutaruṇapāṇipāda 78.9
mṛṣā 60.8
mṛṣāvāda 60.5
megha 52.15
medinī 74.13
medhas
  in su°
medhāvin 94.4
maithuna 60.9
maireya
  in surā°madyapramādasthāna
moha 140.15
mrakṣita
  in a°

y

Yajñadatta 48.3; 50.5
yatas 66.8
yatonidāna 140.9
yatra 48.17; 50.16; 52.9; 122.7; 148.21
yathā 34.19; 34.23; 56.16; 74.19; 76.1; 90.9; 116.16; 136.2, 4; 144.5; 146.1, 8, 12; 154.3; 156.10; 160.9; 162.13, 16; 164.3, 18
yathā
  in tad°
  ~api 52.15; 58.9; 62.17; 88.13; 90.16; 92.16
yathābhūta 126.8, 11, 15, 18; 128.2, 6, 10, 14, 18, 23, 27; 130.12, 15, 20, 24, 27; 132.2, 5, 8, 12, 16, 20
yad Frequent occurrence.
yadā 36.12; 124.2; 138.9, 11, 13, 15, 18; 140.9, 13, 17; 156.13
yadvat 146.2
yanu 100.14; 122.25; 144.24; 152.22; 158.8; 160.13
yaśasvin 34.24, 25; 54.13; 56.6; 166.8
Yaśovatī 48.3; 50.7
√yā 96.20; 104.12; 110.14; 140.22
yāna 94.20; 96.2, 4, 5
yāvajjīva 60.3, 4
yāvat 30.7; 32.17; 62.5; 68.6; 72.18; 78.1; 80.9, 10; 82.19; 84.9; 88.10; 102.10; 112.8; 114.7, 15; 122.14; 124.7, 19, 20; 150.2; 154.28; 160.10, 11
yāvasika 124.15
yukta 96.3
yukta
  in varavipularḍhi°
yuga 50.20
yuga
  in agra°
  in tiṣyabharadvāja°
  in bhadra°
  in śrāvaka°
√yuj 94.20; 96.2
yojana 74.18
yojana
  in samanta°
yoniśas 126.11, 15, 18; 128.2, 6, 10, 14, 18, 22, 26; 130.11, 15, 19, 23, 27; 132.2, 5, 8, 12, 16, 20

yauvana
in vyatīta°

r

rakṣā 54.15
rakṣita
in varabhūta°
raṅga
in nānā°
raṅgika
in pañca°
√raj 60.16
rajojala 82.1
rata 100.16; 102.2, 7; 108.11
rati
in arati°saha
in nirmāṇa°
ratna 72.9; 74.12, 16; 76.6
ratna
in aśva°
in kāśika°
in gṛhapati°
in cakra°
in pariṇāyaka°
in maṇi°
in sapta°samanvāgata
in strī°
in hasti°
ratnavara 76.10
ratha 96.17, 20; 100.6; 104.9, 12; 108.1; 110.11, 14; 114.2; 116.9, 11; 118.6, 10
rama
in mano°
ramya
in su°
rasa 108.9
rasa
in kusuma°
rasarasāgratā 86.3
rasarasāgraprāpta 82.16
rasāgra
in rasa°prāpta
rasāgratā
in rasa°
rahasigata 126.5
rahogata 134.10
rākṣasa 56.3
rāga
in vīta°
rājakumāra 144.25; 146.19, 20, 24, 25, 28; 148.1, 17, 21; 150.9
rājadhānī 46.16, 19, 22; 48.1, 5, 8, 11, 25; 50.4, 8, 12; 122.3; 124.4, 5; 144.23; 146.9, 10; 148.16; 150.22, 23; 152.18, 21, 25; 154.1, 4, 8, 24, 27, 30; 156.2
rājan 46.14, 18, 21; 48.1, 4, 5, 8, 10, 21; 50.4, 8, 12; 70.11; 72.7, 23; 86.11; 98.8; 100.11; 102.1; 106.2; 108.5; 112.4; 114.6
rājan
in dharma°
in haṃsa°
rājya
in gaṇa°
rātra
in tripañca°abhyudita
rātri 74.19; 92.3, 8
Rāhula 46.8, 10
rikta 136.19
rukṣa 102.12; 104.1; 106.6, 9
√rud 110.1
rudhiramala 56.12; 62.15
rūpa 90.12, 17; 108.8; 136.21; 138.14, 15; 140.19; 142.20; 144.1
rūpa
in āścarya°
in evaṃ°
in tad°
in nāma°

in manojña°
in viṣakta°
in sutīkṣṇa°
in sumanojña°
in suvarṇa°
rūpanirodha 142.20
rūpanirodhagāmin 142.20
rūpaśabda 74.21
rūpasamudaya 142.20
rūpin
in varāṅga°
roga 104.16
roman 80.13
roman
in ūrdhvāṅga°
in ekaeka°
ṛṣi
in maha°

l

lakṣaṇa 84.11; 86.7
lakṣaṇa
in mahāpuruṣa°
in śatapuṇya°
labda
in anirvṛti°
in a°nirvṛti
labdha
in saṃbodhi°
√labh 124.26
lābhin 86.14
√lip 56.17, 19; 62.18; 164.4
loka 36.6, 7, 8; 52.7, 8; 62.5; 70.9, 17; 72.16, 19; 78.2; 126.6
lokānukampā 124.1; 152.23; 154.6
lokāntarika 52.8; 54.2
lokya 64.13
lohita 58.5

v

vaṅka
in gopānasī°
vaṅga
in gopānasī°
√vac 34.11; 36.10; 38.8, 21; 42.2, 28; 44.22; 46.8; 48.13; 52.14; 54.11; 56.15; 58.8, 17; 60.6, 15; 62.7, 16, 24; 64.11, 19; 66.9, 19; 70.12; 72.19; 84.10; 86.22; 88.11; 90.5, 14; 92.4, 15; 94.7; 96.3; 98.2; 102.3; 104.15; 108.7; 110.17; 114.8; 116.12; 118.9, 17; 122.12; 124.9, 21; 134.5; 142.27; 144.12, 26; 146.11, 26; 148.6, 27; 150.14, 24; 152.12, 26; 154.12; 156.3, 25; 158.22; 162.4, 15
vacana 100.12
√vad 100.1, 2, 5; 106.10, 12, 15; 112.12, 13; 114.1; 134.7; 146.21; 154.29; 156.22
vana 114.12
√vand 122.19; 146.30; 150.7; 152.7; 158.18; 160.24
vara
in a°
in nagara°
in buddha°
in ratna°
in śreṣṭhi°
varabhūtarakṣita 56.5
varavipulardhiyukta 166.14
varasatya 64.3
varāṅgarūpin 72.12
varṇa 88.5, 6
varṇa
in ananta°
in dur°
in suvarṇa°

varṇavat 34.24
vartamāna 134.6
vartin
in cakra°
vartman
in chinna°
varṣa 152.24; 154.3, 8, 22, 23, 25, 26, 28, 29
varṣaśata 38.6
varṣasahasra 38.2
valgukalaviṅkabhāṣin 94.1
valgusvara 92.10, 12, 14; 120.7
vaśa
in vāyu°
vaśimat
in dharma°
vasundhara 74.2
vastiguhya 80.6; 84.19
vastiguhya
in kośogata°
vastra 72.15; 100.13; 108.16; 110.3; 112.8, 10; 116.2, 7, 14; 118.1, 4; 122.4, 8, 10; 148.18, 23, 25
vastraśayyāsana 86.14
vā 54.10; 56.3, 12; 58.16; 62.15, 23; 78.10; 80.7; 86.12; 98.10; 106.3; 112.5; 136.11; 142.1; 158.5, 11, 12; 160.14; 162.17
vākya
in saṃgrāhaka°
vāc 64.9, 13; 124.18
vāda
in mṛṣā°
vādya 66.18
vāyuvaśa 136.2
vāri 66.7, 13
vāridhārā 64.17; 66.2; 68.18
vārin 164.3
vāla 142.7
vāsin
in akaniṣṭha°
vāha
in sārtha°
viṃśati 38.6; 40.18
vikrama 64.3
vikṣepa
in caila°
vigata 142.10
vighuṣṭaśabda 72.16, 18; 78.1
vi-√cint 136.27
vi-√ji 72.7; 74.7; 86.11
Vijitasena 46.7, 10
vijñāna 128.23, 25, 26, 27, 28; 130.1, 2; 132.13, 15, 17; 136.25; 138.12, 13; 142.17, 21; 144.2
vijñānanidāna 136.24
vijñānanirodha 132.13, 16, 18, 23, 24; 142.22
vijñānanirodhagāmin 142.22
vijñānapratyaya 128.24; 130.2
vijñānasamudaya 142.22
vitata 108.16; 110.3; 112.8, 10
vitatakṣura 142.7
vitarka 144.10
vitarka
in naiṣkramya°
in praviveka°
vitāna
in caila°
√vid 104.5; 106.13; 124.24; 140.12, 20
vidita
in su°
Vidura 42.19; 44.5
vidyā
in a°
in a°nirodha
vidvas 138.7
vidha 86.10
vidha
in evaṃ°
in tathā°

vi-√dhṛ 86.23
vināyaka 36.16; 86.18; 166.21
vi-√nī 138.4
vi-√nud 166.2
vipañcana 72.4; 100.12
vipariṇāmadharma 136.20; 138.3
Vipaśyin 36.5, 12; 38.2, 18; 40.6; 42.3, 12; 44.1, 14; 46.2, 14; 48.14; 52.5; 54.7; 56.10; 58.2, 14; 60.2, 12; 62.3, 13, 22; 64.7, 17; 66.6, 15; 70.4; 72.3; 86.20; 88.4, 9, 17; 90.3, 7, 12; 92.2, 10, 13; 94.4, 15, 18; 96.1, 2, 3, 5, 6, 21; 102.1, 5, 9, 11; 104.13; 108.13, 15; 110.15; 114.10, 14, 16; 116.10, 12; 118.15; 122.3, 7, 15, 18, 19, 20, 23; 124.2, 6, 8, 15; 126.1, 5; 134.11; 136.31; 142.14; 144.10, 22, 24; 146.8, 9, 17, 21, 23, 27, 29, 30; 148.1; 150.6, 7, 10, 20; 152.5, 6, 7, 20; 154.5, 10; 156.14, 16, 18, 19, 26; 160.1; 162.5; 164.16
vipaśyimātṛ 58.12; 60.10; 86.24
vipāka
  in karma°ja
vipākaja 92.5
vipākadharma 120.6
vipula 52.15
vipula
  in vara°ṛdhiyukta
viprakṛta 32.6, 13; 34.8
viprasanna 58.5
vimala 74.20; 92.6
vimuktacitta 144.19
vimukti
  in evaṃ°
virakta 144.18
virajas 42.10
viraḍa
  in a°
virata 60.9
vi-√ruc 88.9
vi-√lip 70.10
vivarṇa 96.10; 98.15; 116.2, 14
vivardhita 86.9
vividha
  in nānā°
vi-√vṛt 164.4
Viśākhā 48.7; 50.11
vi-√śās 86.11
viśuddha 32.7; 92.6
viśuddhaśīla 166.19
Viśvabhuj 36.7, 15; 38.3, 12, 19; 40.11; 42.4, 16; 44.3, 16; 46.4, 20; 48.23; 160.3; 162.7; 164.23
viśvottara 144.18
√viṣ 158.8
viṣaktarūpa 104.16
viṣaktika 136.7
viṣyandin 66.7
visaṃjña 110.19
visṛta 62.9
vihāra
  in divā°
  in divā°upagata
vihārin
  in evaṃ°
vi-√hṛ 30.4; 122.25; 146.9; 168.5
viheṭhaya 54.9; 56.4; 156.24
vīkṣ (vi-√īkṣ) 120.1
vītarāga 166.1
vīra 72.11
vīrya 126.2
vṛkṣa 50.19
vṛta
  in tamo°
vega
  in māruta°prerita
  in māruta°mūrcchita
vedanā 128.7, 9, 10, 11, 12; 130.4, 28; 132.1, 3; 136.12; 138.19; 142.16, 21; 144.1

vedanānirodha 130.28; 132.2, 3, 26
vedanāpratyaya 128.7; 130.4
vedayāna
in a°
vedayita 136.5, 10
vai 156.24
vaiḍūrya 58.4; 74.17; 76.3
vaiḍūryaka 58.9
vaiyyāpatyakara 44.26
vaiśravaṇa 166.8
vyakta 94.4
vyati-√vṛt 130.2
vyativṛtta
in a°
vyatītacetas 110.18
vyatītayauvana 98.3
vyabhra 164.18
vyava-√lamb 56.2
vyava-√lok 64.8
vyākṛtavat 34.23
vyādhi 104.10, 14, 19; 108.2, 4
vyādhita 104.3, 4, 6; 106.11, 13; 118.15, 18
vyādhidharma 104.7, 8; 106.14, 15
vyādhidharmatā 104.7, 8; 106.14, 16
vyāma 80.10
vyutthā (vyut-√sthā) 32.8
√vraj 76.13; 100.16; 102.2, 7; 108.11
vratapada 60.3

ś

śakunta 92.12, 16
śakti 56.2
Śakra 34.19; 54.8, 14
śaṅkara 166.4
śaṅkhanibha 84.6
śata
in bhikṣu°
in varṣa°
śatapuṇyalakṣaṇa 164.13
śatasahasra
in dvāṣaṣṭabhikṣu°
in bhikṣu°
śatahrada 52.18
śatru
in para°mardin
śabda 108.8
śabda
in rūpa°
in vighuṣṭa°
śama 138.8; 140.16
śayanāsana 168.4
śayya
in vastra°āsana
śarīrāntimadhārin 44.25; 46.11; 84.12; 86.8
śastra
in a°
śastrāyudha
in niṣkṛṣṭa°khaḍgapāṇi
Śākya 48.12
Śākyakula 38.29
Śākyamuni 36.9; 38.16
śāntatva
in nirvāṇa°
śāradaka 90.1, 9
Śāriputra 42.26; 44.11
śāstṛ 34.16; 38.13; 44.6; 50.2; 140.6
śikṣā 156.6
śikṣāpadasūtra 156.26
Śikhin 36.7; 38.3, 18; 40.8; 42.3, 14; 44.2, 15; 46.3, 17; 48.18; 160.3; 162.7; 164.19
śiras 122.19; 146.30; 150.7; 152.6; 158.18; 160.24
śiras
in ādīpta°
in uṣṇīṣa°
śīla
in evaṃ°

in viśuddha°
śilāpravāḍa 76.4
śiva 48.17; 74.2; 140.22
śivikā 108.16; 110.3; 112.8, 11
śiśu 88.12
śiṣyāsaṅga 154.18
śīta 64.18
śukla 86.2
śukla
in su°daṃṣṭra
śuci
in parama°
śuddha 58.4; 166.18
śuddhasatva 122.14; 150.2
Śuddhādhivāsa 164.11
Śuddhāvāsa 152.26; 154.28; 158.7, 9
Śuddhodana 48.9; 50.13
√śubh 62.10
śūra 72.11; 124.12; 162.18; 164.5
śeṣa
in a°
śaila 146.1
śoka 140.2
śoka
in a°
śokaparidevaduḥkhadaurmanasyopāyāsa 130.6; 134.2
śokābhibhūta 146.5
Śobha 48.4; 50.8
Śobhavatī 48.5; 50.8
śmaśru
in keśa°
śraddhā 72.15; 100.14; 116.7; 118.1, 5; 122.5, 9, 11; 148.18, 23, 26
śramaṇa 156.24
śravaṇa
in dharma°
śrāntakāya 58.15
śrāvaka 40.6, 9, 12, 14, 16, 17; 42.1; 122.24, 25; 124.6, 8; 148.11; 152.22; 154.2, 5; 160.1, 4; 162.5, 8; 164.16, 19, 23; 166.5, 16
śrāvaka
in agra°
in Krakasunda°
śrāvakayuga 42.12, 15, 17, 19, 22, 24
Śrāvastī 30.3
śrī 164.9
√śru 32.7, 8; 34.14; 102.4; 122.3, 5, 15; 124.2; 134.7; 148.16, 20, 25; 150.3, 20, 23; 152.25; 154.4, 9, 24, 27, 30
śruta 30.3
śreṣṭha
in āvāsa°
śreṣṭhivara 76.5
Śroṇa 42.17
Śroṇottara 44.3
śrotra 32.7; 34.16; 136.15
śrotradhātu 34.14
śveta 64.10; 84.6; 86.6

ṣ

ṣaḍāyatana 128.15, 17, 18, 19, 20; 130.3; 132.6, 7, 9; 136.17; 142.17
ṣaḍāyatananirodha 132.6, 8, 10, 25
ṣaḍāyatanapratyaya 128.15; 130.3
ṣaṣ 152.24; 154.3, 7, 22, 25, 28
ṣaṣṭa
in dvā°
ṣaṣṭi 38.4; 40.13
ṣaṣṭha 76.6; 136.16; 154.29

s

saṃyama 116.5, 17
saṃ-√vṛ 90.2
saṃvṛtta
in su°skandha
saṃvejaka
in su°

saṃskāra 132.17, 19, 21; 138.10, 11; 142.17, 21; 144.2
saṃskāragata 136.29
saṃskāranidāna 136.28
saṃskāranirodha 132.17, 20, 22, 23; 142.18
saṃskāranirodhagāmin 142.18
saṃskārasamudaya 142.18
saṃskṛta
in su°
saṃstaraka
in tṛṇa°
saṃ-√stṛ 124.17
saṃsthita
in su°
saṃ-√sthā 82.1
saṃhita
in artha°
sakāśa 124.15
sakta
in a°
saṃgrāhakavākya 102.4
saṃgha
in bhikṣu°
saṃghādika 42.9
saced 72.6, 14; 76.13; 78.1
Saṃjīva 42.19
Saṃjīvabhikṣu 44.5
saṃ-√jñā 52.12
saṃjñā 142.10, 21; 144.1
saṃjñin
in asāra°
satya 100.12; 126.12; 128.3, 7
satya
in a°
in vara°
satyanāman 48.24; 50.3, 7, 11
satva 52.11, 12, 13; 62.6; 126.8
satva
in bodhi°
in śuddha°
sadā 140.7, 8
sadaivapūja 66.10
sanābhika 78.5
sanemika 78.5
saṃ-√dṛś 122.21; 158.19; 160.7; 162.1, 11
saṃnipāta
in ṛṣi°
in mahā°
saṃnipatita 30.6; 32.6, 13, 14, 16; 34.8, 9
saṃnipāta 42.7; 50.20
saṃnibha
in asahya°
in kāñcana°tvaca
in sūryamarīci°
saṃniṣaṇṇa 30.5; 32.5, 12, 14, 16; 34.7, 9
sapta 64.7, 12; 72.8; 82.3; 84.22
saptati 38.3; 40.11, 13
saptapada 68.17
saptama 44.24; 46.10; 72.10; 76.10
saptaratnasamanvāgata 72.8
saptāṅgapratiṣṭhita 74.9
saptānyatama 166.21
saptāhajāta 86.20
saptotsada 82.3
sapratyaya 138.2
sama 72.14; 86.2
sama
in a°
samatītacetas 118.19
samadanta 82.11
samanantarakālagata 86.21
samanubaddha 110.1, 4; 112.9, 11
samanta 146.2
samantacakṣus 94.15; 146.4
samantatas 54.1; 74.14, 18; 84.21
samantayojana 92.3, 8
samanvāgata 72.5, 6, 17; 76.21; 84.8; 92.3; 94.5

samanvāgata
in saptaratna°
samaya 30.3; 46.24; 48.4, 7; 52.5, 6, 10; 54.7; 56.10; 58.2, 14, 15; 60.2, 12; 62.3, 4, 13, 22; 74.13; 152.18
samājñā 94.14
samādatta 60.4
samā-√dā 122.21; 158.20; 160.7; 162.2, 11
samādhi 32.8; 160.8; 162.12
samāna 90.7; 114.10; 122.24
samāpanna 160.8; 162.12
samāhita 160.9; 162.13
sam-√i 164.19
samīrita 136.2
samut-√tij 122.21; 158.20; 160.8; 162.2, 12
samutpāda
in pratītya°
samudaya 130.8
samudaya
in jarāmaraṇa°
in rūpa°
in vijñāna°
in saṃskāra°
samudā-√car 144.11
samudāhāra
in antarākathā°
samudraparyanta 72.12
samupāgata 118.17; 150.4; 164.14
saṃprayukta 136.8
saṃpra-√vad 66.18
saṃpra-√hṛṣ 122.21; 158.20; 160.8; 162.2, 12
saṃprāpta
in a°
saṃprāptavat 144.4; 148.5; 150.13
saṃprāptāsravakṣaya 152.11
saṃbahula 30.5; 32.5, 12, 15; 34.7
saṃbuddha 34.21, 25
saṃbuddha
in samyak°
saṃbodhapakṣika 142.24
saṃbodhi
in samyak°
saṃbodhilabdha 148.7
Saṃbhava 42.14; 44.2
saṃbhava
in sparśa°
saṃ-√bhū 130.7; 134.13, 17
saṃbhṛta
in su°
saṃ-√miñj 158.12; 160.15
saṃmiñjita 158.11; 160.14
samyak 30.10; 32.1, 20; 34.3; 70.6, 9; 72.15; 100.14; 116.7; 118.1, 4; 122.5, 8, 11; 148.4, 18, 23, 26; 150.12; 152.10
samyaksaṃbuddha 30.7, 15; 32.18; 34.1; 36.5, 7, 8; 38.2, 3, 4, 5, 6, 18, 19; 40.6, 8, 11, 14, 16, 17; 42.12, 14, 16, 19, 21, 23; 44.14, 15, 16, 17, 18, 20; 46.2, 3, 4, 5, 6, 7, 14, 17, 20, 23; 48.2, 6; 72.16, 18; 144.10, 22, 24; 146.8, 10, 17, 21, 23, 27, 29, 30; 148.2; 150.6, 7, 10, 20; 152.5, 6, 8, 20; 154.5, 10; 156.14, 16, 18, 19; 160.1, 2; 162.5, 6
samyaksaṃbodhi 124.3; 142.26; 150.21
samyaksukha 38.7
samyagdṛś 140.20
saritā 136.7
sarva 34.23; 44.27, 28; 46.12; 52.7; 58.3; 62.4; 82.19; 140.3
sarvatas 76.1
sarvadehin 86.15
Sarvamitra 44.20, 24
sarvasauvarṇa 74.5
sarvākāraparipūrṇa 78.6
sarvālaṃkāra 70.10

saha
in aratirati°
sahasra 72.11; 164.12
sahasra
in aśītiprāṇa°
in bhikṣu°
in varṣa°
sahasranetra 114.12
sahasrāra 62.23; 64.2; 78.5; 146.1; 152.26; 154.28; 164.3
sahita 54.12
sahetuka 136.17; 138.1
sahya
in a°sannibha
sāgara 94.9
sāta 136.11
sāta
in a°
sādhu 116.5, 6, 17, 18; 118.3
sāṃpratajāta 64.7, 17; 66.6, 15; 70.4; 72.3; 88.4, 9, 17; 90.3
sāra
in a°saṃjñin
sāraka
in a°
sārathi 94.18, 20; 96.1, 8, 9, 13, 15, 17, 20; 98.8, 9, 13; 100.2, 4, 6; 102.10, 14; 104.1, 4, 7, 9, 12; 106.2, 3, 8, 11, 14, 16; 108.14; 110.2, 3, 6, 9, 11, 14; 112.4, 5, 10, 13, 16; 114.2, 15, 18; 116.1, 4, 9, 10; 118.6
Sārthavāha 46.6, 10
sārthavāha 154.13
sārdha 160.9, 15, 16, 17; 164.7
siṃha 146.12
siṃhapūrvārdhakāya 82.7
siṃhapūrvārdhakāyavat 84.23
siṃhahanu 82.15
sīvanī 136.7
sukumāra 122.7; 148.22
sukha 70.7, 9; 124.2; 136.8; 152.24; 154.7
sukha
in bahujana°
in samyak°
sukhāvaha 140.21
sukhaiṣin 122.8; 148.22
sugata 54.15; 56.4; 148.11
sujāta 68.6; 74.9; 90.9
suta 76.15
sutīkṣṇarūpa 56.2
Sudarśana 160.10, 17; 164.10
Sudarśanakāyika 160.17
sudurdṛśa 140.5
Sudṛśa 164.6
Sudṛśakāyika 160.16
Sudṛśadevatā 164.8
sunirdhānta 62.20
sunirmala 74.17
supālita 56.6
supratividdha 30.14; 32.24; 34.10; 36.2
supratiṣṭhitapāda 78.3
Supradīpa 46.21; 48.22
Suprabuddha 46.4, 9
subhikṣa 46.16; 48.11
sumanojñarūpa 70.17
sumahābhiṣaṭka 66.1; 68.1; 72.20
sumedhas 146.3
surapatideva 64.4
suramya 48.16, 20; 50.15; 114.9
surāmaireyamadyapramādasthāna 60.5
suvarṇaniṣka 88.7
suvarṇarūpa 76.4
suvarṇavarṇa 80.16
suvidita 140.18
suśukladaṃṣṭra 82.14; 86.3
Susaṃvṛttaskandha 46.2, 9
susaṃvṛttaskandha 82.9
susaṃvejaka 122.14; 150.2
susaṃskṛta 84.24

susaṃsthita 84.14; 86.2
susaṃbhṛta 52.15
sūkṣmacchavi 80.17
sūkṣmatva 82.1
sūkṣmatvac 84.22
sūtra 58.5, 6, 7
sūtra
in prātimokṣa°uddeśa
in śikṣāpada°
sūrya 52.18; 164.18
sūryamarīcisaṃnibha 58.10
sūryācandramasau 52.9
√sṛj 66.13
senā 76.8
sauvarṇa
in sarva°
skandha 84.24
skandha
in duḥkha°
in susaṃvṛtta°
strīratna 72.10; 76.2
√sthā 54.8; 56.11; 58.3, 15; 60.3, 13; 158.7
sthāna 76.8; 104.5; 106.12
sthāna
in surāmaireyamadyapramāda°
sthāpita 54.9
sthira
in dṛḍha°
√snā 70.6, 8
snāta 66.4
snāpitavat 64.18
sparśa 128.11, 13, 14, 15, 16; 130.4; 132.3, 4, 6; 136.9, 13; 138.18, 19; 142.17
sparśa
in gandha°
sparśaguṇopapanna 108.9
sparśanirodha 132.3, 5, 6, 25
sparśapratyaya 128.11; 130.4
sparśasaṃbhava 136.12
√spṛś 84.18
sphīta 46.16; 48.11; 50.15
sphuṭa 52.8, 11; 62.5
smṛta
in kuśala°
smṛti 124.18
smṛtimat 86.13
√sraṃs 126.2
svakārtha
in ananuprāpta°
svatantra
in a°
svayam 124.16; 140.12; 164.20
svara
in dundubhi°nirghoṣa
in brahma°
in manojña°
in valgu°
Svastika 44.19, 24
svāgata 158.15; 160.20
svānubhāva 156.1
svid
in āho~°

h

ha 100.11, 13; 108.5; 114.6
haṃsarājan 78.13
hanu
in siṃha°
hanta 84.11
harṣa 70.12
harṣajāta 70.22
hasta 82.3
hastiratna 72.9
hastyājāneya 80.7
hāsin
in cāru°
hi Frequent occurrence.
hita 124.1; 136.14; 152.24; 154.7
hita
in puro°

in bahujana°
in sa°
hitānukampa 94.12
hitānukampin 86.12
hīna 140.19
hṛṣṭa 66.12
hetu 134.19; 136.14, 22, 26, 30
hetu
in kāma°
in bahu°cintaka
hetuka
in sa°
haimavata 92.12, 16
hrada
in śata°

Pāda Index*

Triṣṭubh-Jagatī

amsena cāmsam parivartayamti 90.8
akaniṣṭhabhūmim samupāgato jinah 164.14
agryāv etau krakasundasya śāstuḥ 44.6
ajñānam etac ca yadā nirudhyate 138.9
atapāms tadā devagaṇān upāgamat 164.2
athāpi dṛṣṭvā amanoramāṇi 90.18
athāpratītaḥ karuṇāni dhyāti 98.5, 104.18, 112.1
'drākṣīd imām jātijarābhibhūtām 146.6
anantavarṇaḥ śatapuṇyalakṣaṇaḥ 164.13
anantavarṇo hi śriyā jvalantam 164.9
anāśvāsikam vipariṇāmadharmam 136.20
anityatas suviditā bhavanti 140.18
animiṣo vipākadharmaś ca 120.6
anupādadānasya bhavā na santi 138.22
anuprayaccha mama jñātikebhyaḥ 118.11
anuśiṣṭavān bandhumatīnikete 94.10
anopamā nagarī rājadhānī 48.25
anyena te pravrajitā acārṣuḥ 124.10
anyena śūro dvipadottamas tadā 124.12
abṛhāms tadā devagaṇān upāgamat 162.19
abṛhaiś ca sārdham atapaiś ca sārdham 164.7

* The following pādas are listed by page and line numbers and given by the permitted finals.

abrahmacaryād viratā ca maithunāt 60.9
abhyudyamo — kula — ◡ .y. nti 70.26
aruṇasya rājñaḥ paraśatrumardinaḥ 48.21
avabhāsayaṃ hi janatās samantataḥ 54.1
avedayānasya na saṃti tṛṣṇā 138.20
aśrauṣīd divyena hi śrotradhātunā 34.14
aśvaṃ tṛtīyaṃ ratnaṃ niyāsyati 74.16
asati ca tasmiṃ hi sadā na bhavati 140.8
asmiṃ satīdaṃ hi sadā pravartate 140.7
ājñātadharmāḥ svayam āgatāḥ phale 164.20
āmodate kāmaguṇair hi pañcabhiḥ 114.11
āvāsa śreṣṭhā khalu pañca ete 166.17
āścaryarūpaṃ pratibhāti me tat 122.13, 150.1
itīha devā akaniṣṭhavāsinaḥ 68.11
ity etam arthaṃ paricintayānaḥ 136.23
ity etam arthaṃ pravaṇe vicintya 136.27
ity etam arthaṃ bhagavāṃ vipaśyī 136.31
idaṃ ca vijñānam atho nirudhyate 138.12
idaṃ hi ṣaḍāyatanaṃ sahetukam 136.17
imaṃ rathaṃ cābharaṇāni caiva 118.10
imāni ced āyatanāny aśeṣam 138.17
imāṃ kathāṃ pariṣadi vartamānām 134.6
ime 'pi saṃskāra yadā na santi 138.11
ime 'pi saṃskāras tadā na santi 138.10
ihaiva pravrajyām upāgamiṣye 118.13
ucchena bhikṣācaryeṇa jīvikām 124.11
utpadyate jālinī duḥkhamūlikā 136.6
utpadyate nāmarūpaṃ pratītya 136.18
utpadyate vedayitaṃ narāṇām 136.10
utpadyate so 'pi hitasya hetuḥ 136.14
utpadyamāne pṛthivī prakampitā 62.8

utpādakośasthiti sapta padam 68.17
udāhṛtā maṇḍalavāṭabhikṣubhiḥ 34.13
upāgato maṇḍalavāṭabhikṣūn 34.17
upādadānaḥ punas tatra tatra 134.22
ṛṣisannipātā muninā prakāśitāḥ 42.6
etāv agryau bhagavataḥ kāśyapasya 44.10
evaṃvidha eṣa sutas tavāsti 76.15
evaṃ hi devā akaniṣṭhakāyikāḥ 168.1
evam idaṃ bhavati sahetukaṃ bhṛśam 138.1
evam upādānam idaṃ hi bhavati 136.3
eṣaty ādīptaśira iva nirvṛtim 124.13
eṣo hi saptānyatamo vināyakaḥ 166.21
oghaṃ jahaḥ kāmabhaveṣv asaktaḥ 166.22
oghātigau kāmabhaveṣv asaktau 44.4
kāmeṣu cchandaṃ pratighaṃ vinodya 166.2
kāyasya bhedāt tridaśopapannā 88.1
kāṣāyakaṇṭhaṃ pravrajita ca vīkṣya 120.1
kiṃpratyayaṃ kaḥ punar asya hetuḥ 136.22, 26, 30
kiṃpratyayā kaḥ punar asya hetuḥ 134.19
kutonidānaṃ maraṇaṃ jarā ca 134.12
kurvaṃti nāgāsya sadaivapūjām 66.10
kṛkī rājā bārāṇasī rājadhānī 50.12
kṛtsnaṃ ca saṃskāragataṃ yad etat 136.29
krīḍaty asāv apsarasa iva nandane 56.7
kṣipram ahaṃ kāmaguṇāṃ prahāya 118.12
kṣemo rājā kṣemāvatī rājadhānī 50.4
khaṇḍaś ca tiṣyaś ca vipaśyino ’gryau 44.1
gaṃbhīram etaṃ nipuṇaṃ sudurdṛśam 140.5
gṛhaspatiṃ ratnaṃ ṣaṣṭhaṃ niyāsyati 76.6
cakṣuś ca śrotraṃ ca tathaiva ghrāṇam 136.15
cakṣuṣmatā evam idaṃ nibuddham 140.4

caturṇāṃ buddhānām ekaikaśaḥ 42.5
catvāriṃśat krakasundasya śāstuḥ 38.13
cittaṃ yadā caitasikāś ca dharmāḥ 140.17
jagrāha taṃ surapatideva utsukaḥ 64.4
jarāṃ kilāhaṃ nopātivṛttaḥ 98.6
jātaṃ kumāraṃ sumahābhiṣaṭkam 72.20
jātiḥ kadācin na kathaṃcid asti 138.24
jātinidānaṃ maraṇaṃ jarā ca 134.16
jātir athaiṣāpi kutonidānā 134.18
jātir bhavapratyayatāṃ pratītya 134.21
jāte kumāre sumahābhiṣaṭke 66.1, 68.1
jāter nirodhān maraṇaṃ jarā ca 140.1
jāto hy eṣa sapta padāni prakramat 64.12
jinasya te kanakamunes tu śrāvakāḥ 166.5
jihvā ca kāyaś ca manaś ca ṣaṣṭham 136.16
jīrṇāñ ca dṛṣṭvā duḥkhitaṃ vyādhitaṃ ca 118.18
jīrṇāturaṃ palitaṃ daṇḍapāṇim 98.4
jñātvā pipāsāṃ vinayanti paṇḍitāḥ 138.4
tac cakraratnaṃ prathamaṃ niyāsyati 74.8
tat pañcamaṃ strīratnaṃ niyāsyati 76.2
tat saptamaṃ ratnavaraṃ niyāsyati 76.10
tataḥ samājñā udapādi bhadrikā 94.14
tatraiva pravrajyām anuvrajanti 122.16
tatraiva pravrajyām upāgato 'sau 120.2
tatraiva prāptavantāv āsravakṣayam 148.14
tatraiva saṃprāptavan āsravakṣayam 144.4
tathāgataṃ prāṃjalayo 'bhyupāgatāḥ 164.17, 21, 166.3, 7, 11
tathā tad āsīd iyam atra dharmatā 54.4, 56.8, 62.11
tathā hy asau dharmamayaṃ sumedhaḥ 146.3
tathā hy etaṃ mantrapadeṣu dṛśyate 76.18
tathaiva valgukalaviṅkabhāṣī 94.1

tathaiva śūro dvipadottamo muniḥ 162.18, 164.5
tathopamaḥ kukṣigato narottamaḥ 56.18
tathopamaṃ kukṣigataṃ narottamam 58.11
tathopamaṃ kukṣim avākramaṃ muniḥ 52.17
tadā vipaśyī daharaḥ samānaḥ 90.7, 114.10
tad idaṃ hi devair na kṛtaṃ na mānuṣaiḥ 138.5
tasmād duḥkhe vipariṇāmadharme 138.3
tasyaikam ekāgramanasya dhyāyataḥ 134.14
tāv etāv aṅgiraso ’graśrāvakau 44.12
tiṣyabharadvājayugaṃ maharṣeḥ 44.9
tisra imā vedanā sparśasaṃbhavā 136.12
tṛptiṃ na gacchaṃti anūnavarṇam 88.15
tṛṣṇānidānaṃ jvalati yathārciḥ 136.4
tṛṣṇānirodhān nopādadāti 138.21
tṛṣṇā punar vedayitaṃ pratītya 136.5
te devaputrā sahitāś caturdiśam 54.12
te dhārayaṃtī iyam atra dharmatā 58.21
te vītarāgāḥ krakasundaśrāvakāḥ 166.1
te saṃnipātā paramārthadarśinām 42.7
te hṛṣṭās tuṣṭā muditā udagrāḥ 66.12
tau khaṇḍatiṣyau sugatasya śrāvakau 148.11
trayo vipaśyisya trayaḥ śikhinaḥ 42.3
tripañcarātrābhyuditam iva candram 164.22
dadarśa ajñānanidānam eva 136.32
dadarśa vijñānanidānam eva 136.24
dadarśa saṃskāranidānam eva 136.28
dadau tataḥ kāmaguṇāṃ hi pañca 102.6, 108.10
divā ca rātrau ca samaṃtayojanam 92.8
divāvihāropagato mahāmuniḥ 34.15
divyaṃ viśuddhaṃ vimalaṃ prabhāsvaram 92.6
divyena śrotreṇa niśāmya śāstā 34.16

diśo diśaṃ gacchati preryamāṇaḥ 144.6
duḥkhaṃ jarāmaraṇam idaṃ viditvā 124.24
duḥkhasya jñātvā prabhavaṃ śamaṃ ca 138.8, 140.16
dṛṣṭveha rūpāṇi manoramāṇi 90.17
dṛṣṭveha rogeṇa viṣaktarūpam 104.16
devanikāyā bhagavaj janetrī 88.2
devāṃ gato varavipulardhiyuktaḥ 166.14
drumamūle maharṣer bodhimaṇḍe 124.23
dvātriṃśatiṃ yasya vivardhitāni 86.9
dvitīyaṃ ratnaṃ hi bhṛśaṃ niyāsyati 74.12
dve vāridhāre udapāna devatā 68.18
dve vāridhāre patite antarikṣāt 66.2
dharmadṛśo dharmaniyāmakovidāḥ 164.15
dharmeṇa kṣemeṇa śivāṃ vasundharām 74.2
dharmeṣv avekṣā ananuśruteṣu 134.9
na kāmahetoḥ paridahyate manaḥ 60.17
nagarī tathā ṛddhā sphītā suramyā 50.15
nagarī tathā bandhumatī suramyā 48.16
nagarī tathāruṇavatī suramyā 48.20
na cāsya mātuḥ puruṣena mānasam 60.18
na ceśvarair nirmitaṃ nābhivādyaiḥ 138.6
na tasya bhūya ito bahirdhā 140.11
na nāma bhavati parivartakaḥ saḥ 140.14
na bhinadmi paryaṃgam ahaṃ hy alabdhvā 124.26
na lipyate aśucikṛtena paṇḍitaḥ 56.19
na lipyate paramaśucau hi kāśike 56.17, 62.18
na sā niṣaṃṇā na nipanna kṣatriyā 64.1
na sraṃsayati vīryam alabdhanirvṛtiḥ 126.2
nāma ca rūpaṃ ca kutonidānam 136.21
nāma ca rūpaṃ ca tato nirudhyate 138.14
nāma ca rūpaṃ ca yadā aśeṣam 138.15

nārī pradhānā pra ◡ dottamā ca 74.22
nāsau kumāro nimiṣaṃ hi paśyati 90.15
niḥsaṃśayaṃ buddhavaro bhaviṣyati 76.14
nikūjate kusumarasena mattaḥ 92.17
nibadhyate kāmaguṇopasaṃhitam 60.19
nirīkṣamāṇā hi narāś ca nāryaḥ 88.14
nirudhyate nāyatanāni santi 138.16
nirvāṇaśāntatvam ahaṃ prapadye 124.25
niśi jvalaṃtaṃ pravana iva pāvakam 164.26
niṣkṛṣṭaśastrāyudhakhaḍgapāṇayaḥ 56.1
niṣkrāntavāṃ cchākyakulāc ca kṣatriyāt 38.29
naikāṃ janāṃ jānapadāṃś ca kṣatriyān 94.11
nyaṣīdat sa hi bhikṣugaṇasya madhye 34.18
padmaṃ yathā śāradakaṃ sujātam 90.9
pannadhvajānāṃ virajasām ṛjūnām 42.10
parivāritaḥ sudṛśadevatābhiḥ 164.8
parivārito devatānāṃ sahasraiḥ 164.12
paryaṅgam ābhujya tato niṣaṇṇaḥ 124.22
paryeṣaṇā bhavati svayaṃ viditvā 140.12
pāṇḍuṃ manuṣyaṃ kṛśam asvatantram 104.17
picur yathā mārutavegapreritam 144.5
pitā abhūt kanakamuner jinasya 50.6
pitā abhūt krakasundasya śāstuḥ 50.2
pitā abhūd bhagavataḥ kāśyapasya 50.10
pitā abhūd viśvabhujo jinasya 48.23
pitābhavad bandhuvatī ca mātā 48.15
pitā vipaśyisya priyasya bandhumān 102.5
punaḥ punaḥ prekṣati harṣajātaḥ 70.22
puruṣaṃ dṛṣṭveha vyatītacetasam 110.18
puruṣaṃ dṛṣṭveha vyatītayauvanam 98.3
purottame nagaravare suramye 114.9

pūrvaṃ kathā dhārmikī arthasaṃhitā 34.12
pṛthūś ca lokāntarikās tamovṛtāḥ 54.2
pratītyasamutpādam avaiti śāstā 140.6
pratyeti vidvāṃ kuśalasmṛtaś ca 138.7
prabhāvatī mātā prabhākarasya 48.19
prabhāsvaraḥ sūryamarīcisaṃnibhaḥ 58.10
prabhūtabhakṣasya hi pāvakasya 136.1
pravartitaṃ bhagavatā dharmacakram 148.10
pravrajyāṃ tatra samupāgatāś ca 150.4
prasāritaṃ vā parisaṃhareta 162.17
prahāya pañcāvaraṇāni cetasaḥ 164.24
prahāya moham udapādi jñānam 140.15
prāṇān ahaṃtī nādattam ādadau 60.7
prāsādam āruhya samantacakṣuḥ 146.4
priyo manāpo mahato janasya 90.6
bahūdako mārutavegamūrcchitaḥ 52.16
buddhasya ca kanakamuner ihāgryau 44.7
buddhasya śikhinaḥ aruṇaḥ pitābhūt 48.18
buddhasya śikhinaḥ sametya śrāvakāḥ 164.19
buddho 'tha vā bhavati hitānukampī 86.12
bhavanidānā bhavamūlikā ca 134.20
bhavaṃti kāye 'smiṃ ◡ — vidhasya 86.10
bhavasya cādhyastagamān nirodhāt 138.23
bhāvyeha mārgam amṛtopalabdhaye 166.6
bhujiṣyo bhikṣur athottaraś ca 44.8
bhūyo vipaśyīti samantacakṣuḥ 94.15
maṇiñ ca vaiḍūryam ayaṃ sunirmalam 74.17
maraṇaṃ kilāhaṃ nopātivṛttaḥ 112.2
mahātmadevānugatā yaśasvinā 54.13
mahānuśaṃsāṃ vadata śṛṇudhvam 134.7
mātā tathaivottara satyanāmā 48.24

mātā mahāmāya prabhākarasya 50.14
mātāpi ca dhanavatī satyanāmā 50.3
mātāpi ca yaśovatī satyanāmā 50.7
mātāpi ca viśākhā satyanāmā 50.11
mā tāṃ manuṣyā atha vāpi rākṣasāḥ 56.3
mārgaṃ śivaṃ yātum ananyaneyam 140.22
mṛtaṃ visaṃjñaṃ kṛtam āyuṣakṣayam 110.19
mṛtañ ca dṛṣṭvā samatītacetasam 118.19
mṛṣā na bhāṣen na ca madyapānam 60.8
yatra jino dharmam adeśayac chivam 48.17
yat supradīpa udapādi kṣatriyaḥ 48.22
yathāntarāḥ sarvataś cāruhāsinī 76.1
yathāpi taṃ maṇiratanaṃ prabhāsvaram 62.17, 56.16
yathāpi devās tridaśopapannakāḥ 90.16
yathāpi niṣkā kuśalena niṣṭhitā 88.13
yathāpi megho vipulaḥ susaṃbhṛtaḥ 52.15
yathāpy asau vaiḍūryako mahāmaṇiḥ 58.9
yathāpy asau haimavataḥ śakuntaḥ 92.16
yad agnidatta udapādi brāhmaṇaḥ 50.1
yad asya pūrve pṛthivīṃ vijeṣyate 74.7
yadā ca taṃ paśyaty ātmanaiva 140.13
yadā nirudhyaṃti na santi sparśāḥ 138.18
yadā prajānāti yato nidānam 140.9
yad utkramet kukṣim asahyasannibhaḥ 54.3
yad brahmadatta udapādi brāhmaṇaḥ 50.9
yad yajñadatta udapādi brāhmaṇaḥ 50.5
yadvāṃ hi paśyej janatāṃ samantāt 146.2
yam āha duḥkhopanayaṃ sukhāvaham 140.21
yaśasvinī devagaṇaiḥ supālitā 56.6
yaḥ prātarāśe samayena medinīm 74.13
yā bodhisatvasya babhūva pūrve 134.8

yā rūpaśabdeṣv atha gandhasparśe 74.21
yā vā akopyā atulā anaṅgaṇā 142.1
yāvat susaṃvejakāḥ śuddhasatvāḥ 122.14, 150.2
yāṃ pratyayān āyatanāni santi 140.10
ye gandha loke sumanojñarūpāḥ 70.17
yenāsau paśyati bodhisatvaḥ 92.7
rakṣāṃ kurudhvaṃ sugatasya mātuḥ 54.15
rato hy asau yeṣu na pravrajeta 102.7, 108.11
rasān atha sparśaguṇopapannām 108.9
rājā bhaviṣyati cakravartī 72.23
rājā vijitya pṛthivīṃ viśāsti 86.11
riktaṃ ca tucchañ ca asārakañ ca 136.19
rūpaṃ ca saṃjñāṃ ca tathaiva vedanām 144.1
rūpāṇi śabdāṃś ca tathaiva gandhān 108.8
valgusvaraḥ paṇḍitaś ca udyānam 120.7
vāriṃ sṛjantīha athodapānam 66.13
vālam iva tiro vitatakṣureṇa 142.7
vijñānam etac ca kutonidānam 136.25
vijñānam etac ca yadā nirudhyate 138.13
vidhṛtya māsāṃ hi daśaiva kukṣyā 86.23
vipaśyinaṃ pravrajitaṃ hi śrutvā 122.15
vipaśyino buddhavarasya bandhumān 48.14
vipaśyino buddhavarasya śrāvakāḥ 164.16
vipaśyino ’bhūn manasābhicintitam 134.11
vipaśyimātā asamaṃ prajātā 86.24
vipaśyimātā iyam atra dharmatā 60.10
vipaśyimātā paripūrṇam īkṣate 58.12
vipaśyi śikṣāpadasūtram uktavān 156.26
vipākajaṃ tasya babhūva cakṣuḥ 92.5
vimuktacitto hy akhilo anāsravaḥ 144.19
viśuddhaśīlaṃ sama — upāgatāḥ 166.19

viśvottaras tṛṣṇākṣayād viraktaḥ 144.18
viṣaktikā saritā sīvanī ca 136.7
viheṭhayeyuḥ sugatasya mātaram 56.4
vyabhre dine yathaiva sūryam udgatam 164.18
vyādhiṃ kilāhaṃ nopātivṛttaḥ 104.19
śakreṇa proktāḥ paramārthadarśinaḥ 54.14
śakro yathendras tridaśeṣu madhye 34.19
śaṃkaraṃ bhūtapatim iva devatāḥ 166.4
śatahradāṃ sūrya ivābhyupāgataḥ 52.18
śāriputramaudgalyāyanau bhikṣū 44.11
śikhino buddhasyābhibhūḥ saṃbhavaś ca 44.2
śilāpravāḍaṃ ca suvarṇarūpam 76.4
śiśu kumāro manas eva nirmitaḥ 88.12
śuddhādhivāsair anugamyamānaḥ 164.11
śuddhair ihādhyuṣitās tatvadarśibhiḥ 166.18
śuddhodano nāma pitā maharṣeḥ 50.13
śaile yathā parvatamūrdhani sthitaḥ 146.1
śokaś ca duḥkhaṃ paridevitaṃ ca 140.2
śokābhibhūtāṃ janatām aśokaḥ 146.5
śobho rājā śobhāvatī rājadhānī 50.8
śrutvā sa saṃgrāhakavākyam evam 102.4
śrutvā hi pravrajitau khaṇḍatiṣyau 150.3
śroṇottarau viśvabhujo jinasya 44.3
sa cāpy abhūd apratikūlabhāṣī 94.2
sacet punaḥ pravrajat' ānagārikām 76.13
sapratyayam asti nidānam asya 138.2
samantataḥ prāpya punar nirvartate 74.14
samantato yojanam āvabhāsate 74.18
samīritaṃ vāyuvaśād yathārciḥ 136.2
samyagdṛśo vetti pralopadharmam 140.20
sarvasya cādhyastagamo nirodhaḥ 140.3

sahasranetra iva nandane vane 114.12
saṃghādikānām akhilānāṃ tāyinām 42.9
saṃjīvabhikṣur viduraś ca paṇḍitaḥ 44.5
saṃbodhilabdhas tad upāgamaj jinaḥ 148.7
saṃbhavati nānāvividhaṃ ca duḥkham 134.13, 17
sā devaguptā varabhūtarakṣitā 56.5
sātā asātā atha vāpy upekṣā 136.11
siṃho yathā parvatakuṃjavāsī 146.12
sukhena duḥkhena ca saṃprayuktā 136.8
sujāta saptāṅgapratiṣṭhitaṃ ṛjum 74.9
sutīkṣṇarūpāṃ vyavalaṃbya śaktim 56.2
sudarśanān devagaṇān upāgamat 164.10
sudṛśāṃs tadā devagaṇān upāgamat 164.6
senāsu sthānaṃ gamanaṃ nivartanam 76.8
sparśas tathaivāyatanaṃ pratītya 136.9, 13
sparśeṣv asatsu na bhavaṃti vedanāḥ 138.19
hīnaṃ praṇītaṃ ca yad asti rūpam 140.19

Śloka

agryo mahādhipatyeṣu 86.17
atulyaś ca vināyakaḥ 86.18
adhaś ca pādayos tasya 84.14
anvāvartanti taṃ devāḥ 86.16
abhinīlanetro gopakṣmā 86.5
abhirūpo manāpatā 120.5
abhedyaparivāro 'sau 86.15
aśoka kṣemakāraś ca 44.23
asamaś cāpratisamaḥ 86.18
ānando bhavati saptamaḥ 44.24
upaśāntaś ca bhadrikaḥ 44.23
uṣṇīṣaṃ cāsya mūrdhani 86.5

ūrṇā cāsya bhruvor madhye 86.6
ete putrā mahātmānaḥ 46.11
evam ārocayaṃty artham 34.25
evaṃgotrāś ca te 'bhavan 34.22
evaṃnāmā evaṃjātyā 34.22
kalpo 'tha āyur jātiś ca 50.19
kāye 'smiṃ bhāvitātmasya 84.12, 86.8
kośogataṃ vastiguhyam 84.19
gotraṃ vṛkṣāś ca pañcamāḥ 50.19
ca alpābādhaś ca paṇḍitaḥ 86.13
cakre jāte susaṃsthite 84.14
catuṣkā daśa dantānām 86.1
cittanimitteṣu kovidāḥ 44.26
dīrghāṅguliḥ sa bhavati 84.15
dve ca triṃśat tathaitāni 86.7
dhātrī brāhmaṇa mātā ca 120.5
nānādīrghāyuṣo devāḥ 34.24
nāsti teṣāṃ punarbhavaḥ 44.28, 46.12
nimittaprativedhinaḥ 44.27
paripūrṇā anūnakāḥ 86.1
pādapārṣṇī ca āyate 84.15
pratividdho dharmadhātuḥ 34.20
prabhūtatanujihvaś ca 86.4
buddhenādityabandhunā 34.20
bṛhadṛjūni gātrāṇi 84.24
bhaven martyas tathāvidhaḥ 86.17
bhikṣava ete mahātmānaḥ 44.25
manāpaḥ sarvadehinām 86.15
manujāś ca tathāvidham 86.16
yathā yathā ca te āsam 34.23
yenābhyatītāṃ jānāti 34.21

rāhulo bhavati saptamaḥ 46.10
lakṣaṇāni mahāmuneḥ 84.11, 86.7
lābhī annasya pānasya 86.14
varṇavanto yaśasvinaḥ 34.24
vastraśayyāsanasya ca 86.14
vaiyyāpatyakarā āsam 44.26
śarīrāntimadhāriṇaḥ 44.25, 46.11, 84.12, 86.8
śuklāś caiva susaṃsthitāḥ 86.2
śvetā bhavati pradakṣiṇā 86.6
sapta kāyasya utsadāḥ 84.22
samā aviraḍāś caiva 86.2
saṃbuddhānāṃ yaśasvinām 34.25
saṃbuddhāṃ dvipadottamaḥ 34.21
sarve kālasya kuśalāḥ 44.27
sarve vyākṛtavāṃ muniḥ 34.23
sarveṣām āsravā kṣīṇāḥ 44.28, 46.12
sārthavāho vijitasenaḥ 46.10
siṃhapūrvārdhakāyavān 84.23
suprabuddha Pratāpanaḥ 46.9
susaṃvṛttaskandho 'tulaḥ 46.9
sūkṣmatvaco 'sau bhavati 84.22
skandhau tasya susaṃskṛtau 84.24
spṛśate jānumaṇḍalam 84.18
smṛtimāṃ bahuputraś ca 86.13
svastikaḥ sarvamitraś ca 44.24
hantāhaṃ kīrtayiṣyāmi 84.11

Anupacchandasika

aratiratisaho hi bhikṣur evam 168.3
kṣāntiḥ paramaṃ tapas titikṣā 156.21
tatra ca vihared ihāpramattaḥ 168.5

na hi pravrajitaḥ paropatāpī 156.23
nirvāṇaṃ paramaṃ vadanti buddhāḥ 156.22
śramaṇo bhavati parāṃ viheṭhayānaḥ 156.24